U0041285

INSIGHT GUIDES

加拿大

Canada

時報出版
尊重智慧與創意的文化事業

關於本書

知性之旅⑫·加拿大
INSIGHT GUIDE · Canada

譯者
傅振焜
副主編
曹慧
特約編輯
曾淑芳
美術編輯
林麗華
企畫
柯若竹
董事長&發行人
孫思照
總經理
莫昭平
總編輯
林馨琴
出版者
時報文化出版企業股份有限公司
10803台北市和平西路三段240號4樓
發行專線：(02) 2306-6842
讀者服務專線：0800-231-705
(02) 2304-7103
讀者服務傳真：(02) 2304-6858
郵撥：19344724 時報文化出版公司
信箱：台北郵政79-99信箱
時報悅讀網：
http://www.readingtimes.com.tw
電子郵件信箱：
know@readingtimes.com.tw

法律顧問
理律法律事務所 陳長文律師
李念祖律師
印刷
華展彩色印刷有限公司
初版一刷
2008年8月18日
定價
新台幣600元

©2007 Apa Publications GmbH & Co.
Verlag KG (Singapore branch)
All Rights Reserved
First Edition 1978
Seventh Edition (updated) 2007
Complex Chinese translation copyright
©2008 by China Times Publishing Company
ALL RIGHTS RESERVED

行政院新聞局局版北市業字第80號
版權所有 翻印必究
(缺頁或破損的書，請寄回更換)
ISBN 978-957-13-4896-4

第一本創新、全彩的《知性之旅》出版於1970年，從那時至今，我們擴展範圍，內容不再只局限於讀者所需的可靠資訊，而是進一步提供深度理解的在地文化和工作活動。

如今，網路能夠提供無止盡的資訊（雖然並非總是可靠的），我們的旅遊書也更加圖文並茂地呈現較難描述的特性：知識情報和敏銳觀察；因此，我們十分依賴加拿大當地的作者和攝影師團隊。

如何使用本書

我們精心安排這本書的結構，好讓讀者了解加拿大及其文化，以及導引讀者見聞她的景致和魅力：

■為了了解現在的加拿大，你得了解過去的加拿大。所以，第一部分論及她的歷史、文化和人民，即生動引人的特色介紹部分。

■書的主要部分是景點介紹，為讀者完整介紹所有值得一看的勝地。重要的旅遊勝地有標號，方便跟彩色地圖相互檢索。

■旅遊指南部分方便讀者查詢關於旅遊、旅館、餐廳、運動、節慶等各方面的資訊。利用封底內摺的檢索，可以更快找到所需資訊的位置。

■圖片不僅呈現地理特性和引人之處，還傳達很多加拿大的氣氛基調以及當地的風土民情。

作者和編者

新版是由賀琴思（Jane Hutchings）負責編輯，她是《知性之旅》系列的固

定編輯。新版是建立在舊版的基礎上，舊版由伊莫斯（Andrew Eames）、康寧翰（Hilary Cunningham）負責策畫編輯。

伊芭特（Joanna Ebbutt）在新版的合作團隊中扮演重要角色。長期定居在多倫多的她，負責撰寫這個城市的章節，描寫嚴冬時節的生活體驗，以及編撰努勒維特（Nunavut）這部分。此外，她還全力更新最新版本的內容。

住在多倫多多年的阿爾加（Michael Algar）是美國旅遊作家協會的成員，寫過多本有關加拿大的旅遊書籍。他負責編撰旅遊指南，描寫加拿大的休閒運動、亞伯達的牛仔競技賽、西岸的動植物、賞鯨等部分。撰寫歷史章節的康寧翰，是土生土長的多倫多人，畢業於多倫多和耶魯大學。她生動記敘了加拿大的起源，為我們上了寶貴的一課。

對這本書的製作出版有貢獻的人還有美食專欄作家柯普蘭（Colette Copeland），負責撰寫飲食文化這一章節。她相信「吃喝應該是一種探索」。弗朗（Charles Foran）負責英、法裔關係這部分。加拿大的工商活動這個章節是由達飛（John Duffy）負責，他是政府顧問和演講作家。藝術和表演是由漢科克（Geoff Hancock）負責撰寫。

出生於安大略一個小鎮的凱伊思（Patrick Keyes）負責撰寫伊努特人和育空、西北領地的住民。作家兼動畫家史粹特（Philip Street）撰寫蒙特婁章節，並和麥克魯利（Malcolm MacRury）合寫安大略章節。八歲搭最後一班車到蒙特婁的帕非特（Matthew Parfitt）撰寫魁北克章節。

在紐芬蘭，盧卡斯（John Lucas）找到了一種特殊的幽默感；馬瑟思（Anne Matthews）探索了最小的省份愛德華王子島；霍爾（Diane Hall）寫下了她對新伯倫瑞克和新斯科細亞的印象；生於紐約州的盧南（John Loonam）深深給卑詩省迷住了，他負責撰寫這個省份和溫哥華。大草原區的幾個省份是由唐巴爾（David Dunbar）撰寫。

最後，本書由帕茲（Joanna Potts）負責編輯工作，由龐德（Lynda Bond）負責校對。

地圖圖例：

── ──	國界
── ──	省界
⊖	邊界橫斷
●	國家公園
── ──	渡輪航線
Ⓜ	地鐵
✈	機場
🚌	巴士車站
P	停車場
ⓘ	旅客服務中心
✉	郵局
✝ ⚲	教堂／遺跡
⚲	清真寺
✡	猶太教堂
⚲	城堡／遺跡
∴	考古地點
∩	洞穴
★	觀光景點

主要的觀光景點會輔以全彩地圖的號碼解說（如❶），頁面右上角的頁碼標示則會告訴你地圖在哪裡。

目 次

溫哥華的卡皮蘭諾吊橋
(Capilano Suspension Bridge)

特色探趣

資訊看板

旅遊指南

◆旅遊指南目次見 **339** 頁

景點介紹

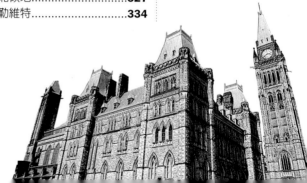

加拿大之最

令人難以置信的冬季度假村、家庭休閒娛樂之趣、博物館、
市場和具獨特魅力的景點……本單元為讀者綜觀羅列
最值得探訪的「加拿大之最」。

最佳冬季戶外運動場地

- **路易斯湖**（Lake Louise）位於班夫國家公園的中心，是加拿大最大的滑雪場地，提供無限空間和各種地形。見293頁。
- **弗尼山度假村**（Fernie Mountain Resort）位於卑詩省，以其傳奇魅力和無垠的地形而著名。見385頁。
- **惠斯勒－黑梳山**（Whistler-Blackcomb）在北美滑雪場地中名列前茅，有200多條滑雪道、三條冰河、12處高山比賽場地與廣闊的山野。見266頁。
- **塔伯拉山**（Mont-Tremblant）魁北克

勞倫欽區的最高峰，境內有94種路線，七公頃多的坡道、滑板道、障礙場地，具奧林匹克水準的驚喜。見193頁。
- **馬西夫**（Le Massif）位於魁北克的夏洛瓦區（Charlevoix），有加拿大東部最高的滑雪落差垂直道；以每季平均7公尺深的落雪量而聞名。見388頁。

上圖：滑雪坡道上完美的一天。

右圖：「小心麋鹿」標誌。

只在加拿大

- **北極熊之都** 曼尼托巴的邱吉爾鎮在每年10月會有100頭左右的北極熊造訪，直到哈得遜灣水面的結冰夠牢固，牠們才會繼續未完的旅程。見285頁。
- **暴龍骨骼化石** 在薩克奇萬的伊斯嚴尋找化石是一大樂趣；當地是全球發現暴龍骨骼化石最完整的地方。見304頁。
- **全球最大滑冰場** 蜿蜒在首都渥太華的里多運河，一到冬天便成為全長7.8公里的滑冰場，吸引一百多萬的滑冰客前來。見158頁。
- **紫丁香園區** 全球最大的紫丁香園區位於安大略柏林頓的皇家植物園；每年5月的紫丁香節，花香和色澤俱臻極至。見167頁。
- **卡伯特徑** 全長

187公里，環繞布雷頓角；從懸崖頂端到海平面，有驚險急彎和小漁村，沿途可一瞥老鷹、麋鹿和鯨魚等。見234頁。
- **小心麋鹿** 1904年引進的四種麋鹿品種，如今繁衍成紐芬蘭總數125,000頭的麋鹿；其中有不少會誤入公路，所以沿途有不少「小心麋鹿」的標誌提醒駕駛人。見251頁。

最佳市場

- **拜渥德市場**（Byward Market） 渥太華的傳統農夫市場，販賣各種食物、鮮花、植物和特產。見383頁。
- **市立市場**（City Market） 聖約翰。熱鬧的市集充滿新伯倫瑞克生產的食材，包括蕨類嫩芽和紅皮藻（dulse）。見215頁。
- **亞特瓦特市場**（Atwater Market） 蒙特婁。這裡捕捉了蒙特婁的法國傳說，有各種水果、蔬菜、乳酪、肉類、麵包和糕餅。見384頁。
- **聖羅倫斯市場**（St Lawrence Market） 多倫多。販賣各種東西，從魚類和剛出爐的麵包到安大略乳酪和各種有機食品等。見383頁。

右圖：亞特瓦特市場的魚貨。
左圖：海達族（Haida）雕刻品。
下圖：在長灘上玩沙。

最佳博物館

- **21號碼頭**（Pier 21） 哈利法克斯。從1928到1971年為止，有100多萬移民由此進入加拿大，包括三千名二次大戰的英國「客人」小孩、數以千計的難民。他們的希望、恐懼和眼淚都在這裡生動地表達出來。見224頁。
- **人類學博物館**（Museum of Anthropology） 溫哥華。這座城市最重要的博物館，主要收藏該區原住民的藝術和文化，還有特別的海達族（Haida）雕刻品和圖騰柱。見264頁。
- **安大略皇家博物館**（Royal Ontario Museum） 多倫多。加拿大最主要的博物館，由建築師李伯斯金（Daniel Libeskind）設計的一座水晶增建築，容納了六座畫廊。見145頁。
- **蒙特婁考古歷史博物館**（Musée d'Archéologie et d'Histoire de Montréal） 高科技的放映展示加上考古文物，為城市帶來驚奇的生活空間。見183頁。

最佳沙灘

- **溫哥華西岸的長灘**（Long Beach） 金黃色的沙灘綿延在烏庫列特（Ucluelet）和托費諾（Tofino）之間，對老練的衝浪者來說是很特殊的挑戰。見278頁。
- **休倫湖**（Lake Huron）**梭伯沙灘**（Sauble Beach）增添湖畔的優雅氣息，這處質樸的沙灘在湖水溫暖的衝洗下，是多代同堂家庭最喜愛的地方。見170頁。
- **桑德班克斯省立公園**（Sandbanks Provincial Park） 這裡有三處加拿大最多沙的沙灘，每一處都適合游泳、風浪板、帆船和划船。見388頁。
- **格蘭沙灘省立公園**（Grand Beach Provincial Park） 位於溫尼伯湖（Lake Winnipeg）的南岸，擁有綠草覆蓋的沙丘和絲綢般的白沙。見311頁。
- **庫西布瓦國家公園**（Kouchibouguac National Park） 位於新伯倫瑞克，園區內有沙灘、沙丘、潟湖和鹹水溼地。這裡的鹹水水溫是維吉尼亞北部最暖和的。見219頁。

最佳景觀

- **信號崗公園**（Signal Hill） 紐芬蘭的聖約翰。可看見壯麗的大西洋、港口和市區風光，值得花上半小時健行到這裡。見253頁。
- **咆哮岬**（Cape Enrage） 在新伯倫瑞克的芬地國家公園東邊。岬角崎嶇，萬丈底下是浪濤拍岸的美景。見217頁。
- **達弗林台地**（Terrasse Dufferin） 魁北克市。從弗隆特納克城堡（Château Frontenac）可望見美麗全景，從聖羅倫斯河、南岸，一直到遠處山脈。見196頁。
- **尼加拉瀑布**（Niagara Falls） 安大略。氣勢磅礴，甚至無須再付費即可從岩桌看見加拿大這邊的馬蹄瀑布（Horseshoe Falls）和另一頭美國的瀑布。見383頁。
- **班夫**（Banff） 在硫磺山(Sulphur Mountain)上可鳥瞰班夫、倫道山（Mount Rundle）、弓谷（Bow Valley）、艾爾默（Aylmer）和喀斯開山脈（Cascade Mountains）。見293頁。
- **松雞山**（Grouse Mountain） 北溫哥華。可看見壯麗的市區景觀，天氣晴朗時甚至可見到遠處的聖璜島（San Juan Islands）。見266頁。

上圖：尼加拉瀑布。
左圖：安大略科學中心的互動式趣味設計。
下圖：加拿大國家塔。

全家出遊好去處

- **麋鹿顎隧道**（Tunnel of Moose Jaw） 扣人心弦的冒險之旅，位於市區街道底下，以私酒大亨卡彭等人的故事為特色。見304頁。
- **昆蟲館**（Insectarium） 蒙特婁。有任何你可能想知道的昆蟲知識，包含特殊的得獎項目「品嚐昆蟲」。見186頁。
- **麥克米蘭天文館**（H. R. Mac Millan Planetarium） 溫哥華。完美呈現天文學萌芽的過程，有高度的互動式陳列。見265頁。
- **加拿大奧林匹克公園**（Canada Olympic Park）卡加立（Calgary）。1988年冬季奧運的場地，展示有關奧運的事物，還有能刺激腺上腺素的小型橇或連橇比賽。見385頁。
- **安大略科學中心**（Ontario Science Center）多倫多。有600多項的互動式展示。在新設立的威士頓家族創新中心（Weston Family Innovation Center）有新的科學探索。見145頁。
- **加拿大國家塔**（CN Tower） 多倫多。這座最受喜愛的地標高342公尺，內有著名的玻璃地板，小朋友可在上面跳上跳下。見140頁。
- **蓋瑞森歷史區**（Historic Garrison District） 弗雷德里克頓（Frederiction）。4到13歲的兒童打扮成19世紀初的士兵，學習如何過一天的士兵生活。見213頁。
- **銀河遊樂園**（Galaxyland Amusement Park）艾德蒙吞（Edmonton）。大型室內遊樂園，有25項以上的設施，包括全球最大的三環式雲霄飛車。見295頁。

免費的好去處

- 哈利法克斯港（Halifax Harbor） 漫步散心的好地方，尤其在夏季，還可觀賞到街頭藝人即興演出、祖巴馬戲團的表演、放映在 Electropolis Studio 後方牆上的電影，以及新斯科細亞水晶工作坊。見222頁。
- 議會大廈（Parliament Buildings） 渥太華。加拿大聯邦政府所在地，其中的布拉克中心開放參觀，免費導覽眾議院和參議院之旅。見157頁。
- 多倫多音樂公園（Toronto Music Garden）由國際知名的大提琴家馬友友構思創意，以巴哈的第一號《無伴奏大提琴組曲》為設計基礎。見143頁。
- 史坦利公園（Stanley Park）溫哥華。占地400公頃的綠地寶石，園內種滿壯觀的杉柏、松樹和樅樹。從外圍的海牆步道（Seawall）可看見令人屏息的景色。見263頁。

左圖：可引發靈感的多倫多音樂公園。
右圖：親身體會一下節慶的精神。

最佳節慶

- 魁北克市冬季嘉年華 2月。長達17天，慶祝活動從各種冬季運動競賽到冰雕比賽等，還有數不盡的娛樂派對。見381頁。
- 加拿大鬱金香節（Canadian Tulip Festival） 渥太華，5月。3百多萬株的鬱金香創造出繽紛美麗的拼貼圖案，在渥太華和加提諾（Gatineau）綿延15公里長。見380頁。
- 卡加立牛仔競技（Calgary Stampede） 7月。全世界最大的牛仔競技比賽，除了必有的套繩圈之外，還可以享受音樂、餐車食物等。見265頁。
- 哈哈喜劇節（Just for Laughs/Juste Pour Rire）蒙特婁，7月。全球讚揚的喜劇節，參與劇團來自世界各地，有單人脫口秀、作秀、街頭劇場等。見381頁。
- 多倫多國際影展（Toronto International Film Festival） 9月。為期10天的影壇盛會，吸引來自好萊塢和各地的閃亮巨星、社會名流。見380頁。
- 藍與黑同志嘉年華（Black and Blue Festival）蒙特婁，10月。國際知名的同志盛會，為期一週，內容包括社會的、文化的和體育的活動。見381頁。

省錢妙招

大眾運輸工具 查詢一下灰狗巴士的票價，週一至週四通常票價較低。多倫多的TTC一日券適合家庭或團體遊客。VIA鐵路公司提供學生和老人折扣票價。見340-347頁。

住宿 旅舍和民宿是最經濟的方式。在城市中，較大型的旅舍有可提供套裝方案來吸引非公務族群。見348-360頁。

租車 在任何一地取車的費用比在機場取車來得低價。見341頁。

航空公司 查詢 Westjet、Harmony Airways 和 Sunwing Airlines 三家航空公司的優惠方案。見340頁。

用餐 份量十足的早餐可讓人維持體力到傍晚，在餐車或簡便餐廳吃早餐最便宜，大多數都包括土司、薯條、咖啡免費續杯。或者，在中午享受最豐盛的午餐，這比起晚餐要便宜、健康多了。見361-369頁。

希望與應許

狄更斯曾經形容加拿大為一個「充滿希望與應許」之地。

時至今日，她非僅如此，還是一個城市生氣勃勃、

景色如詩如畫、文化豐富多元之地。

作家伍德科克（George Woodcock）說，好幾十年以前，「加拿大人就向來不喜炫耀」。的確如此。加拿大人自己很少炫耀加拿大的美麗，往往都留給外國遊客去讚美。

英國元帥蒙哥馬利在 1946 年來到這裡，他觀察說：「我見到了一個理想得不得了的國度，一個可以滿足人一切渴望的土壤，一個適於安居樂業的土地。」再往前一百年，另一個從英國來這裡旅行的遊客狄更斯，也有類似的感受。他說：「英國人不大會特意去探索她要怎樣才理想。她總是踏著安靜穩健的腳步在前進；舊有的差異在安定下來之後，很快就被忘記；公眾意見和個人事業在一個健全的國家當中協調一致；在她的體制當中絲毫沒有任何激情，但穩健的腳步中也充滿著活力；總之，她是一個充滿著希望與應許的國度。」

狄更斯所說的「希望與應許，在加拿大那長達 5500 公里的邊界地帶，從新舊匯聚的蒙特婁，到街頭充滿活力、劇院和餐館的多倫多，再到西岸那崇尚個人價值、冒險精神、瀰漫青春生活文化的溫哥華，處處可以看到。

在這些大城市與北方之間有很多世界級的美景。那裡有四十幾個國家公園，是野鳥與灰熊的棲地。還有兩處國家海洋保護區，以及加拿大河流水文的 34 條河流，總長度達 6,000 公里。鄉間原野大半覆蓋著森林，超過 60 公尺以上的大樹不時可見。

戲劇、藝術、美食、美景。不要羞怯了，加拿大已經很大聲向你呼喊了。

前數頁：落磯山脈；蒙特婁麥基爾大學大道上梅森（Raymond Mason）的雕刻作品〈民智啟迪〉。
左圖：亞伯達省班夫的雙傑克湖（Two Jack Lake）。

大事紀

民族的誕生

70000-12000 BC 冰河時期，有一支屬於原始蒙古人種的民族越過白令海峽，來到北美，靠狩獵採集維生。

8000 BC左右 加拿大地區逐漸發展出許多印第安文化：北部到東北部的阿岡昆印第安語族（Algonquin），包括有密克馬克族（Mi'kmaq）、裴舒克（Beothuk）、克里族（Cree）、奧吉步瓦族（Ojibwa）；往南，有伊若闊依族（Iroquois）、休倫族（Huron）；大湖區西部有平原印第安人（黑腳族）；往北，有奇佩維安族（Chipewyan）；在西部低區，有特林基特族（Tlingit）、瓜奇特爾族

（Kwakiutl）、海達族（Haida）、欽西安族（Tsimshian）和沿岸賽利希族（Coast Salish）。

6000 BC左右 伊努特人越過白令海峽，來到加拿大。

1000 AD左右 維京人自冰島渡海到達紐芬蘭、拉布拉多。

歐洲人探險

1497年 英王派遣威尼斯人卡伯特（John Cabot）航海尋找西北航道，他到達加拿大東海岸時，以為是亞洲東北。

1535年 卡蒂埃（Jacques Cartier）至聖羅倫斯灣探險，到達伊若闊依印第安人的村莊侯奇拉嘎（即今日的蒙特婁）。卡蒂埃宣稱加拿大為法蘭西王土。

新法蘭西的崛起

1608年 繪圖家、航海家暨貿易商尚普蘭（Samuel de Champlain）建立魁北克城，成為法國在加拿大殖民地的首府。他很快就建立了內地貿易網路。

1609-33年 法國人聯合休倫族對抗伊若闊依族。

1642年 蒙特婁建城，很快就成為毛皮貿易中心。

1670年 哈得遜灣公司成立，成為世界最大的毛皮製品公司。英國人開始與法國人在北美競爭，爆發多次戰爭。

英國人的統治

1713年 英國人征服紐芬蘭、新伯倫瑞克、新斯科細亞等地。

1755年 英國人驅逐居住在新斯科細亞的法國移民阿卡迪亞人。

1759年 亞伯拉罕平原的魁北克一役之後，新法蘭西成為英國殖民地。

1774年 在魁北克條約之下，英國人剝奪了法國移民說法語、信仰天主教、行法國法律的權利。

1775-83年 美國獨立戰爭爆發，許多效忠英國的保皇黨人逃至安大略、新斯科細亞、新伯倫瑞克。

1791年 殖民地分割成兩個部分：一個是英國人的上加拿大（即後來的安大略），一個是法國人的下加拿大（魁北克）。

1793年 探險家馬更些（Alexander Mackenzie）成為第一個越過陸地到達太平洋岸的人。

1812年 美國進入加拿大，與印第安人、法國人和英國人爆發衝突，十年間小衝突不斷，陷入僵局。

1818年 雙方達成協議，加拿大東部以北緯四十九度線為南方界線。

1840年 聯合法案促使上下加拿大統一。

1857年 英屬哥倫比亞（即今卑詩省）菲沙河（Fraser R.）發現金礦。美國探勘者湧入，尤其是來自加州的，以防止領地流失。英國宣布英屬哥倫比亞為直轄殖民地，以防美國覬覦。

加拿大聯邦

1867年 在英屬北美法案之下，加拿大建國。安大略、魁北克、新斯科細亞、新伯倫瑞克等殖民地共同組成加拿大自治領。

前頁：蒙特婁昔日海上風光。
左圖：魁北克城創建者尚普蘭像。

1869年 魯伯特（Rupert）之地，原為哈得遜公司擁有，後賣給加拿大，引起當地法裔與印第安人混血的美蒂斯人（Métis）的憤怒，終至爆發里爾（Louis Riel）領導的暴動。

1870年 曼尼托巴從魯伯特之地分出來，加入聯邦。西北領地成立。

1871年 英屬哥倫比亞宣布，貫穿大陸至西海岸的鐵道線若是築成，就會加入聯邦。

1873年 愛德華太子島決定加入聯邦。

1881-86年 太平洋鐵路築成，沿線各站成為人口聚集之地。

淘金熱與礦產

1898年 克朗代克河（Klondike R.）發現金礦，掀起了前所未有的淘金熱。

1900年起 掀起了好幾波的移民潮，有240萬移民遷入，大草原區很快就變成大片農地。在加拿大地盾（Canadian Shield）底下也發現了豐富的礦產。

1905年 亞伯達、薩克奇萬從西北領地分出來，加入聯邦。

1906-17年 首度嘗試在亞伯達的巨大瀝青沈澱層抽取石油。在亞伯達的透納山谷發現天然氣。

世界大戰

1914-18年 爆發第一次世界大戰，加拿大派出軍隊援助英國。英、法裔的舊傷口因為徵兵問題的歧見再度裂開。

1931年 在西敏寺法案之下，加拿大成為主權獨立的國家，但仍是大英國協的成員。

1939-45年 爆發第二次世界大戰。1942年，加拿大軍隊在迪耶普（Dieppe）蒙受慘重損失。1944年，諾曼地登陸行動則由朱諾海灘（Juno Beach）搶灘。

戰後成長

1945年戰後 新一波的移民潮開始。跟美國密切合作關係促成的經濟繁榮，引起了一種極大的經濟依賴，此外，加拿大文化也深受美國影響。亞伯達的煉油工業蓬勃發展。

1949年 紐芬蘭加入聯邦。

1959-62年 聖羅倫斯航運與橫貫公路這兩個新的運輸幹線刺激了加拿大的經濟發展。多倫多成為加拿大最重要的工業中心。

分離主義運動

1960年 魁北克展開「寧靜革命」，加拿大出現分裂危機。魁北克黨支持者要求獨立，退出聯邦。

1980年 在第一次公民投票中，魁北克人大多數決定留在加拿大聯邦。

1982-92年 加拿大法案終止了英國對加拿大的控制權。在新憲法條款之下，加拿大實行新的憲政體制。魁北克要求修正憲法，強調該省文化與語言的獨立地位，但各省議會與全國公民投票結果並未同意這項修憲案。加拿大再度面臨政治分裂的威脅。

1989年 加拿大與美國簽署自由貿易協定（NAFTA），向繁榮邁進。

1992年 加拿大政府同意成立伊努特人自治區，稱為「努勒維特區」（Nunavut Territory）。

1995年 魁北克公民投票結果，贊成留在加拿大聯邦的一方險勝。

1999年 4月1日，西北領地再分割出「努勒維特」一區。

2003年 魁北克公民對自由黨政府取得決定性的重大勝利。安大略成為加拿大第一個法律認可同性婚姻的省份。克雷蒂安（Jean Chretien）辭去總理一職，由資深議員馬丁（Paul Martin）接任。

2005年 因爆發政治獻金醜聞，馬丁帶領的自由黨政府經由不信任投票而遭罷黜，結束了長達12年的自由黨執政。

2006年 哈柏（Stephen Harper）帶領的保守黨獲勝，組成少數黨政府。

右圖：1903年歐洲移民搭船上岸，追尋新生活。

民族的誕生

約20,000年前，伊努特人渡海來此，
加拿大才有穩定持續的人口。

早在歐洲移民之前，第一批遷徙到加拿大的先民是從西伯利亞越過白令海峽的遊牧民族。這些堅毅勇敢的先民在阿拉斯加、育空北國之地追尋新生活。一般認為，他們大約在5,000至10,000年前就已經來到這裡了。他們來到的地方可不是溫暖之地。寒風冷冽，面對這麼惡劣的氣候環境，他們居然能生存下來，真是不可思議。這些最早的「加拿大人」發展出一套適合當地惡劣環境的生存技能，他們古老的文化遺跡也就延續了下來。他們的後裔就是後來大家所熟知的伊努特人（Inuit）。

伊努特人

伊努特人的祖先要有相當的智慧與想像力，才能在新大陸茁壯生長。如果有什麼字眼可以概括他們的生命文化的核心，那就是生存。

生活在北極地區的伊努特人，以其簡樸的狩獵與烹飪工具而聞名。他們捕獵家庭晚餐的主要工具——弓箭，是用燧石、象牙或獸骨製成。此外，他們也因應不同的狩獵季節需要，創造出各種不同的工具，這些有很多仍保留至今。人類學家非常推崇他們獨創的冬季武器——冰矛。冰矛的一端附有細小的羽毛或毛髮，獵人持矛將毛端置於冰地小洞的上面，待毛矛一動就表示有獵物出現了。這種方法常常使獵人在冰天雪地裡坐上好幾個鐘頭。

食物，是他們最有興趣的東西。他們獵食海豹、海象、鯨魚和馴鹿。鯨脂、獸肉、魚是他們的主食，而且多半是生食，

生食最營養。留在馴鹿胃裡的青苔被視為一道佳餚，以增添一些菜色花樣。一旦自然食物供應缺乏時，他們就會全家搬到別的地方去；通常是利用冰藏的魚或獸皮做成的雪橇，所以有必要時，這些雪橇也可以拿來吃。

說到伊努特人，就會聯想到他們的圓頂冰屋。因為缺乏樹木（也就沒有木材），他們的住屋有時甚至只是一個很簡陋的小屋，用隨處可見的雪塊做材料，很方便。伊努特人沿用至今的拱形圓頂小屋是用雪塊蓋起來的，其效果跟滑雪力矩很像。冰屋裡，一進門的地方有一處睡眠或工作的平臺，還有一處地方放置一盞暖氣燈或者獵物。

早期的伊努特人使用的是伊努克提突特語（Inuktitut），這種語言沒有一個詞彙是表示酋長或領袖之意；他們對權力與權威的理解跟一般所了解的不同。在這些遊牧民族，權力是屬於團體共有的，而他們的生活基調乃是維持團體和諧。大約在1250年，伊努特人在現今的紐芬蘭遭遇了中世紀的挪威維京獵人。從1570年至1580年代，許多歐洲探勘隊伍試著尋找西北航道時，也遇見了這支富於謀略的族群。伊努特人非常看重用來製作魚叉和刀刃的鐵。

生活在如此惡劣嚴厲的環境裡，伊努特人需要「運氣」，才得以生存在這個充滿惡靈的世界——人死了，他的「運氣」就算用完了。時至今日，許多伊努特人仍然會說：「如果你知道我每天要經歷多少危險，你就會了解我為什麼會那麼喜歡笑了。」

西岸印第安人

隨著先民到達加拿大其他地區，進入平原與森林，於是繁衍出許許多多的語言與文化。

早期的伊努特人

伊努特人使用伊努克提突特語（Inuktitut），這種語言沒有一個詞彙表示酋長或領袖之意；權力是屬於團體所共有。

左圖：北極伊努特人像，左邊是 Shulainina，右邊是 Tul-lauchiu。在歐洲人還沒來到之前，印第安人早已居住在加拿大了。

今天，加拿大處處都可以發現印第安豐富多樣歷史的證據──雖然他們的文化傳統在歐洲殖民過程當中受到嚴重破壞。西岸供養了很多印第安部族人口，包括瓜奇特爾族、貝拉古拉族（Bella Coola）、努特卡（Nootka）、海達（Haidas）、欽西安族（Tsimshian）、沿岸賽利希族（Coast Salish）和特林基特族。這些印第安人發現太平洋沿岸有極豐富的自然資源。海裡有鱈魚、大比目魚、鮭魚、食用海草；森林裡有鹿、狸、熊。紅杉可以製作樹皮編織斗篷與帽子，以及木作工具、大型獨木舟與圖

動物、犬齒突出的神話怪獸及奇形怪狀的人形圖像。這些見於圖騰柱、木屋、獨木舟、盛器等等的生物圖像，就跟歐洲的家族紋章一樣，變成為特殊血統的標記，代表著身分、地位與財富。

北海岸文化所展現的物質財富與工藝技術促成了部落之間活絡的貿易體系，這個貿易網絡後來在加拿大的毛皮交易中有舉足輕重的地位。努特卡族專精鯨魚製品，海達族則「大量生產」儀式用的獨木舟。這形成了部落之間一種相當複雜的以物易物方式。因此，西岸印第安人之所以會熱

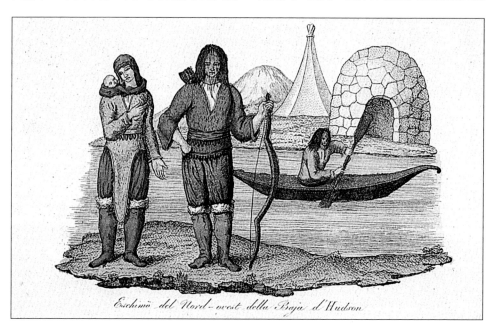

Eschimö del Nord-ovest della Baja d'Hudson

騰柱。

跟伊努特人不同，西北岸的印第安人有豐富的木材可茲利用。他們最著稱的就是長達20公尺的巨型獨木舟及80公尺的木屋。祖先傳下的漁場，依舊傍著崎嶇的太平洋濱岸，那是他們多數活動的場所。通常他們只要辛苦幾個禮拜去捕魚，就能得到一整年份的食物。

食物與建材不虞缺乏，西北岸的印第安人自然能有空閒從事器物的創作。這些器物呈現的風格與技巧，有很多沿用至今。到印第安博物館與技藝保存區參觀的遊客都會注意到一個風格，就是處處可以見到

中殖民官員所稱的「私有財產與物質財富」，自然也就不足為奇了。

造訪此地的遊客必定聽過那著名的炫富冬節（potlatch）。這是部落的族長和族人向另一部落進行一種分贈禮物的儀式。在這個儀式當中，主人會分贈很多禮物給每位客人。在盛宴之後，接著就是冗長的致詞談話。這些慶祝會的舉行通常是為了宣告主人部落中某一成員的地位改變，例如財產繼承人獲取繼承權。通常，若有兩人同時都有資格繼承某項身分地位，就會為他們舉行一系列的對抗活動。

活動的內容主要是財產的揮霍，或焚燒

或毀損，甚或殺掉一個奴隸。炫富冬節一直要持續到財務吃不消的一方屈服，並撤回繼承的聲請，才告結束。

平原區印第安人

在加拿大另一個地理區域中居住著平原區印第安人，包括有黑腳族、克里族（Cree）、奧吉步瓦族（Ojibwa）、撒爾細族（Sarcee）、阿夕尼波因族（Assiniboine）。各族各有不同的語言，說的話對方都聽不懂，因此進行貿易時常常就得比手畫腳。儘管如此，由於大家的生活共同仰賴北美野牛，因此各部族之間仍息息相關。北美野牛是平原區印第安人的生活核心。野牛肉可製成乾肉餅，印第安人追獵時便經常攜帶這種壓縮乾糧。野牛皮可製成毯子、衣服、帳篷外被。野牛毛乾燥後，可編成繩索或填塞平底靴。在18世紀後期馬匹引進之前，印第安人一直都是靠一雙腳獵牛。大家蜂擁而上，將野牛哄趕至一方陷阱裡去。這個俗稱「嚇獵野牛」的活動是

伊努特人的天性

休倫族愛好和平，伊若闊依族生性兇悍，阿岡昆族則具十足的企業家精神。

由全部落的人共同參與，大家把牛隻趕向一個圍著柵欄的窪坑。通常由族裡的飛毛腿覆蓋牛皮，模仿野牛的動作，誘使真正的野牛奔向陷阱。只要野牛一進柵欄，就會掉落坑洞裡，其後的命運便是亂箭射身，敬候宰食了。

對野牛的依賴，使得平原區印第安人不得不「逐牛而居」。這種機動性需要輕便、易於搬遷的住屋來配合，就在這種背景下，印第安帳篷（teepee）因應而生。

這種頂端開個通口的圓錐形帳篷對平原區印第安人來說，不但具有實用價值，而且蘊涵神聖的意義。帳篷的地板代表著凡人的世間，尖頂代表著諸神的天國。帳篷的圓形造型，則象徵了生命神聖的循環。

在白人與槍火還沒來之前，平原區印第安人的組織一直相當鬆散。起初，每個部落有一個基本的政治單元，就是首領；若是有好幾個部落聯合，那麼就由這些部落的首領組成議事會。在貿易擴張、戰爭與慶典時，議事會就是一個管理組織。

平原區印第安人的一大節慶便是太陽舞祭（Sun Dance）。在這慶典中，人們向大

左圖：19世紀伊努特家庭在他們的「雪屋」前。
上圖：瓜奇特爾族的藝術作品：熊。

神（Great Spirit）敬塑起一根繫有祭物的聖柱，然後圍著聖柱跳舞，吟誦戰爭事蹟，祈求大神給他們獵牛的指點。年輕人則藉自傷身體表現獨特的「男子氣概」，其中一種是拿起原本綁在聖柱上的叉戳刺胸膛。他們深信，這種自虐式的肉體折磨能博取大神的憐憫慈悲。

森林區印第安人

除了伊努特人之外，東部森林區的印第安人或許是加拿大最著名的原住民。早在西元前1000年，加拿大東部就開始有一些

半遊牧的部族居住。就在這兒，我們可以見到溫和的休倫族，兇猛的伊若闊依族，頗具商業頭腦的阿岡昆族，各自展現獨特的生活型態。

就像加拿大其他地區的印第安人一樣，東部森林區印第安人也充分利用了自己的環境。他們的文化特色是：設有圍柵的村落裡坐落著長屋，廣泛使用燒陶器具、陶製煙斗。他們辛勤耕地，靠著「三姊妹」維生：南瓜、豆子、玉蜀黍。法國傳教士前來加拿大最先接觸及最先為難他們的就是休倫人。這些法國人發現，休倫人的社會存在著罕見的兩性平等，而且在政治管

理上也是以共識，而不是以權威為原則。

走進安大略南部的森林，很容易就可以推測出休倫人與伊若闊依人的可能遺跡地點。這些印第安人挑選聚落所在地乃是根據以下四個標準：近水好飲用洗滌，近森林好取木材，近沃土好耕作，具戰略價值好自衛。

雖然耶穌會傳教士與其他的探險家頗嫌惡印第安營地的生活狀況，也將這種嫌惡之情做了生動的描寫，但是真實如何實在難以了解。加拿大之父尚普蘭（Samuel de Chamlain）提及他見到住在長屋裡的印第安人足足有二、三十人之多，他簡直就被眼前的景象給嚇呆了，對他來說，這盡是污穢、混亂。他寫說：「屋內各個火堆所升起的煙四處任意流動，導致不少眼疾，結果，許多印第安人晚年失明。」印第安人這種共享觀念與缺乏公共衛生觀念讓歐洲人嫌惡。但值得注意的是，在歐洲人帶來的病菌肆虐之前，印第安人是絕少死於疾病的，儘管他們缺乏「適當的衛生環境」。

跟休倫族比起來，伊若闊依族是一個比較兇猛的部族，容易以戰爭解決糾紛。他們會折磨和獻祭俘虜，因而有兇暴戰士的惡名。他們相信有兩個大神，一善一惡，這在加拿大印第安人信仰中是絕無僅有的。在伊若闊依族的宗教裡，這兩個神常常彼此不和，所以在他們的神話中最常描寫的便是二神之間的衝突紛爭。事實上，在歐洲人來到之前，伊若闊依族便已經紮下了龐大帝國的根基：他們建立了由好幾個部族組成的聯邦組織，發展一套方便貿易的統一貨幣系統——貝殼串珠（wampum），還組織了同盟團體，負責與敵族的戰事。加拿大的歷史雖然有一部分就是近代歐洲社會的成長史，但是對印第安人來說，這部歷史卻是一則訴說著剝削、爭鬥，乃至滅絕的悲慘故事。

這就是第一代歐洲移民即將登場前的舞台背景：一大片遼闊的土地上，散居著種種不同的印第安族群，各自展現著他們獨特的生活型態。

左圖：印第安少女「一點小姐」。
右圖：黑腳族野鴨酋長一家人。

航海探險

早期的探險家夢想找到黃金和寶石，
結果他們找到的是蘊藏豐富林木及魚澤的新大陸。

加拿大的歷史不是冷寂如石，也不是充滿被征服的血淚悲情。歐洲國家的歷史通常都包括有偉大文明精采的崛起故事、大城市的建造歷程，以及種種的征服策略與戰利成果；但是加拿大的歷史就顯得謙卑些，那是由原始荒野、艱辛與毅力、挫折與夢想交織而成的故事。

繼遊獵民族之後造訪加拿大新天地的是維京人。他們的祖先早先從挪威遷移到冰島。當紅髮艾瑞克（Eric the Red）發現格陵蘭並定居後，他們就從冰島再度西遷。維京人天性強悍耐勞，善於航海，經常出海尋魚與探險。某天，一位叫赫約夫森（Bjarne Herjolfsen）的捕魚人冒險尋找魚蹤，隱約瞥見了北美大陸的影子，返航後就述說他看見了一個不知名的陸地。大約西元 1000 年時，紅髮艾瑞克的兒子里夫（Lief）啟航尋訪那片新大陸。維京人的英雄傳奇就有里夫奇妙的歷險故事，也提到他發現黑格蘭（Helluland，即今日的巴芬島）、馬可蘭（Markland，即今日的拉布拉多）與溫蘭（Vinland）。西元 1961 年，人類學家英斯泰德（Helge Ingstad）偶然間在紐芬蘭的郎索梅多（L'Anse aux Meadows）發現了古挪威人殖民地遺跡，因而斷定溫蘭可能就是現今的紐芬蘭。

對里夫來說，溫蘭真是一塊奇地，處處有多汁的葡萄、肥碩的鮭魚。距里夫的探險一年之後，他的兄弟索瓦德（Thorvald）也出航前往北美，希望能跟溫蘭的原住民有所接觸。結果呢？據說，索瓦德一行人竟遭「斯魁林人」（Skraelings）的弓箭招呼。另外，有些傳奇故事還盛傳紅髮艾瑞克的私生女小辣椒弗瑞迪絲（Freydis the Brave and Cruel）護衛維京人的英雄行徑：她大眼猛瞪，齜牙咧嘴，衝向斯魁林人，企圖嚇退他們。

傳說中的斯魁林人究竟是誰呢？維京人的傳奇描述他們是蓄有奇特髮型的黑膚民族。歷史人類學家推測他們可能就是阿岡昆人。不論斯魁林人是誰，歷史的事實是，他們迫使維京人無法在加拿大本土定居。而這些維京人很可能就此返回加拿大

北方邊陲。事實上，探險家史蒂芬生（Vilhjalmur Stefansson）在 1910 年取名為「愛斯基摩銅人」（Copper Eskimos）的一種身材高大、金髮碧眼的民族，已使好些人推測他們便是維京人與巴芬島伊努特人混血繁衍的後代。

卡伯特與卡蒂埃

15 世紀標示了人類意識的一個新起點，尤其對加拿大來說，實在具有深遠的意義。當時許多王公商賈時時都在夢想，能發現一條橫越大西洋通往東方香料珠寶和絲綢之路。隨著造船技術的精進，這個夢

左圖：大約西元 1000 年，維京人從冰島渡海到達加拿大。
右圖：16 世紀的探險家弗羅比歇（Martin Frobisher）出航尋找西北航道。

想愈來愈有可能成真。

卡伯特（John Cabot）是第一位「正式」發現加拿大的探險家，他宣稱加拿大乃屬於英王王土。這位義大利航海家以想像力與冒險精神著稱。1496年，他說服英王亨利七世，以英國的名義去尋找一條通往印度的路。1497年5月2日星期二，卡伯特與18名船員登上「馬太號」，向美洲出發。經過海上52個單調的日子之後，馬太號終於看見了紐芬蘭拉布拉多的布雷頓角（Cape Breton），卡伯特在6月24日登陸該島，宣稱這塊土地屬於英王亨利七世的王

土。但是，傳說中遍地黃金的地方究竟在那裡呢？

卡伯特很快便發現這兒土壤肥沃，氣候宜人。他深信這個地方是亞洲東北海岸，若再深一步探測便會找到他夢寐以求的絲綢和珠寶。結果，他沒有找著；他真正呈報給英王的是蘊藏豐富的魚澤和木材資源的土地。

卡伯特帶著魚澤的故事回國，一心想著黃金的亨利七世自然是不感興趣，便賜十英鎊慰勞他此行的辛勞。1498年，卡伯特再度出發，這回他帶了五艘船，配備300名船員，從布里斯托出航，但從此音訊全無。繼卡伯特之後，陸陸續續又有許多探

險家出航，但都一無所獲。直到1534年卡蒂埃（Jacques Cartier）代表法王法蘭西斯一世前往北美探險，才有所斬獲。卡蒂埃的探險揭開了英法兩國逐鹿北美的序幕。

卡蒂埃在第一次北美探險時，發現聖羅倫斯灣，深信它是通往東方的水路，便沿河而上，深入內陸，直到伊若闊依族的候奇拉嘎（Hochelaga，即現今的蒙特婁）和司塔達空納（Stadacona，即現今的魁北克）兩個村落為止。卡蒂埃發現當地的印第安人十分親切，便帶了兩名返回法國。就跟亨利七世一樣，法蘭西斯一世對探險結果也很失望，但卡蒂埃安慰說，他已在加斯佩半島（Gaspé Peninsula）以法王名義豎立一座十字架，並稱該片土地為新法蘭西。

北極探險

早期的探險家多致力於探尋東方新航路，而距卡蒂埃探險50年之後的探險家則熱中於西北航道的探尋。弗羅比歇（Martin Frobisher）即是其中一位。以勇敢著稱的他奉英國女王伊莉莎白一世之命去尋找通往美洲的不凍航路。雖然弗羅比歇在英國歷史上並無卓越貢獻，但這不影響他成為民間永遠懷念的英雄人物。離弗羅比歇的探險三百多年之後，另一位探險家查爾斯‧霍爾（Charles Hall）發現了當年弗羅比歇一行人建造的建築遺跡。霍爾在三個世紀後，也就是1861年寫道：當地土著談起弗羅比歇時，好像他剛剛才拜訪過他們似的。

哈得遜（Henry Hudson）也是一位熱愛探險的人。為了開闢中國航路，他曾多次前往北美探勘，可惜終以悲劇收場。1609年，他們的探險船「發現號」在詹姆士灣遇上冰封，只好乖乖待在船上過冬。漫長冬日後的一天，哈得遜跟船員葛林起了爭執，後來葛林就唆使同伙叛變。結果，哈得遜和他的兒子連同七名忠心的船員被逐下船，任其在灣裡自生自滅。自此他就下落不明了。

緊接著哈得遜探險的是湯瑪斯‧詹姆士（Thomas James），時為1631年。詹姆士灣便是以他的名字命名的。

左圖：魁北克早期殖民時代的景觀。
右圖：1778年庫克船長踏上北美太平洋岸，尋找通過大陸的河道。

航海探險

　　他把他的探險見聞寫成了一本生動的《詹姆士船長歷險記》。而他的航海日誌後來成為英國詩人柯立芝（Coleridge）的《古水手詠》的詩作材料。繼詹姆士之後，英國海軍軍官派瑞（William Edward Parry）奮力衝過了北方的冰山，終於在1819年安抵麥維島（Melville I.），路途之遙創下了當時空前的紀錄。

　　最令人難過的探險故事可能是英國海軍少將約翰‧富蘭克林的故事。1819年，他奉命探勘一條從哈得遜灣到北極海的航路。成功之後，他又在1825年和1845年兩度前往北美探險。在最後一次探險，他深信一定會找到西北航道。當時船上還有一位曾與派瑞一同探險的克羅澤船長。可是，從1845年7月26日以後，他那兩艘探險船「黑暗號」與「恐怖號」就杳無蹤跡了。多年後，搜救隊發現了他們的殘骸與罹難日記。原來，就在距成功僅差數哩之際，一行人卻因糧盡援絕而含恨離世了。

　　在1903至1906年，挪威探險家阿孟森（Roald Amundsen）帶領著一艘船，成為成功穿越傳說之不凍西北航道的第一人。1909年之後，受到培利（Robert Peary）成功試探北極一事所激勵，阿孟森轉移興趣至南極洲。短短幾百年當中，加拿大的北國就無情奪去了好多來自歐洲的「獻祭的羔羊」。

西岸探險

　　加拿大西岸是好奇歐洲人的另個目標，試圖找出一條抵達歐洲的輕鬆北方水路。1778年，庫克（James Cook）船長在太平洋探險中踏上了加拿大西岸，尋找一條源自西岸穿過北美內陸的水道，但他終得承認失敗。接著，溫哥華（George Vancouver）在1791至1795年間前往探險，發現了貝拉庫拉河（Bella Coola River）的出海口。七週後，經由陸路的馬更些（Alexander Mackenzie）也抵達了該河出海口。

　　以上就是加拿大早期的歷史。對歐洲人來說，加拿大既無黃金又無珠寶，實在讓人很失望。英法兩國的統治者在認命之餘，也開始著手規畫拓殖這片新大陸。

右圖：探險與貿易：沿加拿大西岸河流而上，尋找毛皮。

新法蘭西的興衰

17世紀，歷史見證了毛皮貿易的蓬勃發展，
探險的持續進行，以及歐洲移民與原住民的激烈分化。

對 17世紀的歐洲統治者來說，拓殖北美新大陸絕不是容易的事。加拿大既寒冷又荒蕪，而且大部分地區有待探勘，實在引不大起英國、法國和西班牙人的興趣。但是，真正到加拿大闖天下的人卻發現歐洲人與印第安人之間的貿易正方興未艾，他們很快就領悟到其實移民加拿大的經濟前景是很有吸引力的。

毛皮貿易

好奇而大抵友善的印第安人遇見英、法國移民之後，對歐洲的金屬製品深深著迷，在他們眼裡，這些用品所代表的技術水準遠在他們粗陋的石製品或木製品之上。結果，他們漸漸養成了對歐洲人的依賴，一種會改變他們生活方式的依賴。

起初印第安人拿不出什麼東西來交換寶貴的刀斧，而歐洲人也尖刻地抱怨手工製獨木舟和雪鞋不好用。但是，到了17世紀後期，印第安人已經開始用毛皮跟歐洲移民交易，尤其是高級珍貴的毛皮。這時，自加拿大取得海狸皮的歐洲製帽商宣傳說海狸皮帽是世界上最溫暖最耐久的帽子，結果造成了一股海狸皮帽的旋風，這股海狸皮帽熱也就這樣在這片新殖民地上創造了龐大、蓬勃開展的毛皮市場。而始終不大明白白人海狸熱的印第安人則成了歐洲皮毛商主要的貨源供應者，不斷以毛皮交換各種歐洲製品。17世紀法國作家雷斯卡波（Marc Lescabot）特別提到說，毛皮交易使得印第安人對海狸油然生出了敬意，因為對他們來說，這小小的動物不但神祕地為他們帶來了壺、斧、刀，還使他們不必辛苦耕作就可有食物和飲料享用。到了18世紀初期，加拿大的毛皮貿易日益繁榮，獨占北美毛皮市場的競爭也日趨激烈。

加拿大之父

在許多方面，法國探險家尚普蘭（Samuel de Champlain）都是加拿大毛皮貿易得以拓展的功臣。這位充滿探險熱情的理想主義者最常被想到的可能是：他是「加拿大之父」，他也常因他欲以正義和同

情的原則建設加拿大的理想而備受推崇。

1604年，尚普蘭代表法王在阿卡迪亞（Acadia，即現今的新斯科細亞）建立了北美第一個法國殖民地。在人們口耳相傳下，阿卡迪亞逐漸被神話為一個桃花源般的移民新天地，那兒風景如畫、充滿著安和樂利景象的小村也成了許多民間故事與詩歌吟詠的主題。

阿卡迪亞的大牧野村（Grand Pré）就是美國詩人朗費羅（Henry Wadsworth Longfellow）的《伊凡吉林》（*Evangeline*）這部敘述詩的場景。這部詩敘述英人苛政摧毀了一個桃花源般的小村，以及一對戀

左圖：毛皮交易滿足歐洲時尚的需求（1758年）。
右圖：加拿大許許多多的開拓先驅之一：尚普蘭。

人分離的故事。關於阿卡迪亞及其村民，
朗費羅寫道：

> 如此攜手生活在愛中
> 這些樸實的阿卡迪亞農人……
> 他們的門不知門鎖，
> 他們的窗不識窗欄
> 他們的住處是如此開放
> 如同白晝與主人的心；
> 那兒，最富的人其實貧窮
> 最窮的人其實富裕。

繼阿卡迪亞之後，尚普蘭前往加拿大內陸，繼續他的發現之旅。1608年7月3日，他在一處名為司塔達空納的印第安古老村址建造了魁北克。雖然魁北克的建立在整個加拿大歷史占有舉足輕重的地位，但是對尚普蘭來說，這沒有什麼特別處。正如他的日記所言，他選擇這個地點是為了方便，並沒有想到它未來的歷史重要性：「7月3日抵達那裡（魁北克）時，我環顧四周想找一塊適於建造的地點，我再也找不出有像魁北克那麼便利、那麼理想的地點了。『魁北克』是當地野人的稱呼，那兒長滿了樹木和堅果……附近有一條怡人的河流，從前卡蒂埃曾在冬天渡過這條河流。」尚普蘭所講的這條怡人的河流，就是壯闊的聖羅倫斯河，後來成為毛皮輸出歐洲的重要通路。

休倫族

尚普蘭定居魁北克一年之後，有一群印第安人從西北部南下，拿毛皮跟法國人交易。當他們抵達時，法國人看見他們的外表非常驚奇，因為他們的頭剃半，一叢叢頭髮自頭皮聳起來。法國人看見這些印第安人的髮型就想到發怒野豬（la hure）背上的鬃毛，因此就稱呼他們為休倫族（Hurons）。從此，法國人和印第安人就開始了長期的悲慘關係。

尚普蘭在加拿大的一大目標便是控制蓬勃發展的毛皮交易及嚴加管理印第安人。但是，已跟休倫族來往的尚普蘭卻忽略了毛皮交易正使得印第安部族間原本就存在的敵視更加尖銳。長久以來，休倫族與伊若闊依族之間即存在著對儀式不同觀念引起的敵意，由於休倫族做起毛皮交易，雙方更加添了唯利是圖的爭執。當尚普蘭代表法國人和休倫族結盟時，也正是他被伊若闊依族視為大敵的一刻。

在著名的提康得拉嘎（Ticonderoga，伊若闊依族的要塞）遠征中，尚普蘭帶了60名休倫族勇士和三名武裝的法國人一同前往，正式點燃了伊若闊依族與法國人之間的戰火。起先，遭遇戰是以傳統武力進行，但之後尚普蘭的槍火上陣，瞬間便取走了300名伊若闊依人的性命。這次事件造成了伊若闊依族又深又長的仇恨，自此開始不時襲擊法國交易站。正當尚普蘭忙

著管理殖民地及擊退伊若闊依族時，其他的移民（大多數是來自法國）也開始出現了。

開拓先驅

這些以「林間客」（coureurs de bois）聞名的早期移民在家鄉多半當苦工，因而期盼到新法蘭西闖一番事業，許多人甚至甘願為此故意違法坐牢以換取移民簽證。於是，這些林間客便成了加拿大貿易系統的骨幹。他們設阱捕獸以求生計，不但要面對危機四伏的荒野，而且還須擊退有敵意的印第安人，這些渡海移民不愧是早期加

拿大的創業冒險家。在加拿大的民間傳說裡他們被描述為膽大、好喧鬧的漢子，但最終他們還是成為那些意圖獨占新大陸貿易市場的大公司的雇員。

到了 1750 年代，法國已經視加拿大為一個利多的投資，而忽略加拿大將近有五年之久的英國也開始對這塊土地熱中起來。

當尚普蘭及其他的探險家在 17 世紀初期冒險前往加拿大時，便有定居這塊新殖民地的計畫，雖然說這些計畫也代表了有夢

教化印第安人

尚普蘭企圖要建立一塊「頌揚上帝與法蘭西之榮耀而設造之地」。

地方，空蕩無際，有時生活艱辛無比。自尚普蘭聲稱加拿大屬於法王王土後，他的首要任務便是管理毛皮交易，而第二個任務則是促使當地土著皈依基督教，因為唯有如此，這塊新大陸才真正能成為「為頌揚上帝與法蘭西的榮耀而設造之地」。1632 至 52 年這 20 年，常常被視為加拿大福音傳教的「黃金年代」，用這樣的詞彙事實上有點誤導之嫌，因為，它雖然點明了這段時期基督教在加拿大旺盛的宗教活動

想者的一種美夢，然而它們本質上卻成為歐洲君主好大喜功的表徵。對於這些探險家而言，加拿大可以增添英法兩個不斷擴張的帝國之榮耀。的確，在 17、18 世紀超級列強競逐的「獨占委員會」看來，加拿大實在是一個寶貴的資產。但是，對於其他前往加拿大的人（譬如農人、漁夫、婦孺、傳教士，甚至草莽的林間客）來說，加拿大絕不僅僅是一個政治概念或地理上的戰利品而已，她是一個非常真實的

力，卻隱藏了傳教士成功率偏低（以皈依基督教與否而言）的事實。

傳教士抵達

尚普蘭最先帶到加拿大的傳教士是嚴守清律的四名聖芳濟會修士（Franciscan），他們全心全意地投入蠻荒地區去尋找「不信上帝的野蠻人」。到達之後，這些修士就開始耐心從事拯救印第安人靈魂的工作，無奈成果不彰。不久之後，耶穌會教士受邀加入加拿大區的傳教團，譬如布雷伯夫與努神父在 1625 年離開法國，遠赴加拿大向伊若闊依族和休倫族傳教，要他們

左圖：天花威脅著整船的移民。
右圖：耶穌會布雷伯夫神父遭伊若闊依人凌虐至死。

改信上帝。

耶穌會的傳教士就像大多數的歐洲人一樣，未能了解印第安人的生活方式。印第安人採社區自治，沒有階級結構和權威手段，公開崇拜多神，有不同的飲食、衛生觀念，在耶穌會傳教士眼中，這些印第安人儘管野蠻、未開化，卻擁有相當的轉化潛力。

尚普蘭在1609年寫到印第安人時，就總結了這種看法：

他們具有復仇與說謊的邪惡傾向，不能完全信任他們，除非你相當小心而且擁有

Brébeuf）神父的遭遇。他是一名耶穌會的傳教士，在休倫族部落工作多年。他是在1649年3月16日殉教，同時代的勒尼奧（Christophe Regnault）在《耶穌會傳教士的故事》一書中記載了這件事的經過：「伊若闊依人來了……侵占了我們的村子，抓走了布雷伯夫神父和他的同伴，然後放火燒村。接著，他們還拿這兩名神父出氣，剝光神父的衣服，雙手雙腳綁在一起，一人綁在一根柱子上，棍棒如雨揮下……神父全身沒有一處能逃得過。」

可憐的神父還得忍受其他可怕的虐待。

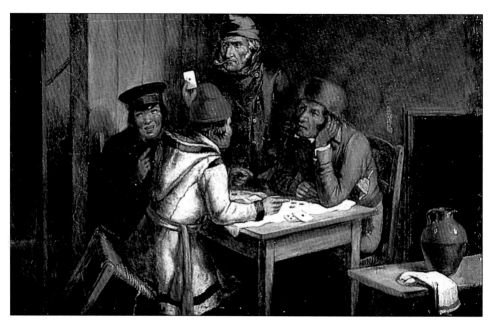

武器……他們不知崇敬上帝、祈禱上帝為何物，只是像野獸般地活著，但我想，如果有人住在他們中間，悉心教化他們的靈魂，那他們很快便會改變轉化，皈依基督教──他們多數人也希望這樣。

不消說，耶穌會傳教士在印第安部落裡不是總受到歡迎，甚至，那些被伊若闊依人稱為「黑袍」的傳教士還成了邪惡與災難的象徵。雖然耶穌會傳教士難免還是會有些種族優越感，但是這並不影響他們其中有些人表現了大無畏的精神。很多耶穌會傳教士慘遭殺害，成為加拿大的殉教先驅。這正是著名的布雷伯夫（Jean de

據記載，儘管布雷伯夫遭受極大的痛苦，他仍繼續向印第安人宣揚上帝的福音，直到他們割掉他的唇舌為止。待神父慢慢痛苦死後，伊若闊依人深凜於他堅毅不撓的精神，就取出他的心來吃，深信這樣他們就會跟神父一樣勇敢。

加拿大第一代法國移民

根據加拿大早期歷史所記載，前往新大陸討生活的法國移民有兩種：一種是林間客，一種是農民。後者沿著聖羅倫斯河兩岸肥沃的土地開墾定居。從一開始，這兩種移民的生活型態就極為不同，雙方因而

產生相當的敵意。農民認為林間客既不可靠又愛報復，跟可鄙的伊若闊依人沒有兩樣；而林間客認為農民常嚇跑獵物，害得他們必須更深入林地。

雖然林間客常常被描述為慓悍耐苦，但是生活對農民來說也同樣非常艱苦。譬如說，清除聖羅倫斯河兩岸盤結糾纏的樹木需要耗時費力的勞動，收成常常珊珊來遲，有時整年的糧食可能因惡劣的天氣而毀於一旦，就算沒有天災，常常也要擔心野獸與懷有敵意

蓬勃發展的時代

到了1630年代，魁北克和蒙特婁已經發展成為繁忙的商業中心。

能教野兔由棕轉白。

儘管如此，他們還是時有收穫。木造屋不久就被淘汰，取而代之的是有陡峭屋頂和大壁爐的石造屋。隨著樹林被清出成空地，隨著小村落發展成為市鎮，隨著農人在他們的佃地上安居樂業，新法蘭西的移民農家終於享受了比歐洲農家更高的生活水準。

早期的加拿大農民不用繳稅，佃戶租金與教會什一稅又很低，還有肥沃的土地，

的印第安人侵襲。

在新法蘭西，早期的房舍都是用粗陋的木材搭建的小木屋；冬季裡，家庭用水必須在冰上鑿洞才能取得。對這種早期加拿大冰寒的天氣，詩人歐葛雷蒂（Standish O'Grandy）寫道：

> 荒涼之土，不毛之濱
> 鐵杉為妳的不孕悠悠沉思
> 凜冽冬夜裡妳吐納寒氣

左圖：農民最喜愛的娛樂就是玩牌，卻遭到天主教會的嚴格禁止。

右圖：藝術家克里耶格夫所描繪的19世紀法裔加拿大人的家庭生活。

食物非常充裕，人人都有權狩獵捕魚。到了1630年代，魁北克與蒙特婁這兩個小村落竟已發展成繁忙的商業中心，並且成為法蘭西的主權堡壘。法國傳教士既然從印第安人那兒鎩羽而歸，就回到殖民地辦起學校、醫院，甚至還成立一所大學，即「耶穌會教士學院」（Jesuit College，建於1636年，比哈佛早一年）。此外，一套頗完備的法庭制度和訴訟程序也建立了起來。

在1640年，新法蘭西只有240名居民，但到了1685年，已膨脹到10,000名。生氣勃勃、人口眾多的蒙特婁和魁北克因此成了殖民地的首府。克里耶格夫（Cornelius

Krieghoff）這位藝術家也是一名研究早期魁北克文化的編年史家，觀察力絕佳，他將法裔加拿大描寫為辛勤而歡樂的族群。冬天來到，田野沉睡在層層積雪下，倉庫貯滿了糧食，此時正是魁北克人玩樂的絕佳時機。

法裔加拿大人很疼小孩，他們的社交活動主要是家庭聚會、牌戲、跳舞和酒宴。（有一點要補充說明，就是魁北克到了1749年，酒醉駕駛馬車的情形很嚴重，因此通過了一項法令，對酒醉駕駛者科以六元古法幣，相當於六美元的罰鍰。）對魁北克人而言，生活中唯一不悅之處似乎是那些

brothers），就曾經封鎖聖羅倫斯河達三年之久，而且還自特許的法國百股公司（The Hundred Associates）手中奪去毛皮生意。此外，亞歷山大爵士（Sir William Alexander）也在此時宣稱阿卡迪亞歸在蘇格蘭王詹姆士六世名下。各種紛爭不斷發生，直到1632年簽署聖日耳曼尼雷和約（Treaty of Saint-German-en-Laye），加拿大和阿卡迪亞重返法國懷抱，才暫告平息。

新法蘭西政府

新法蘭西的移民經常抱怨，其中一項便

嚴禁跳舞、牌戲、穿戴珠寶，甚至髮飾的教士出現。1700年，拉瓦爾主教（Bishop Laval）在盛怒之下懲戒魁北克婦女，因為她們太講究髮型，穿著不宜的服飾。

殖民地衝突

當耶穌會繼續在加拿大傳教，法國移民不屈不撓在這片土地紮根時，尚普蘭及其他法國官員面臨著一個問題，就是如何維持他們在這個新殖民地的控制權。當時他們已跟很多政治勢力發生了領土衝突。

譬如，在1627年，支持法國新教徒運動的英國著名探險家柯克兄弟（Kirke

是缺乏有權威的中央政府。所以，他們在1647年成立了一個議事會，由總督、耶穌會高級教士及蒙特婁首長共同組成。議事會的角色主要是監管殖民地的經濟活動，但是成效不彰。結果，新法蘭西終於在1663年正式受法王（當時是路易十四）的監護。

對於促成法屬加拿大成立中央集權的強勢政府，有兩個人貢獻良多。第一位是企圖心甚強的法國財政部長柯爾柏（Jean Baptiste Colbert），他致力於建立一套新的行政系統，以改造法屬殖民地的政體。柯爾柏以法國政府為典範，企圖將新法蘭西

建設為一個有治權的行政區。

為此，他促成了一個新組織，由總督、監察官和高級議會所組成。新法蘭西的主教是由高級議會的一名成員擔任，卻常常跟執政的總督意見不合。

弗隆特納克伯爵（Comte de Frontenac）是新法蘭西較為多彩的總督之一，深具個人魅力，同時卻有狂妄放肆的特質。打從任職開始，他就跟加拿大最有影響力的教士們唱反調。他述及耶穌會教士時說：

東西部關係

柯爾柏忽略西部的結果，是使英國得以在新大陸取得一個更堅實的據點。

處理日常問題。柯爾柏政府體系的第一任監察官塔隆（Jean Talon）是第二個改造殖民地組織的人，同時引進了數以千計的新移民，其中有許多是婦女。大多數的人口都聚集在蒙特婁、魁北克與三河市（Trois-Rivières）等三個城市。柯爾柏與塔隆希望移民們能沿著聖羅倫斯河定居下來，可是很多人卻成了探險家，前往內陸去了。

人口流動率高是殖民新法蘭西的一大障

左圖：農民催促馬兒在冰地上跑快點。
右圖：現代魁北克覆雪的街道上，馬車閒步走過。

「另外有一件事令我不悅……名譽主教和神學院教士完全依賴耶穌會教士，若無後者的命令他們簡直不能做任何事情。」

弗隆特納克控訴耶穌會教士對居民進行不當控制。他對他們無理的態度令新法蘭西蒙羞。同時，他也忽略了西方來勢洶洶的英屬哈得遜灣公司，低估了它對加拿大未來的影響力。

柯爾柏改造殖民地組織的結果使新法蘭西有一個堅實的中央集權政府，能夠有效

礙。柯爾柏認為人口遷移不利於法國利益，於是禁止居民遷離主要殖民區，並且限制毛皮交易只能在蒙特婁、三河市與塔多薩克（Tadoussac）等三處進行。他忽略西部的結果，只是給了英國可乘之機，得以在新大陸取得一個更堅實的據點。

英法對抗

在 1660 年代，格羅熱傑（Médard des Groseilliers）與拉第松（Pierre Radisson）這兩名捕獸人決定採取行動，表達對於高額毛皮運費（必須運回魁北克，這是殖民政府所規定的）及過高毛皮稅的不滿。後

來他們逃離到新英格蘭，然後被護送到英國去。他們說服了一群倫敦商人去奪取加拿大中部地區的毛皮生意，方法就是成立哈得遜灣公司。該公司成立後，主張擁有哈得遜灣流域的獨家貿易權。

新法蘭西突然驚覺自己已處在一種腹背受敵的窘境：南有荷蘭人與英國人撐腰的伊若闊依人，北又有不斷擴張勢力的哈得遜灣公司。新法蘭西怕失去這塊新殖民地，就發動義勇軍遠征，要把英國人逐出哈得遜灣。

到了 18 世紀初，雙方敵意已愈來愈高，

尤其是在東部地區的新英格蘭農民也開始覬覦阿卡迪亞這塊地方。數年間，新法蘭西不是忙著驅逐新移民，就是派兵突襲英國人。

雙方終於在 1713 年達成協議，簽署了烏德勒和約（Peace Treaty of Utrecht），同意歐洲兩強瓜分北美。法國讓了一大步，不但阿卡迪亞與哈得遜灣都讓給了英國人，而且和約第十五條款還承認了英國人對伊若闊依人的宗主權，同意他們跟原屬法國勢力範圍的西印第安人貿易往來。

和平時期

儘管法國並沒有兌現和約的誠意，但加拿大殖民地還是維持了 30 年和平。結果，她開始繁榮起來：一度萎縮的毛皮貿易開始蓬勃發展，人口由 1713 年的 19,000 人增加到 1739 年的 48,000 人，農業和漁業發達了，林業也開始起飛。

然而，大英帝國的經濟欲望還是隱藏不住，殖民強權終於在 1744 年再度爆發戰事。接著，一連串的小型戰鬥陸續發生，到了 1756 年，英法兩國正式宣戰，這次戰爭的結果對未來有決定性的影響。

基本上，法國根本就不大在乎這塊新殖民地，因此只派了蒙亢侯爵（Marquis de Montcalm）與少量援軍前來魁北克。兵短糧缺，法國戰敗幾乎已經是注定了。此外，法國也不希望冒險派艦隊前往北美，因為這樣就會導致法國本土海防空虛，易遭受敵人攻擊。新法蘭西的邊界綿長，防衛兵力薄弱，蒙亢怎能冀望防衛它呢？

新法蘭西的陷落

魁北克似乎是這場戰爭的關鍵，不論是對英國或是對法國來說。1759 年，英方一支由渥爾夫（James Wolfe）將軍所率領的軍隊開始向魁北克挺進。魁北克坐落在險峻的懸崖之上，具有天然的戰略地位，蒙亢因此有恃無恐，放心地迎接入侵者的到來。渥爾夫部隊在數度正面進攻皆告失敗之後，一名手下建議採取側面攻擊。到了 9 月 12 日夜晚，渥爾夫部隊在夜色掩護下渡過聖羅倫斯河，偷偷攀上懸崖。法軍在毫無防備的情況下，雖然擊退英軍，但自己也因驚惶過度而倉促撤退（此時法軍不知道敵軍也正倉惶不已，打算撤走）。

渥爾夫在這次交戰中陣亡，而蒙亢則受了重傷。魁北克陷落之後，英國人要取得新法蘭西只是時間上的問題。到了 1763 年雙方簽訂巴黎和約，法國將加拿大的殖民地讓給了英國。

左圖：渥爾夫將軍在魁北克圍戰中陣亡（1759 年）。
右圖：渥爾夫部隊進攻魁北克。

英國人的統治

雖然英國統治了加拿大，但企圖把 70,000 法裔加拿大人英國化，
事實證明是有些異想天開。

當加拿大讓給了英國的時候，法國上下並未掉眼淚。在法國官方眼中，新法蘭西這塊伏爾泰口中的「一些雪地」早已是一塊燙手山芋，它脫離法蘭西帝國簡直讓他們如釋重負，雖然還是有些遺憾。情勢愈來愈明顯，那些原為法國子民前來加拿大開墾的農民今後得完全靠自己了。

英國在加拿大的勝利開始給這塊新大陸帶來一些重大改變，其中之一便是毛皮生意的控制權由法國人轉到英國人手中。加拿大新近的經濟有所進展雖讓英國很高興，但她仍面臨著一個嚴重的問題：這塊新獲的殖民地大部分的居民都是外國裔。

從一開始，英國就打算消滅殖民地的法國文化。英國殖民地官員希望美國移民能遷居加拿大，最後在數量上能超過 70,000 名法裔加拿大人。法裔農民對於英國的用心自是心知肚明，但對他們來說，這樣的文化危機只是在他們的舊傷口再劃上一刀而已：他們原本就覺得自己是法國的孤兒，又落入一個雖不殘酷，卻很遲鈍傲慢的英國政府手中。

這項要把魁北克英國化的企圖終歸失敗。加拿大白人人口當中，法裔占了 99% 以上；這樣的話，要冀望一個信奉天主教的法語區突然轉變為使用英語的喬治三世的子民，顯然是不切實際。局面至此已經很明顯，與法裔妥協不但是勢在必行，而且還可能是有利的一著棋。

有些官員很快就體認到，贏取法裔加拿大人忠誠的重要性，譬如卡爾頓（Guy Carleton）總督就是。他敏銳觀察到很多人對南方有極大的不滿情緒，力促英國出面跟法國人談判，否則，只怕將來英國就得面對整個新大陸的暴亂了。在卡爾頓的引導之下，一項保護魁北克文化、政治與經濟的魁北克法案在 1774 年通過了。這項法案雖然保留了英國刑法，但是也同時恢復了法國民法；此外，天主教會保有徵收什一稅與起訴抗命者的權力，而法裔天主教徒也不再被排除在公職之外。這項法令安撫了大多數的法裔加拿大人。

美國獨立戰爭

在處理魁北克人這件事上，卡爾頓確實表現了他的識見，因為，當美國對英國的不滿達到頂點時，顯然法裔移民可能會站在英國這一邊。然而，卡爾頓的魁北克法案只照顧到法裔農民的利益，結果就觸怒了英裔居民。這些內部的矛盾與緊張都隨著美國獨立戰爭的到來而浮出檯面。在某種程度上，美國人這次反叛可說是魁北克法案所引起的：

法裔捕獵保護區的擴張（它侵占了傳統上認定為美國的土地）激怒了美國人，因此，美國大陸會議就在 1775 年制定了一項報復英國案。有趣的是，大陸會議通過的

左圖：英國統治後不久，就把自己的傳統強加諸法裔加拿大人身上。
右圖：1840 年的娛樂：踢踏舞。

第一項決議案並不是美國獨立於英國之外，反倒是入侵加拿大。

在英屬北美（即原先的新法蘭西），法裔居民對這次戰爭的感受可說是五味雜陳。法國介入並支持美國這一邊使魁北克人一時燃起了希望。而英國商人對於自己被當成背叛者一直都很不滿。可是，1776年英國正規軍來到北美，似乎已使法裔與英裔不滿人士相信，支持英國這一邊才是最明智的決定。

美國獨立戰爭在許多方面促成了英國更加鞏固她在加拿大的統治地位。與英軍相

比，美國這批入侵者顯得虛弱混亂，這使得英裔商人相信，支持大英帝國才有經濟利益可圖。

美國獨立戰爭帶給新斯科細亞居民的經驗當中有更多的成分是痛苦，所以他們多半認同於新英格蘭，也因而發現自己陷入一種雙重忠誠的矛盾當中。然而，美國人卻認知到分裂這塊殖民地是蠻勇之舉，因此決定不去侵犯新斯科細亞：華盛頓很技巧地稱這些移民為「中立的新英格蘭人」。這場戰爭最後加強了英國與新斯科細亞的關係，同樣地，主要還是由於經濟的因素。

美國獨立戰爭另一個重大影響是，有60,000名效忠英國的保皇黨人湧入了加拿大，美國的怨忿牢騷，並未得到這群男男女女的認同。這些親英人士大部分是來自紐約州。他們逃到新斯科細亞去尋求英國的保護。在加拿大，他們獲得了補償和土地。這些親英保皇人士完全改變了加拿大的人口結構；他們的出現造成了加拿大文化的二元性，包含英、法兩民族之間所有的顯著差異。

上加拿大與下加拿大

美國獨立戰爭餘波盪漾之際，還給加拿大帶來了一個影響，就是英裔居民對英國偏袒法裔的殖民地政策再度爆發不滿。親英保皇人士一心想要代議政府，可是這不包含在魁北克法案之內。仍對英國有所求的法裔領袖們開始不安起來，他們也了解到跟這些英裔人士對抗是無可避免的。此時，才被任命為多撤斯特上院議員（Lord Dorchester）的卡爾頓回到魁北克，想要導正這個「微妙的情勢」。結果，就有1791年立憲法案（the Constitutional Act of 1791）的產生。

在該法案之下，殖民地得以產生一民選議會，與英王所指派的另一立法評議會共同行使立法權。最重要的是，立憲法案將聖羅倫斯河流域分成兩個殖民地：一個稱「上加拿大」（Upper Canada），另一個稱「下加拿大」（Lower Canada）。這種殖民地劃分為二的發展，代表了英法移民對抗的新開端，也開啟了以英屬北美為舞台的另一幕戲。

美國獨立戰爭以後，英美之間的敵意於1812年再度升高，因為美國反抗軍企圖再度進犯加拿大。美軍最後在昆斯頓高地（Queenston Heights）一役中遭到擊敗。雖然英國有部分領土落入了這個年輕的國家手中，但是1812年這一役也正式確定了英屬北美仍留在大英帝國之內。

左圖：哈利法克斯一名搖鈴報時人。
右圖：美國獨立戰爭期間（1775-83），蓋茨將軍率軍攻堅。

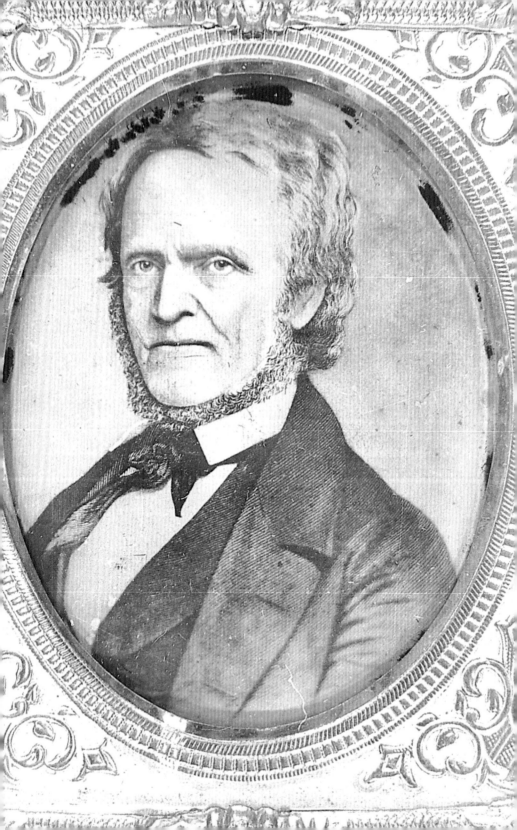

加拿大聯邦

加拿大殖民地人民對英國統治不再抱任何幻想，
起而要求成立一個民選議會，結果，產生了統一的加拿大自治領。

18 12 年戰役的結果，在加拿大人之中注入一股活力與自決的新意識。隨著經濟的繁榮，上加拿大的移民開始評估英國在這塊殖民地的政治與經濟角色扮演得如何。下加拿大也提出了類似的問題，只是出於不同的原因：普遍的失業與貧窮問題引發法裔加拿大人對英國的嚴厲批評。

加拿大的移民主要是對他們這個殖民地的政治結構感到絕望。雖然他們的議會是民選團體，但是英王所指派的評議會卻握有行政大權，而且還常常駁回民選議會所通過的決議案。加拿大人對英國的監護、腐敗、特權失望以後，開始要求責任政治，尤其是要求一個民選的評議會。

反抗運動

在魁北克，批評評議會（富商家族的菁英團體，人稱「朝廷幫」（Château Clique）最力的是愛國黨的創始人帕皮諾（Louis-Joseph Papineau）。愛國黨列了 92 項決議案，並且要求廢除指派的評議會，來作為他們的訴求。

英國拒絕考慮他們的要求。最後，愛國黨眼見和平討論毫無效果，就在 1837 年 10 月走上街頭，而與英國士兵發生了衝突。很多人喪命之後，動亂被平息了下來，帕皮諾逃到美國，愛國黨頓時群龍無首。

在上加拿大，爭取責任政治的運動是由一名脾氣暴躁的蘇格蘭人馬肯茲（William Lyon Mackenzie）所領導。他是一家地方報的發行人兼總編輯，以鋒利言辭抨擊「家族議會」（Family Compact，亦即上加拿大的評議會）著名。他曾在 1828 年當選民選議會議員，但在 1831 年因為毀謗罪名而遭到除名。

左圖：激進的馬肯茲在上加拿大競選時以「責任政治」作為訴求。

右圖：辛普森（George Simpson）建立了英屬哥倫比亞的評議會（1835 年）。

1837 年，馬肯茲在多倫多市洋吉街蒙哥馬利旅館聚集了好幾百名憤怒的抗議人士。數杯黃湯下肚之後，不滿的情緒開始化為具體行動，於是這群異議人士走上街頭，朝向政府辦公大樓前進。途中，他們遭到 27 名民兵攔截。一名上校在射擊阻擋

抗議人士的障礙物時，不幸遭到槍枝回火，引起場面一片混亂，嚇得抗議人士慌亂逃走，馬肯茲本人逃往美國。

雖然許多加拿大人都同情異議份子，但是英國政府對這些反對運動依舊採嚴厲的態度。當上加拿大反對運動的兩名領袖被處以絞刑時，居民們對英國統治方式的不滿也更升高了。

賴爾森（John Ryerson）描述那場行刑場面時說：「除了士兵和一些無賴遊民以外，幾乎沒有什麼人在場。輿論是完全反對將這些人處以死刑的。」

英國終於體認到殖民地過時的政治體系確有改革的必要；因此，成立了一個皇家考察團，前往調查英屬北美所爆發的問題。獲選負責這次調查任務的是一名英格蘭豪門出身的政治家達勒姆爵士（Lord Durham），同事們暱稱他為「激進的傑克」。他冷峻剛強，脾氣暴躁，後被任命為殖民地總督。

經過六個月的調查之後，達勒姆返回英國準備他對「加拿大問題」的調查報告。在這份報告中，達勒姆指出加拿大五個殖民區發展停滯，又說為了要在活躍精悍的美國旁邊

賦予每一區域在新的聯合立法機構都有同等的代表權。到了1849年，這個立法機構為加拿大省（上下加拿大）成立了一個行政機構。

聯邦的開端

在1850年代和1860年代初期，加拿大彌漫著一種政治想法：只要各殖民區仍維持個別地理單元的身分，那麼英國或美國的支配將會永遠威脅加拿大。

此時，聯邦制這個已討論了將近一個世紀的理念，突然又重新出現，成為一條可

生存下來，加拿大勢必要發展一套可行的經濟制度。他相信，將幾個殖民區合併成一省是實現這種經濟制度的方法。

達勒姆也深信，殖民區的結合會把法裔移民納入英國主流文化之中，因此將可紓解英法移民之間的緊張關係。

這份報告還解釋說，法語殖民區政策已阻礙了法國文化（達勒姆視之為落後文化）的發展。

雖然這份報告帶有種族中心主義，但它確實是向英國當局建議說，讓加拿大人建立責任政治體制。英國略微修正了達勒姆的建議，將西加拿大和東加拿大結合，並

行的出路。

完成自治後，上、下加拿大的政治變得相當地域性。由於黨派間的利益衝突，許多重要問題，譬如發展貫穿各殖民區的鐵路、拓展新領土等等，均遭到忽視。

政治僵局終於在1864年得到突破，敵對政黨之間和解結盟，而結盟的基礎乃在於聯邦制這一政綱上。此外，在沿海地區也出現了沿海各省聯盟的言論。

後來，各區代表舉行了一次會議；1867年，英屬北美法案經英國國會通過後，一個聯邦制的加拿大誕生了，在「加拿大自治領」（見50頁）的名稱下結合了安大略

（即從前的上加拿大）、魁北克（下加拿大）、新伯倫瑞克和新斯科細亞。

在加拿大統一大業的催生人物當中，麥克唐納（John A. Macdonald）爵士的前途並不看好。當初自由黨的報業鉅子喬治·布朗（George Brown）提議聯邦制度時，麥克唐納是持反對態度，誰料到他後來卻成為加拿大自治領的第一任總理。拿破崙滑鐵盧之役的那一年，麥克唐納出生於蘇格蘭，童年時就隨父母前往安

麥克唐納總理

麥克唐納使大家認識到總理資格的一項重要條件：機智風趣、辯才無礙。

要條件：機智風趣、辯才無礙。

麥克唐納雖然是個成功的公眾人物，但是他的私人生活卻相當不幸。他娶了他表妹伊莎貝拉·克拉克為妻（他去蘇格蘭探親時認識的），但婚後不久，她的身體就一直不好。麥克唐納在政治生涯的頭幾年，一直處在公私兩忙的煎熬當中，白天出席議會參與激烈的辯論，晚上回家守著病入膏肓的妻子。伊莎貝拉死後九年，麥克唐納另娶蘇姍·阿格

大略的京斯頓（Kingston）。哺育新生加拿大的重任似乎怎麼樣也輪不到他。

麥克唐納身材瘦長，愛開玩笑但常常傷人，似乎與加拿大首任總理的形象不符。他浪蕩嗜酒，又帶點紈袴子弟的氣息，顯然缺少英國政治家的拘謹克制。但是，他這些舉止和外表的不足卻有鋒芒的才智和敏銳的洞察力來彌補。從不辭窮的他，也因而使加拿大人認識到總理資格的一項重

妮絲·柏納德為妻，她卻生下一名智障女。麥克唐納受到當時社會觀念的影響，終其一生都無法撫平這個心靈創傷。

美蒂斯人的反抗

加拿大聯邦雖然有得到倫敦方面的認可，但是政制移轉顯得並不平順。以30萬英鎊向哈得遜灣公司購取魯伯特之地一事，可說是日後問題的導火線之一。

加拿大以為這塊紅河殖民地乃是哈得遜灣公司的獨家財產，而忽略了當地土著美蒂斯人（Métis）的意見，這實在大為失策。不久，問題就來了。美蒂斯人說法

最左：出生於蘇格蘭的加拿大自治領首任總理麥克唐納。
左圖：麥克唐納的夫人。
上左：路易·里爾（Louis Riel）被指控叛國處以絞刑。
上右：美蒂斯人遊行示威。

加拿大自治領的誕生

在 19世紀初期，大西洋兩岸都不斷有人提出將英屬北美五個殖民區統一的理念。提論者認為，聯邦不但可以促進經濟發展，而且還可以強化國防，以防止美國的侵略。

終於在1849年，上加拿大與下加拿大在渥太華成立聯合議會。但是，議會卻很少討論重要議題，多半是虛耗在瑣碎細微的政黨紛爭。內閣或維持數月，或維持數週，直到1864年出現政治僵局為止。

邁向聯邦之路

這時，美國內戰正橫掃南方，加拿大人在備受衝擊之餘，不禁憂心未來英美再度衝突可能將它們捲入。此時，聯邦制似乎是最適宜的出路，可促使這塊殖民地再度向前發展。就在政治陷入僵局的同一年，卡地亞（George Étienne Cartier）所領導的藍黨、麥克唐納（John A. Macdonald）所領導的保守黨與報業鉅子喬治‧布朗（George Brown）的自由黨等敵對政黨，彼此之間達成了不可思議的聯盟。他們結盟的基礎乃在於聯邦制這一政綱上。

在沿海地區（Maritimes）也出現了沿海省份統一的類似言論。當上、下加拿大的政府獲悉時，這些濱海省份已在醞釀召開會議，準備草擬聯邦方案了。此時，麥克唐納、布朗及其他六名使節組成了一個代表團，決定要去「破壞」這個會議，同時推銷他們自己的方案。

香檳酒宴

他們在魁北克市租下維多利亞女王號，上頭載了價值高達13,000美元的香檳酒，然後開往愛德華王子島。

到達該島時只有一名官員迎接，代表團雖然感到有些困窘，但是他們仍然說服沿海各區政府相信，聯邦應該包含上、下加拿大。聯邦概略的條款終於在「盛大的殖民地聯合酒宴」（新伯倫瑞克一篇社論不以為然地如此形容）中草擬而成，並於數週後在魁北克會議上獲得認可。

新國家

到了1867年7月1日，英屬北美法案將英屬加拿大省劃分為安大略和魁北克（即從前的上、下加拿大），再將這兩者跟新伯倫瑞克和新斯科細亞聯合起來（愛德華王子島和紐芬蘭最後退出），一個聯邦制的加拿大終於實現了。這個新國家後來被稱為「加拿大自治領」。

英屬北美法案

以下摘自英屬北美法案：

鑑於加拿大的兩省新斯科細亞和新伯倫瑞克已表達其意願，欲以聯邦方式結合為不列顛暨愛爾蘭聯合王國之下的一個自治領，並願立下一部原則上與聯合王國類似的憲法；

且鑑於此種聯盟將有助於兩省的福祉，並可促進大英帝國的利益；

且鑑於此聯盟據國會之權而創立，宜予籌設自治領的立法機構，並且宜予公告自治領行政內閣的性質；

且鑑於英屬北美其餘地區可能獲准加入此聯盟，故宜予設下有關條款和規定。

上圖：聯邦的發起人展開討論。

語，信奉天主教，賴農墾維生。長久以來，他們的自我認知是：一個兼具歐洲與印第安血統的民族所建立的一個獨立自主的國家。當魯伯特之地被強行奪去時，深具領袖魅力與辯才的里爾（Louis Riel）領導美蒂斯人組織起來反抗。他們奪下了英國前哨站蓋瑞堡（Fort Garry），並組織一個臨時政府。這次反抗事件無人傷亡。

路易・里爾

「即使全魁北克的狗都為他咆哮，他還是得吊死。」加拿大總理麥克唐納說。

由於有美國步兵第五縱隊的支援，美蒂人反抗事件因此暫告落幕，里爾逃往美國。可是，加拿大政府不顧自己的承諾，並沒有尊重美蒂斯人的地方特性。距第一次反抗十年以後，里爾返國發動第二次反抗，這次的地點是在薩克奇萬。他最後被英軍逮捕，並以叛國罪名交付審判。麥克唐納決定將他絞死，這或許是麥克唐納輝煌生涯中最黑的一個污點。

對於法裔居民憤怒的反對聲浪，麥克唐納的回應是：「即使全魁北克的狗都為他咆

FORT GEORGE, OR ASTORIA, COLUMBIA RIVER.—THE HUDSON'S BAY COMPANY'S ESTABLISHMENT.

斯人的立場相當強硬，麥克唐納政府也明白這一點。可是正當雙方談判的時候，一名早先被美蒂斯人俘虜的年輕暴徒史考特（Thomas Scott）企圖勒死里爾，若非如此，整個事件可能早已和平結束了。里爾將他送交軍法審判，處以槍斃。令麥克唐納不安的是，史考特過去是安大略的公民；更糟的是，他是一名新教徒，卻遭天主教徒的殺害。結果可想而知，英法間的糾結變得「微妙」了起來。紅河殖民地終以曼尼托巴省的身分加入了聯邦，美蒂斯

哮，他還是得吊死。」里爾的死使英法移民之間的宿仇舊恨更不易化解。

太平洋鐵路醜聞案

麥克唐納政治生涯的第二個污點與太平洋鐵路醜聞案有關。在加拿大第二次選舉之前，愛德華王子島、大草原區（Prairies）與太平洋沿岸地區都已加入了聯邦。因此，如何聯繫各省就成了1872年選戰中的主要議題。興建一條橫跨東西兩岸的國家鐵路，似乎是自然就會想到的辦法。

加拿大太平洋鐵路興建計畫是麥克唐納的保守黨所提出，而由蒙特婁著名的海運鉅子艾倫爵士（Sir Hugh Allan）策畫。這

左圖：哈得遜灣公司的交易站。該公司將魯伯特之地賣給加拿大政府激怒了美蒂斯人。

條鐵路有龐大的美國和蘇格蘭資金在背後
支持，可是麥克唐納曾直言不諱告訴艾倫
說，這項計畫必須完全排除外國資金。艾
倫表面上同意，但是暗地裡卻瞞著麥克唐
納，仍跟他的美國夥伴合作。

選舉前六週，麥克唐納發現自己急需競選
資金，就請求艾倫支援。不久，六萬美元神
祕地出現了，接著又來三萬五千美元。後來
在緊要關頭，麥克唐納那又極其魯莽地拍電報
給艾倫要求最後一筆錢：「我還要一萬元，
這是最後一次，不要讓我失望。」

麥克唐納的政見讓他贏了選舉。但是，
就在他從選戰的緊張中輕鬆下來時，別人
正計畫扯他下台。某日，艾倫爵士的律師
事務辦公室遭人翻箱倒櫃，失竊的文件最
後以五千美元賣給了麥克唐納的反對黨，
也就是自由黨。

於是，自由黨揭發了這件醜聞：有證據顯
示麥克唐納總理曾以太平洋鐵路計畫案向艾
倫交換選舉資金。

最後，麥克唐納被迫辭職，含辱離開。後
來，鐵路完成了，但當中少了麥克唐納夢想
要的那一份成就名譽。

19世紀的尾聲

麥克唐納離職後，塑造加拿大未來的重
任由馬更些（Alexander Mackenzie）接
手。之後，麥克唐納又重任總理，在他之
後繼任的分別是：亞伯特（John Abbott）、
湯普生（John Thompson）、鮑威爾
（Mackenzie Bowell）、塔柏爵士（Sir
Charles Tupper）。

在20世紀來到之前，加拿大已在順利發
展中。不對面對新挑戰，不斷調和各方利
益，對加拿大來說，20世紀不啻是燦爛未
來的開端。

右圖：雖然故事書的描繪是美麗的，鐵路的開築卻充滿著
艱難與醜聞，最後成為總理下台的導火線。

TORONTO'S
GRAND SUMMER
CARNIVAL

INDUSTRY INTELLIGENCE

JARVIS ST PROMENA

30th JUNE

移民開拓與參戰

加拿大政府有義務要支援英國的戰爭，
但是加拿大人民卻不這麼認為。

____時的繁榮與進步引領著加拿大邁入20世紀。在首相勞瑞爾（Wilfrid Laurier）政府的領導下，鐵路建設進展飛速。到了1914年，加拿大太平洋鐵路已橫貫東西兩岸。國際外交關係也開始開展，但大部分都是由英國從中安排，加拿大人因此憤憤不平，認為自己受到千里之外小小島國的支配。而「阿拉斯加邊界談判大慘敗」更激起了加拿大人對英國的進一步仇視。

有好多年，加拿大和美國一直為育空區與阿拉斯加之間的邊界問題爭論不休，後來終於由三名加拿大代表、三名美國代表和一名英國特使共同組成委員會來解決這件爭端。美國代表提出了一個完全偏袒自身利益的方案，而英國特使阿爾佛同爵士（Lord Alvertone）卻投票贊同支持美方，加拿大認為這是出賣他們的利益，因此更加懷疑英國人奸詐虛偽。

英國促成愈來愈多的歐洲移民湧入加拿大。加拿大的移民政策偏愛英國移民，但是移民數目不足以滿足加拿大的需求，尤其是西部地方地廣人稀。

勞瑞爾政府的內政部長西夫頓（Clifford Sifton）推動了一項廣告方案，企圖吸引其他的歐洲移民前來大草原區。廣告上說：「西部最後樂土，數百萬人的家園；加拿大西部160英畝農地，免費贈送。」這則廣告在歐洲到處發布。結果，烏克蘭人、捷克人、斯洛伐克人、波蘭人、匈牙利人、塞爾維亞人大量湧入了亞伯達與薩克奇萬（這兩個地區在1905年建省）。西夫頓相信，擁有務農背景的斯拉夫移民乃是加拿大西部理想的移民。有人批評西夫頓把「劣等品種」引進加拿大，對此他的回答是：「我認為穿著羊皮外套、高大結實的農人……加上健壯的妻子和半打小孩，目前來說乃是優良品種。」新移民只要繳交10美元的手續費，並保證連續三年每年都會在農場待上六個月，就可獲得160英畝大草原地來經營農場。

就像當年的法裔農民一樣，大草原區的自耕農也面臨著起步的艱難。草原上難纏

的灌木必須清除，烈陽炙烤下乾燥了數千年的土地必須費力犁耕。冬天的嚴寒在五秒之內就可以把人凍僵；夏天的酷熱令人難挨，唯有來日豐收才能抵銷。正如大草原的民謠所描述的，許多人終於離去，去尋找較溫和的環境：

> 再會亞伯達，再會西部地
> 那是個落後地方，
> 我要去找我心愛女孩
> 要回東部，去討個媳婦兒
> 後半輩子再也不吃那玉蜀黍麵塊兒。

加拿大獨樹一格的民主社會主義，就出自於20世紀初期爭取生存之大草原農民的

前頁：多倫多市的洋吉街，1901年6月。
左圖：對加拿大進步繁榮的宣揚。
右圖：鼓勵英國家庭移民到加拿大的海報。

艱困生活。在這個年代，我們發現加拿大各種民粹、激進、改革運動的根源。

我們還可以找到加拿大婦女運動的開端：由內莉・麥克朗（Nellie McClung）與愛蜜莉・墨菲（Emily Murphy）所領導的著名「人稱事件」（Persons Case）運動。在這個事件中，加拿大的邊疆婦女反對有關當局對英屬北美法案有關人的條款予以男性沙文主義的解釋。此法案載述，人皆可獲提名為國會議員之候選人，但加拿大國會卻將此理解為僅指男性。麥克朗與墨菲的請願書遭到最高法院的拒絕，但最高

法院的這項判決卻受到倫敦執行委員會的駁回。結果，西部婦女直言的作風，終於使加拿大國會於1929年開放女性參選。

工業主義的興起

隨著新行業與新工業的發展，許多加拿大人的生活型態起了根本變化：對於企業家來說，商業發展意味著自在的富裕，但對於其他許多的人來說，它卻意味著一種單調疲勞與被剝削的生活。

在東部地區，工廠成了壓迫市區移民的環境。一天工作十二小時，一星期工作六天，卻只能領取微薄工資，是工廠很普遍

的慣例。婦女與兒童的工資就更低了。

1910年，勞工委員會質詢蒙特婁一名紡織廠老闆對六歲女童工慘遭廠方鞭打是否適當時，這名老闆竟然回答說：就像訓練狗需要一些嚴格的懲罰一樣，雇用童工也需要嚴格的管教。1905年，工業旗報的專欄作家奇森楊（David Kissam Young）描寫了加拿大工廠老闆的信條：「讓小孩來我這裡，因為他們的好處比大人還多。」

這引發了工會和勞工組織的興起。1908年，安大略省通過了全加拿大第一個童工法：童工年齡不得低於14歲。

第一次世界大戰

1914至1918年歐洲發生的戰爭帶給加拿大深遠的影響。仍自視為大英帝國忠貞子民的加拿大認為自己有責任參戰，支援英國。這項決定也不是毫無自身利益的考量。當蘇俄的小麥出口遭到戰火的阻礙時，加拿大就成了英國及其盟國的農產品主要供應國。加拿大的軍需品工業突然竄起，帶來了大量財富。但是，這些經濟利益卻是犧牲很多生命換來的。

大戰期間加拿大的總理是波登（Robert Borden）。他的主要任務就是履行先前對英國的承諾，動員50萬兵力支援。

積極支持歐戰的活動開始在加拿大社會擴散。政治領袖以「好國民」作為訴求，牧師宣講基督徒的責任，軍方宣傳身穿整套軍官禮服的迷人風采，婦女佩戴寫有「不編織就作戰」的徽章。

法裔加拿大人並不願意加入這場戰爭。無論是效忠法國或是效忠英國，這兩種訴求都打動不了魁北克居民；對於政府的愛國宣傳，他們的反應是冷嘲熱諷。魁北克的緊張情勢終於在1918年爆發了反徵兵的暴亂。在一次衝突中，從多倫多前來支援的士兵向群眾開火，造成四人死亡。渥太華政府當局警告說，以後暴民須受到就地徵召的處置。

波登政府對於參戰動員的態度愈來愈嚴苛。一項戰時稅法通過了，使原本就已收支不甚平衡的家庭預算更加沉重；一項反閒蕩法發布了，其中規定任何16至60歲的男子若不工作，就得入獄；所有「激進」的工會都遭壓抑，所有以敵國語言印行的

刊物都屬非法。

　1918年8月18日，加拿大和澳洲的聯軍突破了法國亞眠市附近的一處德軍軍營。德軍不斷被迫撤退，直到11月11日德國戰敗為止。大戰期間，加拿大共計損失了60,611人，此外還有數以萬計的軍人帶著嚴重受創的身心返回家園。

低嗥的1920年代

　如果美國的1920年代是狂嘯的話，那麼加拿大的1920年代起碼也是低嗥。在美

婦女解放

　婦女丟掉沉重的縛衣，剪短頭髮，為新的性別認同奮戰。

　就像美國人一樣，加拿大人也會瘋迷多倫多出生的美國性感影星畢克馥（Mary Pickford），也會成群結隊去看新檔默片中的費爾班克斯（Douglas Fairbanks）和范倫鐵諾（Rudolph Valentino）；加拿大婦女也丟掉沉重的縛衣，剪短頭髮，為新的性別認同奮戰；加拿大人也讚嘆美國職棒全壘打王貝比‧魯斯（Babe Ruth）的運動才能……但是，加拿大仍舊是個小鎮的國度，也因此，她仍然有小鎮的保守心態。正如文學家李科克（Stephen Leacock）

國，紅色大恐懼（the Big Red Scare）是中古歐洲審判異端之宗教法庭的現代翻版，它席捲全國，企圖肅清國內所有「可疑或真正的共產黨員」。但在加拿大，這項運動始終沒有重大進展。大草原區的激進黨派、工會領導人，以及少數自稱為共產主義信徒，雖然都遭到輕重不一的騷擾，但是加拿大倒是沒有像美國那樣對「民主政體」信仰到如此狂熱的地步。

在《陽光手記》（Sunshine Sketches，1914）作品中所呈現的，那是一種妄自尊大同時又自我規諫的奇異組合。

　此外，加拿大也朝著自己的新方向發展。在藝術方面，七人畫派（the Group of seven）為加拿大風光創造了令人暈眩駭異的視覺意象。哈利斯（Lawren Harris）、傑克森（A.Y.Jackson）、李斯墨（Arthur Lismer）、瓦爾利（Frederick Varley）、麥克唐納（J.E.H.MacDonald）、卡爾麥寇（Franklin Carmichael）、強斯頓（Frank Johnston）等畫家運用塞尚、印象派與新

左圖：正在登記的移民。
上圖：加拿大有10萬5千名士兵在一次和二次大戰喪命。

藝術派的技法，以大膽的偶像破壞者之姿，重新探討加拿大。他們的作品使加拿大揚名國際，並對加拿大日後數十年的視覺藝術產生長遠的影響。

經濟大蕭條

1929年，經濟大蕭條襲擊加拿大時，情勢可說是雪上加霜，因為之前國際小麥市場生產過剩，價格暴跌，許多加拿大的買主轉向阿根廷、澳洲、蘇聯購買。

班內特（R.B.Bennett）的保守黨政府很快就重整出發，來應付種種經濟蕭條造成

的問題。各種救濟計畫與社會服務（這變成專門在探查是否在「詐騙」、「浪費」）很快就付諸實行。

然而，很多政治人士不知民間疾苦，宣稱「工作有的是，就等人來做」，他們在英屬哥倫比亞為單身男子設立工作營。結果，數以百計的失業勞工不是在火車上凍死，就是在前往工作營的途中被殺害。至於那些抵達工作營的人，一天也只領得二十分錢工資。普遍失業迫使男男女女「走上街頭」另尋出路。在多倫多，男人會組隊為玫瑰谷的有錢人家剷除私人車道上的積雪，工作七小時只能領得五分錢。

大草原區的窮困情況比任何地方都來得嚴重。沿西部看過去，彷彿大自然的力量跟經濟的異常行為串謀，非把人的生活搞到悽慘無比才肯罷休。1931年，狂風颳走了表層沃土；1932年，蚱蜢肆虐，啃噬了農作收成；1933年起，一連串的乾旱、雹害與早霜接踵而來。

大草原區陷入絕境。連自顧不暇的紐芬蘭也攢出一些鱈魚乾餅送給大草原區的人家。（大草原區有些人家不曉得這些鱈魚乾餅可以做什麼用，就用它們來填補屋頂的破洞。）經濟大蕭條期間大草原區的困境影響了產業合作聯盟（CCF）的發展。產業合作聯盟是一個農人勞工運動組織，後來發展成一個崇尚社會主義的政黨，也就是新民主黨（NDP）。

隨著景氣衰退日益惡化，收音機成了加拿大人逃避痛苦的主要媒介。連政府成立加拿大無線電廣播委員會時也說，成立宗旨之一就是為了緩和數百萬民眾的痛苦。運動競賽、廣播劇、實況名人評論，以及類似迪翁五胞胎在安大略卡內德出世的事件報導，都成了許多加拿大人的消遣娛樂。經濟大蕭條結束時，數以百萬的加拿大人都留下了心靈創傷：十年的艱困生活塑造了那一代加拿大人的特質。

第二次世界大戰

就在英國向德國宣戰的前五天，加拿大一份重要報紙《多倫多星報》的頭版標題是：「父子負傷擊退三名持槍歹徒」。報上絲毫沒有提希特勒占領斯洛伐克、德蘇簽訂互不侵犯條約或是德國侵略波蘭的事。星報的標題點出了當時加拿大社會瀰漫的氣氛：戰爭就要離去，不會再打了。但是，就在1939年9月3日，加拿大人埋在沙裡的頭猛然被拔了出來。這次報紙的頭版標題是：「大英帝國戰事起，女皇陛下號召海內外子民參戰。」

加拿大要不要參戰這個問題頗複雜，因為在1931年西敏寺條例之下，加拿大已經成為一個獨立自主的主權國。就法律觀點而言，加拿大不想參戰的話是可以置身事外的；但是在道義上，加拿大似乎除了支持英國，加入戰爭之外，別無選擇。

在加拿大法語區，一名政壇人物杜普雷西（Maurice Duplessis）對政府有權代表「所有」加拿大人發言提出異議。他主張說，魁北克應該對任何歐洲衝突保持置身事外。而後在1940年春，德軍發動閃電戰，法裔加拿大人爭相登記服海外役，杜普雷西要求中立的呼聲就此湮滅無聞了。總理金恩（Mackenzie King）堅持主張參戰，為此，他向加拿大人民保證，絕不強行徵兵。參戰不久，加拿大每天花1,200萬美元

徵兵

魁北克人投票反對徵兵制，還興起了狂烈的民族主義運動，抗拒徵兵。

烈的民族主義運動，反抗政府徵兵，遊行隊伍當中有個年輕人，正是杜魯道（Pierre Elliott Trudeau），他後來成為加拿大最受歡迎的總理。金恩的運氣不錯，離戰爭結束剩沒幾個月，沒必要徵兵了。1942年，參與第厄普（Dieppe）進攻的大都是加拿大人，他們在潰散中損失慘重；後來加拿大部隊又在盟軍旗幟下，在諾曼地行動中，登陸朱諾海灘。

這場戰爭加拿大損失了四千五百萬條生

支持戰爭。到了1943年，加拿大有150萬人口投身到軍需品工廠工作。

1941年日軍攻擊珍珠港，加拿大鑑於與美國的關係日益穩固，遂立即對日宣戰。

隨著戰事激烈，英國開始面臨嚴重的兵力不足問題。在壓力下，金恩總理決定舉行一次全國公民投票，看看加拿大人民是否同意政府徵兵。結果，大多數人同意，但是魁北克絕大多數人都反對徵兵，當地還興起了狂

命。加拿大軍隊英勇作戰，在許多決定性的戰役裡扮演了重要角色。但是，加拿大也不是沒有不光彩的紀錄。加拿大政府以惱怒的鄰國可能會對日裔加拿大人不力為藉口，將一萬五千名日裔公民集中拘留在營地裡，還把他們的財產拍賣掉。此外，在司法部長拉普安特（Ernest Lapointe）的政策之下，加拿大拒絕收容難民（一些猶太人例外），無論是在戰時或戰後。拉普安特「加拿大不需要那些多餘的人」的主張受到了反猶太份子的支持。帶著這些污點，以及返鄉士兵的就業與心理問題，加拿大開始了建造新未來的荊棘之路。

左圖：移民乘坐加拿大－太平洋鐵道列車到西部開拓（1915年）。

上圖：1930年代經濟大蕭條與氣候異常交攻合擊，幾乎摧毀了大草原區農家的生活。

LE DEVOIR

FAIS CE QUE DOIS

Rédacteur en chef : Omer HÉROUX

MONTRÉAL, VENDREDI, 1er JUILLET 1949

Directeur : Gérard FILION

ME LX — No 151

FIN DE LA GRÈVE DE L'AMIANT

Augmentation de 10 cts; pas de représailles

L'entente a été signée tôt ce matin après une assemblée des grévistes — Le juge Thomas Tremblay présidera le tribunal d'arbitrage — Le retour ordre d'ancienneté sera respecté — Le retour débutera demain pour se continuer la production l'exigera

Les instituteurs sont en fav subsides fédéraux à l'édu

A la condition que soit respectée l'autonomie provinciale

戰後繁榮

二次世界大戰的結束帶給了加拿大有利的競爭條件，

生活水準迅速提高。

隨著加拿大投資與貿易體系整合到北美架構，二次世界大戰已將過去麥克唐納那種「國家政策」（聯邦政府政策性地控制各省資源，以促進加拿大核心工業的發展）推向嶄新的局面。結果，給北美這塊新大陸帶來了空前的繁榮。到了 1949 年，加拿大歡迎第十個加入聯邦的省份：紐芬蘭。

蓬勃發展的國家

1946 至 1961 年間，隨著人口增加 50%，加拿大的面貌開始改變。

同時，聯邦政府的權力也達到了歷史高點。大戰期間，國家處於危機時期，金恩的自由黨政府從各省取得了課稅與預算權力，為加拿大福利國奠下了基礎。老年養老金增加了，失業保險擴大了，聯邦與地方的社會福利計畫迅速發展。

整個 1950 年代，加拿大人口已超過 1,400 萬，政治基本面一直相當穩定。長久執政的渥太華自由黨政府與魁北克結盟，在聖勞倫特（Louis St-Laurent）的領導之下，繼續贏得大選。美國資金業結合加拿大企業使加拿大工業與能源資源迅速發展。日後的皮爾森（Lester Pearson）總理積極提升加拿大的國際地位，在聯合國等國際組織發聲。1956 年發生蘇伊士運河危機時，他在聯合國大會上提議派出從未使用的維和部隊（如今在世界各熱戰地區經常可以看到這支頭戴藍色鋼盔的部隊），讓他贏得了諾貝爾和平獎。

當時也有多股力量在重塑加拿大社會。自 1946 至 1961 年間，加拿大人口成長了 50%，達 1,800 萬人，其中有 200 萬是外國移民，這一波的移民潮可說是加拿大史上最大的一波。加拿大都市面貌開始改變，正如地中海、東歐改變了陰沉的都市面貌。她成為全球都市化最深的國家之一，

到了 1961 年，有 77% 的加拿大人住在市鎮裡頭。電視與其他的大眾媒體、量販與郊區化在在加速了社會與文化流動。1954 年在溫哥華舉行的聯邦運動會，觀眾在電視機前目睹有兩名跑者突破四分鐘的紀錄。女性角色開始在改變，職業婦女顯著增多。

1957 年，進步保守黨迪芬貝克（John Diefenbaker）的少數執政，預示了 1960 年代政治與文化的動盪不安。他的出線是因為受到了安大略都市區與西部地區的自由黨支持；一年後，魁北克右翼政府把票送給了他，讓他贏得了壓倒性的勝利。雖然迪芬貝克執政期間（1957-63）未能顯示加拿大的政治活力，卻是加拿大一個急速轉型期的起點。

寧靜革命

1960 年，魁北克一次地方選舉中，一個有新視野的自由黨政府取得執政。

數十年來，魁北克的政治發展自成一局，在許多方面，都不同於當前的西方世界潮流。可是在一場劇變中，魁北克社會的支柱：格局狹窄的地方政府、有力的天主教會、優勢的英裔商界菁英，將要改變，而那場劇變就是著名的「寧靜革命」（la révolution tranquille）。雷薩吉（Jean Lesage）領導的魁北克省府打出「做自己家園的主人」的口號，把保健與教育的責任從教會移到地方政府，並扶助法裔幫的事業來跟英裔幫競爭。

寧靜革命所釋放的社會活力往兩個對立方向運轉，但兩者都深植於魁北克的政治傳統。有些人尋求利用魁北克的自主，好讓它在國家政治上扮演更大的角色，尋求把「法裔權力」帶進聯邦政府，好為魁北克獲得主導加拿大發展所帶來的好處。蒙

左圖：發生在 1949 年的勞資對抗是經濟發展的一部分。

特婁的知識菁英杜魯道（他對魁北克民族主義那種自我中心的特質很不以為然），當然就成了這道洪流的典範。還有些人則認為加拿大聯邦主義無法回應魁北克文化保存的必要性，因而尋求透過獨立來完成魁北克的理想。

分離主義運動從激進的知識菁英、傳統民歌手發起，隨著更有影響力的支持者加入，譬如曾在雷薩吉省府擔任單位首長的勒維克（René Lévesque，1976至1983年成為第一個擔任省長的魁北克分離主義者），這個運動就更穩固了。魁北克聯邦主義與分離主義的具體化至今仍深深影響魁北克。

魁北克日益高漲的自主主張與聯邦政府日益增強的積極政府觀念不斷發生衝突，尤其在1963至1968年期間，自由黨政府在皮爾森的領導之下，積極想要透過諸如建立全國醫療保險體系等政府積極作為，來繼續建造福利國。1965年爆發了一次重大衝突，導火線是關於政府是否要提供補助金給魁北克居民。結果，魁北克贏得勝利。魁北克省府選擇從國民所得稅籌湊，選擇新的補助體系，將補助基金投資到魁北克的企業，增進魁北克人的經濟利益。然而，加拿大繁榮最是受惠於1965年美加兩國簽訂的「汽車進口協定」，允許汽車與零件自由貿易。

1960年代初期，魁北克的社會騷動或許比加拿大其他地區更政治性。多年來，加拿大英語區（跟著美國）追求持續的繁榮以及高度發展的現代性。這股趨勢潮流在兩個事件上達到高潮：一個是1967年，世界博覽會在蒙特婁舉行，百歲的加拿大以東道主身分招待有志一同的國家；另一個是1968年，溫文儒雅、略帶憂鬱的杜魯道當選總理。與此同時，1960年代中期至末期橫掃西方世界那股不滿現狀的思想潮流也在加拿大鋪上了沃土。學生激進運動、性解放、離婚率攀升、女性意識覺醒，加拿大完全參與了此一年代這場狂烈的「文化革命」。

這段時期流行音樂的重要人物，多半是身兼歌手與創作者，譬如蜜雪兒（Joni Mitchell）、柯恩（Leonard Cohen）、尼爾楊（Neil Young）等等；不是說他們就像美國搖滾歌手亨德里克斯（Jimi Hendrix）或喬普琳（Janis Joplin）那麼響叮噹，而是說他們更發人省思。

就像其他地方一樣，魁北克的社會騷動在悲劇發生時達到高潮。1970年10月，激進的分離主義組織魁北克解放陣線綁架了英國貿易委員會的克羅斯（James Cross）以及魁北克勞工局長拉波特（Pierre Laporte）。聯邦政府宣布戒嚴，此舉當時受到廣泛支持，而且在拉波特的屍體被發

現時也證明宣布戒嚴似乎是對的，但是後來很多人相信，這是驚慌之下的過度反應。後來，克羅斯被釋放，恐怖份子逃到古巴，這個事件終告落幕。在歷經「十月危機」之後，加拿大人普遍有一種不能過於天真的感受。

衝擊的擴大

1970年代是加拿大一個關鍵的年代。停滯型膨脹（低成長、高通貨膨脹率、高失業率）似乎只是發展規則出現交替混亂的冰山一角而已。1950年代的社會變遷與

1960 年代的動盪，讓加拿大在 1970 年代有一種無方向的不安感。

在政治人士與專家學者高談「成長的限制」、「杜魯道對國家角色的擴張」諸如此類的議題時，大眾的興趣卻在於各式各樣的流行。美國輸入品，譬如大貨車司機的無線電文化、都市貧民窟鹹魚翻身、迪斯可舞廳的迷幻「墮落」等等，通通迅速在加拿大人當中找到了市場。就連杜魯道夫人也放棄了第一夫人的角色，跟吉

石油業快速成長

在 1970 年代，蘊藏石油、天然氣的西部諸省開始挑戰國家體制。

世界產生了重大變化）的結束。

1970 年代，加拿大的經濟受阻於二位數的通貨膨脹率；雖然對大部分加拿大人而言，這年代的關注焦點是：1972 年加拿大冰上曲棍球隊第一次擊敗蘇聯球隊。接著，失業率慢性攀升。課稅與開支續增加，但政府收支赤字開始出現，直到財政部長馬丁（Paul Martin）採取節省開支政策，這才消除了慢性財政赤字。在這段時期，這改變了聯邦與省政府的戰場。由於

斯・理查茲廝磨，周旋於紐約 54 頻道，過著一種歡鬧刺激的生活，這似乎代表加拿大追尋「快樂時光」的願望似乎以奇異的方式達成了。

有三件重大事件影響了這種無方向感，衝擊了加拿大的國家基本型態，威脅了她真實的存在。第一件是 1973 年的石油事件以及長期景氣繁榮（它使戰後的加拿大和

它們兩方的戰爭是靠推出新計畫來贏得民心，因此聯邦與省之間的政治變成一種政治較量，看哪一方能夠大幅減少民間對其服務水準降低與長期預算赤字的不滿。

第二件重要發展是隨石油事件而來。加拿大西部地區的興起，根本改變了國家的政治體制。西部各省蘊藏加拿大中部工業所需的石油與天然氣，並藉以挑戰麥克唐納以來的國家體制。在政治上，西部各省聯合更有自主意識的魁北克逼使聯邦政府下放權力給地方。杜魯道總理善於訴諸全體加拿大公民意見，來應付這些要求，並

左圖：杜魯道領導國家，而他的夫人瑪格麗特（上圖）卻在全國製造流言蜚語。

右圖：魁北克黨魁分離主義者勒維克。

巧妙運用他個人聲望來克制愈來愈不聽話的魁北克。

第三件重要發展是，1976年魁北克省選舉，獨派的魁北克黨在勒維克的領導之下取得執政；這使得蒙特婁主辦夏季奧運嚴控周邊安全一事相形見絀。雖然魁北黨在選舉政見上刻意淡化分離主義色彩，但是勒維克上台後仍堅決推動在1980年5月舉行魁北克省公民投票。投票結果似乎相當具有決定性：投票者當中有41%同意，有50%反對授權魁北克省政府去跟聯邦政府交涉獨立事宜。

杜魯道在1984年辭職，他可以自豪16年執政某些重大成就所帶來的影響。但是，他渴望加拿大有一個有力的聯邦政府與統一的國家，似乎反而事與願違，愈走愈遠了。聯邦與省的關係惡劣。

西部諸省愈來愈跟國家事務疏離，魁北克不滿它的主張被排除在新憲法之外。更糟的是，加拿大的經濟還是停滯不前。聯邦政府的預算赤字已經擴張到幾近失控的地步，這大為限制了它的力量與選擇空間。

在公民投票前，杜魯道積極演說活動；他承諾一個「新的聯邦主義」，要是魁北克人肯留在加拿大聯邦之內的話。他的承諾是採溫和改革的方式，要把加拿大憲法「回歸本國重審」，這樣加拿大人自己就可以修訂，不用英國同意；另外，還增加權利自由憲章。杜魯道的方案得到很多民眾支持，他利用此一民氣來左右1982年公布的新憲法的制定。但是，新憲法遭到魁北克的憤怒抗議，因為當初為求回歸本國制憲，聯邦與諸省聯合操縱，而把魁北克排除在外。

繁榮與地方主義

杜魯道執政的最後一年，造成聯邦政府財政陷入困境的主因是1981與1982年襲擊加拿大經濟的景氣衰退。這一波全球性的景氣衰退並未對加拿大寬容一些，造成加拿大失業率高達11%。這波經濟景氣衰退終結了自由黨的天命，在過去49年當中，有42年它幾乎不必太多作為，就自然而然可以贏得執政。

英裔加拿大人改支持進步保守黨，該黨的新黨魁是穆隆尼（Brian Mulroney），魁北克人。他獲得壓倒性勝利的主因是，從

1890年代以來，親英人士向來是少數派的魁北克發生了一個歷史性的變化。穆隆尼向魁北克人訴求1981年的制憲協定被出賣的感覺，他向他們保證將來的憲法修正案會讓魁北克「備受禮遇與熱情地……重新加入加拿大大家庭」。選舉結果，保守黨獲得空前的勝利，在國會295席次中囊括了211席。1980年代的景氣狂飆給了穆隆尼一個很大的機會去解決財政赤字問題。對國家大多數人民來說，1980年代給

獨派問題

穆隆尼承諾修訂憲法，讓魁北克備受禮遇地重新加入加拿大這個大家庭。

與「自由貿易者」之間的對決：前者的票分配在自由黨與尊崇社會主義的新民主黨身上，後者的票集中在魁北克、西部地區、安大略工業地區，讓親英陣營獲得了168席的多數席。

雖然穆隆尼的魁北克政策未成為1988年選戰的主軸，但是很多加拿大人對它愈來愈感不安。他之前的憲法修正承諾似乎在1987年4月於魁北克米奇湖（Meech Lake）簽訂的修憲協定實現了。在米奇

他們的印象是時髦的房車、精緻的餐館、財產價值的飆漲，但對很多加拿大人來說，這種景氣繁榮的現象沒有實際發生在他們身上。失業率依舊居高不下，鄉下地方與大西洋沿岸地區依舊衰落殘敗，城市依舊到處有好多流浪漢。

但是，樂觀的地方還是有，穆隆尼政府靠與美國自由貿易的政見再度贏得大選。1988年的大選是「經濟、文化民族主義者」

湖，十名省長與聯邦政府同意修憲以滿足魁北克的五項要求，其中包括在法律上承認該省為一個「特殊的社會」。可是問題來了。加拿大婦女擔心她們的權益會因為憲法協定而遭到妥協；原住民不滿他們的權利長期被忽視；占加拿大總人口相當高比率的新近移民，也憂心他們的權利會被犧牲。

1989年，布拉薩（Bourassa）省長屈服於魁北克民族主義的壓力，制定一項禁止標牌使用英語的禁令。這個事件觸發很多人起而反對憲法協定。許許多多平常不大

左圖：和諧與衝突：魁北克法式風格的弗隆特納克旅館。
上圖：與渥太華英式風格的國會大廈。

關心憲法細節的英裔加拿大人，開始表達他們的意見：「米奇湖鐵定會使加拿大變成另一個巴爾幹半島」、「對魁北克讓步太多了」。

1990年代的新協議

如果布拉薩的邊緣策略與米奇湖的黑箱作業引起了反感，那麼1990年代的經濟情勢則引起了怨恨。這一波自經濟大蕭條以來最長最深的景氣衰退吞沒了加拿大的經濟。自由貿易帶給經濟弱勢部門的衝擊、為壓制1980年代末期的通貨膨脹而採行的

會被納入憲法。就新近移民與婦女來說，他們的權利將會明文進一步加強。就原住民來說，他們的自治主張也會得到解決。這種雄心勃勃的政策在1992年8月於夏洛特鎮（Charlottetown）達成的第二次修憲協定，到達了高潮。該協定同意在10月舉辦一次全國公民投票，但要求必須在諸省都獲得多數票才算通過。結果，有六省通過，四省沒通過，包括魁北克自己。挫敗之餘，所有修憲的聲音都消失不見了，總理穆隆尼也辭職。

繼任的是坎佩爾（Kim Campbell）。穆隆

高利率政策、1990年打擊投資人信心的附加價值稅、全球性的產業結構的重組等等，這些給加拿大帶來了巨大的衝擊，特別是在她中部的工業心臟地帶。失業率攀升至11%，房價暴跌，商家倒閉。

在這樣的環境下，魁北克對米奇湖協定的失敗憤怒以對。布拉薩省長便著手在兩年內再調查一次魁北克居民的政治選擇，包括獨立。但是，新的協議慢慢出現了一些端倪。就西部諸省來說，指派的上議院將會改為民選，以強化地方的權力。就魁北克來說，米奇湖五項要求的修正版，將

尼建議她說：「你得隱密觀察凶狠的犀牛，千萬不要把頭曝露在對方眼中。」他的忠言沒有什麼效果：就在四個月之後，她領導進步保守黨參與大選，結果這個執政黨從153席滑落到只剩2席，遭受空前的大挫敗。

自由黨在克雷蒂安（Jean Chrétien）的領導之下，與分離主義陣營的第二大黨魁北克團派聯手，接管了政治權力。結果，這造就了布薩（Lucien Bouchard）的崛起，原本他是進步保守黨主政之下的一名部長，後因米奇湖的失敗退出該黨，另創魁

北克團派。雖然克雷蒂安本身是魁北克人，但是他低估了分離主義運動的力量，結果1995年的公民投票，贊成魁北克獨立的一方僅差距1.12%敗北，給了他很大的震撼。有93%的投票人聚集，顯現了雙方高漲的情緒，因此，渥太華的聯邦政府必須正視有一半的魁北克人非常不滿的事實。在下次公民投票之前，這種民氣會維持多久？布薩的答案一點也不模稜兩可：「我們懷抱希望，」他在一

席。

在1995年，安大略選出高爾夫教練出身的哈利斯（Mike Harris）為省長，他的競選政見是：縮減賦稅與開支。他在1999年再次勝選，但是他的政策愈來愈不受歡迎；2002年，哈利斯省長的位子由伊維斯（Ernie Eves）取而代之。一年之後，麥堅迪（Dalton McGuinty）領導的自由黨奪回勝利。

在全國大選方面，克雷蒂安領導的自由黨在1997年、2000年都再度獲勝。至於2003年成立的右翼加拿大聯盟黨（Canadian Alliance），則與進步保守黨合併，成為在野的加拿大保守黨。隨著自由黨內部的風暴似乎迫在眉睫，克雷蒂安不得不在2003年底下台，由他多年的財政部長馬丁接任。馬丁任期期間，卻因在魁北克推動聯邦主義的獻金醜聞案而遭罷黜。2006年，哈伯（Stephen Harper）領導的保守黨勝選，包含在魁北克獲得的席次，將組成少數政府。

樂觀的未來

加拿大未來的政經前景會很樂觀，如果這種預測有什麼根據的話，可能就在於這個國家素有總會度過難關的能力。正如一位評論家所指出的，1995年魁北克的公民投票，從某一角度來看，是一種對這個國家強烈的民主精神的擁護，因為，世界上90%的國家對於這麼頭疼的分離主義運動領導者肯定是把他們抓起來關。此外，這兩波的景氣衰退讓加拿大人學到了一些教訓，不再認為經濟繁榮是理所當然的。那些希望加拿大未來仍維持統一的人，要某些有力的經濟主張來造福他們。對於其他國家來說，加拿大的戲碼似乎不易看懂。加拿大人怎會冒經濟繁榮受到打擊的風險呢？但是，牽引統獨的力量畢竟是加拿大傳統的一部分。在這個曾被伏爾泰形容為「一些雪地罷了」的土地上創造出一個繁榮、福利完善的社會，乃是一個令人敬佩的成就，也就不會輕易被放棄。

> **加拿大的力量**
>
> 在這樣一個沒有希望的僻地上創造出一個繁榮、福利完善的社會，乃是一個令人敬佩的成就。

個大型集會中對垂頭喪氣的群眾說，「因為未來將是我們的。」

然而，事實證明並非如此簡單。1995年的公投之後，魁北克黨黨魁巴希佐（Jacques Parizeau）辭職，布薩由聯邦回到地方接掌黨魁一職，在1998年地方選舉中勝選；接著，他將重點放在減少魁北克財政赤字。到了2003年，魁北克人受夠了，自由黨秋風掃落葉，在125席中取得76

左圖：英國女皇來訪，不是總受到法裔加拿大人的歡迎（上圖）。

建築新高峰

今天，加拿大站在現代建築的尖端，
其建築才能與技術，乃世界追求的典範。

　　從開拓移民的小木屋到現代多倫多映入天際的
大樓，加拿大有一種不拘一格的建築風格。在早
期殖民時期，歐洲移民很自然地依照家鄉的屋舍
樣式搭建。譬如，法國移民按照他們在諾曼地家
鄉所熟悉的樣式建造樸實的石屋，曼尼托巴的烏
克蘭移民就按照他們所熟悉的樣式建造洋蔥頭形
圓頂的教堂。

　　建築設計者是利用本身的設計傳統來設計。19
世紀晚期，加拿大發展出一套建築形式的成規：
國會大廈與教堂多採哥德風格，銀行與火車站多
採古典風格，地方議會大樓看起來像文藝
復興時期，旅館保留法國城堡風格，而特
殊建築多用英國喬治王朝時期的風格，特
別是在大西洋岸諸省。

未來派的設計

　　隨著20世紀的發展，加拿大的建築設
計開始有自己獨特的理念。1967年蒙特
婁世界博覽會薩夫迪（Moshe Safdie）設
計的生活環境模型「住處」，以及1976年
蒙特婁奧運泰利柏（Roger Taillibert）設
計的環形競賽場，在在獲得了國際的認
同。

　　此後，加拿大有了自信，敢於自己
設計大型的建築。很多重量級的加拿大
建築師嶄露頭角，包括薩夫迪（代表作有
渥太華的國家畫廊）、艾利克森（Arthur
Erickson，代表作有溫哥華的UBC考古博
物館）、卡迪納爾（Douglas Cardinal，代
表作有魁北克赫爾的加拿大文化博物
館）、帕特考兄弟（Patricia & John
Patkau，代表作有安大略基奇納的加拿
大泥塑暨玻璃藝術陳列館），至於麥凱里
昂（Brian MacKay-Lyons），他的設計給
大西洋沿岸諸省的都市生活帶來了很大
的衝擊。

▽**溫哥華**
溫哥華港傍水閃閃發
亮，是加拿大建築的聖
地，包括有不能不看的
艾利克森的名作UBC考
古博物館。下圖，登上
麥克米蘭太空中心，可
以望遠細看遠渺的宇
宙。

▷ **多倫多的加拿大國家塔**
建於1970年代，多倫多地標，高度
553公尺，這座電訊高塔是全球陸地上
最高的獨立高塔。

◁ 新伯倫瑞克

該省首府弗雷德里克頓（Fredericton）景色優美，是親英保皇人士在1784年建造的。左圖這棟中將府第，是早期加拿大東部的殖民建築。

▽ 多倫多

漢伯河（Humber R.）單車徒步橋，蒙哥馬利與賽瑟姆（Montgomery & Sisam）建築師1994年的得獎作品。得獎理由是：一個能啓迪民心的設計，將多倫多居民的需求列為優先。

博物館建築風格的設計者

對於建築師而言，曾因自己的設計被認為過於激進，而被要求不要繼續在不列顛哥倫比亞大學繼續任教；如今，卡迪納爾已經不會如此失敗了。他現在是世界頂尖的建築設計師。

1960年代卡迪納爾以優異成績畢業於德克薩斯大學後，就在家鄉亞伯達省紅鹿鎮執業，之後，在省會艾德蒙吞執業時，首開風氣之先，運用電腦在他得獎作品聖瑪莉亞教堂的結構計算上，並且他獨特的設計風格也逐漸受到認同。

1983年他從眾多競爭者當中脫穎而出，獲得委任建造位於魁北克赫爾（Hull）的加拿大文明博物館（上圖），以收藏全國的原住民手工製品。

卡迪納爾結合了自然與科技，在他的巧思之下，一個被風、河、冰河經年雕琢的大陸意象構成了文物館的曲線。

繼這項作品得到極大肯定之後，卡迪納爾又獲得史密斯機構委託，設計位於美國華盛頓特區中心的美國國家印第安文物館。

◁ 育空

寒冷氣候下的建築設計：育空遊客接待中心。這棟建築曾贏得1997年建築類總督獎，得獎理由是：它創造了一種與環境之間的平衡。

▽ 卑詩省

巴恩斯府（Barnes House），位於南奈摩（Nanaimo）一處裸岩上，由帕特考建築事務所設計。這家建築事務所位於溫哥華，許多作品贏得喝采，包括西部沿海一所原住民學校。

△ 渥太華

薩夫迪設計的加拿大國立美術館，屹立在渥太華的天際線。有很多畫廊與寧靜的中庭供參觀者休閒，還附設一座19世紀的禮拜堂。

▷ 建築師卡迪納爾

建築師卡迪納爾在1934年生於亞伯達的紅鹿鎮。他父親是野生動物園的看守人，有一半的黑腳族血統。卡迪納爾的尖端設計當中，融合了自己對原住民文化的熱愛與專業技能。

追尋認同

加拿大涵蓋了數千年的歷史與紛雜眾多的文化，
因此對加拿大人來說，想要追尋民族認同是難以捉摸的。

對原住民來說，綿延數千年之久的加拿大本來面目現在已成過去；因此，他們的追尋是一種奮鬥，為保存他們古老文化的一種奮鬥。從外來移居的觀點來看，這些顯現在加拿大文化的傳統似乎出自於一個更早的時代，出自於不同的起源和地方，出自於古老的儀式與習俗。跟

加拿大；數以千計的保皇份子在美國獨立戰爭期間逃往加拿大，以擁護英國主權；另外，還有些人是因為貧窮與遭迫害而前往加拿大。

簡而言之，很多早期的加拿大人是難民；他們仍堅守著自己的文化與習俗，希望能在加拿大重建過去的家園風光。在加

美國相當確實可知的特性不同，加拿大的本來面目比較無從捉摸。

會對加拿大文化有這種古老遙遠、難以捉摸之感，或許是來自於她不尋常的歷史。正如加拿大著名的知識份子傅萊（Northrop Frye）所言，早期大多數的加拿大人（印第安人除外）原不希望待在加拿大。可以這麼說，法國移民自1763年被法國遺棄以後就「擱淺」在魁北克；蘇格蘭和愛爾蘭移民在16、17和18世紀由於「高地大清除」（Highland Clearance）而被迫離開家園土地，心不甘情不願地乘船到

拿大可以聽到各式各樣不同過往的回聲，共同譜出一首和諧的加拿大樂章。

但這並不是說，加拿大本身並沒有給她的居民帶來一些特別的影響。寒冷、充滿敵意的環境、豐裕的食物、唾手可得的土地，這一切結合起來使得她既是第一批移民眼中的避難所，又是地獄。早期加拿大的歌曲、詩文、繪畫自然免不了要表達她的憐憫還有無情。但是，這些對生存環境的感受背後正是多元文化主義的概念。

從東岸到西岸，我們找不出任何足以作為加拿大人的共同特色，或許只有那個到

處都聽得到、人人都毫不猶豫就脫口而出的「呃（eh）？」譬如「外面很冷呃？」、「總理實在沒什麼道理呢？」，勉強算是。

無論哪一地區都有自己的特質足以跟別的地區區別，譬如大草原區的人有自己的一些特質足以區別他們與東岸沿海省份的人，或者安大略人區別魁北克人。加拿大的特質很奇特地混合著固執的地方主義與無可奈何的國家主義。

加拿大著名的政治家布拉薩（Henri Bourassa）曾對加拿大聯邦與省之間長期存在的緊張關係，提出了他的看法：「我們有

「大熔爐」，而是「嵌鑲畫」。

加拿大的多面性格也反映在她多樣的政治體系當中。選舉在加拿大往往是利益的競爭與妥協、自我認同的展現與重塑的時機。

作為國家的意識型態，嵌鑲畫的理念正適切地實現了尚普蘭當初的願望：要依正義與同情的原則來建立加拿大。但是，作為實踐過程，它談不上成功。波特（John Porter）在他的經典名著《縱向的鑲嵌畫》（The Vertical Mosaic）一書中，嚴厲抨擊所謂的「鑲嵌畫」其實是一種高度分化的階層結構，迫使某些族群永遠留在原有的少數民族

愛安大略的心，有愛魁北克的心，有愛西部地區的心，就是沒有愛加拿大的心。」

在1970年代，多元文化主義成為加拿大的官方政策。這個政策是為反映聯邦當初成立的一項宗旨：加拿大要成為一個不同但平等的成員共同組成的統合體。結果，容忍種族與宗教的多樣性就在加拿大獲得了確定性（錫克教徒、印度教徒、佛教徒、伊斯蘭教徒與猶太教徒日益增加證明了這點）。加拿大推出的國際形象不是

聚集區。其他的批評者也批評說，文化的鑲嵌畫只是用以遮蔽一個事實：加拿大仍是一個階級嚴格區分的社會。

根據統計顯示，加拿大的金融、政治與文化利益由少數一群人控制著，這群人為數僅僅2,000；一直到最近，其中沒有一名婦女或一名原住民，不過這群人正在改變中。今天，莊美楷（Michaëlle Jean）已成為加拿大第三位女性、第一位黑人總督；安大略省省督巴特曼（James Bartleman），是孟吉卡寧原住民部落（Mnjikaning First Nation）的一員；前加拿大最高法院女法官阿伯爾（Louise Arbour），現為聯合國人權委員會最

前數頁：加拿大原住民展示他們的傳統。
上圖：（從左到右）休倫族酋長；「新潮」的溫哥華人；曼尼托巴的小老闆；愛德華王子島的老練船長。

高專員。

因此，加拿大的認同問題就以複雜、多元的議題的面貌出現了。「我的文化是什麼？」、「我的傳統是什麼？」在所有加拿大人的生命當中都會浮現這樣的問題。在加拿大，把一個文化的概念清楚有力地表達出來，這樣的努力會一直繼續下去。

原住民

或許遠在 2 萬年前吧，加拿大第一批居民越過白令海峽來到北部寒地生活。印第安人在加拿大興盛繁榮了數千年。但是，

加拿大的訪客經常可以在當地的原住民身上感受到某種悲情。保留區往往充滿著貧窮潦倒、死氣沉沉的景象；市區內部廉價的旅社、傾頹的酒吧幾乎無可避免地成為印第安酒徒與吸毒者的收容所。加拿大的原住民被栓在兩個世界中間，而且兩邊都沒有他們的立身之所，他們帶著其他加拿大人所沒有的疏離感掙扎著。

雖然如此，加拿大原住民還是有許多其他的形象。從 1970 年代開始，加拿大各地多采多姿的典禮和節慶表現了許多原住民勇猛的戰鬥精神，以及開創一個受到公平待遇的

自從貪求東方財富的歐洲探險家發現這塊新大陸，接著開始殖民之後，這種和樂的景象徹底改變了。疾病、戰火傷亡與強迫遷居造成加拿大原住民人口大量減少。

印第安人、伊努特人、美蒂斯人等原住民人口如今不到加拿大總人口的 4%，但他們仍持續不斷反抗那些將他們貶抑為「劣等人」的歧視政策。被迫居住在保留區的印第安人社區，發現自己仍處於一種半殖民地的境遇；政府自以為救濟物品、「白人」學校、自來水等等是改善他們原始生活方式的德政，他們應當心存感激，欣然接受。

生活的決心。一些富有辯才與力量的原住民領袖出現了，他們積極要把各方的背景與利益整合融入一個政治體制。漸漸地，印第安部族開始極力要求索回具經濟價值的土地所有權；有些原住民，譬如第恩人（the Dene），還要求成立自己的國家。面對一個假保護之名行隔離之實的政府，他們的努力已獲致某些成果。加拿大的原住民一改以往的柔順，已經生成一股不容忽視的力量。

法裔加拿大人

當卡蒂埃沿著聖羅倫斯河在侯奇拉嘎和司塔達空納兩處地點建立殖民地時，他根

本不知道他這個初成形的社區日後竟會變成加拿大的「敗家子」。起先被法國遺棄，然後再被英國勉為其難收養，加拿大法語區持續不斷地表現出強烈的民族自尊、獨特的文化認同與強固的傳統主義，特別是在魁北克。

英裔占優勢地位的加拿大，常常只把魁北克人要求文化自主的呼聲當作是小孩子被寵壞後的哭鬧而已，只要耐心細聲說些二元文化的概念就可使他安靜下來，但

政策承認

對法裔加拿大人來說，承認法國文化為這個國家開山奠基的夥伴是重要的。

係正逐漸改進中。先別管那些反對者，21世紀一開始，全國性的法語計畫展開，200多萬名英語學子開始修習學校的法語課程；全加拿大人口中，18歲至29歲的年輕人有幾近25%可以使用英法雙語。根據這些統計數據，以及分離主義者魁北克黨在魁北克最近一次選舉的支持率降低，在在顯示出：在魁北克與加拿大的其他地方，已有更多的人嘗試去了解、尊重彼此的差異。

是這就像用汽油去「澆熄」熊熊的野火，更助長了火焰。對法裔加拿大來說，再也沒有什麼比漠視他們的民族問題更令他們厭憤了。結果，法裔加拿大人對英裔加拿大人的態度（幾乎任何人都是如此）輕則厭惡，重則公開的種族仇恨。而大部分的英裔加拿大人也都能以同樣的態度回報他們的法裔同胞。

現在，在魁北克和加拿大的某些地方，只要說上幾個不同於當地用語的字眼，就會招來冰冷的白眼；不過，二元文化的關

二元文化主張遮暗了對文化多樣性的追求。對法裔加拿大人而言，法國文化不僅僅是要了解的東西，而且還要承認它為這個國家的一個主要部分，一個開山奠基的同夥。正如一位家長所說的，「我要我的孩子成長在一個法國文化的環境裡。我討厭已經餵食我們年輕人好多年的美國電視與音樂。加拿大其他地方都是英國人的天下，為什麼我們也要變英國人？」魁北克分離主義陣營輸掉了1995年舉行的公民投票，但是差距只有百分之一點多，因此，法國文化完整性的問題尚未獲得最後解決，還會持續下去。

上圖：（從左到右）曼尼托巴的婦女；第恩原住民；跳舞中的希臘裔加拿大人；蘇格蘭高地的移民後代。

英格蘭裔、蘇格蘭裔和愛爾蘭裔

加拿大主要是一個「英式」國家。共襄盛舉的盛典遊行和典禮儀式，門廳和來賓接待室裡無所不在的英國女王肖像，議院制政府的存在，所有這些在在暗示了英國的系譜。

不過，英國人在加拿大的歷史實際上比英國傳統所願意承認的還要複雜得多。除了直接從英格蘭過來之外，加拿大許多英裔移民是經由美國過來的。

18世紀後期，親英保皇的新英格蘭人為逃避美國獨立戰爭，湧進加拿大，因而形成

格蘭的文化型態幾乎隨處可見，不論是在議會的開幕式，或是在住家附近的酒館裡。蘇格蘭高地的競技、愛爾蘭的民俗節慶和政治儀式（很奇怪，似乎是模仿白金漢宮的衛兵交接），在各省都是很常見的景象。

將加拿大地圖瀏覽一遍，還會發現有許多城鎮和都市是以不列顛群島最受喜愛的地名來命名的，譬如愛德華王子島、昆沙羅特群島（Queen Charlotte Is.）、新格拉斯哥（New Glasgow）、牛津、溫莎、喀里多尼亞（Caledonia）、利物浦等等。

一股勢力，有助於加拿大形成以英人為優勢的人口結構。

此外，愛爾蘭難民（其中有很多是馬鈴薯歉收飢荒的受害者）也加入了英人移民的行列：他們橫渡大西洋，前來尋找食物與工作機會。

同樣地，蘇格蘭移民被迫把自己的土地讓作綿羊飼養場，離鄉背井前來加拿大闖天下。但是愛爾蘭天主教徒和蘇格蘭新教徒相處不來，因此，雙方在年度遊行總會爆發一次流血衝突；19世紀時，雙方的緊張關係時時可見。

今天，在加拿大，愛爾蘭、英格蘭與蘇

德國人和斯堪地那維亞人

除了法國人和英國人之外，日爾曼民族是最早來到加拿大的歐洲移民。早在1750年，德國移民就來到新斯科細亞，並在1753年建立了盧嫩堡（Lunenburg）一城。這個小小的中心城市最後變成了沿海諸省造船工業的重鎮。此外，德國保皇人士也移居到上加拿大，並且建立了一座城鎮，取名為柏林，二次大戰期間因為怕反德情緒，所以改名為基奇納（Kitchener）。

瑞典人、挪威人、芬蘭人則移民到加拿大西部地區。這些地方至今仍保留他們原始的民族風味。此外，冰島移民在大草原

區建立了吉姆利城（Gimli，意為「天堂的玄關」），後來他們成功推出兩道商業美食而在加拿大占一席之地：鯡魚和白鮭。

烏克蘭移民

18世紀時，加拿大湧入了數以千計的烏克蘭人，當時報章雜誌稱他們為「穿著羊皮外套的民族」。他們被西部免費農場所吸引，全然無懼於大草原區的荒野。烏克蘭人最初定居在曼尼托巴、薩克奇萬和亞伯達。後來，

烏克蘭移民

除了法裔加拿大人之外，就屬烏克蘭裔最有追尋民族認同的意識，也最能表達這種意識。

亞裔移民

放棄了美國加州開採殆盡的金礦，第一批華人移民來到今日的卑詩省挖礦。之後在1880年代，另一波的華人移民被招募來做加拿大太平洋鐵路的築路工人。

待遇菲薄，工作環境又危險，不少華裔築路工人就客死在這個不把他們當人看待的異鄉。隨後，日人也很快加入行列，他們容忍的能耐和節儉的窮鬥，讓他們能在種族歧視的政策中揚眉吐

波蘭人、捷克人、斯洛伐克人、塞爾維亞和克羅埃西亞人的移民也加入行列。

除了法裔加拿大人之外，或許就屬烏克蘭裔最有追尋民族認同的意識，也最能表達這種意識。他們透過各種途徑積極追求對烏克蘭文化遺產的認識與認同，包括建立有力的組織，辦週刊報紙，成立政治團體帶頭為非英、法的其他語言爭取官方地位。

氣。1903年，首批錫克人建立了一個大型社區。

華人的生意很賺錢，引起當地白人競爭者的忌妒，結果導致了1923年華人移民法的產生。這項法案有效阻擋了欲移民加拿大的亞洲人，直到1960年代，加拿大移民政策才放寬。

隨著來自南亞的無數亞洲移民加入，他們的犧牲如今有了回饋，有的是小老闆，有的是醫生、律師、大學教授和工程師。而南亞裔加拿大人的興起，已然成為認同聲浪中的一股新聲。

左圖：維多利亞的鯨魚生意。
上圖：巴西足球迷在蒙特婁慶祝。

法裔與英裔加拿大人

歷史上，法裔加拿大人與英裔加拿大人之間的關係向來緊張，
有時甚至爆發衝突；但是，現在這兩個分歧不合的文化正在搭起橋樑。

八百公里的距離隔開了魁北克市與多倫多，兩地之間有國際都會蒙特婁與親英城市京斯頓（Kingston）。這兩大文化重鎮存在著加拿大三百年的歷史、傳統與境遇。魁北克市是典型的法國城市，政治態度強硬偏狹，其壯麗典雅的景觀令人彷彿置身歐洲，置身諾曼地或萊茵河的古城。多倫

多是典型的加拿大英語區城市，也是典型的北美城市。它是整個加拿大的經濟中心，從它的視野景觀、濱水區、綿延不斷的郊區到職業棒球，在在都顯示出多倫多是一個典型的北美都會中心。這兩個城市同屬於一個大國：加拿大。但是，除此之外，它們還有什麼共通之處呢？古老人稠的魁北克市中心區，狹窄的街巷林立著咖啡館和酒吧，懸崖峭壁沿著城區經聖羅倫斯河到皇家廣場（Place Royale）一路下滑。這跟商業大樓玻窗閃閃發亮的多倫多有什麼共通之處呢？一個城市用法語，另一個城市用英語。一個城市仰賴法國的文

化遺產，大量吸收法國人的音樂、電影和文學。另一個城市則結合了英國文雅的遺風與美國的通俗文化。

1867年成立的加拿大聯邦體制並不保證這兩個世界會結合為一。當年的協定主要是基於整體經濟利益的考量；而事實上，魁北克與英語區在經濟上也確實常常聯絡交流。聖羅倫斯河海道、加拿大橫貫高速公路以及蒙特婁與魁北克市的觀光勝地，共同在這兩個不同的社群之間造成了一股穩定、川流不息的交流往來。經濟上的往來，連同政治上的承諾（透過渥太華的聯邦政府），一直保持著相當穩固。

加拿大是一個國家，一個富有生命活力的國家，一個幅員遼闊、自然資源豐富的國家。可是她卻存在著分裂。一旦超越了經濟與政治上的考量，英裔與法裔加拿大人之間的關係就更加脆弱，更加問題叢生。有一道難題終究還是要追問，那就是在文化上，在精神上，這兩個世界究竟有什麼共通之處？

歷史的重擔

如果我們要了解今日加拿大英、法裔的關係，就必須從北美歷史尋根探源。我們發現，這個新世界繼承了英法兩國的宿仇，迫使這些原本該在這個惡劣環境裡互相合作交流的移民，必須自我孤立，劃清界線。事實上，在如此遼闊的土地上，這種人為的分界原本是不必要的。

從一開始，歷史的重擔就壓在這片新大陸。北美成了英、法國人為榮耀帝國的戰場。在加拿大，法國移民沿著聖羅倫斯河岸定居下來，這塊地方也就是今日的魁北克，而英國移民則深入內陸安頓棲身，最初的地點是五大湖區。

到了1750年代，也就是第一波移民潮之後不到一百年，法語區與英語區之間已是壁壘分明了。隨著英國移民向南方迅速發

展，建立了後來被稱為美利堅合眾國的殖民地，法國移民在實質上已經被孤立，被擊敗了。

新法蘭西的人口不到英國移民區的十分之一。所以，從一開始，法國移民在北美就是少數民族。他們所能獲得的憑藉主要來自祖國的「安全網」，祖國會照顧他們的利益。可是到了1759年，他們連這點憑藉也失去了。其後，英國移民對魁北克的軍事占領實際上等於粉碎了兩個社群之間和解的希望。

英國移民是勝利者、征服者，魁北克人是失敗者。法國移民被祖國拋棄，留他們在英國人統治的新大陸上自謀生路。1759年，出現了一個延續至今的型態：以英語為主要語言的政府統治著以法語為主要語言的人口。

到了1867年，兩族群之間的社經關係已經發展得相當緊密。在魁北克的英裔人是銀行家、企業家及權勢人物，而法裔人則是勞工，以及創造、保存一種豐富民間文化的農人。換句話說，英裔人繼續扮演著勝利者的角色，繼續收取戰利品。

聯邦政府給予魁北克的是一種政治架構的改變：成為省份。地方分權協議分配給每一個省份相當的權力，這應提供了魁北克人一種再次自我主張的方式。基於許多理由，這並非真的發生了近百年。無論如何，在種籽種下的那一天，這個國家就已經誕生了。

英國老闆

在20世紀上半葉，情況幾乎沒有什麼改變。加拿大英語區持續擴張，並鞏固其領地，安大略終於很快就控制了經濟舞台。不消說，蒙特婁和魁北克市這兩大市場當然是值得繼續經營。另一方面，這段時期有接二連三的統計結果顯示出一些大問題：位於魁北克的公司，基層員工使用法語，但管理階層卻使用英語；魁北克人遭到明目張膽的差別待遇；英裔老闆自魁北

克賺取龐大利潤，但卻從不二度投資以為回饋。

魁北克的政治人物，特別是蓄勢待發的杜普雷西，發現自己所做的，其實是在協助英人階級以維持自己的政治生命，還有就是尋求外來資金，不慎卻反而打擊了魁北克人強化本地金融地位的希望。

另一方面，英語區普遍認為法語區是一個由信天主教的農夫與藍領勞工所組成的落後、遙遠的社會。這個社會除了蒙特婁能產生一些傑出的曲棍球員外，對於加拿大其他地區可說是別無貢獻。魁北克省的

大部分地區是完全不說英語的；即使在蒙特婁（這裡的英語人口對周遭的魁北克文化毫不理睬），大多數的居民也無法以加拿大的政經語言從事工作。渥太華和多倫多控制了大多數魁北克人的生活，限定了他們的社經地位，然而對於他們的日常文化卻幾乎沒做什麼。

1964年，蒙特婁作家麥克倫南（Hugh MacLennan）發表小說《兩地孤獨》（*Two Solitudes*），描寫英、法兩族群之間的冷漠關係（如果作者據實描寫的話）。他筆下的英語區與法語區社會都有自我中心與自衛的性格，也都不願採取必要的行動來終

左圖：多倫多劇場演員認為這一切不過是一個令人發笑的玩笑罷了。

右圖：法裔魁北克人的傲慢表情顯示出他們對英裔人的輕蔑態度。

止各自「隔離」的狀態。

「兩地孤獨」一詞後來成為加拿大人的重要詞彙。在某些範圍內，今天的情況跟40年前一樣可以適用這個詞彙。但是，在1955至1980年間，這兩個社會的結構都起了驚人的變化。特別是魁北克的文化與政治覺醒，已經完全改變了兩族群關係的動力。過去30年來，社會劇變確實幾乎消融了加拿大的政治嘗試。

寧靜革命

1950年代後期，有一群藝術家、記者、

十月危機

從雷薩吉（Jean Lesage）與強生（Danniel Johnson）兩位省長的開明領導，到勒維克與魁北克黨的興起，這次運動的政治黨派愈來愈明顯。這股衝勁的黑暗面——恐怖集團魁北克解放陣線（FLQ），引起了英語新聞界的密切注意。雖然亞伯達人或多倫多人不關心魁北克的文化運動，不注意維尼歐（Gilles Vigeault）的音樂、亞坎（Hubert Aquin）與哥德布（Jacques Godbout）的文學，但他們格外注意蒙特婁的爆炸事件。對他們而言，魁北克的追

政治人物（杜魯道也在其中），開始為魁北克奔走、努力。這個後來以「寧靜革命」著稱的運動，是要藉著強化社會的文化結構來創造一個完全以自身知名的魁北克自治體。作曲家、詩人、劇作家、畫家、電影工作者、歷史學家共襄盛舉，圍繞這個概念進行他們的創作。重要的是，作為1970年代分離主義運動前身的寧靜革命，乃是以文化變革為其根基，這些藝術家要求魁北克人要以自己的文化、語言與自己本身為榮。魁北克是獨特的，跟加拿大其他地方大不相同。置身於北美英語之海當中，它必須格外警醒，才能保持主體性。

求自我包含了公開譴責英語區，要求獨立自主，以及一個直搗權威的恐怖集團。這種誤解對於英、法裔族群的關係，造成了極大的傷害。

1970年的拉波特暗殺事件，也就是所謂的「十月危機」，是個決定性時刻。連續好幾日，英裔加拿大人在驚恐之中目睹了一段為時雖短卻極為嚴重的社會不安。

突然之間，新聞報導充滿著士兵逐屋搜查和軍隊設檢查站的畫面，這些不是發生在北愛爾蘭，也不是發生在智利，而是發生在魁北克，就在加拿大的境內。

這些媒體意象，還有杜魯道總理在渥太

華宣布魁北克進入緊急戒備的意象，反而比前20年任何正面事件更能促使魁北克自主問題廣受注目。對所有有關人士而言，十月危機確實是一次嚴厲的考驗。

自負的魁北克

十月危機以後，魁北克黨逐漸壯大，終在1976年入主魁北克省政府，並於1980年就主權獨立問題舉行公民投票。在該年夏天，魁北克雖然表面上不願脫離加

分裂與統一

魁北克的蛻變之苦，迫使加拿大人重新檢視他們的首要目標。魁北克真的獨立了，將會怎麼樣？

倫多與溫哥華兩大城市裡，已改變了社會的組織結構。

信奉新教的英裔白人在加拿大中部的商業優勢雖仍無可置疑，但已有新的勢力、新的面孔加入。正如蒙特婁已不再全然是由英裔人管理法裔人口，多倫多也不再只是座「貪婪之城」，一座充斥著英人財富和英人脾氣的城市。魁北克蛻變之苦大大影響了加拿大的經濟。這些痛苦也迫使加拿大人重新檢視他們的首

拿大，但它確實已陡然崛起，成為一股不可輕忽的勢力。自斷、沉穩，魁北克如今有了主見，並基於省府的基本精神，有權在聯邦憲法之內對其省務內政行使相當的權力。就某種意義而言，挑戰書已經扔在英裔加拿大人的腳下了。在寧靜革命的這些年當中，魁北克以外的地區也經歷了一些不同的變化；這些變化比寧靜革命更寧靜、更和平，但它們的力量之強足以發人省思。湧入都市中心的移民，特別是在多

要目標，以及他們的自我意識。如果魁北克真的獨立了，將會怎麼樣？加拿大還會存在嗎？加拿大聯邦瓦解之說既荒謬又不可思議，但還是很有可能。在此疑雲糾纏的重擔之下，加拿大舉步蹣跚。魁北克的奮鬥激起了大家對聯邦存在本質的共同討論。

經1995年的公民投票之後，魁北克仍留在聯邦之內。經濟的困境將獨立問題貶到次要地位，但問題還會爆發，而且最後結果充滿著不確定性。但就某種程度而言，魁北克人的目標已經達成：工商實業的所有權仍由國內（或美國）控制，法語已是

左圖：魁北克的輕便馬車馬伕。
上圖：蒙特婁的一間法式咖啡屋。

商業與公家使用的語言，而魁北克省的文化生活仍持續蓬勃發展。但是，就在許多這類政策的實行期間，英裔加拿大人和魁北克人之間的關係變得更加緊張。

蒙特婁許多使用英語的企業團體紛紛出走，這件事（反正就是透過媒體）活生生地呈現了兩大族群相互隔離的意象。魁北克黨政府制定的法令，特別是引起爭議的「一〇一語言法」，使得魁北克的非法語人士苦不堪言，同時也經常引起居民對省府差別待遇的批評。確實，這些政策當中有很多進一步擴大了加拿大「兩地孤獨」的

的雙語教學。各項調查也一再顯示出對雙語政策的支持。支持的聲浪大多來自年輕的加拿大人，他們很顯然了解，從全球化和愛國的觀點來看，能夠同時使用英法雙語的價值在哪兒。

魁北克人給聯邦主義者再一次機會的意願，在2003年4月的省府選舉中再度予以徹底證明：夏雷（Jean Charest，他曾經在總理穆隆尼的進步保守黨內閣擔任部長）率領的自由黨獲得勝利，在125席中取得76席。

在不久之前，魁北克的文化幾乎完全遭

問題。就在魁北克建立城堡的企圖當中，它似乎又在自己和加拿大英語區之間的高牆砌上了一些磚頭。

那麼加拿大雙語實驗的評價究竟如何？儘管有人質疑：住在卡加立（Calgary）的人為什麼要學習法語？曼尼托巴省的法律為什麼要英法雙語書寫？但還是有許多人理解：在今天的世界裡，只講一種語言是不利的。

聯邦政府也強烈察覺到持續推動雙語政策的必要性，因而在2003年3月宣布：在未來五年內，會投資7億5千多萬美元，援助學校、社群計畫、聯邦人民服務機構

到忽略。加拿大英語區對於魁北克豐富的文學、電影和視覺藝術幾乎毫無接觸。不過，隨著魁北克出身的天才劇場名導勒帕吉（Robert Lepage）的成功、致力於馬戲團文化的太陽馬戲團（Cirque du Soleil）、劇作廣受各國翻譯的特倫布萊（Michel Tremblay）、微笑靴子樂團（La Bottine Souriante）的狂放本土音樂、歌后席琳狄翁（Celine Dion）大受歡迎的流行音樂、導演阿坎德（Denys Arcand）的電影等等，魁北克已在加拿大各省區和全世界烙下了自己的印記。

加拿大英語區不能再以施恩的態度對待

魁北克了，不能再用貧窮落後的眼光去看他們。

同樣地，加拿大法語區也不能再抱怨自己受到打壓與不公平的待遇，不能再視英語區為冷漠自私的老闆，毫不關切他們的需要。在邁向一國的艱難實驗中，這兩個族群是地位平等的手足。

穿越橋樑

渥太華城市本身氣派威嚴，儼然是英國

2002 年還稱為赫爾（Hull）的對岸城市。赫爾也合併了其他城市，形成更大的加提諾市（Gatineau）。赫爾的酒吧和咖啡店總是營業到深夜，熱鬧的夜生活給渥太華市民一個可以出走的夜晚。但是在進入 21 世紀之際，兩岸難免有了一些轉變。經過那些酒吧和俱樂部衝鋒多年之後，赫爾市議會公告：酒吧可以營業至清晨 2 點。同時，安大略省也修改法條，允許酒吧營業至清晨 2 點。儘管加提諾市

樂觀的象徵

當加拿大英語區不再以施恩的態度對待魁北克之際，加拿大法語區也不再控訴受到不公平待遇。

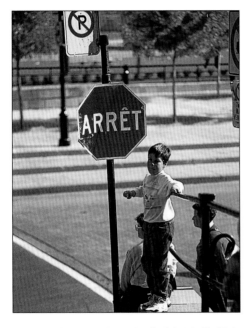

古城的縮影。這裡是加拿大國會的所在地，也似乎是加拿大英語區的精髓。現在，渥太華是加拿大的一座雙語城市，擁有一群講著強烈安大略口音法語的人口。在任何一條街、在隨便一家店，法語就像英語一樣隨時都能聽得到；對那些講法語的人來說，什麼是「標準口音」往往是不確定的。

渥太華河上橫跨著五座橋樑，連接著 2001 年合併 10 座城市的渥太華，以及

仍然保有生趣盎然的夜生活，渥太華的客人和居民已經沒有理由過橋去參加派對了；的確，在渥太華的拜沃德市場（Byward Market）周邊以及 Elgin Street 街上林立的夜店，聚集了大多數的夜生活愛好者。

曾經有段時間，渥太華和赫爾真實代表了加拿大的「兩地孤獨」。今日，許多渥太華的居民到對岸的魁北克工作；反之亦然。「兩地孤獨」不再了。兩地社群的接觸也已經從稀少到頻繁、從惡劣到全然舒坦了。

左圖與上圖：在魁北克，標誌使用法語是種規範。
右圖：在這本文學作品上可以見到雙語政策的痕跡。

伊努特人

伊努特人生活在北極地方已有5,000年了。直到今日，
他們的文化與生活方式才受到應有的尊重。

直到數年前，生活在北緯60度線以南的加拿大人才驚訝地發現，愛斯基摩人一直自稱為「伊努特人」（Inuit），意為「唯一的民族」。當你想到他們是數千年來唯一生活在北極地方的民族時，就會同意這個名稱的確相當適當。「愛斯基摩人」不是伊努特語，而是印第安語，意思是「吃生肉的人」。

用這樣的名稱來指稱這群活力充沛、溫和可親的人，實在有欠公允。歐系加拿大人稱伊努特人為愛斯基摩人竟然如此之久，顯示了這兩個世界之間存在的隔閡。

北極區的環境並非一成不變。它先後經歷過暖流和寒流，各類生物分別在不同時期來此生活。因此，北極地區的遊牧民族就得根據這些變化來適應環境。

第一批生活在北極地區的族群是在北極較溫暖的時期渡過白令海峽來到這裡的。這個稱為前多塞特民族（pre-Dorset）的遊牧民族向北深入北極群島（Arctic Archipelago），向東遠達格陵蘭島。他們靠獵捕海豹、在北極海捕魚維生。

大約西元前1500年，一道寒冷潮流開始襲擊北極地區，迫使這群人必須南遷到大陸上生活。就在這段時期，前多塞特文化發展成了多塞特文化。現在，這群人獵捕的不再是冰海上的海豹，而是美洲馴鹿。至此，他們跟白令海峽西邊的遠親的文化連結也就斷裂了。

然而，多塞特人並不是伊努特人的直系祖先。自西元900年起，北極地區又開始另一個暖流，這預告了極北民族（Thule）將自阿拉斯加東遷的訊息。極北民族捕獵的是海中的哺乳動物。隨著大陸上長年的浮冰群消退以後，海鯨、海豹與海象，就游過白令海峽進入波福海（Beaurfort

Sea）。不久，極北民族就跟著過來。

極北民族在許多方面都跟多塞特人大有差異。第一，極北民族住在沿海的較大型部落，不像多塞特人的居住型態是小型家庭聚落。第二，極北民族的捕獵技術比較高明。諷刺的是，西元1500年左右，極北

民族發現他們的處境跟三千年前的多塞特人類似——另一個小型的冰河時代已經來臨。在這段時期，浮冰變得很大，以致穿越白令海峽前往北極海的海上哺乳動物數量減少，美洲馴鹿也往南遷徙。極北民族適應下來了。他們分散成更小的團體，更容易遷家。這群人正是伊努特人。

北極家園

儘管環境惡劣，伊努特人還是選擇北極作為家園。他們的歷史、文化與語言，跟印第安人不同。印第安人在渡過白令海峽

左圖：北極地方的娛樂：社區共有的跳躍床。

右圖：從洞口窺視相機鏡頭的伊努特男孩。

之後就迅速南移。

在那嚴酷無情的土地上，伊努特人精通了建造冰屋與不透氣小皮艇的技術，變成了在北極冰層上追蹤北極熊和海豹的專家。雖然不時得忍受飢荒、曝露在空曠土地上，但是伊努特人還是留了下來。

除了天賦的發明才能之外，伊努特民族又自惡劣環境中磨出一份謙遜，成為一個忍耐克制的社會，能默默承受半年永夜之地的種種限制。儘管歐系加拿大人是挾高科技進入北極，但他們在適應北地孤寂的區區數年間，依然有很大的情緒困擾，一

就結束了。伊努特人乘著小皮艇將弗洛畢夏的船團團圍住。弗洛畢夏為了誘使伊努特人更靠近一點，就搖動一只鈴。

在北極地區很可能從來不曾有人聽過鈴聲。有一名好奇的伊努特人就趨前靠近他的船，近得快要伸手拿到那鈴。說時遲那時快，弗洛畢夏雙手迅速將那人連同皮艇一起拉進船中，然後像戰利品一樣收在船艙裡。在尋金和找航道兩項目標都落空以後，弗洛畢夏返回英國，將這位北方「大使」展覽供王室參觀。在囚禁中，這名悲傷的男子不久就死於歐洲疾病。這個不幸

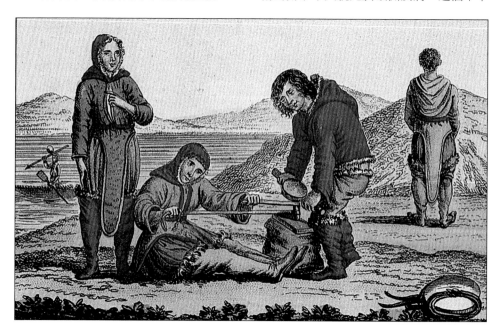

想到這裡，我們就愈覺伊努特人不但能長期忍受，還能世世代代綿延生存下來，這實在是一件了不起的事。伊努特人並沒有歐系加拿大人那種孤寂感；對他們而言，暴風、冰雪、永晝、永夜，都只是生活的一部分而已。

與歐洲人接觸

在1576年，伊莉莎白時代的一位探險家兼私掠船船長弗洛畢夏（Martin Frobisher），為尋找黃金與通往印度的西北航道，結果卻駛進了巴芬島（Baffin I.）的一處大深灣；從此以後，伊努特人與歐洲人的隔絕

事件說明了何以伊努特人在傳統上始終不願外國人干涉其事務的原因。

除了弗洛畢夏的探險之外，深居北極內地的伊努特人幾乎不曾跟歐洲人接觸。一直到1818年，他們才遇見前來北極海東部的捕鯨船。儘管危險，這些捕鯨人為了尋找弓頭鯨，還是冒險航行穿越冰山滿布、陷阱重重的大衛斯海峽（Davis Strait）。在1830年代發生了一連串的捕鯨船難，許多船隻落入北極冰的天然陷阱裡，船毀人亡。

解決這些問題的辦法是，在北極地區設立永久的捕鯨站。1840年代，一名精明的蘇格蘭捕鯨船長潘尼（William Penny）開

始在他的巴芬島捕鯨站雇用當地的伊努特人。他發現這些伊努特人個個是罕見的捕鯨好手。當你想到伊努特人已捕了好幾世紀的鯨魚時，也就沒什麼好驚奇了。不久，潘尼和其他精明的捕鯨人就開始採用伊努特人的保暖衣物、傳統魚叉和其他技術裝備。

不幸的是，北極捕鯨的蓬勃發展，使得北極海的弓頭鯨數量到了1880年代便急遽減少。雖然捕鯨業沒落了，但由於加拿大最大的毛皮貿

成了他們的基地或第二個家。

但是，隨著1840年代毛皮價格暴跌，這種生活方式也跟著改變。突然之間，他們再也買不到生活中已不可或缺的彈藥或其他物品。巴芬島上有三分之二的哈得遜商店關門。

長期的飢荒與經濟衰退開始了。除了努力協助伊努特人的傳教士之外，這個「唯一的民族」發覺自己竟是如此孤單。就在伊努特人的經濟崩潰的同時，傳教士也正

人口劇減

潘尼記載說，他在1840年代抵達巴芬島時，當地有1,000名伊努特人；到了1858年，卻只剩下350人。

易公司哈得遜灣公司在北極地區的成長與擴張，伊努特人與南方人（或稱卡布魯納人，Kabloonat）的接觸也就一直持續著。雖然伊努特人仍維持著半遊牧的生活型態，但他們也開始依賴設陷阱捕獸和貿易來維持生計。

伊努特人原本完全依斯土為生，而今依賴以物易物以及貨幣經濟，這種轉變給他們帶來了獵槍、奶油、食品、烹調用具。對於某些伊努特人來說，哈得遜灣的商店

向衛生當局報告，肺結核與流行性感冒正在毀滅伊努特這民族。

潘尼船長在航海日誌裡記載說，當他在1840年代抵達巴芬島時，當地有一千名伊努特人，到了1858年卻只剩下350人。一位在加冕灣（Coronation G.）從事研究的人類學者在1920年代發現，在14年的時間裡，有30%的伊努特人死於流行性感冒。類似的情況也出現在1931年的銅礦城（Coppermine），一百人當中有19人罹患肺結核。

加拿大政府的介入

大體而言，一直到1940年代後期，加拿

左圖：以魚叉捕魚。

上圖：攝於巨鯨河畔，大約1920年。

大政府對伊努特人一直是置之不理。但是，在教會的驅策之下，加拿大政府終於開始採取行動。在1950年，衛生當局安排1,600名伊努特人（占伊努特人口總數的14%）住進艾德蒙吞和蒙特婁的療養院。此舉雖是必要的醫療行動，但對伊努特人來說卻是毀滅性的打擊，因為他們絕大多數人從未離開過北地。衛生當局在安排肺結核治療之餘，也發現到伊努特人的嬰兒死亡率竟然如此之高：1958年的嬰兒死亡率是千分之二五七。到了1970年，降至千分之一百；2000年則是千分之六．四，仍

團體意識

幾世紀以來，伊努特人一直是使用象牙、石塊、獸骨、獸皮來製作衣物、器皿、狩獵工具、玩具及宗教性的護身符。這些物件常常飾上複雜的圖案。當捕鯨人來時，貿易行為就發生了。頭腦靈光的伊努特人甚至製作起象牙材質的紙牌遊戲板等待交易。1950年代，南方人發現伊努特人在雕刻與其他傳統工藝的卓越才能，也就提供資金協助他們發展工藝。

結果，伊努特人的合作社蓬勃發展。他們以不同方式製成的作品受到了國際肯

然高出加拿大人22%。

聯邦政府不只給伊努特人引進醫療計畫，還結合一系列政策幫助伊努特人進入加拿大社會。這些政策旨在鼓勵伊努特人放棄遊牧生活，遷入政府設置的永久居留地，裡面有住宅、醫療設施、教堂和學校。

無論政策制定者的出發點是多好，他們都未能了解到北極的凍原和海洋才是伊努特人的家。從遷居時期一開始，生活在這些社區的伊努特人就努力維護他們的傳統。他們在1959年踏出多塞特角工藝合作社。

定，包括有石刻版畫、印刷模板、雕塑和雕刻。

後來合作社合作的對象就不只是工藝家了。在許多社區，合作社辦理的是狩獵探險、市政服務，或是經營貿易站。這些合作社背後的理念反映了伊努特人的社區意識及西方思想所講的平等主義。用抽象的術語來說，伊努特人的合作社是傳統社會模式放進資本主義架構的一種綜合體。

像這樣的綜合體可能會讓外人困惑不解。舉個例子，有一個北極社區多年來很成功地經營一個服務南方遊客的北極熊狩獵隊。根據當地法令，狩獵的交通動力只

能使用狗隊，不能使用雪車。有一年，合作社選出來的狩獵隊長並不是個特別內行的駕狗隊雪橇能手。而社區裡另一名有口皆碑的傳統狩獵高手卻未被列入考慮。結果，為期兩週的狩獵探險結束後，這支隊伍連一隻熊也沒獵到。參加這場大狩獵的獵人都相當不滿。

合作社對它雇用這名較差的隊長所持的理由是，他沒有穩定的工作收入，而那名較優秀的獵人已有一個支薪

對於他們的社區目標有非凡的包容力與敬重心。

新生代

在一個核心家庭、大家庭與社區之間界線模糊不清的社會裡，小孩的重要性是無與倫比的。伊努特人傳統鼓勵婦女多生小孩；許多婦女從青春期就開始生育，生到四十多歲才停止。如果有一對夫婦因為某種原因，無法照顧小孩，那麼這名小孩就會被祖父母，或是

> **社區生活**
>
> 伊努特人已發展成一個崇尚自我犧牲的族群，對社區目標有非凡的包容力。

的職位。對合作社來說，這比提供最好的服務給支付高額費用的遊客來得更重要。

伊努特人對團體的態度，重點不在於使某個人有利，另個人不利，而是在於維持整個團體的和諧。也因此，伊努特人的鎮上會議往往冗長得令人難受，許多人累了就不說話發呆。一般來說，在還沒達成考慮周延的共識之前，伊努特人是不會散會的。由於伊努特人的村鎮比較孤立，因此他們已發展成一個崇尚自我犧牲的族群，

其他親戚收養。伊努特人跟南方人不同，他們比較不忌私生子，這部分可歸因於全體社會對兒童的責任感。1960年代，當社會工作者開始要在當地設立正式的認養程序時，真把伊努特人給難倒了；而當社會工作者打算弄清楚誰才是小孩的親生父親時，也同樣是一團困惑。

伊努特人的社會裡有一套與南方社會明顯不同的價值觀念。追求個人財富通常會受到輕視，能夠贏得社會的敬重才重要。對男人而言，贏得社會敬重的辦法，傳統上，是成為一個優秀的獵人或是設陷阱捕獸的高手，雖然現在這慢慢在改變當中。

左圖：伊努特婦女閒話家常，打發時間。
上圖：新生代在冰上照相。

雕刻業儘管有利可圖，但在伊努特傳統價值觀念中，並不是有價值的工作。

斯土斯情，就是這種跟斯土的固有連結，使得伊努特人（特別是年長者）對於接受高級教育與學習「南方技能」充滿矛盾情節。伊努特人視義務教育為政府的一種手段：不是藉此迫使他們跟著小孩搬進政府設置的社區，就是迫使他們跟送進學校就讀的小孩分離。許多伊努特人懷疑，學習英文、科學和數學等等與他們的小孩究竟有何關聯，又有何重要。

聯邦政府也曾試圖將教育系統整合進伊

努特社會中。他們推出一項計畫：吸收伊努特人加以訓練成為教師；但是失敗了，部分原因是少有伊努特人願意離開自己的社區達八個月之久去接受訓練。

如今，伊努特人生活在一個包含兩個相異文化的世界裡，而過去15年來，受這種生活世界之複雜與混亂影響最深的，就屬伊努特的年輕人。他們是1950、1960年代席捲北極地區的「嬰兒潮」的產物。這波嬰兒潮的形成部分可歸因於嬰兒死亡率的降低和衛生情況普遍改善。

這群年輕人所面臨的問題是，在未來幾年他們如何謀生。許多人曾遵從政府的政策，離家去就讀地方中學。那種孤立與寂寥使他們對未來感到茫然徬徨。他們未能像雙親一樣，習得如何靠土地維生，在寒冷的戶外如何保暖，如何建造圓頂冰屋。這些謀生的知識是伊努特文化的基礎。然而，如果伊努特的年輕人未能熟悉他們的傳統技能及其蘊涵的道理，那麼他們同樣也沒有學得競爭政府或企業管理職位的必備技能。

他們世世代代相傳的知識與社會價值已無人承繼，結果滋生了種種問題，如酗酒、蓄意破壞和自殺。

科技的引進

無庸置疑地，科技已為伊努特人帶來較為安穩舒適的生活。他們騎摩托雪車，看有VCR附件的電視機，用高性能的來福槍打獵。他們有了自來水，也不再住冰屋。很多人會問：科技的引進究竟是增加了還是減少了伊努特人的民族特色？然而，這些現代器具本身並非問題所在。

傳統上，伊努特人就一直渴望採用新的技術。在他們那種環境，他們必須不斷追求改善創新。因此，真正困擾著伊努特人的是科技背後的東西。想想伊努特人第一次遇見弗洛畢夏的情景吧！誘騙他們的並不是那鈴，而是搖鈴人的無恥意圖。

伊努特人所面臨的挑戰是要把科技消化成他們自己的東西，這樣他們才能成為自己土地上的主人。如果他們不想成為自己土地上的陌生人，那麼在採用科技的同時，必須格外留意自己民族過去的生活方式與知識。

五千多年來，伊努特人世世代代在政治、審美和社會各方面，一直不斷在塑造一個使他們在那麼艱困的環境之下仍能獨立生活的社會；換作他人，恐怕早就承受不了身心巨大的壓力了。

就是他們這種獨特的文化，才使他們能以北極為家。如果伊努特的年輕人不能去捕捉這種精神，如果他們被西方社會淹沒，他們就不再是伊努特人，而加拿大社會的鑲嵌畫也就失去了其中一塊嵌片。

左圖：伊努特父親抱著他的小女兒。
右圖：伊努特婦女收拾好行囊，「準備出發」。

藝術表演

加拿大人以極大的決心致力創造一個充滿活力的藝術、
戲劇與文學舞台，來呈現多元文化人民的資質才華。

就藝術領域來說，雖然加拿大還是個年輕的國家，但是她對藝術世界的貢獻著實令人留下深刻印象。她有著名的作家，有備受重視的文學季與戲劇饗宴，有世界第三大的英語出版業。她是新音樂的先鋒，她有令人激賞的戲劇與舞蹈。她的法語電影備受推崇，她要做「北」好萊塢——雖然電影工業此刻正不利地受到強勢加幣的影響。

不論在過去還是現在，加拿大的藝術創作者必須不斷奮鬥，好讓他們的聲音被聽到：一板一眼的天主教與心胸狹窄的基督新教直到今日仍鼓勵作家在書皮上面列別的職業，以證明他們也知道別的工作要怎麼做。加拿大的藝術創作者也一直必須發出更大的聲音，這樣才會被聽到，不會被隔鄰美國的高分貝淹沒。

大多數的加拿大人都生活在美、加邊界地帶，美國的有線電視、報紙、書刊雜誌、速食、購物中心都延伸過來，因此，對加拿大人來說，美國的誘惑向來都很強烈。強到加拿大人懷疑加拿大文化還在不在，如果他瀏覽一下報紙的話。

加拿大文化擁護者極力主張兩者的差異，在書前頁會強調加拿大版權受國際公約保護的聲明。從二次大戰起，加拿大藝術工作者在跟美國協商時，若堅持本國意識，總會得到政府（基於保護「文化工業」）的鼎力支持。

雖然有政府在背後撐腰，戰後加拿大很多重要的藝術家還是到國外發展，主要是到英國、法國和美國。直到 1960 年代，這種情形才有改變。這是拜越戰之賜，加拿大反美情緒高漲，很多人認同柯恩、蜜雪兒與尼爾楊的另類聲音。當時，優渥的政府獎助金改變了聽眾的態度，讓新生代的藝術家得以在國內開創藝術生涯。

地方力量

尋求文化的認同其實也是尋求土地的認同。加拿大很多受歡迎的作家或藝術家常

常跟某個地方連在一起，一想到他就想到某個地方，譬如李奇勒（M. Richler）、羅伊（G. Roy）與蒙特婁，麥克倫南（H. MacLennan）與哈利法克斯，瑪格麗特‧勞倫斯（M. Laurence）與曼尼托巴，愛蜜莉‧卡爾（E. Carr）、威爾森（E. Wilson）與卑詩省，李科克（S. Leacock）、孟若（A. Munro）與安大略鄉下地方等等。

早期的加拿大社會，寒冬漫長，又以農業經濟為主，文化藝術活動有諸多限制。19 世紀的藝術家在這個人口稀疏的地方演出，常常會有孤單的感覺，幾乎沒有什麼觀眾或聽眾。在殖民時期，加拿大藝術家

前頁：加拿大西岸的圖騰。
左圖：搖滾酷世代教主艾薇兒（Avril Lavigne）。
上圖：畫家卡爾 1928-30 年在卑詩省創作的畫作：〈布朗登港〉（Blunden Harbour）。

轉往法國、英國、美國尋求掌聲與認可。這種趨勢一直持續到20世紀。在這個懷疑藝術有何用處的國度，加拿大藝術家在國外找到可以發揮天才與獲得掌聲的舞台。

早期加拿大以礦業、林業、漁業等耗力的產業為主，開拓的移民很辛苦，沒什麼時間參與文化藝術活動。早期的作家如穆迪（Susannah Moodie）很悲觀地認為，唯有在墓地才能找到出路。即使到今天，還是有很多作家與藝術家從先民的世代傳承、移民經歷、開拓生活汲取創作材料。

但是，正如小說家麥克倫南所說的，沒

（E.J. Pratt）詩中所描寫的拓荒時期藝術家的奮鬥，獵海豹船的海上歷險記，描寫鐵路建築與傳教士傳教的敘事詩，這些都是描寫加拿大人經驗的嚴肅作品。

政策改變

從1960年代起，加拿大藝術家在國內的發揮空間變大了。1967年的建國百年紀念，以及著名的蒙特婁世界博覽會，產生了新的國家主義，也引發一場文化革命。

1957年起，加拿大聯邦預算從150萬增加到近1億來支持藝術、人文科學與社會

有一個地方的族群經驗差異像英、法裔這「兩地孤獨」的經驗差異那麼大。這兩個族群長期的緊張關係給了這個國家一種動態的發展，很多藝術都反映了這點。

19世紀像「加拿大優先論」這類運動，聯邦派（楓葉派）詩人從加拿大秀景汲取靈感。蒙哥馬利（Lucy Maud Montgomery，1874-1942）膾炙人口的小說《清秀佳人》（Anne of Green Gables），以及羅奇（Mazo de la Roche）的浪漫小說《賈爾納山莊》（Jalna）竟會在世界各地賣到數百萬本。卡拉漢（M. Callaghan）的短篇小說，葛洛夫（F. P. Grove）的拓荒小說，普雷特

科學的發展。雖然藝術贊助的執行引起許多批評，但政府認為贊助政策已使加拿大文化能在各個活動領域發展起來。

戲劇

節慶儀式的戲劇表演是印地安原住民與伊努特人的民俗與宗教活動的焦點。這種表演運用了面具、裝扮、道具來補強對話。大型儀式戲劇表演，譬如瓜奇特爾族人的表演，連續上演五個月。多數加拿大人並不熟悉這些傳統表演。如今，原住民戲劇舞蹈團與原住民寫作學校的成立正是針對他們這些文化傳統幾世紀以來一直被忽視的問題。

1970年代戲劇蓬勃發展，加拿大觀眾有各種地方劇場及全國性的戲劇季可供選擇。其中最著名的是建於1953年的安大略斯特拉福劇場所推出的莎士比亞戲劇節。經費預算高達近5千萬美元，觀眾將近54萬人次，斯特拉福每年推出為期六個月的莎士比亞戲劇節，以及各種音樂、當代藝術。可以說，加拿大沒有斯特拉福，就沒有戲劇。作為表演者、導演及舞台技術人員的訓練場地，斯特拉福劇場為其他劇場塑立標準，

詩人莎士比亞的魔力

安大略的斯特拉福莎士比亞戲劇節，為期六個月，吸引了50萬名觀眾。

（Tarragon）、哈利法克斯的海神劇場（Neptune）。它們把加拿大觀眾的目光轉移到加拿大人自創的戲劇，同時也有更爭議性的表達內容。1972年加拿大劇作家協會的形成，引發數百年來加拿大戲劇發表與製作的一種轉向。新生代劇作家當中的佼佼者有柏爾特（C. Bolt）、德弗雷爾（R. Deverell）、庫克（M. Cook）、芬納李歐（D. Fennario）、法蘭奇（D. French）、米契爾（K. Mitchell）、莫里（J. Murrell）、薩盧汀

當然有時其他劇場也會不以為然。

除了莎士比亞戲劇節之外，就屬1960年開始推出的蕭伯納戲劇節最受矚目，特色是演出著名劇作家蕭伯納的作品。愛德華王子島的夏洛特鎮是加拿大演出《清秀佳人》最久的據點，首次公演在1964年。

加拿大本土的戲劇需要時間才會出現。在1960、70年代，一些另類的小劇場紛紛成立，譬如溫哥華的野蠻上帝劇場（Savage God）、多倫多的工廠劇場（Factory）、Passe Muraille劇場與龍蒿劇場

（R.Salutin）、湯普森（J. Thompson）、加斯（K. Gass）、斯普（G. Sprung）、沃克（G. Waller）等等。

在1990年代，對於多倫多近90個小劇場來說，最威脅到它們生存的對手是那些耗資龐大的國際歌舞劇，譬如《歌劇魅影》、《西貢小姐》等等。多倫多的威爾斯公主劇場還是特別為《西貢小姐》蓋的。

在經濟困難時期，特殊專門的劇場有相當的成長。有歌舞劇表演的夜總會、老年劇場與兒童劇場、女性主義劇場與同性戀劇場，以及夜總會歌舞喜劇表演錄影帶這類實驗媒體等，在在展現了一條新的出路。多

左圖：柯爾維爾（Alex Colville）逼真的寫實藝術。
上圖：溫哥華劇院定期上演的戲劇。

倫多的夜總會歌舞喜劇表演傳播到世界各地，培養出阿克諾得（D. Ackroyd）、坎迪（J. Candy）、秀特（M. Shortt）等天才。

舞蹈

1948 年在溫尼伯興辦的加拿大芭蕾舞蹈節，雖然給舞者一種都是在跳外國正流行的芭蕾舞的感覺，但不久加拿大就發展出一股強烈的芭蕾本土運動。四年後，加拿大第一個實驗舞團加拿大芭蕾舞團在蒙特婁創立，同一時間，法蘭卡（C. Franca）也在多倫多創立了加拿大民族芭蕾舞團，

培養出凱恩（K. Kain）、坦南特（V. Tenant）等國際芭蕾巨星。

諸如溫哥華的寶拉蘿絲舞團（Paula Ross Company）和安娜懷曼舞劇團（Anna Wyman Dance Theater）、多倫多的多倫多舞劇團、蒙特婁的羅伯特德洛西爾舞團（Robert Desrosiers）等現代舞實驗舞團以及許許多多個別的舞蹈指導，以現代舞不拘形式的創作自由去挑戰大型古典芭蕾舞團的古典典範。到了 1980 年代，古典芭蕾舞團與現代舞團開始學習去相互尊重對方。

根據加拿大藝術提倡者懷曼（Max Wyman）所言，今日加拿大的專業舞蹈背景，反映出這個國家會成為一個現代國家。無論所從事的是古典的或當代的型式，其舞蹈都將因原住民傳統、歐美文化以及世代外來移民的影響而豐富起來。

繪畫和雕塑

聯邦建立前，紀實傳統支配加拿大繪畫界。加拿大畫家向來受歐洲趨勢潮流影響。但隨著 1920 年「七人畫派」（1920-33）的首次展覽，加拿大的風景畫有了巨變。七人畫派有後印象派畫風，又帶些神祕主義色彩，吸引眾人目光。他們聲稱要做加拿大本土畫家，引發評論界激烈爭論。七人畫派準會員湯姆生（Tom Thomson）1917 年神祕溺死後，成了傳奇人物。他畫的松林與湖光山色是加拿大最著名的畫。

很多畫家在畫壇是獨來獨往，死後才成名。譬如卡爾（1871-1945）用大膽的筆觸與色彩，獨自在西岸畫森林、印第安村落和圖騰柱。米爾樂（David Milne，1882-1953）引進現代技法，也是晚年才成名。

蒙特婁的畫家並未響應七人畫派的主張。培朗（A. Pellan）、博道斯（P. E. Bordaus）、萊曼（J. Lyman）等留法畫家受到歐洲現代藝術很大的影響，尤其是立體派和超現實主義。他們在 1947 年展出作品之後，就自稱為「自動主義畫派」（Automatist）。年輕一輩的畫家當中最著名的是李歐培樂（J. P. Riopelle）。這位魁北克畫家很快就展現色彩的新動態、抽象的表現主義風格和沒有形狀的形式。

1948 年畫家博道斯的「反全球化」宣言，鼓吹思想與藝術的自由，抨擊政府和教會壓抑魁北克文化。這宣言影響藝術教育的變革，包括舞蹈、音樂、戲劇、繪畫和雕塑。博道斯的繪畫和宣言是加拿大藝術的一大成就。二次大戰後，加拿大的視覺藝術呈現前所未有的蓬勃發展。專業的藝術家、畫廊、美展、藝術雜誌，像博物館、美術館及大學藝術科系般急速成長。

1950 年代，多倫多支配當時的畫風。布希（J. Bush）、湯恩（H. Town）和羅納德（W. Ronald）是自詡「十一畫家」（Painters Eleven）畫派的重要成員，掀起 1950 年代美洲的新抽象派畫風。多倫多新生代畫家

以伊薩（Av Issac）的畫廊為據點，呈現多樣的愛好，從達達到抽象表現主義、維蘭德（J. Wieland）、馬克樂（R. Markle）、雷諾（G. Raynor）等。

其中最有原創力的畫家是史諾（M. Snow）。他很快就證明自己多方面才華，精通各種藝術媒介，包括攝影、電影、雕塑和音樂。同樣情形，有很多畫家也成為實驗電影的創作者。在加拿大的倫敦市，錢伯斯（J. Chambers）、烏爾卡特（T. Urquhart）、尤恩（P. Ewen）和柯諾（G.

第一住民的藝術

從 20 世紀中葉起，伊努特藝術家的作品開始得到遲來的肯定。

術、第一住民（伊努特人）的作品等的挑戰。

從 20 世紀中葉起，伊努特藝術家的作品得到遲來的肯定，贏得國際的讚賞，並成為加拿大文化的重要力量。在 1950、60 年代，在哈得遜灣公司和加拿大手工藝協會的協助之下，伊努特人自營的合作社在很多北極社區紛紛成立，有了更多的收入來源，當地工藝就可以得到更多的鼓勵。皮托昆（D. R. Piqtoukun）是伊努特首屈一指的雕刻

Curnoe）聚集一群志同道合的小團體。他們主張本土性需求，認為那是一種有力的力量，特別是對雕塑和裝置藝術而言。

當今，濱大西洋省份最有影響力的畫家是柯維爾（A. Colville）。他以他如謎般的形象為寫實藝術塑立新標準。在西部地區，謝伯特（J. Shadbolt）、翁尼（T. Onley）、史密斯（G. Smith）和奇尤卡（R. Kiyooka）實驗了各種各樣的風格和技法。如今，繪畫在視覺藝術的領導地位正受到概念藝術、雕塑、影像藝術、表演藝

家，他之所以選擇石雕是源自他對伊努特文化的關懷以及對先祖的精神信仰。現在，一些全國性的藝術博物館如魁北克省赫爾的加拿大文明博物館，都有專門陳列室來展覽第一住民的藝術。

音樂

從古典到通俗，加拿大的音樂活動一直多元並列，富有變化。它有熱情奔放的特質，從不畏開闢新天地。露天音樂會是加拿大各地的夏季重要活動。

隨著戰後民族文化的抬頭，加拿大作曲家協會與加拿大音樂中心分別在 1951 年和 1959

左圖：渥太華的露天芭蕾表演。
上圖：蒙特婁交響樂團在演奏前排練。

年創立。生於1930年代的新生代作曲家有許多是加拿大最知名的作曲家，例如溫茲威格（J. Weinzweig）、潘特蘭（B. Pentland）、帕比諾－庫圖爾（J. Papineau-Coutours）。

在1967年建國百年紀念之後，蓬勃發展的作曲界開始探索新的方向。隨機音樂（Chance music）、電子音樂，成就了薛佛（R.M. Schafer）在前衛派的卓越地位。蜚聲國際有古典鋼琴演奏家顧爾德（G. Gould）、女高音斯特拉塔斯（T. Stratas）、貝（S. Bey）、魏克斯（J. Vickers）、佛瑞斯特（M. Forrester）、小提琴大師史塔利克

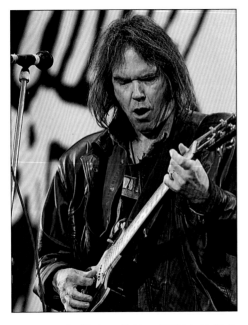

（S. Staryk）等人。此外，鋼琴家彼得森（O. Peterson）、布雷（P. Bley）和管樂演奏家佛格森（M. Ferguson），打開了出路，成為20世紀偉大的爵士音樂家。

音樂廳的新建，如多倫多的湯姆生音樂廳（Roy Thomson Hall）加速了嚴肅音樂的蓬勃發展。加拿大有一百多個交響樂團，雖然它們都面臨了財務困難的問題。有這麼強的密度與多樣，加拿大的音樂呈現了欣欣向榮的景象。多倫多如今是北美新音樂和另類音樂的中心，以及加勒比海風流行音樂的領導者。

夏季時，搖滾現場表演會不時以國內和

國際巨星為號召。加拿大的Rush、The Tragically Hip等重金屬搖滾樂團，或者布萊恩亞當斯、席琳狄翁等歌手擔綱的音樂會，門票一定賣光光。加拿大各城鎮都有搖滾演唱的酒吧或俱樂部。

加拿大傳播委員會（CRTC）規定，廣播的音樂播出必須至少有35%是國內的，電視則是50至60%。這項政策有助於加拿大音樂表演者開創他們的生涯。

1960年代起，加拿大歌手兼創作者如柯恩、保羅安卡（P. Anka）、蜜雪兒、尼爾楊、麥克尼爾（R. MacNeil）、康納斯（S.T. Connors）、凱蒂蓮（K.D. Lang）等人揚名國際，有很長一段歷史了。電視頻道Much-Music以嚴肅話題來探討流行音樂，呈現當代英國、法國和加拿大流行歌手的政治面、社會面和藝術面。雖然在加拿大很多城市，爵士夜總會的歷史都很短，但夏季爵士節在加拿大各地多達25個；即使遠在育空的道森市也有夏季爵士節表演。

現代文學

雖然散文和詩在加拿大有一段悠久的歷史了，但大體而言，讀者不太多，很多作品都要透過美國或英國出版公司出版，才比較有人看。而且，讀者保守的口味和清教徒的信仰也限制了作家寫作的題材。有些較大膽的出版社，如先聲（First Statement）、接觸（Contact Press）等，在1940和1950年代就吸引了前衛的讀者。加拿大詩人協會（1966）、加拿大寫作協會（1973）、加拿大劇作家協會的成立，以及皇家調查委員會分別在1971和73年調查出版業的外國所有權情形，這些鼓勵了有雄心壯志的作家留在加拿大。到了1970年代，加拿大本土寫作書籍的銷售量，占了整個出版業銷售量的25%。

加拿大作家不但讀者增加，也更有自信。多倫多港灣閱讀系列節（Harborfront Reading Series）就是由詩人葛譚比（Greg Gatenby）在1974年辦的，如今它已是國內與國際知名的文學饗宴。1960年代，加拿大的寫作團體一片欣欣向榮的景象。

到了1970年代，有聯邦與地方政府的支持，各省都有很多出版社。每一地區都有

30種以上的文學雜誌，其中最著名的有《The Malahat Review》、《自由》（Liberté）、《吟唱》（Descant）、《知識泉源》（Quarry）、《船飾》（The Fiddlehead）等。加拿大出版協會是一個重要的遊說團體，會員多達三百家。

深具影響力的文學評論家如伍德科克（George Woodcock）、麥克魯漢（Marshall McLuhan）、弗賴（Northrop Frye）等，為加拿大文學欣賞塑立了新標準。除了港灣

Gallant）等人的作品都有廣大讀者，也列入學校課程教材。這些女作家都專注女性角色、社會變遷的主題。女性主義寫作、同性戀寫作和原住民寫作現在是加拿大文學變革的前鋒。

文學展望

女性主義、女性色彩、同性戀和原住民等寫作，現在是加拿大文學變革的前鋒。

電影和電視

加拿大向來被視為美國電影國內市場的一部分，因此，加拿大電影在國內戲院與電視播出的機會頗受限制。二次大戰改變了加拿大電影工業。國家電影局（NFB）成立後，開始

閱讀系列研討會，多倫多也為重量級作家提供了一個住所，使它成為一個文學聖地。愛特伍（Margaret Atwood）、翁達傑（Michael Ondaatje）和1996才去世的戴維斯（Robertson Davies）等作家就住在那裡，終年都有許多文藝界人士來此交流。

加拿大女性作家在很多方面吸引了國外的興趣。勞倫斯（M. Laurence）、席爾茲（C. Shields）、衛思曼（A. Wiseman）、孟若（A. Munro）、愛特伍、奧德麗‧湯瑪斯（A. Thomas）、羅伊（G. Roy）、葛蘭特（M.

發展加拿大電影市場。國家電影局幾乎就是紀錄片的同義詞。開始時，紀錄片是為因應戰爭需要，之後國家電影局將它擴展到族群、加拿大藝術和社會問題等領域。1974年國家電影局任用女性拍攝，結果拍出很多部女性觀點的好電影。

隨著電影製作人的興趣開始從教育和資訊類電影轉移到虛擬電影，好萊塢也轉而保護自身的利益。雖然雙方有一些複雜的分配制度協議，但是直到1960年代，加拿大英語世界實際上都沒有拍製任何一部故事片。不過，加拿大在動畫短片的成果確實贏得了來自全世界的尊崇。加拿大幾乎

左圖：老牌搖滾巨星尼爾楊。
上圖：加拿大作家孟若（Alice Munro）。

所有的電影都是由國家電影局製作。其中最傑出的是麥克拉倫（Norman McLaren）的作品。他得過奧斯卡金像獎的作品《鄰居》（Neighbours，1952）讓全球數以百萬的觀眾看得眼花；而《雙人舞》（Pas de Deux，1969）的連貫舞蹈動作，則藉由電影專用的光學印片機製作產生。

十六釐米攝影機的發展和法國「新浪潮」思潮的影響，使得電影鏡頭變得更個人化。到了1970年代，謝比（D. Shebib）的《走向路的盡頭》（Goin' Down the Road）和皮森特（G. Pinsent）的《無賴》（The

Rowdyman）諸如此類的電影，在商業與藝術上均大有成就。大衛柯能堡（D. Cronenberg）低成本的恐怖片在國內創造了一股流行，此後，他就成為國際級導演，拍過《變蠅人》（The Fly）、《蝴蝶君》（M. Butterfly），以及最近的《童魘》（Spider）等影片。1967年拍製資金高達一千萬美元的加拿大電影公司（今之 Telefilm Canada），其發展是加拿大電影拍製的一個重要里程碑。但是，1970年代，電影被當作一種工業和免稅的庇護所，而不是被當作一種文化作品。在當時的觀念，拍製電影的結果只是帶來霉運。

雖然如此，1980年代的惠勒（Anne Wheeler）、波羅斯（Philip Boros）、羅茲曼（Patricia Rozema）、伊格言（Atom Egoyan，曾獲得坎城影展最佳導演獎）等電影製片人還是成就非凡。每年9月舉辦的世界知名的多倫多影展，也被視為跟坎城影展同等份量。事實上，《洛杉磯時報》將此一影展排名為世界第一。2006年，影展內容包括37部加拿大劇情片和60部短片。

魁北克製片業同樣也要分擔一些失敗的責任。但是，最近幾年它出了好幾部得獎電影。阿坎德（Denys Archand）的作品兩度入圍奧斯卡金像獎，分別是《蒙特婁的耶穌》和《美國帝國淪亡記》。尤特拉（Claude Jutra）和博汀（Jeau Beaudin）的作品如《安東尼和馬丁叔叔》（Mon Oncle Antoine）、《攝影師馬丁》（J.A. Martin, Photographe）等，也大有來頭。

1990年代初期，魁北克的電影工業再度陷入困境，資金缺乏，出片減少。到了1990年代晚期，出現了復甦契機。在國際舞台上，阿坎德以《老爸的單程車票》（The Barbarian Invasions）榮獲2004年奧斯卡最佳外語片；尚馬克瓦利（Jean-Marc Vallée）則以《愛瘋狂》（C.R.A.Z.Y.）贏得2006年 Genie Award 的最佳影片。

如果國內環境困難，演員就遠赴他鄉追求名利。從畢克馥、格林（Lorne Greene）到瑪格基德（Margot Kidder）、普拉瑪（Christopher Plummer），很多加拿大知名的演員、製片人、劇作家在好萊塢嶄露頭角。超人、魔鬼終結者和藍波等歷久不衰的人物都是源自加拿大裔的作家。生於渥太華的丹艾克洛德甚至拍了一部好笑的電影，描寫加拿大陰謀要奪占好萊塢。最近，安大略人麥克邁爾斯正以《王牌大賤諜》在全球施展魅力。

這些人物都是在國外建立了知名度，正如很多加拿大的作家和音樂家一樣。我們會很驚訝地發現，原來這些人物是加拿大人，根本不是美國人。但是，他們的根與留在國內的人是一樣的。加拿大國內的藝術活動仍然相當活躍，不乏演出的機會。

左圖：麥克邁爾斯在《王牌大賤諜》影片中的演出。
右圖：多倫多的威爾斯王子劇院。

伊努特古老藝術的蓬勃發展

伊努特人豐富的文化遺產可上溯到西元前600年的多塞特文化。如今，加拿大的藝術館和博物館終於給了它一個遲來的肯定。

在伊努特人的傳統語言中，並沒有一個表示「藝術」的字彙。早期伊努特人的雕刻往往是功能性的，不是作為武器或器皿等工具，就是具有宗教用途，譬如護身符或儀式面具。獸、鳥、海中生物、人物等雕刻品，呈現了他們的日常生活面貌。

伊努特人產生現在所認知的「藝術」是在多塞特文化時期（大約西元前600-西元1000年）。當時他們運用了象牙、獸骨和木材等，盡量順著材料的原形去雕刻，就跟今天的雕刻家一樣。他們的作品往往相當小巧平滑。

伊努特人的祖先

極北民族（Thule People）是今日伊努特人的祖先。他們在大約西元1000年東遷到阿拉斯加北部，取代了原來的多塞特住民。他們的藝術比較細緻，也比較沒有宗教味，多半是日常生活中的裝飾物，譬如梳子、針線盒、懸垂飾物、女性小雕像等。在16、17世紀時，氣候變得更寒冷，導致極北文化的滅亡。此時，歐洲人開始北極探險，伊努特人則用他們的雕刻品跟這些白人交易。

到了1940年代，加拿大政府開始鼓勵伊努特人藝術的發展，這樣當地孤立的社區就可以有更多的收入。在哈得遜灣公司和加拿大手工藝協會的協助之下，伊努特人自有的合作社在北極地區紛紛成立。

當代伊努特人藝術終於得到了國際的肯定，加拿大一些博物館和藝術館也設置了專門陳列室展覽這些作品。

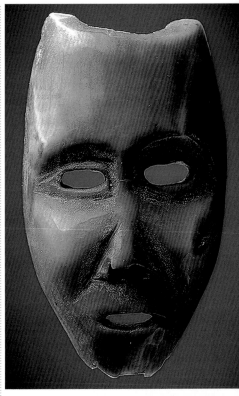

△鬼臉
這個象牙雕成的小面具代表了哈得遜海峽地區早期的多塞特文化。當時的雕刻一般都有宗教意涵。這個小面具可能是作為巫師儀式用途。

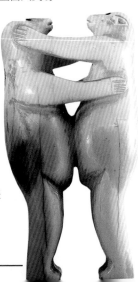

◁兩熊打鬥
獸、鳥、魚常常是伊努特雕刻的主題。這兩隻北極熊打鬥的雕刻品，是19世紀西北海岸地區伊努特人的作品。

▷母愛
這個名為〈母親與我〉的暗綠石雕像是圖妮莉（Ovilu Tunnillie）1990年的作品。她是多塞特角一個藝術團體的成員，從小父親就教她雕刻。

伊努特當代雕刻家

伊努特雕刻藝術包含了很多地方風格，這是由傳統、可用材料與藝術家本身共同決定的。

今天，很多伊努特雕刻家都經歷過異地生活，他們會將不同文化結合在作品上。作品在很多地方都有展出的雕刻家皮托昆（David Ruben Piqtoukun），1950年出生於馬更些河三角洲，父親是一名獵人和捕獸高手。五歲時，就跟許許多多小孩一樣，被送到外地學校就讀，接受英語文化。他的作品一方面含有強烈的宗教意味，另一方面也探索外界對母文化的衝擊。他現居多倫多，但會定期返回家鄉保拉圖（Paulatuk）社區。

△飾品
項鍊上懸垂著一個小雕像。雕刻品往往會被賦予帶來好運的魔力。

△護身符雕品
像這種極北文化魚形護身符是當時最普遍的雕刻品。

▽ 日常生活物品
這個女人形狀的梳子是西元 1000 年左右極北文化典型的裝飾藝術品。

交易注意事項
小心不要買到贗品。伊努特藝術品熱門之後，就出現了很多用塑膠、陶土、「人工石」製成的廉價複製品。要注意「圓頂冰屋」標記和作者簽名的真實性。

▷獵人
這把梳子刻著一名射手站在一個人和野獸上面，這大約是西元前 500 年的作品。據學者說法，多塞特獵人帶著弓箭從亞洲遊獵到北美洲。

圖妮莉也經歷過異地文化的生活，這段經歷也反映在她的作品裡。她在 1949 年出生於巴芬島。小時候她罹患了肺結核，在曼尼托巴的醫院住了三年。病癒返家之後，她必須重新學習母語和原來的生活方式。在父親的教導之下，她在 1972 年開始了雕刻生涯。她現居多塞特角。她的作品在世界各地都有展出。

工商活動

富有冒險精神的資本主義以及地理和語言上的現實，
造就了加拿大的工商舞台，其多樣性正如同種族組合一樣。

從環湖公路進入多倫多市商業區，林立高聳的大樓占滿了視線。一直到最近，五家銀行和一家特許獨占的電話公司代表了加拿大經濟私有部門。

加拿大的企業高度集中，也高度密集在幾個地方，不像美國企業分散在各地，如此就可以就近整合。加拿大的經濟結構一向有高度寡頭壟斷的特色，而且不是受政府管制就是政府公家經營。

加拿大的商業活動是從漁業、毛皮貿易，以及濱大西洋地區、「老西北地區」和新法蘭西的農業經濟開始的。因此，早期的企業都是分散很廣、軍隊化組織、大家長作風的貿易公司，譬如哈得遜灣公司就是，這家公司屹立至今，現在是全國數一數二的百貨公司工廠，簡單稱作「The Bay」。

豐富的資源，跟世界主要市場的親近性，廣大國土的需要，從屬土得到收穫的艱難，這些在在塑造了加拿大經濟生活的基本特性。大型、穩固的企業在政府的嚴密監督之下，或者政府直接經營，開發自然資源，然後加工出口，造就了許多的企業傳奇，直至今日。規模和勢力龐大的銀行和保險公司、鐵路和運輸公司、林礦聯合公司，呈現了加拿大經濟活動自始至今的一貫特色。

求大

然而，在跟很多因素連在一起時，加拿大人過去的一貫性和沉穩的外在，就會使其特色黯然失色。加拿大不是沒有膽大妄為的企業家。麥克唐納總理和美國鐵路經營人霍納（William Van Horne）在1870年代利用國家資金建造一條橫越大陸的鐵路，康波（Robert Campeau）在1980年代利用垃圾債券來購併很多美國零售業公司，萊西曼兄弟（Paul and Albert Reichmann）利用他們的聲望來建造倫敦的加那利碼頭，有線傳播業霸主羅傑斯（Ted Rogers）利用銀行貸款跟電話公司角逐建造加拿大資訊高速公路，這些在在說

明了加拿大企業常常敢於求大。當然，有些「大」是外來的。安大略省南部的工業受到了通用、福特和克萊斯勒汽車公司的控制。加拿大的外資比例高過其他主要工業國家。這造成了加拿大的「經濟民族主義者」畏縮不前。但是，外資對於加拿大從一個漁業國家轉型為世界第七大工業大國，扮演了重要角色。

加拿大與美國的企業高度整合，在魁北克市至溫莎市這條都會城市地帶最明顯，其中包括了蒙特婁和多倫多，這兩個城市之間有號稱「加拿大主幹」的401號公路連接。

左圖：傳統工業：礦工。

右圖：先進工業：光纖網路。

　　遊客沿著這條公路看出去，會以為他們置身在美國，唯一會讓他們不會有這種感覺的是加油站的外觀。

　　在這些城市內，有許許多多國際觀光客熟悉的商店，但總是跟在地的商號比鄰競爭。譬如，在購物中心裡，都會休閒服飾品牌Gap跟多倫多著名的Roots競爭，麥當勞跟Harvey面對面廝殺，Clearly Canadian礦泉水在有品味的咖啡客當中跟Evian互別苗頭。

　　多倫多給人的感覺，會讓去過亞特蘭大、達拉斯或芝加哥逛街的人覺得很熟

　　打交道。

　　對當地熬夜看電影或電視的夜貓子來說，這麼早起床頗有受制於中部人的味道，他們西岸人就來報復一下，下午三點半就匆匆離開辦公室，拿著行動電話登上遊艇，或著到斜坡上滑雪。

　　但是，溫哥華肯定是北美西岸城市當中最東的城市，因為它連接到一個支撐加拿大經濟和政治的橫向貿易網絡當中。雖然北美自然的貿易網絡是南北向，但是加拿大為了生存，政府便制定一項政策，讓西部原料送往多倫多和蒙特婁生產製造，而

悉。週五下午五點，在國王街、海灣街地下商場的酒吧，灰白頭髮的銀行經理吞雲吐霧，年輕的女律師腳穿高跟鞋、身著適中的裙子，股市交易員大口大口喝啤酒。魁北克或蒙特婁也差不多類似。當地公務員和應召入伍的士兵進入魁北克商業鬧區盡情享受。

西岸經驗

　　在溫哥華，那種跟美國城市若即若離的差異也很明顯。就像舊金山或洛杉磯的「西岸人」一樣，溫哥華人早上七點左右到辦公室跟十點就要飛回東岸的多倫多人

不是送到芝加哥或紐約。

　　渥太華繁華的景象（九七前，為了尋找一個安全地方的香港人對渥太華的繁榮貢獻不小）和陽光充足的生活，使當地人常常埋怨經濟受制於多倫多和蒙特婁的情緒平撫了下來。

　　但是，在大草原區和濱大西洋諸省，經濟引發的不平情緒已經將近爆發出來，卡加立的天然氣業者至今仍讚許1975年威脅禁止通商的口號，「讓東部人凍死在黑夜裡！」

　　往東部去，那裡有長久的回憶，你可以在哈利法克斯的俱樂部裡豎耳傾聽當地人

談論19世紀末期新斯科細亞的鋼鐵、造船工業是如何被蒙特婁和多倫多的利益給摧毀了。

卡加立的繁榮（是靠幾家世界一流的石油和天然氣探勘公司撐起來的）以及西部的大膽作風，可能會讓遊客奇怪：他們有何理由要羨慕安大略的商業生活。

正在進行的改變

在紐芬蘭港口，前後十代都靠捕鱈魚維

面對現實

如今，世界數一數二的福利國家正面臨痛苦的抉擇。

墨西哥在內的北美自由貿易協定（1993）的簽定，貿易關稅壁壘已經消失，卑詩省的木材和亞伯達的石油輸往美國加州，大草原區的小麥輸往美國中西部、安大略和魁北克的零件輸往俄亥俄州的汽車廠，在在都變得更容易了。這終結了加拿大戰後的「獨立生存的經濟」：要各地區競爭海外委製訂單，要國內企業攻占世界市場，不能專攻國內市場。

雙邊貿易協定也迫使加拿大正視國家的

生，如今過度捕獲的結果，造成了漁業衰微。當地原來那種生活方式不免日漸消失，不能不正視。

還有，加拿大自1980年代中期以來的經濟重組，也不能不正視。有三個經濟基礎正在改變。第一，橫向貿易體系（它造就了安大略和魁北克工業心臟地帶）正在瓦解。

隨著美加自由貿易協定（1988）和包括

開支結構問題。兩個世代以來，加拿大已經建立了世界上數一數二的福利國家，有優渥的失業保險、極高的社會福利預算比例、完全由政府補助的全民健保等等。

全球競爭的新現實，以及政府長期的負債，正迫使加拿大面臨痛苦抉擇，必須重新檢討是否負擔得起這些社會福利計畫。

新的運作方法

加拿大第三個經濟基礎──公營企業，也顯現了問題。歷史上，加拿大政府的介入是在幾個地方：私有資本不願投資的事業，如加拿大太平洋鐵路的建造工程，還

左圖：由於時區的關係，溫哥華市中心的上班族想和多倫多的人談生意，就必須起個大早才行。

上圖：渥太華的工程師在進行研究。

有大型重要事業，如國家航線（加拿大航空公司）、石油事業（加拿大石油公司）、電力事業（安大略、魁北克水力發電公司）等，都直接收歸公有。1980年代的市場劇變，以及政府現金準備的需要，改變了加拿大這種歷史趨勢。如今，加拿大航空公司已是百分之百民營，加拿大石油公司也正朝向民營化，甚至有人戲謔提出拍賣加拿大國家電視台的想法。以現在的形勢看來，這些「皇冠企業」似乎註定要走入歷史教課書了，因為加拿大正在尋找「加拿大人的致富之道」，儘管會面臨著地理和

規模的限制。

東西橫向貿易體系、福利國、公營企業的式微，反映了一個更深層的變化正朝向加拿大和其他貿易大國而來。那就是新科技不但造成了全球市場化，使得受保護的市場會被淘汰，迫使國家不得不面對在全球市場之下的成本結構問題，而且還造成一場資訊革命，使得官僚作風的公營企業顯得沒有競爭力。

加拿大是高科技經濟大國之一，有先進的電話系統、密集的廣播網和高度的電腦使用率。

隨著世界朝向高科技經濟的發展潮流，加拿大也在變化以適應這股潮流。多倫多股市的投資者關心的不是史代科（Stelco）這類實業企業，也不是諾朗達（Noranda）這類大型礦業聯合公司，或是麥克米蘭·布洛代（MacMillan Bloedel）這類快成為化石的林業公司。

股市經紀人最有興趣的其實是經營大眾運輸設備的邦巴迪爾（Bombardier）、經營自動通信的RIM（Research In Motion）、或者經營電話交換機的新橋（Newbridge）這類企業。

對於溫哥華的電視製作人來說，卡加立的天然氣市場業者、多倫多的資訊科技創新者和蒙特婁的電腦動畫人等等，都是屬於美麗新世界的人。對其他人來說，漢彌頓（Hamilton）的鋼鐵工人、法羅（Faro）的開礦工人或紐芬蘭的漁人等等，是屬於一個前途茫茫、有時會冷酷地消逝的世界的人。對於加拿大的中產階級（譬如中階主管、公務員、店主、醫護人員等）來說，現在這個世界似乎有新的問題和陰影投到那些似乎總是很讓人放心的經濟活動領域裡。

綜觀加拿大21世紀初的商業生活，就好像在看一幕在安適鄉間突然聽到起床號的劇情一樣。有的人就趕快盥洗，然後出門工作，有的人則翻一下想再多睡一會。還有的人怪罪起床鈴聲，有的人則悔恨時間的流逝。

距多倫多商業區銀行五分鐘車程的距離，有一處雜草叢生的鐵路和歇業工廠。在附近一處經過改裝的大型零售商店裡面，軟體設計師、服飾部保全人員和都市發展天才把全球新經濟的節奏和韻律載入他們的工作日誌裡。加拿大商業的脈動（一半是傳統輓歌，一半是科技新潮）會繼續跳下去。

左圖：魁北克電廠的輸電纜。
右圖：邦巴迪爾大眾運輸設備公司的工程技術人員。

飲食文化

加拿大料理利用在地豐富的食材，

結合了從原住民到新近移民諸多民族的烹調法。

早期的移民面對許多挑戰，而最早的加拿大食材就是捕到的獵物、魚和草秣，其中有很多是學自原住民，他們的食物曾讓很多毛皮貿易商人和探險家免於挨餓。

因此，沒有一個固定單一的烹調法可以定義加拿大菜，它是由很多元素共同組成，其中包括法式、英式、美式和其他很多民族的烹調法，這是因為有一波接一波的移民潮帶來的結果。

在多倫多這樣的大都市中，有80個以上的文化族群和五千家餐館，其中義大利裔聚居區是義大利境外的城市當中最大的，而唐人街則僅次於美國的唐人街。只要有什麼美食或者烹調材料，大概在加拿大某個地方都可以找得到或者用得到，當然更別說在的大都市內了。

外國遊客初來乍到，若以為加拿大食物和美國食物可以相互替代，這是可以原諒的。加拿大也有豐富的漢堡、熱狗、玉米餅文化，這是因為兩國地理相近。地理相近也解釋了何以兩國有類似、甚至相同的超市食物。美國食物很快就越過邊界，西南地區、加州和紐奧良的料理法成了加拿大烹調的一部分。

為了活存而吃

多數加拿大人很難接受「怎樣吃最健康」這種現在流行的觀念，他們比較傾向從存活的角度去看吃，特別是在漫長冬季來臨時，好好吃一頓的需求達到最高點。加拿大食物反映了她不是一個同質的環境空間。從東部到西部，從濱大西洋諸省到大草原區、到西岸、到北部領地，遊遍加拿大南北，會讓你再也看不上很多國家普遍都有的那種商業休閒活動。就食物而言，加拿大美食的奧祕在於，歐洲白人還沒來之前，她就已經有很好很健康的飲食文化。她是一個盛產肉、魚、玉米、南瓜、豆類、漿果、蔬菜的地方。後來有很多移民來到這兒，就想創造跟祖國不同花樣的飲食。他們為適應新環境而變化原來的飲

食，並且學習原住民的飲食，這不但是可行的，而且這種適應改變的能力到了今天還在。

各式各樣的美食

大批移民帶來了各式各樣的飲食花樣。任何外面世界有的飲食，這個國家幾乎是來者不拒，所以，在加拿大你可以預期那裡的食物簡直就像一個交響樂團，有原住民和移民的菜色配上各式各樣的異國花樣。葡式烤雞可以配上牙買加的薑啤汽水，像這樣的搭配，這裡都習以為常。

左圖：育空野營地一名第恩族人示範他們料理鮭魚的傳統方式。

右圖：加拿大盛產各種食物，圖中的玉米很吸引大家的目光。

但是，這樣的組合多數並未結合成自成一派的加拿大菜，除非你認為酒吧的拿手菜配上英國啤酒和奶油餡餅是一道加拿大美食。

當然，有很多地方特產全國都可以享受得到，譬如沿海諸省的龍蝦、牡蠣、蠔和蕨捲牙，愛德華王子島的馬鈴薯，魁北克的楓糖派、老式貝果配奧卡乳酪，大草原的牛肉（可能是全北美大陸最棒的），曼尼托巴的菰米，某種原住民佳餚，卑詩省的鮭魚，更別說人人喜愛的奶油塔。

奶油塔在加拿大到處都有，很能代表加

味，他們比較注意國內地方美食的優點和豐富性，運用藍莓、蕨捲牙、菰米、楓漿、北美野牛肉和鯊魚等海鮮，創造出一道道的美食佳餚。多倫多一位名廚史塔藍德（Michael Stadtlander）甚至在安大略鄉間自己種植最好的食材，他也定期在那兒做晚餐。

多虧這些名廚和烹飪作家，加拿大人才比較知道他們國家豐富的美食資源，也漸漸對在地美食產生更大的興趣了。

法國人移民到濱大西洋諸省已經有四個世紀了，在那兒他們結合了家鄉烹調與野

拿大的食物，值得特別一提。它的起源不明，但是有一種說法說它是由美國南方的核桃仁派改變而來的。這種甜點是奶油、紅糖、玉米糖漿或楓糖漿的混合黏稠物，有時上面會加點葡萄乾或核桃仁。始終都有兩派在爭議，說它應該是鬆軟入口還是黏稠耐嚼、應該只用粒糖或只用糖漿，還有誰做的工夫最好。

創造加拿大菜

今天，加拿大出了一些世界一流的名廚，他們說自己的拿手菜是「市場來的靈感」。他們比較不關切國外的烹調法和口

選酒祕訣

安大略是加拿大最大的葡萄酒生產地，在VQA（葡萄酒品質保障協會）的認證之下，也在卑詩省生產。魁北克和新斯科細亞的規模比較小。

● Inniskillen、 Stoney Ridge、 Vineland Estates、Chateau des Charmes 的產地在安大略。

● Summerhill Pyramid Winery、Cedar Creek Estates、Nk'mip Cellars 的產地在卑詩省。

加拿大現在是冰酒的最大產地，這是拜漫長的冬季所賜。這種甜酒是用冰凍的葡萄釀製而成，可作開胃酒或者配甜點。

味、魚肉和學自密克馬克族的楓漿料理法，才生存至今。雖然這些法裔阿卡迪亞人被英國人趕走，南遷到路易斯安那，但是他們當初在新斯科細亞和新伯倫瑞克留下的影響至今還是很明顯，譬如：糖蜜燕麥麵包（galettes）、烘烤水果布丁（poutines）和糖餡餅等。哈利法克斯成為英人社交生活的中心，德國農民移到盧嫩堡，親英保皇份子帶給他們新英格蘭和南方的口味。在19世紀，愛爾蘭和蘇格蘭移民引

在地食物

加拿大人已經比較知道他們在地的食物資源，也漸漸使用更多在地食材。

下背景，結合了原住民的料理法，如穿刺楓樹製成楓糖漿，使他們在新法蘭西的酷冬得以生存苗壯。在1759年英國統治了加拿大之後，愛爾蘭和蘇格蘭移民引進了馬鈴薯和燕麥片，加入當地的烹調法。

至今，魁北克的美食仍保留了傳統食物（如肉餡派，tourtière，裡面的餡因地而異，最流行的料理法是豬肉和大蒜、洋蔥、芹菜、調味料一起慢燉）和當代某些法式美食（如肥鵝肝，它或由在地生產或

進了燕麥餅、英式鬆餅（scone）和脆餅。

在紐芬蘭可以找到某些北美最老的烹調傳統，那裡有很多愛爾蘭和英格蘭的漁民後裔。鹹鱈魚、鹹牛肉和鹹豬肉、碗豆布丁是當地的美食，但是近來鱈魚比較流行拿來烘烤。

魁北克早期的移民大多來自法國東北，有些則來自波爾多以北的濱海夏朗德省（Charente-Maritime）。他們刻苦耐勞的鄉

由國外輸入）的融合。

安大略南部現在仍是一個農業中心。早在歐洲人還沒來之前，休倫人和伊若闊依人就已經在那裡種植玉米、南瓜和豆類了。第一批到那兒生活的歐洲移民是美國獨立戰爭時逃往加拿大的親英保皇人士。他們多數是英國血統，也有一些是德國或其他歐洲國家血統；還有六部落印第安人。這批移民其中有一位叫麥克伊透許（John McIntosh）的農人培養出現在很著名的麥克伊透許蘋果。

安大略盛產桃子、玉米和番茄。今日當地的美食是仰賴當地農產品、尼加拉

左圖：鬆餅和糖漿，這是一道加拿大的早點美食。
上圖：在愛德華王子島，不論當地人或是遊客都深深喜愛的龍蝦大餐。

（Niagara）葡萄園的酒和多倫多各族裔的料理法。

在曼尼托巴、薩克奇萬和亞伯達，當初蘇格蘭農場移民到這兒，只有簡單的燕麥食物，如今已發展出很大的美食成就。美蒂斯人、來自美國達科塔（Dakota）的北歐人、北遷的美國農牧民和牛仔，他們的食物則是肉排、豆類、烙餅和葡萄派。烏克蘭人、東歐人、冰島人、歐洲猶太人和華人有自己的美食傳統，大草原區英式飲食能發展成一個兼容並蓄的飲食文化，他們的貢獻良多。

卑詩省的發展大部分要歸功於淘金熱。這股淘金熱出現了無數的旅館來供食無數的淘金客，在那兒，燉牛肉和烘豆很受歡迎。在奧卡納干河谷（Okanagan Valley）開闢了很多果園，如今，奧卡納干河谷也盛產上等葡萄酒。早期溫哥華的食物只有簡單的肉類和馬鈴薯，如今它豐富的美食反映了從西雅圖、洛杉磯到南方的西岸飲食文化。

卑詩省是納奈莫點心（Nanaimo bar）的發源地，這種分層的甜點在加拿大很常見，是用奶油、可可、全麥麵皮、堅果、碎椰果、巧克力製成的，是1950年代「溫哥華太陽」食品店推出的一道產品。

美食家的影響力至今還沒有延伸到育空和西北領地。這兩個地方的面積占了加拿大的三分之一，但人口卻少得可憐，大部分是伊努特人、第恩人（分布在大草原區北部、卑詩省北部以及育空、西北領地的印第安人），以及到當地工作的公務員和商人。

罐頭和包裝食品的引進，造成了當地許多北美馴鹿、北美糜鹿、家禽等食物的傳統料理法式微。

咖啡社會

如果歐式咖啡曾經只有在蒙特婁才找得到，蒸餾濃咖啡只有在義大利人聚集區才喝得到，那麼如今咖啡館在加拿大已如星羅棋布，市場相當成熟，連美式咖啡店霸主星巴克（Starbucks）都可以輕輕鬆鬆來這裡開分店，不過當地的 Second Cup 咖啡連鎖店已經占據了市場。拿鐵咖啡和濃縮咖啡成為主流，而巧克力麵包（pain-au-chocolat）成了一道速食。

右圖：西岸美食家聚集之都溫哥華，一家雅致的咖啡館。

加拿大啤酒簡介

啤酒是加拿大日常休閒的一部分，常常跟醃肉、曲棍球和寒冬不可分離。加拿大早已有啤酒釀製工業，直到最近才出現了莫爾森（Molson）和拉貝茲（Labatts）兩大霸主。其他都是一些地區性的小啤酒廠，但它們釀製的和兩大霸主差不多。

1980年代中期，情況開始出現了變化。一些小型酒廠生產天然啤酒，將目標對準有特殊口味的消費者，而各省和西北領地很多啤酒館也釀造一系列的特製啤酒，包括有各式各樣的麥芽啤酒、烈性黑啤酒、精釀啤酒等。從各方面來看，目前加拿大啤酒釀造業似乎仍保持這樣的局面發展。

一進入21世紀初，出現更多的變化：許多加拿大啤酒釀製廠（包括莫爾森、拉貝茲與司里曼〔Sleeman〕）被國際大型啤酒公司所併購，不過仍然繼續在加拿大境內營運。

挑選啤酒可在標籤上注意看有沒有這些字樣：

- Great Western
- Les Braaseurs du Nord
- McAuslan Brewing
- Moosehead
- Old Yale Brewing Company
- Walkerville Brewing Company
- Yukon Brewing Compan

景點介紹

詳細介紹加拿大各地，
主要景點並附上編號以便在地圖上查閱。

加拿大是世界第二大的國家，從大西洋岸到太平洋岸橫亙5,500多公里，從最北端的埃爾斯米爾島（Ellesmere Island）到美加邊界連綿4,600多公里。

當然，這個幅員廣大的國家也不是到處都有人住：她有89%的土地無人居住。將近80%的人口集中在南部美加邊界地帶的都會區，大多數集中在安大略省、魁北克省和卑詩省，開車到美加邊界只要幾小時。

多倫多、蒙特婁和溫哥華這三個大都市支配了這個國家。幾個世紀以來都有人提出對它們的觀感。譬如，在1859年馬凱（Charles Mackay）說多倫多「這個地方有美國的氣息，洋溢著進取、幹勁、精明的精神。」而蒙特婁呢，「像是精緻典美的歐洲城鎮，有半法式、半英式的現代改良建築。」「溫哥華是一種完全不同的類型，既不像美國也不像歐洲。」

加拿大分成十個省份和三個領地。毗鄰北大西洋的紐芬蘭和拉布拉多是最東邊的省份；愛德華王子島是最小的省份；新斯科細亞是一個半島；新伯倫瑞克形狀近乎方正，地勢和緩；魁北克、安大略以其城市和高辛烷值研究令人印象深刻；不過亞伯達很快地迎頭趕上；曼尼托巴和薩克奇萬等大草原諸省的地理景觀則比較單調。

英國作家吉普林（Rudyard Kipling）在1908年來到這裡，對於卑詩省洋溢的新氣息和先驅精神特別獨鍾：「這片土地對於很積極的人是再理想不過，對於好逸惡勞的人也不賴。」要到育空和最西邊的西北領地旅遊，確實需要相當的精力。努勒維特（Nunavut）也可以去走一走；當然，加拿大的每個地方都值得去遊覽。

前數頁：回程邊界，新伯倫瑞克的欽斯藍丁；沿鐵軌步行，亞伯達；寂靜的路易斯湖，亞伯達。
左圖：落磯山脈隘口。

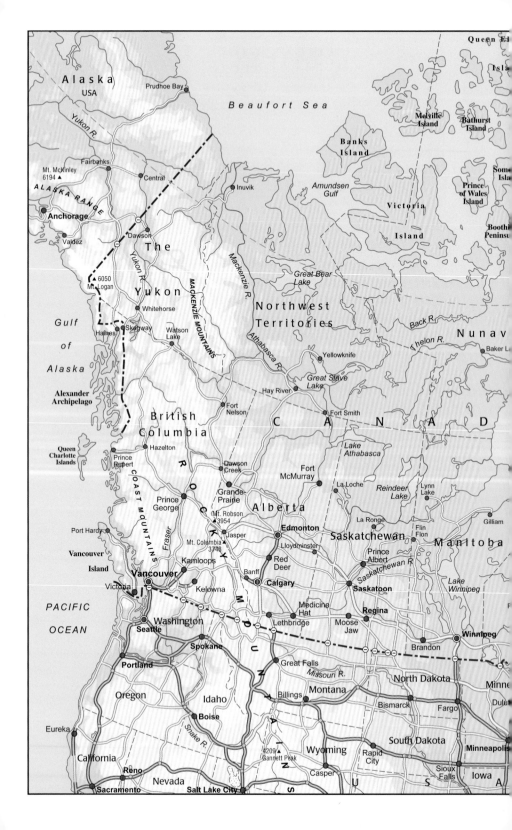

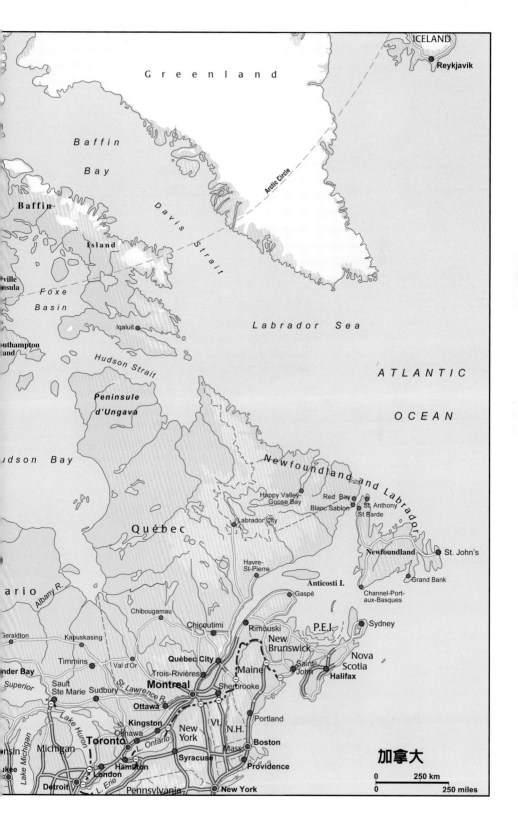

中部地區

殖民時代就已經是加拿大心臟地帶的安大略和魁北克，
可提供遊客多采多姿的旅遊體驗。

安大略與魁北克以加拿大的心臟左右心室著稱（這讓其他省份相當不滿）。它們不但擁有加拿大最繁榮的城市，而且還擁有全國半數以上的人口。這兩個富有深厚文化背景的省份，代表了加拿大殖民時代的開端；至今，兩者之間還殘存著過去英國人、法國人之間的緊張氣息。

　　這兩個省份也占有全國57%的國際觀光客，創造54%的旅遊歲收。多倫多靠近大湖區，又有多采多姿的夜生活，很容易成為國際觀光客的起點。加拿大的首都渥太華位於安大略省的東緣，往北和往西延伸即進入北極地帶。

　　遊客常忽略的是，安大略北部是一個廣袤的湖區，那裡的村落很寧靜、純樸。介紹安大略的章節，旨在藉穿梭於該省的城鎮、鄉村、公園等等，俾使讀者對該區有初步的印象。渥太華是旅遊的焦點，其他像斯特拉福、伊羅拉（Elora）、密德蘭（Midland）、京斯頓（Kingston）、倫敦和阿岡昆公園也不能錯過。

　　除安大略外，魁北克也是加拿大的歷史中心。這裡的重點在於特殊的法國氣息、文化設施、與英國習俗的衝突、居民為保存本身文化傳統的努力。在造訪過魁北克市之後，我們再詳加介紹蒙特婁，然後沿著聖羅倫斯河進入鄉野，最後在該河的入海處加斯佩半島（Gaspé Peninsula）結束。

左圖：尼加拉瀑布是到安大略的遊客都不會錯過的名勝。它包含加拿大這邊的馬蹄瀑布（**Horseshoe Falls**，如圖）和另一頭美國的瀑布，經過哥特島往東北流去。瀑布落差之大，足以完全滿足水力發電廠的需求。

多倫多：活力十足的城市

多倫多這個多元文化的城市有各種民族聚集區，有生氣盎然的濱水區、劇院、音樂廳、俱樂部、藝廊，還有北美最好的購物商店。

要拜訪這個世界第二大國家的最大城市，最棒的途徑是夜間開車前去。多倫多依傍在安大略湖北岸，坐落在起伏平緩的山坡之中。這個五大湖區的避風港，自詡擁有壯麗的市容，這從湖岸的高速公路上可以一覽無遺。在夜色中，那閃閃發亮的辦公大樓和地標加拿大國家塔（CN Tower）呈現一種異域之美。

會面的地方

大約在西元前1000年，原住民就已經聚在這裡交易、社交與休閒。事實上，多倫多的名字是來自印第安休倫語，意思是「會面的地方」。在1615年，歐洲探險家布魯勒（Etienne Brûlé，他是第一個看見五大湖的白人）在當地的漢伯河上發現一個伊若闊依族的村落。1720年，法國人在這裡建立了毛皮交易站。1759年，英國人在亞伯拉罕平原（Plaines d'Abraham）擊敗了法國人之後，成了統治強權。1787年，英國人向當地的米瑟索格族（Mississauga，當時他們已取代了伊若闊依族，生活在這裡）購得現在多倫多坐落的土地。之後，漸漸就有愈來愈多的移民到這個天然港周圍居住。

1793年，多倫多更名為約克（York），成為上加拿大（現在的南安大略）的新首府。1812年戰爭期間，約克仍效忠英國，雖然在1813年它曾兩度被美國人占領。

1834年合併之後，這個城市更名為多倫多。從18世紀初期起，一波波英國移民湧到這裡，到了1847年，愛爾蘭鬧馬鈴薯歉收鬧飢荒，有四萬人移民到這裡。第一波歐洲猶太移民潮發生在1830年代，另一波是在1880年代。

效忠英國

直到19世紀末，這一波波的移民潮當中一直是英國移民為數最多。他們對英國維多利亞女王的效忠，以及對大英帝國一切象徵的尊敬，使得多倫多的生活束縛於嚴格的道德法令，譬如主日法令規定禮拜日禁止工作、運動、休閒娛樂。

無論如何，這並未阻卻移民潮。二次大戰期間，歐洲大批難民來到多倫多，人口隨之暴增。1970年代，加拿大移民法令放鬆，掀起了新一波的移民潮，亞洲人、拉丁美洲人、非洲人和加勒比海人大量移入多倫多。到了1990年代，多倫多人口高達380萬人，其中包括了數十

前頁：多倫多天光明亮的天際線。
左圖：金融銀行大樓。
下圖：加拿大國家塔。

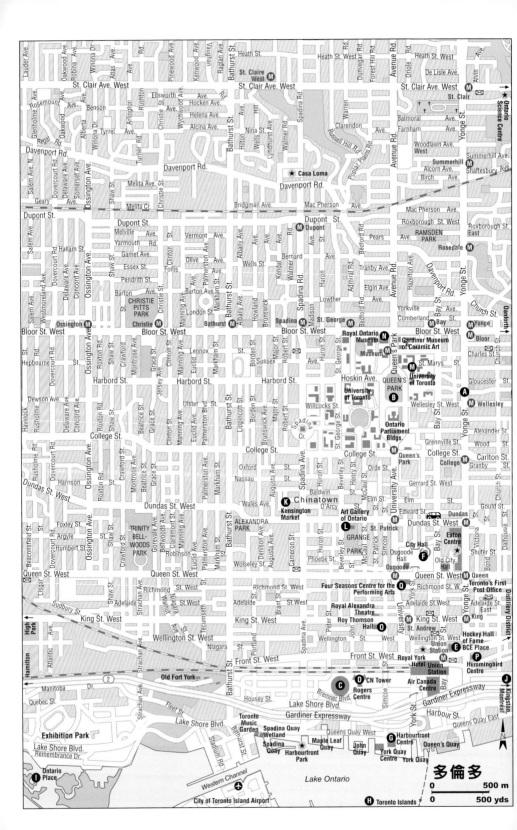

萬的加勒比海裔、華裔、義大利裔、希臘裔、南亞裔等，加上隨後過來的其他國家移民。時至今日，多倫多有90個族裔，使用語言多達一百多種。這樣瑰麗的民族拼盤鑲嵌在堅實的英裔襯底，使得多倫多集加拿大政治、文化和金融成就於一身。

地圖見 138頁

地下鐵、電車與公車

三條地下鐵幹線和夜間公車是多倫多的特色。地鐵在清晨一點半左右停駛，之後還有徹夜行駛的夜間公車可搭。雖然地鐵系統相當方便、安全，但多倫多人多年來還是偏愛汽車。多倫多大眾運輸委員會為了吸引通勤族回到地鐵系統，還想出了奇招，就是設置列車服務員，不用擴音系統，免得吵醒乘客的美夢。

電車也是多倫多街道很搶眼的的特色。舊式的「紅火箭」（red rockets）電車紅黃相間，有怪異的傾斜窗戶，車廂內部的車頂很低，因年代久遠，正慢慢淡出。新型的電車最近已開始營運，路線是沿著歷史著名的士巴丹拿大街（Spadina Avenue）而行。大約有三萬兩千名熱情的乘客迎接18輛乾淨、舒適的新型電車，而那30輛不舒適、吵雜、不時冒黑煙的柴油電車也就被淘汰了。

多倫多電車。大眾運輸系統對多倫多市至為重要。從聯合車站開始，此一「地下城市」展開27公里的路線，串連1,200個停靠站。

最長的街道

將多倫多市分成東西兩區的央街（Yonge Street），曾名列金氏世界紀錄「世界最長的街」（巴拿馬的泛美公路後來取而代之）。它從大湖畔向北延伸到安大略省與美國明尼蘇達州邊界的雷尼河（Rainy River），全長1,896公里。沿著介於國王街（King Street）與布爾街之間的**洋吉街區**（Yonge Street Strip）Ⓐ 漫步，可以體會蓬勃忙碌的繁榮氣氛，還有值得一探的是，奇特的餐館和商店符合物美價廉的經濟預算。

下圖：熱鬧的洋吉街。

權力折衝的地方

女王公園（Queen's Park）Ⓑ 位於安大略議會大廈前面，是多倫多心臟地區的一個綠地。議會大廈建於1886至1892年間，這個砂岩材料建成的建築物除了有個歷史性的會議場外，還有一個令人印象深刻的收藏廳，裡面收藏了很多19世紀和20世紀初期的加拿大藝術作品。1995年和99年，進步保守黨在安大略省連續兩次勝選之後，很多攸關社會民生與基層建設的法案陸陸續續在議會推動。保守黨的法案在2003年結束，因為這回自由黨獲得壓倒性勝選。

心臟地區

多倫多跟其他北美城市最明顯的不同，就在於它市中心充滿活力。穿過多倫多市中心的湖灣街（Bay Street），可說是加拿大金融之都的動脈，很多加拿大企業的總部與證券公司都聚集在這裡或附近，然而這並非全貌。離這裡幾分鐘車程，有

藍鳥隊的英雄。棒球在加拿大是相當流行的運動。1914年9月5日,棒球巨星貝比魯斯(Baby Ruth)在多倫多島的漢藍球場,擊出了他職棒生涯的第一支全壘打。

大型的住宅區,從高級住宅到國民住宅都有。此外,還有劇院區(Entertainment District),多倫多自詡其戲劇業僅次於倫敦與紐約。劇院區有很多餐廳、俱樂部以及多倫多一些很吸引人的景點。

多倫多也是成千上萬運動迷的聖地。多倫多藍鳥棒球隊(Blue Jays)、淘金人美式足球隊(Argonauts)和多倫多暴龍籃球隊(Raptors),球季時在可容納五萬六千名觀眾的**羅傑中心球場**(Rogers Center)**ⓒ** 比賽。這個全球第一個可掀式圓頂球場坐落於另個締造世界紀錄的建築物旁。**加拿大國家塔**(CN Tower)**ⓓ**(每日開放,週五、週六開放到 10:30pm,需購票;www.cntower.ca)高達553公尺,是世界最高的獨立建築物,也是多倫多市上空永存的驚嘆號。市中心有很多餐廳,從高塔頂360度迴轉的高級餐廳到國王西街**基特卡特**(Kit Kat)美味的義大利餐廳都有。往東幾個街區,在臨湖街(Front Street)和央街街角的BCE廣場,就是著名的**曲棍球紀念館**(Hockey Hallof Fame)**ⓔ**(球季開放,需購票;www.hhof.com),是曲棍球迷的聖地,收藏加拿大國家運動的歷史文物。在神聖的史坦利獎盃前不時可以看到年長者在流淚。

聖羅倫斯市場(St Lawrence Market,週二至週六開放)位於臨湖東街與賈維斯街(Jarvis)交叉口附近,這個市場可以追溯到1803年,雖然建築物已經不一樣了。每逢週六,多倫多人喜歡結伴來這裡逛逛。這裡也是舊市府的所在地。在這個歷史悠久的街區,一些老舊的大批發倉庫都已改成辦公室、工作室和餐廳。**多倫多第一郵局**(Toronto's First Office,開放時間:週一至五9am-4pm、週六日10am-4pm;免費)位於Adelaide Street East街,是一個仍在營運的郵局,也是博物館,裡

左圖:伊頓中心(Eaton Centre)。
右圖:多倫多港灣。

面展示著1830年代早期的郵政是如何運作的。

　　在國會街（Parliament Street）和櫻桃街（Cherry Street）之間的古德漢－沃茲釀酒廠（Gooderham & Worts Distillery），如今已成為文化溫床。**釀酒廠區**（The Distillery District，55 mill street，電話416-866-8687，www.thedistillerydistrict.com）所在地曾經是大英帝國最大的酒廠，建於1832年，有44棟建築，組成今天北美洲保存最好的維多利亞式工業建築群。這裡的釀酒業在1990年結束，不到十年間，一家地方開發公司取得這整片地區，將這裡轉型為多倫多最新的藝術中心。今天可以在這兒看到藝術和舞蹈工作室、畫廊、表演空間、服飾精品店、餐廳、咖啡館，甚至還有一家小型釀酒坊。**新市府**（City Hall）**F**位於女王街與湖灣街轉角，是1965年芬蘭建築師雷維爾（Viljo Revell）設計的。其圓形大廳和立於穹頂主建築兩側的兩個弧形塔樓，雄偉氣勢睥睨菲力普廣場（Nathan Philips Square）。廣場擺著摩爾（Henry Moore）的雕塑作品〈藝術家〉；早年還為要不要擺上雕塑引起爭議。

港灣區

　　夏季，**港灣中心**（Harbourfront Centre）**G**（週二至六10am-11pm，週日到9pm；有些活動須購票，有些活動免費）的女王碼頭（Queen Quay）特別有魅力。港灣中心原來是倉庫，現已改為特色商店、餐廳、劇院。從平台遠眺安大略湖，帆船、餐坊遊船圍繞著多倫多島，有時還有大船優雅地點綴在其間。第一劇院（Premier Dance Theater）經常有世界一流的古典舞蹈團表演，附近的約克碼頭中心（York Quay Center）也終年有各式各樣的文化活動，包括為期10天的國際作家節，全世界知名

地圖見
138頁

實用指南

豌豆培根（Peameal Bacon）是聖羅倫斯市場的名產，這種半鹽半糖醃火腿瘦肉夾在圓形麵包裡，再配上一杯濃烈的咖啡，十分美味。

左圖：前往多倫多島的渡輪。
右圖：聖羅倫斯市場。

湖濱區的救生員

的小說家、詩人、劇作家和傳記文學作家都會前來共襄盛會。

多倫多島（Toronto Islands）**ⓗ** 實際上是一個五公里長的狹長沙洲，尖端突入港口。島上社區是多倫多的特殊景觀，居民也堅持保留簡單的生活方式。夏季，這片樂土有很多人來野餐；冬季，寒風冷酷地橫掃安大略湖。多倫多島的食物與生活用品全靠渡輪或者飛機補給（島上西端有個小機場）。這種不便的生活你不會想要，但是島上多數居民都不想改變它。然而，以多倫多島為基地的波特航空（Porter Air）卻發動一項迫切的議題，威脅要改變，以追求更好的生活方式。

多倫多島在夏季是個世外桃源，搭渡輪只要10分鐘就可以到達。島上有600英畝的公園，有遠離塵囂的村落、湖濱、自行車曲徑，還有遊樂園。你可以自行帶自行車，或是到了當地再租，享受這城市最好的自行車道。牧師之家咖啡館（Rectory Cafe）是島上一顆隱藏光芒的寶石，但它還是很難勝過傍晚在靜林野餐，看著夕陽慢慢落下對岸。

公園和木板道

自湖邊道加長加寬後，來湖濱散步、騎自行車、溜冰是愈來愈方便了。湖邊道東起湖濱區西至漢伯河。當中有個**海伊公園**（High Park）很值得一逛。它是全市最大的公園，園內有一片點綴著黑橡樹的熱帶草原，以及黃樟、星樹等罕見植物。還可以去**安大略廣場**（Ontario Place）**ⓘ**（開放時間：5月中旬至5月下旬、9月的週末、6月到9月勞工節，需購票），那裡是觀賞每年加拿大煙火比賽的最佳位置。

湖濱最富創意的地點則是**多倫多音樂公園**（Toronto Music Garden；475 Queens Quay West，每日開放），由國際知名的大提琴家馬友友構

下圖：多倫多六個中國城中的一個。

地圖見
138頁

想出來，以巴哈的第一號《無伴奏大提琴組曲》為靈感來源，依著組曲中的六個樂章，分別設計搭配公園的六個不同區域。

位於多倫多東區的**湖濱區**（The Beaches）**J** 是很多人都愛去的地方。假日與傍晚是沿著木板路逛湖濱區最佳的時間。在一邊、帆船、海鷗掠過安大略湖面；另一邊，慢跑者、散步者享受林木花草的氣息。你可以在女王街暫歇一下，那兒有各式各樣的咖啡館、餐廳、酒吧等等。其中，女王街最主要的逗留點**湖濱客咖啡館**（The Beacher Cafe），可以一邊欣賞漂亮的湖濱景色，一邊品嚐班傑明蛋（Eggs Benjamin（班尼迪克蛋〔Eggs benedict〕配上煙燻鮭魚）；而**非凡豆子**（Remarkable Bean）可以下西洋棋，咖啡續杯則有限制。

一探多倫多的民族聚集區

多倫多的鄰里街坊反映其充滿活力的歷史。從早期的英國人到非系加勒比海人、義大利人、希臘人、華人、葡萄牙人、烏克蘭人、北極人、印第安人、愛爾蘭人等等，都湧入了這個城市，每個族群都開拓出自己的社區鄰里。

你會發現希臘人聚居在丹佛斯（Danforth）一帶，義大利人、葡萄牙人在大學街、聖克雷爾路（St Clair Av.），華人在丹打士街（Dundas St.），東部印第安人在芝蘭街（Gerrard St.），牙買加人在巴瑟斯特街（Bathurst St.），東歐人在隆瑟瓦利斯路（Roncesvalles Av.）或布爾西村（Bloor West Village）。任何人都很容易就會想要體驗一下不同文化的樂趣。

多倫多是加拿大同性戀的大本營。他們辦的《XTRA！》是份免費贈閱的雙週刊報紙，概述這座城市發生的大小事。

有傳統市場那種吵雜喧囂之魅力的**肯辛頓市場**（Kensington Market）**K** 就證明了這點。它是隨著1920、30年代猶太移民聚居這裡而形成的，之後葡萄牙人、華人和西部印第安人取而代之。在某些方面，它仍然是這些不同世界的人日常接觸的地方。

這一帶的主幹道是歐格斯塔路（Augasta Av.）與肯辛頓路，連接道路則有波德文街（Baldwin St.）、牛津街。在這裡你可以看到纖弱的中國老太太在跟執拗的葡萄牙裔水果攤販討價還價；你也可以看到悠閒的牙買加裔小販在兜售香氣四溢的牛肉餡餅和濃烈的薑汁啤酒，也可以看到義大利裔的黑寡婦一手扛著好幾噸新鮮蔬果回家。在歐格斯塔路南端，可以順便去**阿瑪迪厄餐館**（Amadeu's）享受一下葡萄牙海產和美酒，價格很合理。

在歐格斯塔路和丹打士西街交叉處，中國城和肯辛頓市場交會。隨著華人人口大量成長，現在多倫多有六處中國城。丹打士西街的中國城是其中最大的一處，逛街、叫賣的喧鬧聲直至深夜。沿丹打士街向北到士巴丹拿大街，到處都可以看見蔬果攤、中藥店以及雜貨店。令人垂涎三尺的香味從門口飄出，會使你很想找出多倫多最棒的

下圖：休息時間到BCE廣場小座一下。

中國菜餐廳，如七喜（Happy Seven）、生號海鮮（Sang Ho）。

在中國城入口處附近有**安大略美術館**（Art Gallery of Ontario）**Ⓛ**（週三至週五 10am-9pm、冬天中午-9pm，全年週末 10am-5:30pm，需購票）。2005 年，美術館推動一項為期三年、總經費五億美元的擴展計畫；預計這棟新的玻璃正面美術館將會收藏一萬件藝術作品。安大略美術館收藏豐富的摩爾雕刻作品，其中多數都是創作者捐贈的。該館還收藏豐富的加拿大藝術作品，從 15 世紀的畫作到當代蜚聲國際的作品都有，包括伊努特人的藝術作品。

在**丹佛斯區**（The Danforth）希臘人占據十個街區，從 Broadview 到 Coxwell 十條東西街道，因此除了餐廳招牌用希臘文的 taverna 外，連路標也是使用英、希雙語。夏季時，在歷史悠久的**鑽石烤肉屋**（Asteria Souvlaki Place）有很多老顧客在戶外露台享受布祖基琴聲和烤肉串，另一處有很多人光顧的地方是**丹佛斯鍋**（Pan on the Danforth）。

除了英國人之外，義大利人是多倫多最大的族群，大約有 42 萬人。**義大利徑**（Via Italia）是較早期的社區，位於葛瑞斯街（Grace St.）與奧西頓街（Ossington St.）之間的大學街（College St.）路段。長久以來大學生、藝術家都喜歡到這一帶逛。

夜幕低垂，你可從**索茲達爾酒吧**（Souz Dahl）玩起，在浪漫的燭光氣氛中喝杯馬丁尼，接著再到**葛拉帕餐廳**（Grappa），享受歡樂氣氛和美食，最後到**西西里冰淇淋店**（Sicilian Ice Cream Company）品嚐義大利雪糕（gelati）與卡布奇諾咖啡。

大學城（The Annex）在**多倫多大學**（the University of Toronto）**Ⓜ** 附近一帶，也就是從士巴丹拿大街沿著布爾西街到巴瑟斯特街。布爾西

下圖：米維西社區（Mirvish Village）的傳統住屋。

地圖見138頁

街北邊大多是學生宿舍或是專業人士、藝術家精緻的住家。南邊的景觀比較平實,多半是猶太人、華人、義大利人、葡萄牙人等移民。

有各民族口味且價錢不貴的餐飲,是大學城的一大特色。其中有兩個老招牌,一個是位於布爾街與波登街交接處的**杜尼**(Dooney's);另一個是**窮人酒吧**(Pauper's),原址本是一家銀行,酒吧樓下有現場鋼琴演奏,樓上則有個浪漫的露台。

大學城周圍有三個著名的博物館。**巴塔鞋品博物館**(Bata Shoe Museum,開放時間:週二至週六10am-5pm,週四至8pm,週日中午至5pm;需購票)位於布爾街與聖喬治街(St George Street)街口,收藏各式鞋款與相關的工藝品。引人注目的鞋盒建築造型是著名的日裔建築師森山雷蒙(Raymond Moriyama)設計。館內收藏的鞋品橫跨四千五百年歷史,在在反映穿鞋者的生活習慣、文化與習俗。

再走幾分鐘往大學路(University Avenue),就是**安大略皇家博物館**(Royal Ontario Museum) (每日10am-6pm開放,週五至9pm;需購票)。當地人直呼它ROM,是世上少數幾個包羅萬象的博物館,展覽範圍從科學到藝術、考古都有。在東亞方面的藏品聞名世界,其中包括絕妙的寺廟藝術品。由建築師李伯斯金(Daniel Libeskind)設計的水晶增建建築,容納六座畫廊。

卡蒂納陶瓷藝術館(Gardiner Museum of Ceremic Art,每日10am-6pm開放,週五至9pm;需購票),在大學路的另一邊。它是北美洲的專門博物館,收藏了橫跨三千年歷史的陶瓷藝術品。

約克城(Yorkville)鄰近大學城,時髦的街區在卡柏蘭街(Cumberland Street)、約克城路一帶。1960年代,當地維多利亞式的紅

適合親子參觀的安大略科學中心(Ontario Science Center,每日10am-5pm開放,需購票)有九個展覽廳,策畫有趣的展示主題。之前展覽的主題包括漫畫英雄、賞鳥等。

下圖:安大略皇家博物館。

地圖見138頁

加拿大的曲棍球巨星葛瑞茲基（Wayne Gretzky）在羅傑中心球場北邊街區開了一家餐廳，裡面有很多曲棍球的回憶。

磚屋住滿了嬉皮，但之後20年中，開發業者、零售商店、高消費市場陸陸續續搬入，如今約克城的名牌服飾店與美術館吸引人潮。

在黑若頓街（Hazelton Street）、史科拉街（Scollard Street）一帶，有豐富的北美印地安人手工藝品、伊努特繪畫雕刻展示。在這片浮華世界中的磨坊咖啡（The Coffee Mill），是位於地下室的匈牙利餐廳，外表實在、口味絕妙。

多倫多的盎格魯撒克遜民族仍占有一席之地，雖然他們已經被擠壓到數公頃的高級不動產之中。玫瑰谷（Rosedale）向來就是那些拘謹富有的英國人聚居之處。他們多半在湖灣街的金融或法律機構上班，經常可以看見他們的車庫裡停著一兩部BMW房車。

夜生活

多年來，其他的加拿大人貶損多倫多人說「多倫多人好乖」，多倫多人似乎已經習慣了。的確，多倫多的夜生活向來受到維多利亞遺風的抑制，像酒吧不能營業得太晚。最近法令則放寬至凌晨兩點，再加上一些通宵開放的舞廳，夜貓族可有更多地方尋歡作樂了。

你可以去欣賞爵士樂、搖滾樂、民歌現場表演。多倫多有很多優秀的業餘樂團，很多音樂巡迴表演都會在多倫多停留，特別是歐洲樂團。各家的價格與品質差異很大，最好參考一下在《當前》（Now）或《眼光》（Eye）這兩個免費贈閱的娛樂週刊上刊登的廣告。

多倫多的娛樂很自然就呈現多樣的文化。年度的西部篷馬車節（Caravan festival）在夏天舉行，提供了很棒的美食、美酒及民族音樂、舞蹈，縱然它似乎有點做作；而加勒比海節（Caribbean festival）更是多倫多夏季最大的盛事。

比較菁英點的活動，則有多倫多交響樂團、加拿大歌劇樂團、加拿大國家芭蕾舞團，都是以多倫多為根據地的世界一流音樂團體。在湯姆生音樂廳（Roy Thomson Hall）❶、蜂鳥中心（Hummingbird Centre）❷，以及嶄新的四季藝術表演中心（Four Season Centre for the Performing Arts）❸的音樂藝術表演，肯定會讓那些付得起昂貴門票的樂迷值回票價。

文化城

多倫多是世界偉大的戲劇城市，擁有200多個專業的戲劇和舞蹈團體。若單就文學領域而言，一年一度的國際作家節、港灣閱讀系列活動，多倫多都足以和1920年代的巴黎媲美。多倫多的劇作家與電影工作者也得到肯定，創造國際旋風。

各種民族匯聚的多倫多同時也努力保存歐洲小鎮的氣氛與魅力。整潔、安全，多倫多正快速拋棄昔日維多利亞時代的壓抑。它具有很多美好城市的條件，來到這裡你會不虛此行。

下圖：湖灣街，多倫多的金融街。
右圖：很多人在市政廳外面溜冰。

安大略：湖光水色之地

安大略省是全球都市化最高的區域之一。人口聚居在五大湖區旁如科技沙堡般的城鎮中。往北探勘，那兒卻是一片原始的森林水澤。

地圖見
152頁

加拿大

渥太華
美國

安大略是加拿大最美國化的省份，直接嵌入美國的工業心臟地帶，但它對這個共和國始終抱持戒心，卻對英國王室親近熱愛。安大略是個高度現代化的地區，也是90%土地都覆被森林的荒野之地。

但安大略是一塊土地、一個家園、一個特殊的地方。儘管安大略人分屬不同民族，但大家都有一份共同的土地之愛，不論它是龐奇督多角（Punkeydoodles Corner）的哥德式復古農莊，或是多倫多馬克漢街（Markham Street）的新寵健康植物菜圃。1844年，來自大英帝國的旅遊者戈德里（J.R. Godley）這麼描寫加拿大：「這個地方的每一個人都是外國人，因此他們口中的家園不免總是指別的國家。」今天，安大略儘管仍是眾多種族聚居之地，但是居民已經找到了他們的家園。

航海冒險家的心臟地

儘管安大略曾是加拿大印第安人的千年福地，是渡海冒險家進行毛皮交易的通道，但是現代安大略的生命力不在於印第安人的長屋或獨木舟運輸，而在於沿著聖羅倫斯河分布的大英帝國效忠者的石灰岩屋。

尤有甚者，**東安大略**至今仍堅守昔日親英保皇份子的傳統：和平、秩序與良好管理。整齊劃一的農舍、莊嚴的法院與高聳的教堂尖塔，在在揭示了不管西安大略的民主主義者與平等主義者會怎麼做，東安大略將會堅守這個地方的信念：「一朝忠誠，永世忠誠。」

要展開一趟安大略之旅，最能得到歷史共鳴的起點莫過於嵌於渥太華河與聖羅倫斯河之間的**普勒斯科特－羅素**（Prescott-Russell）和**格倫加立**（Glengarry）。這個位於渥太華河南方一帶的鄉村地區顯得比上加拿大更魁北克化。大膽漆上橘色和綠色的穀倉，銀白的陡峭屋頂以及聚集在巨大教堂四周的鄉鎮，在在顯示了該區的法國風格。

但這裡是在安大略，不是在魁北克。當初經過英軍工程師的測量，整個南安大略雖然很理性地將大方塊（鄉鎮）劃分成小方塊（用地），但是對於劃分的道路卻非理性地忽略了岩石、山岡、湖泊、沼澤等非歐氏幾何學特徵。

由渥太華河向西南行，法國地名漸被丹未干（Dunvegan）、拉基爾（Lochiel）、麥克斯維爾（Maxville）、亞歷山卓（Alexandria）等英國地名所取代，顯示已經進入格倫加立郡了。

格倫加立因為小說家康諾（Ralph Connor）的作品而聞名於世，這裡是安大略數百個蘇格蘭

前頁：運輸原木的水道。
左圖：安大略克蘭堡（Kleinburg）的居民重現維多利亞時代的生活。
下圖：山坡地的小麥收成。

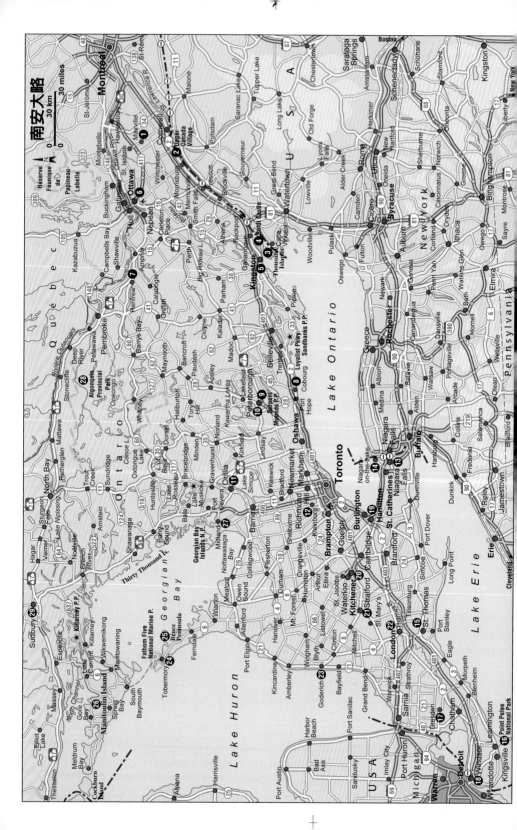

移民聚居地的第一個。

1783年，隨著保皇黨的皇家蘇格蘭高地移民團（Royal Highland Emigrant Regiment）到來，這塊聖羅倫斯北部的山坡地逐漸成為蘇格蘭移民的目的地。這些來自蘇格蘭格倫加立的移民都是為了免費土地的承諾與脫離地主壓榨的希望而來此的。

在康諾小說中的格倫加立，像是大科麥隆（Big Mack Cameron）、黑麥克唐納（Black Hugh Macdonald）等長老教會的巨人，或是那位最大的巨獸唐諾麥克唐納（Donald Bhain Macdonald），起先都會假惺惺地對住在簡陋小屋的窮人送上臉頰（僅此一次），之後便會痛毆他們同時大聲喊說：「永恆的格倫加立！」將這些愛爾蘭天主教徒揍得活像審判日臨頭一樣。就跟小說中一樣，現實中的格倫加立也蘇格蘭化，但多數是信天主教，而不是喀爾文教派。或許，這是個避重就輕的說法。因為，康諾正是長老教會戈登牧師（Charles William Gordon）的筆名。

每年8月初，該郡昔日的居民都會來到渥太華東方60公里處的**麥克斯維爾**（Maxville）❶，參加蘇格蘭高地格倫加立賽會，擲個長竿或乾一杯蘇格蘭威士忌。

帝國之河

在麥克斯維爾以南30公里處，是安大略最東邊的城市**康瓦爾**（Cornwall），**羅勃桑德斯聖羅倫斯發電廠**（Robert Saunders St Lawrence Generating Station）跨坐在河上，將流向大西洋的五大湖之水轉變為動力。藝術家湯恩（Harold Town）的一幅抽象壁畫適切地點綴瞭望塔。這無疑是現代科技對傲慢古老的瀑布和急流的一大勝利。隨著1959年**聖**

地圖見152頁

在麥克斯維爾附近的丹未干，格倫加立博物館最自豪的一項展覽品，就是1746年，漂亮的查理王子（Bonnie Prince Charlie）在蘇格蘭格倫加立用過的煮鍋。

下圖：生活上的良伴，莫里斯堡的上加拿大村。

要觀看千島群島最好的方式是坐船。當地的花崗岩露頭有的上面覆蓋林木，點綴夏季小屋或別墅。

羅倫斯航道（St Lawrence Seaway）的啟用，海上巨輪便可進入內陸，聖羅倫斯河也凌駕萊茵河，成為世界上最重要的貿易運輸河道。

這是一條帝國之河。當初法國人和英國人為了控制這條五大湖的水路爭了150年，在雙方達成協議之後，加拿大人和美國人又繼續這場爭奪。說起來，這的確是對加拿大莫大的諷刺：為了讓英裔的美國保皇黨人移民過來，而和大英帝國的宿敵法裔加拿大人分享這條河流。

從康瓦爾順河而上到**莫里斯堡**（Morrisburg）的**上加拿大村**（Upper Canada Village）❷（5月中旬至10月上旬每日9:30am-5pm開放，需購票），這裡重現了當年保皇黨移民的生活面貌。早期的小木屋與寬敞的美國復古式房屋並列，具體說明了第一批政治難民時來運轉，找到一處加拿大避難所。

伊若闊依族的神話中提到兩大神，一善一惡，爭奪聖羅倫斯河的控制權。在這場壯觀的爭戰當中，大石連續密集地被投向河的對岸，其中有許多掉進安大略湖附近的狹隘處。善神得勝後，神奇的福祉降臨在這塊土地上，使河岸上無數的花崗岩塊布滿黃色的樺樹、紅白的延齡草、銀亮的楓樹、翅狀的鹽膚木，形成一片蓊鬱的森林。這些花崗岩塊就是今天大家所稱的**千島群島**（Thousand Islands）❸。

布羅克維爾（Brockville）在康瓦爾西南方85公里處，是昔日保皇黨人建立的城市，充滿莊嚴的氣氛。法院路（Courthouse Avenue）兩旁有很多早期的建築寶藏。布羅克維爾是東部往千島群島的通道。在那無數島嶼之間巡航的船隻，是從附近的**洛克港**（Rockport）與**加拿諾奎**（Gananoque）出發，後者是個比較喧鬧的度假小鎮，離京斯頓比較近，約53公里。

下圖：雄踞在中島的波爾特堡

千島群島向來是有錢人的度假勝地，這些人不論對建築的品味有多粗俗，他們似乎總是有識別豪宅價值的能力。千島群島最有名的豪華度假別墅是雄踞於中島（Heart Island）的**波爾特堡**（Boldt Castle）❹（5月中旬至10月中旬每日10am-6:30pm開放，需購票）。它是華爾道夫大飯店的老闆波爾特（George Boldt）於1898年出資建造的，但因他過度悲傷太太的過世，所以別墅始終未完工。今天，波爾特堡一直暴露在風吹日曬與遊客好奇的眼光中。另一個更持久的波爾特紀念物是千島群島沙拉醬，這是他的廚師為了紀念該地而特別調製的。

地圖見152頁

昔日和未來的國王

京斯頓（Kingston）❺一度是上下加拿大聯邦的首都（1841-43），但從維多利亞女王在1857年一時失察將渥太華定為加拿大自治領的首都後，它再也不曾恢復首都的地位了。京斯頓確實符合首都的所有條件：其尊貴悠久的歷史可回溯到1673年的**弗隆特納克碉堡**（Fort Frontenac）；街道兩旁古色古香的岩石建築散發出肅穆莊嚴的氣氛；1843年建造的富麗堂皇新古典建築**市政廳**，身負市民的首都夢想。京斯頓依戰略需要安置在港口四周的圓形砲塔，以及巨大的**花崗岩亨利堡**（Fort Henry，5月中旬至10月上旬每日10am-5pm開放，需購票），在在證明了1812年美國人入侵引起市民持久的恐懼。

亨利堡的衛兵身著19世紀的軍服。

顯然，1812年的精神至今仍依存在**皇后大學**（Queen's University）。這所令京斯頓人驕傲的學校建於1841年，起初是一所長老教會神學院。1956年，學生團體趁夜摸黑侵入紐約州的窩特鎮（Watertown），將飄揚在公共建築物的星條旗換成聯合王國國旗。

左下圖：克蘭堡的蘇格蘭風笛隊伍。
右下圖：京斯頓的皇家軍事學院。

加拿大第一任總理麥克唐納是個狡黠酗酒之徒。有次他喝得很醉,而在一場政治演說中嘔吐,他很機智地說,他的對手總是令他噁心作嘔。

紀念加拿大第一任總理麥克唐納的建築,就像碉堡或大學一樣在京斯頓占有不可動搖的地位。**美景之屋**(Bellevue House,開放時間:4-5月、9-10月每日10am-5pm,6月至勞工節9am-6pm)是麥克唐納在1840年代末期住的義大利式別墅,現在是紀念館。更重要的是,麥克唐納非正式的政治總部**葛里梅森之屋**(Grimason House),仍屹立在市中心,開放作為商業用途的**皇家客棧**(Royal Tavern)。

里多運河(Rideau Canal)的南入口就在京斯頓東邊的港口與亨利堡之間。里多運河是在1826至1832年順著里多河往東北方向建造,其間穿過47道水門和無數的湖泊、人工河道,直到**議會坡**(Parliament Hill)的渥太華河。如今,里多運河是遊艇的樂園。流線型的遊艇和厚底的客輪沿著巨大的水門蛇行拾梯前進,其中許多輪艇仍然和150年前一樣。

但是,對當初被送來加拿大建造里多運河的愛爾蘭苦力來說,它是一片蚊蚋肆虐的荒野之地,而英軍監工則是暴君的爪牙。他們阻斷河水,爆破巨石,拖曳大石塊穿過沒有路徑的森林去填充水門。在蔓越莓沼澤這段30公里長的工程中,一場黃熱病就奪去了一千條工人的性命。

當初建造里多運河的目的是軍事而非經濟的。因為,之前聖羅倫斯河曾被美國控制,英軍需要第二條連接上、下加拿大的水路,才比較保險。這條運河的軍事性質在**梅里克維爾**(Merrickville)就更明顯了,此鎮位於渥太華西南方48公里,當地22座保護河道的碉堡中,最大的一座至今仍隱隱迫近河面。

許多運河工人在完工之後就留在當地定居。一群過河去築水門的石匠師傅在完工之後,繼續留下來建造塔河上的**珀斯鎮**(Perth,位於梅里克

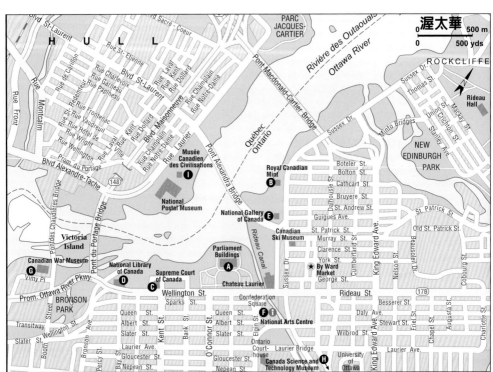

維爾西方41公里）。今天，珀斯鎮集喬治王時代、仿亞當－聯邦式、攝政時代與哥德式的風格於一身，可說是安大略最上鏡頭的城鎮之一。

區域圖
見152頁
市區圖
見156頁

渥太華

維多利亞女王選擇了後來改名為**渥太華**（Ottawa）❻的**拜城**（Bytown）作為加拿大首都，此舉讓忠實臣民震驚不已。這等於是命令現在的渥太華公務員、官員和民意調查專家全都收拾行囊，準備去西北領地的土托雅土克（Tuktoyaktuk）上班一般。

但是，臣民的委屈不只是搬去窮鄉僻壤而已，因為19世紀中期的拜城是北美最聲名狼藉的勞工營。魯伯（Lumber）等於是該區的國王，而拜城是它的首都。敵對的伐木工人成群結黨，在當地搭帳篷、築工寮。他們像機器般勞動，個個營養不良，不同種族分開居住，平日以喝酒鬧事、拳打腳踢、挖別人眼珠的行徑為消遣。1859至65年間，**議會大廈**（Parliament Buildings）ⓐ（每日開放，免費）就在這些髒亂危險的街頭建造起來，頗像是豬圈的一顆明珠。

這些野蠻的伐木工人與他們的後代子孫──循規蹈矩、奉公守法的公務員，兩者之間實在是不可思議的對比。正是漂泊與安定、冒險與規矩這兩種對比的力量貫穿了整個加拿大歷史。這種對比至今尚未完全從渥太華褪去。屹立在渥太華後東方的**加提諾山丘**（Gatineau Hills）上仍有成群嗥叫的野狼。

在**加拿大皇家製幣廠**（Royal Canadian Mint）ⓑ（維多利亞日至勞工節：週一至五9am-8pm，週末9am-5:30pm，9-5月每日9am-5pm，需購票），製幣工人仍在鑄造刻繪野鳥、糜鹿和海狸的錢幣。

渥太華科技博物館的新斯科細亞的燈塔、可親手操作的展出及大型望遠鏡吸引了很多遊客參觀。

下圖：渥太華的議會大廈。

從渥太華河遠望，國家美術館閃耀發亮，宛如燈塔。

渥太華絕不會變成像華盛頓或巴西利亞那種都市風格的首都，那種以幾何線條重新規畫的都市設計風格。設計師格雷伯（Jacques Greber）的首都區域計畫始於1937年，強調的是渥太華的自然之美，以及城市與自然的融合。渥太華在這種都市設計理念之下，夏天時有遊艇穿過鬧區中央的公園，到了冬天，里多運河變成了溜冰大道。荷蘭皇家為了感謝加拿大在戰時的善意援助，每年都送來數千朵鬱金香，將渥太華的春天化為一場視覺饗宴。

由於有首都的地位，渥太華比一般30萬人口的城市有更多的文化資源、博物館與美術館。除了議會大廈、裝飾藝術風格的**最高法院**（Supreme Court）**ⓒ**（團體參觀：5月1日至10月1日每日9am-5pm；預約時間：勞工節至4月30日；免費）、**國家圖書館**（Nationa Library）**ⓓ**，以及總理、總督、外交使節的官邸之外，渥太華還有傲人的**國家美術館**（National Gallery）**ⓔ**（開放時間：5-9月每日10am-5pm，10-4月週二至週日10am-5pm，週四至8pm；免費），這是加拿大最頂尖的美術館，建築用了大量的玻璃；**國家藝術中心**（National Arts Center）**ⓕ**，包含有歌劇院、劇場、附屬交響樂團等；**加拿大戰爭博物館**（Canadian War Museum）**ⓖ**（每日9:30am-6pm開放，5-6月週四至9pm，7月至勞工節的週四、週五至9pm），它記錄了17世紀以來加拿大國內外的戰爭；以及**加拿大科技博物館**（Canada Science and Technology Museum）**ⓗ**（開放時間：5月至勞工節每日9am-5pm，9-4月週二至週六9am-5pm；需購票），該館展出令人印象深刻的蒸氣火車。

過河到魁北克那邊的赫爾，當地有**加拿大文明博物館**（Musée Canadien des Civilisations）**ⓘ**（每日開放；10月中旬至4月的週一休館，需購票；週四4-9pm免費）。該館的收藏特色是加拿大歷史、原住民及國內各種族的文化藝術和傳統。

文化瑰寶

渥太華的加拿大國家美術館，以及對岸赫爾的加拿大文明博物館，它們的建築和收藏均相當引人注目。玻璃塔樓的國家美術館是1988年由建築師薩夫迪所設計，館內收藏了18至20世紀的畫作，包括有七人畫派、從利比（Filippino Lippi）到法蘭西斯‧培根（Francis Bacon）的歐美畫家作品，以及里多街修道院禮拜堂的扇形穹頂復原品。加拿大文明博物館是1989年卡迪納爾所設計的，擁有全球最豐富的圖騰柱收藏是它最大的特色。從最早期的原住民，到古代北歐人及一波波的歐洲移民，所有加拿大的生活面貌都在該館展出。要看原住民藝術展覽，一定不能錯過該館。

被遺忘的河

作家麥克倫南（Hugh MacLennan）在《加拿大七大河》（Seven Rivers of Canada）這本書中將渥太華河描寫為加拿大一條被遺忘的河。隨著聖羅倫斯河取代渥太華成為主要貿易航線，渥太華河的形象就黯淡了，只扮演著短程交通的角色，連接渥太華與蒙特婁。然而，對加拿大早期的毛皮工人和伐木工人來說，渥太華河是一條雄壯之河，是通往上五大湖區和西部大草原區的主要水路。

在**渥太華河谷**（Ottawa Valley），渥太華河在首都之北流向**朋布洛克**（Pembroke）與**深河**（Deep River），這條老河流的特色整個活了起來。從聳立在**連夫魯鎮**（Renfrew）的**尚普蘭景樓**（Champlain Lookout）**➐**望出去，可以看到河潮湧過河谷狹窄處的千軍萬馬氣勢，你就明白為何這段航程不管順流而下或是逆流而上，都被昔日的毛皮工人視為畏途。渥太華河谷到處都有像馬孚若（Joe Mufferaw）這種伐木大漢的誇張故事：在森林裡參

與戰爭，提供英國海軍白松木桅桿。尤其河谷的方言融合了蘇格蘭高地、波蘭、法國與印第安的方言，說起來更是動聽。

區域圖
見152頁
市區圖
見156頁

中安大略

東、西安大略之間並沒有明確的界線，遑論東安大略與中安大略之間。不過，一旦你看到古典的花崗岩灰建築轉變為維多利亞式紅磚建築，看板廣告開始宣傳多倫多希爾頓大飯店的樂趣，不再講康瓦爾的免費電視和熱水浴，那就表示你已越過了那道模糊的界線。多倫多那些肥牛般的郊區迅速吞噬了肥沃的農地，儘管如此，該區的鄉村與城鎮仍努力保存自己的特色與傳統。

科保鎮（Cobourg）❽ 位於多倫多東邊96公里處，這樣的距離使它沒有受到強鄰太多的影響。就像附近的**希望港**（Port Hope）與柯伯恩（Colborne）一樣，科保鎮在五大湖汽船時代也曾經是繁忙的湖港。現在，這些港口停靠的是遊艇而不是商船，而這些湖邊的小港市也是觀賞安大略湖美景的好地方。

科保鎮的中心區雄踞著新古典風格的**維多利亞廳**（Victoria Hall）。它完成於1860年，裡面有仿倫敦中央刑事法院的法院，以及北美音響效果數一數二的歌劇院。在全盛時期，加拿大常常拿它來炫耀加拿大人的文化水平勝過美國佬。從這裡，英屬北美殖民地的菁英可以指出某種嚴肅的理由，說明在山姆叔叔飛黃騰達時，他們為何仍選擇貧困。

從安大略湖到辛科湖，船隻要越過其間的43道閘門，水面上升180公尺。

成串的蔞爾小湖

在科保鎮的正北方，狹長的**卡瓦沙湖群**（Kawartha Lakes）像一條曬衣繩上的夾子，連接西邊的**辛科湖**（Lake Simcoe）。比起北方加拿大盾地上那些帶有粗獷美的湖泊，卡瓦沙湖群另有一種田園的趣味。最南邊的**來斯湖**（Rice Lake）尤其迷人，周圍有起伏和緩的鼓丘，鼓丘細長的背脊上有乳牛酪農場，湖上布滿了林木茂盛的小島。兩千年前，一個鮮為人知的印第安文明將族人的屍體葬在湖畔，形成一道96公里長的蛇狀坡。**蛇塚公園**（Serpent Mounds Park）❾（5月至感恩節開放；需購票）位於彼得波羅（Peterborough）東南方30公里處，從公園中可側面看到最大的塚，裡面埋藏了屍骨和陪葬品。

卡瓦沙湖群構成**特倫特－塞弗恩運河系統**（Trent-Severn Canal System）的基礎，該運河系統可使船屋和遊艇從安大略湖邊的**特倫頓**（Trenton）溯河而上到休倫湖喬治亞灣的**塞弗恩港**。

卡瓦沙區的中心**彼得波羅**（Peterborough）❿，是運河沿岸最引人注目的城市。這裡的彼得波羅水力升降閘從1904年完工之後即居世界之冠，它能這一面舉起一艘船，另一面放下另一艘。雖然彼得波羅比安大略湖畔各郡開發更晚，但它在1830年代被推崇為「上加拿大最優雅、最有貴族

下圖：特倫特－塞弗恩運河

海伊河（Hay River）
最早期教堂的窗戶。

氣息的社會」。接受贈與土地的英國軍官與英國士紳的青年子弟，給彼得波羅與湖區的窮鄉僻壤帶來了一種不同於其他早期拓荒區的特殊口音。

然而，文雅並不能使艱困的拓荒生活好過一點。湖區與加拿大文學的開拓者蘇姍娜・穆迪（Susanah Moodie），在《荒野簡陋的生活》（*Roughing It in the Bush*）一書中描寫了她對命定要在新世界度過一生的恐怖感覺，而唯一能逃離這個新世界的途徑就只有「走進墳墓」。今天，彼得波羅似乎已經在貴族生活與貧困之間找到了中庸之道，因為中產階級品味的評判者：消費市場調查員，最喜歡到這裡進行市場調查。

各個城鎮的陽光手記

多倫多北方 96 公里處的**奧利里亞鎮**（Orillia）❶，坐落於古奇欽湖（Lake Couchiching）與辛科湖之間的狹窄處，沒有太多遊客對它有興趣，這也正是它有趣的地方。當然，這裡有一個尚普蘭雕像，模擬他在 1615 年的安大略大旅行途中停留在附近的模樣。不過，每一城鎮都有追憶某人的紀念物。

但是，奧利里亞的引人之處不在於此，而在於它的平凡無奇：寬敞巷道上的濃蔭楓樹，可用來社交和看東看西的寬敞前廊，還有理髮店、商店前面擺放的當地曲棍球英雄的照片。

李科克（Stephen Leacock）在他的作品《陽光手記》（*Sunshine Sketches of a Little Town*）中捕捉了奧利里亞的氣息，如葬儀社老闆金姆先生絕望憂鬱的職業氣息。《陽光手記》這部諷刺作品（半真情半苛責）在 1912 年出版時，

下圖：安大略春天來
時綠草如茵。

李科克贏得了舉世的讚譽，除了奧利里亞例外。如今，奧利里亞接受這位幽默作家為愛子，將作家位於釀酒灣的故居變成文學博物館：**李科克紀念館**（Stephen Leacock Museum，週一至週五 10am-5pm 開放，需購票）。

在辛科湖南邊，多倫多市中心北方40公里處，還有一個加拿大藝術家的殿堂，就是位於**克蘭堡**（Kleinburg）**⑫** 的**麥米高加拿大藝術收藏館**（McMichael Canadian Art Collection，每日 10am-4pm，需購票）。它起初是私人的美術館，後來變成全加拿大收藏七人畫派油畫作品最豐富的地方。該館擁有13間以上的展覽室，在這些圓木石材建築之內，正是欣賞勞力成果的最好地方。

南安大略

南安大略優越的公路系統是它長期繁榮的象徵。麥克唐納－卡蒂埃高速公路，即401號公路，連接了西邊的溫莎（Windsor）與東邊的魁北克省界。但遊客一進南安大略，首先看到的卻是鄉間道路：綿延起伏的玉米、小麥、菸草田或嚼草的牲口，街道或農田道路旁的榆、楓，各式各樣的優美宅屋（從最早期的「美國鄉土式」的圓木石屋到維多利亞、愛德華風格的紅、黃磚宅屋都有），還有河流等等。在南安大略的任何地方開車，很難不碰到小溪、河流。

多倫多西邊到處橫亙著最肥沃的農田，沿著那些平坦公路散布的城鎮有時似乎遺忘了它們昔日的拓荒歲月。但是，儘管速食和電視帶來了很大的歡樂，昔日拓荒的經歷仍然留下了深深的印記。

幾乎每一個城鎮與鄉村每年都會舉辦一場追憶拓荒的展覽或節慶，譬

地圖見
152頁

七人畫派試圖以北國的冷峻風格描繪加拿大的自然美景，在1920年代一手推動了加拿大的藝術發展。

下圖：湖邊具穀物升降運送機能的倉庫。

如楓蜜節、蘋果醋節、豆節等等。各處的居民都決心要牢記他們是如何到這裡的、在沒有道路之前生活是什麼樣子。

豐富的歷史

1759年，英國占領底特律堡（Fort Detroit）後，終於將整個美加邊境地帶從法國手中搶走。但是，這片安大略湖、伊利湖、休倫湖所圍成的廣大半島，開墾卻遠遠落後大湖區南邊那些蓬勃發展的殖民地。直到1776年，那些殖民地宣布獨立於英國之後，這片後來成為安大略的荒野才漸對拓荒者有吸引力；尤其是保皇黨人。他們對東安大略的影響不容忽視，對西安大略的貢獻甚至更根本。他們放棄安定的自耕農場前去草莽重新來過，只因為這片草莽仍在英國管轄之內。這些原本是美國人的保皇黨人帶來平等主義與拓荒精神，有助於塑造安大略的性格。

冰河時期結束後，退卻的冰河將安大略的西南壁塑造成目前的地形。18世紀末期，這塊肥沃的土地躺在一大片不同種類的蔥鬱濃林底下。法國人並不想要開墾這片樹海，因為清除巨樹、排出樹蔭下的沼澤水會驅走海狸，而海狸皮卻相當有利可圖。有一段時期英國人也是抱持相同的態度。

美國獨立戰爭改變了這一切。成千上萬來自13州殖民地的保皇黨人，因害怕或不信任新政權而越過尼加拉河，前往加拿大。巴特勒（John Butler）這位英國軍官之子在尼加拉北邊領導著一群保皇黨人。1778年，他重新招募了一批游擊戰士，即著名的巴特勒游擊隊，不斷騷擾這一帶的美國社區，直至戰爭結束為止。之後，巴特勒駐紮在尼加拉堡，負責管束六部落（Six Nations）族人。六部落的領地在安大略

加拿大鄉村甜蜜生活的代表：滑鐵盧北方10公里處的艾邁拉（Elmira），每年4月都舉行楓蜜節。

左下圖：艾蘿拉的世外桃源。
右下圖：拓荒者的墓園。

湖南邊，對英國人頗友善。在這方面，巴特勒相當成功，他甚至說服了塞尼加族（Seneca）與莫霍克族（Mohawk）去打擊那些反叛者。

莫霍克族的領導者布蘭特（Joseph Brant）接受英國教育，並且也獻身於英國傳統。1783 年，英、美為結束戰爭，雙方訂立合約，英國將前六部落的土地讓給了美國，布蘭特求請英國補償。他和他的族人獲贈了大河（Grand River）兩岸各 10 公里的土地。大河在艾蘿拉（Elora）劈開了一道峽谷，該處現在是安大略最受歡迎的度假勝地。大河兩岸的六部落土地如今只剩一個，就是位在布蘭特福德（Brantford）東南郊區的奧斯威肯（Ohsweken），它也是今天加拿大最大的原住民村落，最近與鄰近的卡列多尼亞（Caledonia）又有土地爭議問題。

遠近馳名的瀑布

尼加拉懸壁（Niagara Escarpment）是一道崎嶇起伏的斜坡，其東面陷落成一個岩石峭壁，這也是冰河時代末期的遺跡。它在紐約州靠近洛契斯特（Rochester）地方升起，順著安大略湖岸繞到漢彌頓（Hamilton），由陸路蜿蜒至柯林烏（Collingwood）南邊的藍山（Blue Mountain）山脊，再化為布魯斯半島（Bruce Peninsula）隔開休倫湖與喬治亞灣，接著沉入水底，冒出來變成曼尼圖林島（Manitoulin Island），消失後又在密西根湖西岸出現，最後在威斯康辛緩緩銷聲匿跡。尼加拉區的第一批農民對岩層脈理一無所知，他們只知懸壁與湖之間的土壤非常肥沃。

在**尼加拉瀑布**（Niagara Falls）**⑬**，伊利湖以每分鐘一千四百萬公升的水量傾注到安大略湖，向來是尼加拉懸壁區最著名的景點。狄更斯來過這裡後寫道：「我們在瀑布區各處走動，從各種角度來看它……透納（Turner）在顛峰時期的水彩畫，都沒有一幅如我當時所看到的瀑布那樣空靈、那樣色彩繽紛、那樣令人悠然神往。我仿彿脫離塵世，看到了天堂。」大多數人肯定會贊同狄更斯的話，而不贊同王爾德的話。王爾德留意到很多新婚夫婦愛到尼加拉瀑布度蜜月，於是評論說：「尼加拉瀑布肯定是美國人婚姻生活中第二件令他們大失所望的事。」

多年來，尼加拉瀑布，或者說聚集在它周圍的觀眾，引來了許許多多的穿插表演。最令人矚目的一次表演節目是 1859 年法國一位玩命之徒布羅丹（Blondin）走鋼索越過瀑布上空。1901 年，安妮・泰勒（Annie Edson Taylor）成為第一位從瀑布上跳下來仍活著的人。所有玩命者的事蹟都收錄在 Imax Theater（6170 Fallview Boulevard；每日 10am-5pm；免費）的**尼加拉玩命者展示館**（Niagara Daredevil Exhibition）。

尼加拉瀑布現在最流行與最著名的玩法是「濛濛少女」（Maid of the Mist）。遊客穿上雨衣，坐船進入瀑布下面的岩桌觀景隧道（Table Rock Scenic Tunnels），體驗跟水接觸的驚奇。

地圖見
152頁

尼加拉瀑布吸引很多玩命之徒，但無人膽大如布羅丹，他甚至在鋼索上走高蹺越過瀑布上空。

下圖：法國人布羅丹在 1858 年走鋼索越過尼加拉瀑布上空。

湖畔尼加拉

巴特勒領導的游擊隊在美國獨立戰爭後於尼加拉河口建立了紐瓦克鎮（Newark）。1792年，辛科（John Graves Simcoe）來到這裡時，這個地方被稱為「湖畔尼加拉」。它同時也是上加拿大（魁北克的英語人口自己新成立的省份）的首府。辛科要做的第一件事就是選一個新的首府，因為湖畔尼加拉太靠近美國，令他有芒刺在背之感。他選擇了一條他命名為泰晤士河的河流叉口處。這個新首府自然就被稱為倫敦。但是，丹打士街才剛從草莽中開闢出來時，他又改變主意，將首府移到多倫多，並立即就改名為約克。莫霍克族的酋長布蘭特曾說：「辛科將軍對本省的貢獻很大，他把每個地方的名字都改了。」

政治失意的**湖畔尼加拉**（Niagara-on-the-Lake）⓮ 倒是逃過一劫。現在它是北美保存最完整的殖民城鎮之一，也是一年一度的蕭伯納節之鄉，這是戲劇界的盛事，以蕭伯納和其他劇作家為號召。

美加之戰

加拿大對美國侵略野心的憂慮很快就獲得證實。1812年6月，美國趁英國與拿破崙酣戰之際，對加拿大宣戰。許多美國人認為加拿大一定不堪一擊，上加拿大的軍事指揮官布洛克（Issac Brock）在信中提到他的困境：「我的處境很艱難，不是由於敵人的強大，而是由於同胞的心理……在本省這個地區的一支補充軍能產生什麼作用！大多數的同胞都已失去信心，但我仍大聲疾呼、壯大聲勢。」他也迅速堅決地採取行動。他的軍隊攻占密西根北方的密西里麥克奈堡（Fort Michilimackinac），並且在底特律河擊退美軍的一次攻擊。這些初期的

實用指南

不想坐船親近尼加拉瀑布，想乾爽一點觀賞的話，可利用米諾他塔（Minolta Tower）與天樓（Skylon）的觀景台。它們分別在6732 Oakes Drive與5200 Robinson。

下圖：尼加拉瀑布的天然奇景。

地圖見
152頁

勝利贏得該區原住民的歸順，並提振了拓荒移民的士氣。

在這場戰爭中，尼加拉區仍繼續有傑出的表現。1812年10月，美軍攻擊瀑布下游的**昆士頓**（Queenston）。雖然該鎮成功守住了，但是布洛克卻在昆士頓高地之役中殉難。戰爭繼續拖延下去，但是若沒有布洛克的英勇典範，這個跟敵人實力相差懸殊的殖民地或許根本不會堅持抵抗。

1812至14年的戰爭增強了加拿大的同舟共濟意識，雖然這並未解決親英保皇人士與民主改革派的政治分歧。同時，這場戰爭也給了英國一個訊息，就是這個殖民地開發不夠、人口過稀，不足以自保。

1812至14年戰役的傳奇人物西蔻德（Laura Secord）無意中聽到美軍計畫發動攻擊的消息後，立刻越過敵陣，通知英軍。

安大略西南部

今天，沿著伊利湖北岸的公路被命名為**塔伯特公路**（The Talbot Trail）**⑮**。1817年建於倫敦與伊利湖之間的**聖湯瑪斯**（St Thomas），也是以塔伯特上校（Colonel Thomas Talbot）的名字來命名的。塔伯特上校在1803年被授予一塊19,600公頃的土地後，便著手開墾。但塔伯特不是聖徒。他以嚴峻的效率管理他的「公國」（他如此稱呼它）。他定下嚴格的規矩要拓荒者遵守。那些不遵守的人則被他收回土地逐出去，這在任何殖民地都是很罕見的。塔伯特公路之所以會成為上加拿大最好的道路，是因為農民要負責維護經過他們土地面前的路段。

塔伯特大道行經酪農場、漁村、菸草田和湖濱，來到聖湯瑪斯西邊轉向，順著湖岸南方進入混合經營的農村。這裡是南安大略的極西之點，也是加拿大最南邊的部分。

確切來說，突出於**利明頓**（Leamington，溫莎東南方50公里）南邊的半島**佩利岬國家公園**（Point Pelee National Park）**⑯**（每日開放，需購票）是加拿大大陸的最南端。佩利岬的緯度跟羅馬、北加州差不多，是加拿大罕見動植物的家園。到公園內的林間小徑和沼澤地的木棧道走一遭，宛如遊歷一座活生生的自然史博物館。**傑克麥納鳥類保護區**（Jack Miner Bird Sanctuary，週一至週六 8am-5pm 開放；免費）而位於國家公園西方10公里處的**京斯維**（Kingsville），是加拿大最早且最著名的水鳥歇腳處。保護區歡迎侯鳥自由出入，也歡迎喜歡到處看看的人自由出入。麥納說：「奉上帝之名，我們要在地球上保留一塊多少金錢也買不走的土地。」現在這個保護區是以公共信託財產的名義由他的家族經營。

安大略東南部

南安大略邊界地帶在歷史上扮演了一個與眾不同的角色：「地下逃亡路線」的終點。在19世紀初期，美國南方逃亡的奴隸受到同情者的庇護，沿著一些通往加拿大的通路逃走。

自修有成的韓森牧師（Reverend Josiah Henson）原先是美國馬里蘭的一名奴隸，在1830年他與家

下圖：佩利岬國家公園。

人一起踏上這段逃亡旅程。到達加拿大後，他在溫莎東北方90公里處的**德勒斯登**（Dresden）**⑰** 定居，奉獻一切心力幫助其他逃亡者。韓森正是史陀（Harriet Beecher Stowe）的小說《湯姆叔叔的小屋》中那位湯姆叔叔的化身。他在德勒斯登的家現在是**湯姆叔叔小屋古蹟**（Uncle Tom's Cabin Historic Site）的一部分。

位於溫莎東方80公里處的**查坦**（Chatham）也是地下逃亡路線的終點。1859年鼓吹廢除奴隸制的約翰·布朗（John Brown）就在查坦策動攻擊維吉尼亞州哈伯渡口的軍械庫，不幸事敗被捕，以叛亂罪遭處絞刑。

溫莎市（Windsor）**⑱** 是加拿大邊界最大的都會中心，跟底特律是姊妹市。溫莎跟底特律一樣，也是汽車製造中心，但跟底特律不一樣的是，它的市中心舒適宜人，河邊有遼闊的公園和花園。溫莎的娛樂賭場也相當著名。

「安大略」這名字是伊若闊依族語，意思是「閃閃發光的湖水」，用來描述一個點綴大大小小湖泊的省份，實在相當貼切。

安大略湖

1820年代，安大略湖西岸不斷成長的城鎮、農村持續啃噬周邊的荒野。**安卡斯特**（Ancaster）、**丹打士**、石溪（Stoney Creek）、**柏林頓**（Burlington）這些企圖奪得安大略湖區霸主地位的城市最後都敗給了**漢彌頓**（Hamilton）**⑲**，這個「野心勃勃的小城」位於多倫多市中心南方70公里處的湖岸。

尼加拉懸壁（當地人把它看作「山」）將漢彌頓分成高低不同的地表層次。鋼鐵業與其他重工業使它在許多人心目中留下了冷峻的形象。但其實它有一座名稱容易引起誤解的**皇家植物園**（Royal Botanical Gardens。開放時間：地中海植物區每日10am-5pm，戶外區4月30日

下圖：英國人留在加拿大的遺產：「女王市號」。

至感恩節每日10am-黃昏；需購票）與附近稱為**庫提樂園**（Coote's Paradise）的野生動物保護區，蜿蜒的小徑穿過占地85公頃的沼澤地和樹木繁茂的峽谷。

丹登堡（Dundurn Castle，開放時間：5月下旬至9月上旬每日10am-4pm，9-6月週二至週日中午至4pm；需購票）是漢彌頓的建築瑰寶。麥克納伯爵士（Sir Allan Napier MacNab）是位地主、金融家、多才多藝的保皇黨人，以及第一位定居在漢彌頓的律師。他在1835年建造丹登堡，以慰勞自己。這座當時蒙特婁以西最精緻的豪宅是麥克納伯以他蘇格蘭的先祖世居來命名的，現在它改建成紀念館，反映1850年代麥克納伯擔任加拿大聯邦之前的省長時的面貌。每年7月中旬，漢彌頓都會主辦蘇格蘭高地賽會，連續一星期居民盡興表演風笛、舞蹈與擲長竿。

1878年，漢彌頓成立大英帝國境內第一個電話局，離貝爾發明電話交換機僅有四年。貝爾的老家在漢彌頓西方40公里處的**布蘭福特**（Brantford），就在這裡他構想出這玩意。貝爾回到波士頓後，製作了一具電話。除了電話之外，他某些其他的發明在**貝爾農莊**（Bell Homestead，週二至週日9am-4:30pm開放，需購票）也有展出。布蘭福特不僅自豪出了電話發明者，而且也相當自豪出了曲棍球巨星葛瑞茲奇（Wayne Gretzky）。

布蘭福特北方40公里處的**基奇納**（Kitchener）❷⓿與**滑鐵盧**這兩座城市，最先引人注目的地方是它們的繁榮程度。尤其，基奇納更是加拿大發展最快的城市。這個雙子城第二個引人注目的地方是德國化。這一帶最早的居民是1780年代從美國賓州德國社區移民過來的門諾教徒

地圖見
152頁

「布蘭福特自稱電話之城，說得沒錯」，貝爾說：「電話是在加拿大發明，在美國製造出來的。」

下圖：漢彌頓的丹登堡。

啤酒節舉行時，基奇納與滑鐵盧居民和著管樂聲，享受德國酸菜、香腸和啤酒。

（Mennonite）。不久，門諾教徒就有各式各樣信仰的德裔鄰居。今日，基奇納與滑鐵盧每年 10 月中旬都舉辦為期一週最盛大的**啤酒節**（Oktoberfest），表現萊茵河的風土人情。在這個德裔地區，「吃喝玩樂」是拼作Gemütlichkeit。

休倫公路

1820 年代，休倫湖與現在基奇納的所在地之間是一片名為「**休倫地**」（Huron Tract）的荒野。此地與其他王土的開發是加拿大公司的目標。該公司的成功可歸功於首任總裁蘇格蘭小說家兼政治家高特（John Galt）及他挑選的副手唐洛普（William Dunlop）醫生。高特的第一個任務就是在那片荒野的邊緣建立一座城市。**圭爾夫**（Guelph，位於基奇納東北方 15 公里處）就在 1827 年 4 月建立了起來，大量融合了 19 世紀的建築。**聖靈懷胎的聖母馬利亞天主教堂**（Our Lady of the Immaculate Conception）那一對高聳入雲的哥德式尖塔高聳在圭爾夫的天際線上。

在探勘休倫地之後，精力旺盛的唐諾普發出豪語：「要在此地找出任何一塊兩百英畝大的貧瘠土地是不可能的。」高特希望闢出一條道路，這樣開墾的工作就可以真正開始。1828 年，唐洛普指揮開路工程，穿越沼澤、密林和雜亂的草莽。工寮熱病肆略，致使工程進度緩慢。這是一項令人驚嘆的成就，比起後來的許多重建工程也毫不遜色。休倫公路，也就是今天的 8 號公路，成為當時開墾休倫地的骨幹。

最初的休倫公路進入草莽 18 公里後，在一處河畔的迷人草地間轉彎。不久，就出現了一處開墾區，叫**斯特拉福**（Stratford）**㉑**，還有**亞芬河**（Avon River）。斯特拉福在 1850 年代因成為郡府所在地及鐵路交

下圖：基奇納居民慶祝啤酒節。

會處而繁榮起來，在行政區與街道的命名上，譬如羅馬、哈姆雷特、弗史塔夫等等，則強調了它與莎士比亞的淵源。

二次大戰後，世居斯特拉福的帕特森（Tom Patterson）經過多年的奔走，終於實現了在當地設立一座莎士比亞劇院的夢想。1953 年 7 月 13 日，亞歷堅尼斯（Alec Guinness）扮演的理察三世踏上河邊一座帳篷的舞台，而其他部分，如他們所說的，那是歷史了。那座帳篷似（但是永久的）的**節慶劇院**（Festival Theater）在 1957 年開幕，突出的舞台設計影響了好幾十年。現在斯特拉福節包括另外三座舞台：**亞芬劇院、第三劇院**（Third Stage）和**製片廠劇院**（Studio Theater），以及跟戲劇一樣出色的音樂，每年都吸引 50 多萬劇迷來到該城。

斯特拉福南方 60 公里處是**倫敦**（London）㉒，另一條有助於休倫地開發的道路是自倫敦北向那條，或者說南向倫敦那條也可以，因為安大略西南部所有的道路最終都可通往倫敦。由於無法成為上加拿大的首府，倫敦一直是一座小城，直到 1826 年成為行政區首府為止。

英國傳統與美國式的開闊氣象在倫敦這裡得到和諧。在倫敦街道指示牌上，混雜著諸如牛津、畢卡第利（Piccadilly）此類的名稱，與辛科、塔伯特、丹打士等源自安大略歷史的名稱。其他像是仙境公路（Wonderland Road）、童話公園（Storybook Gardens）可能會使遊客以為自己闖入了仙境。這座拘謹的歡樂城市中那份一塵不染的潔淨和綠意，更增強了它這種形象。

它被稱為「森林之城」可不是浪得虛名，從任何高於樹梢、視野遼闊的高點遠眺，倫敦彷彿被一大片綠毯蓋住。泰晤士河穿越過**西安大略大學**（University of Western Ontario）校園，這是一所完全坐落在城鎮中

地圖見
152頁

冬季交通工具。

下圖：節慶劇院
（Festival Theater）
庭園中的雕像。

倫敦春濱公園
（Springbank Park）中
的童話公園是供兒童
遊樂的公園。園內，
小孩子會遇見威鯨、
三隻小熊，也可以坐
會發出叮噹聲的船。

的大學。

倫敦擁有**范秀開墾村**（Fanshawe Pioneer Village，維多利亞日至感恩節的週二至週日 10am-4:30pm；需購票），它是一個重建的 19 世紀鐵路鎮，裡面有木屋、日用品店、服裝店、火車工作房等等。另一個迷人的重建區是在西南方 32 公里處的**伊若闊依族村**（Ska-Nah-Doht Iroquoian Village，維多利亞日至勞工節每日 9am-4:30pm 開放，勞工節至維多利亞日僅室內區在週一至週五 9am-4:30pm 開放；需購票）。當初，這一帶的印第安人不想捲入休倫族與伊若闊依族的戰爭，因此被稱為「中立族」。今天，遊客可以一探這些重建的長屋、棚屋、會議室等等。

西安大略與休倫湖

在安大略觀光局的語言中，休倫湖沿岸稱為「藍水之鄉」，意思表示它是一個點綴度假木屋、沙灘及一些像**灣野**（Bayfield）這類美地的湖濱區。灣野村在倫敦北方 75 公里，有美麗的碼頭、沙灘及保存良好的 19 世紀街道，無疑是一顆燦爛奪目的寶石。

往北 21 公里，可來到唐洛普建立的城鎮：**哥德里契**（Goderich）**❷❸**。它不只經過規畫，還經過精心設計。**郡政廳**（County Courthouse）坐落在一塊八邊形的土地上，街道從此處像四面八方放射出去。**廣場**（The Square）可能是世界上最悠閒的交通圓環（或八邊形廣場）。不管哥德里契是否真如指示牌所寫的「加拿大最美麗的城鎮」，這個地方不時現世界上最壯觀的落日，這份美景綿延了整個湖畔。

眼見休倫地開發這麼迅速，英國政府立即開放北方的印第安領地供開墾。這片所謂的「女王的荒土」（the Queen's Bush）並不像南方那樣肥

下圖：休倫湖畔甚受
歡迎的哥德里契沙
灘。

沃，於是某些城鎮迅速繁榮，也迅速沒落。所幸下一個拓荒區「加拿大西部」，及時開放給那些來自「女王的荒土」的大批開墾者。留在那片貧瘠土地上的移民則轉而飼養肉牛。1850至1900年間，很多鐵路蜿蜒伸入安大略，鐵路沿線的城鎮都繁榮起來，尤其是鐵路交會處的城鎮。但是，鐵路壯大了城市工廠的同時，小鎮的工業也隨之沒落，尤其最小鎮的工業完全以滿足周圍農村需求為主。

地圖見
152頁

1970年代，掀起了一股對安大略小鎮歷史和建築的熱潮。**布來節**（Blyth Festival）就是很好的例子。**布來**位於哥德里契東方33公里處，在1920年當地建造一座社區大廳。大廳樓上是一間精緻的禮堂，禮堂內有斜面地板和舞台。但1930年代後它卻一直被擱置不用，直到1970年代中期被「發現」了，經過整修後，成為布來節的表演場地。布來節是以加拿大戲劇為主的戲劇節，其中很多戲劇是新近創作的，並且大多是歌詠小鎮與農耕。布來節如今已成為加拿大都市劇評家的最愛，這彰顯了這個戲劇節主題（即加拿大鄉村的歷史與人物）所具有的動態性與潛力。

在文學地圖上占有一席之地的**克林頓**（Clinton），位於布來南方17公里處，是文學家孟若（Alice Munro）的家鄉。她那美麗的故事超越了地方關懷與「地方色彩」，除了她的作品，再也沒有任何作品讓人更能一窺安大略小鎮的生活。

這個地區的開墾一向比較稀落，不但土壤貧瘠，而且湖上航行也充滿危險。但還是有很多人要到**托伯摩立**（Tobermory）❷❹這個位於**布魯斯半島**（Bruce Penisula）❷❺頂端看似漁村的度假勝地。他們可能也搭「奇契蒙號」（Chi-cheemaun，意思為大獨木舟）這艘巨大的渡輪，向北到

下圖：休倫湖上船隻。

喬治亞灣內點綴著許多小島，是玩遊艇、帆船一個很熱門的地方。它的灣岸呈現很豐富的變化，從南岸瓦沙加（Wasaga）的白沙灘到北岸的岩岸都有。

世界最大的淡水島**曼尼圖林島**（Manitoulin Island）**㉖**。或者，沿著尼加拉懸壁的**布魯斯小徑**（Bruce Trail）步行720公里，穿過重重農田與荒野，到尼加拉瀑布去。

位於尼加拉懸壁東脊的**喬治亞灣**（Georgian Bay），其南邊一列列廣大的山坡形成了安大略最佳的滑雪道。安大略人稱這些山坡為「藍山」（Blue Mountains），不過，他們在去過落磯山脈的人面前就不敢說得太大聲。

休倫人的聖瑪麗城

要一探突出於喬治亞灣中的那個小半島之前，得先回顧更早的歷史。這個地區被稱為**休倫尼亞**（Huronia）。350年前，法國耶穌會傳教士到這裡向休倫人傳教。

1639年，**休倫人的聖瑪麗城**（Ste Marie Among the Hurons）這個孤立的碉堡教會成立時，它是墨西哥以北唯一的歐洲人內陸開墾區。它繁榮了十年，最後毀於休倫人與伊若闊依人之間的戰爭，伊若闊依人還殘害耶穌會教士。《黑袍》（*The Black Robe*）這部電影和小說就是在講這段故事。聖瑪麗城並未遭到攻擊，但撤退的教士焚燒了碉堡，以免它落入伊若闊依人手中。經過許多調查研究之後，這個教會及其日常生活的情景在**密德蘭**（Midland）**㉗**東邊五公里一處地方重建起來（開放時間：5月中旬至10月中旬每日10am-5pm，5月上旬至5月下旬以及10月中旬至10月下旬的週一至週五10am-5pm；需購票）。

1649年，布雷伯夫（Jean de Brébeuf）與拉拉門特（Gabriel Lalament）兩位神父，就在教會這裡被伊若闊依人凌虐致死。他們的遺體葬在教

下圖：喬治亞灣沿岸。

會對面的殉教聖陵（Martyr's Shrine）。附近有一處 Y 形沼澤野生生物中心（Wye Marsh Wildlife Center，每日 9am-5pm 開放；需購票），裡面有木棧道延伸到沼澤地。遊客中心有專人導遊，解說該區的生態。

密德蘭市中心是一個稀奇古怪、優美秀麗的地方，有許多有趣的商店、令人毛骨悚然的圖書館，**喬治亞麵包店**（Georgian Bakery）有好吃的甜點。

安大略數千個湖泊，特別是北部加拿大盾地的湖泊提供了都市居民遠離塵囂的好去處。昔日拓荒者與叢林之間的戰爭，如今已變成一種保存的渴望，要為休閒保留北部附近的森林與水源。

然而，**喬治亞灣**、**木斯科卡**（Muskoka）與**哈利波頓**（Haliburton）等區再也不能以森林茂地的原始自然地來形容了，因為其間點綴著成千上萬的度假屋。安大略是世界上少數幾個度假屋最多的地方之一，不管富有或還不錯，似乎人人都有一間度假屋，即使是簡陋的小木屋。

森林中的博物館

在哈利波頓北方、木斯科卡東北方，有一大片南安大略僅存的原始處女地：占地 7,600 平方公里的**阿岡昆省立公園**（Algonquin Provincial Park）㉘（開放時間請查詢 www.algonquinpark.on.ca）。阿岡昆在 1893 年規畫為省立公園，保留了安大略原始、原住民與拓荒者的遺跡，成為一個天然的博物館。

潛鳥（loon）是目前所知最古老的鳥，在公園內 2500 個湖泊中繁殖，從一萬年前冰河時代結束之後就一直如此。

公園西北角有阿岡昆人的「幻影之穴」。在那些堆滿石頭的洞穴中，

地圖見
152頁

實用指南

進入阿岡昆公園須申請許可（最好早點到達 或 電詢 1-888-6668-7275）。如果想坐獨木舟一探公園奇景，最好避開假日尖峰時期。

左下圖：鄉村度假別墅。
右下圖：休倫人的聖瑪麗城。

要遊阿岡昆公園，只能徒步或划獨木舟。數天的旅程包括海狸塘徑（Beaver Pond Trail），可從60號公路開始展開。

年輕的阿岡昆人要齋戒數日，等待守護精靈的幻影出現，精靈幻影會引導儀式直到結束。

深入公園內部，在**奧波翁勾湖**（Opeongo Lake）東邊，矗立著安大略碩果僅存的白松樹。這幾十棵巨大的古松是昔時廣大森林殘留下來的，其餘的早就被砍去當英國海軍船桅了。

要遊覽阿岡昆公園，最好是坐獨木舟。可以在**獨木舟湖**（Canoe Lake）離開公路，向北前進，只要換一、兩班船，便可將汽船與「帶著啤酒和手提音響」的露營者拋在後面。深入公園內部，豪豬、海狸、鹿、野狼、熊和麋鹿都盡入獨木舟客眼底。8月時，露營者在晚上「成群結隊」出發，試圖引起狼嗥。潛鳥就不需要誘導了，牠們那蕩氣迴腸的叫聲，印第安克里族（Cree）相信那是戰士拒絕進入天堂的叫聲，在公園內每個湖都聽得見。

每一季節都給阿岡昆公園帶來不同的面貌。春天是屬於野花、求偶、雪水與密如夜幕的黑蒼蠅的季節。夏天帶來驚天動地的暴風雨、取代了黑蒼蠅的蚊蚋、滿地藍莓以及暖和得可以游泳的湖水。秋天，公園變成七人畫派的油畫。

森林落葉的葬禮就跟紐奧良爵士歌手一樣風光、多采多姿，綠色制服讓賢給殷紅、棗紅、黃色和淡紫色所構成的萬花筒。到了冬天，覆蓋白雪的公園沉寂下來，等待來年的復甦。

但是，阿岡昆公園也不是沒有問題。都市化社會對自然環境的破壞，這個是無法控制的典型問題。

阿岡昆有很多土地都允許伐木，這對當地生態的長期影響是無法估計的，此外，公園也正受工業污染的威脅。

下圖：北安大略口渴的居民。

地圖見
152頁

北安大略

安大略公路圖將該省分成兩邊：一邊顯示南安大略的公路系統，另一邊則顯示北安大略的公路系統。**撒伯利**（Sudbury）㉙在多倫多北方390公里，被稱為「北安大略的門戶」，是南、北安大略的邊界。這個15萬人口的城市以其豐富的銅、鎳礦以及文化活動著稱，後者包括互動式博物館**北方科學**（Science North，每日開放，需購票），以及夏季現場音樂表演的**北方光之節**（Northern Lights Festival Boréal）。

大部分的旅遊愛好者從不瞧北安大略一眼，也從不翻一下它的地圖。傳說北安大略是個充滿松柏、湖泊、沼澤、礦寮、麋鹿、蚊蚋的地方。傳說總有部分是事實，但也只有部分。

近北區（Near North）在阿岡昆公園北方，是個湖泊密布、原始自然的地方，譬如靠近魁北克省的**特馬嘎米**（Temagami）就是其中之一。這個地區最大的中心是諾斯貝（North Bay），附近的**特馬嘎米站**（Temagami Station）是奧爾（Grey Owl）生活及寫作的地方，他在1930年代以身為原住民環保作家在英美享譽文壇。

沿北安大略的公路行進，汽車愈來愈少，鄉鎮也愈來愈稀疏。每兩輛車中有一輛是運木材卡車。想深入加拿大人所稱的「荒野」（bush）這片原始地，最受歡迎的路線是搭**北極熊特快車**（Polar Bear Express）。班車從6月下旬到9月勞工節每日（週一除外）出發，從出產釣竿和羽絨背心的**科克蘭**（Cochrane）開出，直到**木索尼**（Moosonee）與**木斯廠**（Moose Factory）等北極低漥的城鎮。有些愛冒險的人自己帶獨木舟，划行到更偏僻的詹姆士灣（James Bay）基地。

蘇聖瑪麗（Sault Ste Marie）位在撒伯利西方296公里處，是文化和戶外運動中心。它引人之處包括有183公里長的亞加瓦（Agawa）峽谷列車之旅；還有，對釣魚人來說，這裡是安大略最大的魚類孵卵地。

在大湖區頂端，也就是蘇聖瑪麗北方約700公里處，坐落著珊德灣（Thunder Bay）。這座城市背後有西北山脈（Nor'Wester Mountains）屹立，四周環繞著不受污染的荒野；對城市的許多藝術家而言，這片荒野是永遠的靈感來源。城市門戶前方那一連串的湖中小島，吸引了獨木舟與帆船愛好者、健行客。在錫布利半島（Sibley Peninsula）的尖端是一大片的岩石台地「沉睡巨人」（Sleeping Giant），守護著珊德灣港口。沉睡巨人省立公園境內有80多公里長的健行步道，形成一處遺世獨立的國度。

再往西，是**森林湖區**（Lake of the Woods）與**肯諾拉**（Kenora）。肯諾拉是紙漿與造紙中心，靠近曼尼托巴邊境。這個地方媲美木斯科卡，是度假休閒與濱水露營的好去處。若想請個駕駛員、租架水上飛機，飛入一個遠離塵囂的小木屋，待上一兩個星期，那麼森林湖區就十分適合。「飛入」度假地現在愈來愈受歡迎，看看潛鳥、日落、麋鹿，這就是現在的北安大略。

下圖：特馬嘎米覆滿白雪的道路。

蒙特婁：英法交會處

除了巴黎之外，它是世界第二大的法國人城市，
擁有許多獨特的性格，世界性的市容帶有浪漫氣質，
或許還帶點奢華，積極地滿足市民享受生活的目的。

地圖見
180頁

加拿大
蒙特婁
渥太華
美國

在法語區的首都，耐心一點會有好處。魁北克人對他們的語言與文化向來很自負，有時甚至到傲慢的地步。這680萬說法語的人也深深明瞭自己被將近三億說英語的人所包圍，這些人的文化似乎威脅著他們的文化。但是，法語區也有一種清新活潑的北美文化讓外來的工作者與遊客親近，尤其在蒙特婁的聖丹尼斯街（rue St-Denis）、奎森街（rue Crescent）、聖羅倫大道（boulevard St Laurent）、皇家山大街（l'avenue Mont-Royal），處處顯出「生活情趣」（joie de vivre）。

儘管火山一說是蒙特婁最牢不可破的傳說之一，但事實上，**皇家山**（Mont-Royal） 並非火山爆發的結果，而是數百萬年前形成的蒙特雷吉恩丘陵（Monteregian hills）八座山陵之一。海拔232公尺的山頂公園，以及坐落市中心的位置，使皇家山成為蒙特婁的主要地標。今天，從卡麥里爾湖德街（rue Camilien Houde）的停車場，到遠眺市區景色的觀景台，皇家山仍然是蒙特婁之遊的理想起點。

以皇家山為中心點的蒙特婁由聖羅倫斯河所環繞，並且被迷宮般的地下購物廣場和街道所貫穿的，它是座奇特的三度空間都市。儘管皇家山的高度只有232公尺，大家還是稱它為「山」。但是，它周圍的地勢是如此平坦，以致山頂上的視野美得令人忘記那只是一座山丘。遠處橫亙著蒙特雷吉恩山系的其他山陵。天氣晴朗時，視野最遠可看到美國紐約州的阿迪朗達克山脈（Adirondacks）和佛蒙特州的綠山。

市區沿著山坡向外延伸到聖羅倫斯河。近20年來，市中心的景觀迅速在改變，但是**瑪麗城廣場**（Place-Ville-Marie）的十字形高塔和右方略高一些的**商業銀行**（Bank of Commerce）依然雄踞在那裡。兩者之間是那座沉穩樸實的**陽光生命大廈**（Sun Life），這座維多利亞式建築曾經是大英國協最高的建築。

法語第一

在蒙特婁，商業上使用法語就像路標及招牌使用法語那麼堅決，但遊客會發覺該市為外地客方便仍通行雙語。直到1980年代，蒙特婁人仍會涉及「兩地孤獨」：公司英裔主管與法裔員工之間、城市英語區與（較無特權的）法語區之間的相互隔離。在1976年主張分離主義的魁北克黨入主省府之後，許多說英語的蒙特婁人或者「英國佬」，便離開蒙特婁了。今天，當年這些人的小孩已經長大成人，他們回到蒙特婁，渴望擁抱法語，與魁北克人成為同事。

前頁：魁北克的嚴寒。
左圖：蒙特婁的夏天。
下圖：蒙特婁的舊城
區。

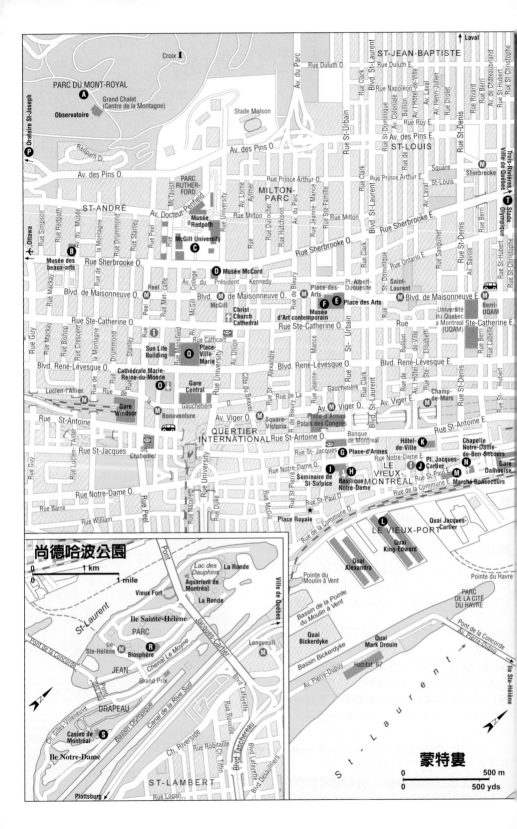

蒙特婁市中心區

　　順著雪山（Côte des Neiges）和蓋爾街（rue Guy）走，便會進入市中心的購物區。較高級商店和像**麗池卡爾頓**（Ritz-Carlton）這類高級飯店分布的雪樂布魯克街（rue Sherbrook）一帶，是「麥爾黃金區」（Golden Square Mile，它向來是金字塔頂尖的英國佬愛去的地方）中較平價的地區。運用策略爭取獨家展覽而聲名遠播的**蒙特婁美術館**（Musée des Beaux-Arts de Montréal）**B**（開放時間：週二、週六日 11am-5pm，週三至週五 11am-9pm；僅特覽需購票）也在這一帶。該館收藏加拿大與歐洲大師級的作品。往東來到**麥克基爾大學**（McGill University）**C**，這所大學曾培養出物理學家羅塞福（Ernest Rutherford）、文學家李科克等傑出人物；很多人堅信，「開膛手傑克」也是出身這所大學。附屬的**自然科學博物館**（Musée Redpath，週二至週日開放，購票入場）有化石、礦物和動物學的展示。麥克基爾大學對面的**麥科德博物館**（Musée McCord）**D**（開放時間：週二至週五 10am-6pm，週六日 10am-5pm，6-9 月每日 10am-5pm；需購票），展覽加拿大的社會史。

　　南邊兩條街外的聖凱薩琳街（Rue Ste-Catherine）就比較活潑熱鬧了，流行女裝店、咖啡館、百貨公司、速食連鎖店（尤其是可頌麵包店與燻肉熟食店）、購物商場到處林立。奎森街（rue Crescent）與這條熙攘的大動脈交叉，聚集了許多酒吧與餐館。在這一帶，蒙特婁人盡情享受他們第二鍾愛的運動（冰上曲棍球仍是第一）：吃喝、看人和被看。

曲棍球休息時間。

地下之旅

　　更向東行，有大型百貨公司和購物中心如 *Complexe Les Ailes*、*Place Montréal Trust*、*Les Cours Mont-Royal* 和**伊頓中心**（Centre Eaton），它們都有地下道連接通往地下鐵。裝有橡膠輪子的列車在各站往來穿梭，每站都有獨特大膽的建築設計。這個地下鐵系統在 1966 年啟用，安靜高速，至今仍是蒙特婁最有效率最舒適的大眾運輸工具。

藝術文化的萬花筒

　　再向東行來到**戴賈汀消費廣場**（Complexe Desjardins），這是一座設計別出心裁的購物中心。此外，還有**藝術廣場**（Place des Arts）**E**，它包括了五座音樂廳，是以階梯金字塔形層疊的建築；以及**威佛列德音樂廳**（Salle Wilfred Pelletier），該廳建築曲線流暢優美，是蒙特婁交響樂團、歌劇和芭蕾舞團的據點。蒙特婁交響樂團（OSM）已躋身世界一流的交響樂團之列，他們的巡迴表演備受好評，錄音作品也迭獲大獎，常被譽為「世界最好的法國交響樂團」。樂團據點所在的藝術廣場，有座**當代藝術博物館**（Musée d'art contemporain）**F**（開放時間：週二至週日 11am-6pm、週三至 9pm，6 月中旬至 9 月中每日；需購票）。

　　藝術廣場外的聖羅倫大道有個麻雀雖小五臟俱全的小型熱鬧商區。附近有各種族聚集，如猶太

地圖見
180 頁

下圖：到藝術街（rue des Artistes）逛逛。

蒙特婁人的歡樂節慶很豐富。2月的雪節展開序幕，之後陸續有煙火表演、爵士樂、喜劇、美食、電影和舞蹈等節慶。

人、義大利人、葡萄牙人、希臘人等。還有一處蒙特婁夜生活區，**亞瑟王子街**（rue Prince Arthur）。汽車在此難以通行，經常擠滿數百人排隊進入著名的希臘或越南餐館用餐。蒙特婁多數的希臘餐館允許客人自備酒品入內，這樣吃頓豐盛大餐不致於負擔不起。（每家便利商店或雜貨店都有賣高級餐用酒。）排隊人潮也許嚇人，但隊伍移動迅速，也常有街頭藝術家娛樂大眾。

亞瑟王子街的東邊盡頭有座公園，繞過公園一角便可見到聖丹尼斯街（rue St-Denis）。這一段街區多年來一直以蒙特婁的「拉丁區」聞名。它放浪不羈，有些墮落狂野，熱中政治。但現在它超越了奎森街，成為蒙特婁夜生活的大本營。一年一度的**國際爵士樂節**（International Jazz Festival）就在聖丹尼斯街和藝術廣場一帶舉行。每年6月24日是魁北克守護聖徒聖巴蒂斯特（St-Jean Baptiste）節日，蒙特婁人會湧向聖丹尼斯街讚頌魁北克。一年到頭，聖丹尼斯都散發著一種魁北克特殊的活力和魅力。

舊蒙特婁

雖然卡蒂埃1535年登陸時就發現侯奇拉嘎（即今麥克基爾大學附近）印第安村落，但是經過一世紀後才有歐洲人前來開墾定居，建立蒙特婁。建立者的目的是要拯救無宗教信仰的「野蠻人」：讓他們皈依基督教，拯救他們的靈魂免於永恆的詛咒。這個計畫由蒙特婁聖母馬利亞會委託舒莫迪（Paul de Chomedy，即梅松諾〔Sieur de Maisonneuve〕）執行，在那遠離「文明」的蠻荒建立拓荒區，同行的有70位新會員和年輕護士曼絲（Jeanne Mance）。1642年，瑪麗城（Ville-Marie）拓墾區艱難抵抗伊若闊依族的猛烈攻擊，他們認為梅松諾的教會在幾星期

下圖：麥克基爾大學草地上的一場球賽。

後必定毫無生存機會，但是梅松諾堅持支撐下去。或許是運氣，或如梅松諾所想的是神的安排，伊若闊依族不再攻擊這個新開墾區，冬天來臨時，拓荒者竟能建起一些小木屋和一道柵欄。

17世紀末，歐洲掀起海狸皮帽熱，歐洲人到蒙特婁有了次要目的：毛皮交易，後來龐大的組織和獲利促使毛皮交易成為主要目的。商業和宗教兩大勢力在蒙特婁歷史上的糾結處處可見，在舊蒙特婁（Vieux-Montréal）尤其明顯。皇家廣場（Place Royale）有座迷人的**蒙特婁考古歷史博物館**（Musée d'Archéologie et d'Histoire de Montréal，9-6月週四至週六、7-8月每日開放；需購票），陳列城市許多考古文物。

由聖皮耶街（rue St-Pierre）向北，再沿著聖母街（rue Norte Dame）向東，可到達舊蒙特婁的中心：**閱兵廣場**（Place d'Armes）**G**。林立的銀行環繞著廣場三面，這裡一度是加拿大的金融心臟，由英裔蒙特婁人所把持。廣場南邊矗立著**聖母馬利亞大教堂**（Basilique de Notre Dame）**H**，它是魁北克的羅馬天主教會首屈一指的象徵。梅松諾的雕像豎立在廣場中央。而今天廣場上到處都是熙攘的敞篷四輪馬車和觀光巴士。

聖母馬利亞大教堂的正面相當簡樸，因為教堂在1829年興建時，魁北克的石匠不多。但教堂內部卻與正面外觀形成強烈對比，精雕細琢，巧奪天工，這是魁北克傳統中占有重要地位的木工與裝飾技藝的獻禮。裡面處處可見滾金葉邊的畫作與閃耀著蒼穹鮮藍的壁飾。諷刺的是，這座蒙特婁最精緻的教堂是愛爾蘭裔美國人奧唐納（James O'Donnell）設計，內部卻是法裔加拿大人布爾熱（Victor Bourgeau）的心血結晶。它既不醜陋也不是集雕樑畫棟之大成，而是達成設計者所希望的效果：氣勢懾人。毗連教堂西牆的是蒙特婁最古老的建築**聖蘇皮**

地圖見
180頁

前往島上樂園（Parc des Îles）的渡輪、噴射艇、水上計程車、明輪船，都是從卡蒂埃碼頭出發。

左下圖：聖母馬利亞大教堂。
右下圖：閱兵廣場。

在 18 世紀時，聖雅各街（rue St-Jacques）與紐約華爾街互別苗頭。到蒙特婁銀行博物館看看那裡的機械撲滿即知詳情。

下圖：歷史悠久的城市，邦斯庫爾街（rue Bonsecours）。

斯神學院（Séminaire de St-Sulpice）❶，建於 1685 年。 1663 年，蘇皮斯家族從聖母會手中接過傳教責任後，成為蒙特婁的領主。蘇皮斯成立神學院至今三百多年來，這裡仍是這家族的宅第。

隔著廣場矗立一座英裔商人的建築，與氣勢威嚴的聖母馬利亞大教堂這種法裔加拿大人強調的價值遙相對峙：靜謐、新古典風格的**蒙特婁銀行**（Banque de Montréal），建於 1847 年。在銀行上班時間，那座大廳就像細緻有趣的博物館，是開放給遊客參觀的。

向東走，經過聖母街上的商店與咖啡館，會看到兩棟建築：北邊那座有銀色圓頂的是拿破崙時代風格的**舊法院**（Palais de Justice），南邊那座較不優雅、有莊嚴石柱和沉重大門的是新法院。飛簷上刻有拉丁文銘言：「違法者將無從尋求法律的保障」，更為整棟建築增添了嚴峻氣氛。如今，這兩棟建築都已成為政府辦公大樓。

聖母街的南邊為**卡蒂埃廣場**（Place Jacques Cartier）❶，鵝卵石鋪設，花團錦簇，人來人往，周遭有許多一個半世紀之久的餐館和露天咖啡座，這片廣場保存另一個時代的魅力和人性規畫。廣場頂端豎立著**納爾遜紀念雕柱**（Nelson's Column），是蒙特婁最古老的紀念建築，也是全世界最早獻給納爾遜的紀念建築。民族主義強烈的魁北克人當然不高興這位擊敗拿破崙海軍的大英帝國英雄雄踞廣場的事實，但是納爾遜優雅地克服了爭議，就像克服歲月的侵蝕一樣。遊客千萬不要以為這座紀念雕柱是英國特拉法加廣場（Trafalgar Square）那座的縮小複製品，其實蒙特婁這座比倫敦那座要早 34 年。

與納爾遜雕柱隔著聖母街相對的是**市政廳**（Hôtel de Ville）❻，這座優雅的第二帝國式建築有修長的石柱和雙重斜面的屋頂。它的南面矗立著**哈默介城堡**（Château de Ramezay，1705 年）。城堡看起來像是堅

地圖見 180頁

固的農舍，但它在早期加拿大歷史上卻風騷一個多世紀。如今是私人博物館，設置了重現18世紀的生活區，也收藏18世紀迷人的手工藝品。遊客可看到北美最早的紙幣：紙牌，這是因為有一批硬幣在橫越大西洋的航程中受到耽擱，於是紙牌就被批准為法定貨幣。

還有一處值得一遊的地方就是**舊港**（Vieux Port）**❶**。在這個娛樂區，夏夜滿天星空中遠眺市區夜景，聽音樂、跳舞、喝酒，是莫大的享受。舊港也是觀賞**邦斯庫爾市場**（Marché Bonsecour）**❶**的最佳地點，這棟建築物在興建期間（1849-52）原本是下加拿大的議會大廈，但一個世紀前變成蒙特婁的主要市場，它那古典式的長長正面和銀澤圓頂迎接19世紀成千上萬的移民和遊客，如今是市府的辦公大樓。

在邦斯庫爾市場旁邊矗立著**邦斯庫爾聖母禮拜堂**（Chappelle de Notre-Dame-de-Bon-Secours）**❶**，也有人稱它為**水手教堂**（Sailor's Church），習俗上，水手遇海難平安歸來，都會到這裡來感謝聖母保佑。它建於1658年，是蒙特婁最古老的石造禮拜堂。內有**柏蓋絲博物館**（Musée Marguerite Bourgeoys，開放時間：5-10月週二至週日10am-5:30pm，11-1月中旬及3-4月11am-3:30pm），展示禮拜堂的歷史和這位蒙特婁第一位教師的生平。

卡蒂埃廣場西邊的聖保羅街（rue St-Paul）林立著商店、咖啡館和藝廊，在這裡可以找到魁北克特有的「生活情趣」。

1960年代以前，宗教就像語言那樣，使加拿大法語區與北美其他地區相互隔離。在英裔商業區中央，布爾熱大人（Monsignor Ignace Bourget）建造了仿羅馬聖彼得大教堂的**瑪麗皇后大教堂**（Cathédrale Marie-Reine-du-Monde）**❶**，但尺寸縮小為三分之一。然而，宗教作用最強烈的莫過於**聖約瑟夫禮拜堂**（Oratoire St-Joseph）**❶**，這座位於皇家山西頂街道上的巨大教堂高152公尺。它的建立是由於人們對勞工守護神聖約瑟夫的熱烈信奉，發起人安德烈弟兄（Brother André）原本是卑微的小人物，在20世紀上半葉神奇地治癒了許多人，因而聲名遠播。這座教堂的外觀之所以令人矚目，是因為它的巨大而不是美感（只有梵諦岡聖保羅大教堂的圓頂比它大），而它現代化的內部那份質樸簡單的風格就更令人動容了。每天的吟誦會，那架有5,811支管子的管風琴，奏出響徹整座大教堂的悠揚樂聲。教堂地下室有被治癒者捐獻的成排拐杖，還有整牆的奉獻蠟燭，別具特色。安德烈弟兄的起居室依然保存在祈禱所角落。

聖約瑟夫禮拜堂代表魁北克的另一個時代。1936至59年間（戰時那幾年除外），在那位以「領袖」（le Chef）、「守護神」（le Patron）知名的專制省長杜普雷西的主政下，魁北克保守退縮。但到了1960年代，隨著杜普雷西的去世及一種求新求變氣氛帶來的「寧靜革命」，魁北克人的心態與觀念產生深刻的變化。因此，1960年代蒙特婁的紀念建築不再是教堂之類的，而是現代化建築。有十字形高塔和地下廣場的**瑪麗城廣場**（Place-Ville-Marie）**❶**可能是著名的華裔建築師貝聿銘最傑出的作品，在1962年首開大型購物中心的概念。出身麥克基爾大學的建築名設計師薩夫迪為1967年蒙特婁世界博覽會設

實用指南

聖母東街（458 Notre Dame Est）有卡蒂埃紀念館（Maison Sir Georges-Etienne Cartier，4月中旬-12月中旬每日開放），可以去看看這位19世紀魁北克政治家的生活。

聖約瑟夫禮拜堂

皇家山上的聖約瑟夫禮拜堂是蒙特婁最偉大的紀念建築之一。建這座教堂是安德烈弟兄的夢想。安德烈弟兄，即巴謝（Alfred Bessette），在聖母大學附近擔任腳伕時，用聖約瑟夫油燈的油敷在病人身上，治癒了許多人，因而贏得「有異能的工人」之名。不久，成千上萬的病人慕名而來。

他僅要求來看病的人捐獻建造聖約瑟禮拜堂的金錢或時間。這座教堂終於在1924年開始建造。在經濟大蕭條、資金匱乏之時，他的應變之道是建議將聖約瑟夫塑像放在沒有屋頂的教堂中。他說，「如果聖約瑟夫希望頭上有一片屋頂，就會設法弄來。」兩個月之後，便有足夠的錢繼續蓋教堂了。

地圖見 180頁

計了「住宅67」（Habitat 67），這是一個高山狀的立體派建築，由158個水泥公寓單位所組成。

聖母島是野餐、騎自行車以及在人工河灘、淡水湖游泳嬉戲的天堂。

尚德哈波公園

蒙特婁世界博覽會的場地是在聖羅倫斯河兩個人工島：**聖海倫島**（Ile St-Hélène）與**聖母島**，也就是現在的尚德哈波公園（Parc Jean-Drapeau）。這兩座人工島有富勒（Buckminster Fuller）顯著的測量圓頂，當年是作為美國館。聖海倫島的**生物圈展示館**（Biosphère）**R** 如今是生態觀察中心（開放時間：6-9月下旬10am-6pm，10-6月中午至5pm，週一休館；需購票），著重於聖羅倫斯河－五大湖的生態環境。**圓環遊樂園**（La Ronde，6-8月下旬每日開放，5、9、10月僅週末開放；需購票）位於聖海倫島的東端。附近有**舊堡**（Vieux Fort，1822年），夏季有弗雷澤蘇格蘭高地人扮演的作戰行動。**司徒華博物館**（Musée Stewart au Fort de L'Ile St-Hélène）可以一探早期歐洲探險與新法蘭西移民開墾的情景。（舊堡與博物館每日10am-5pm開放，10月中旬週一及週二休館；需購票。）聖母島上有**加拿大大獎賽賽車**（Grand Prix of Canada）的場地。每到夜晚，很多蒙特婁人和遊客會到**蒙特婁賭場**（Casino de Montréal）**S**（每日24小時開放，自由進出）試試手氣。這裡也是觀看聖羅倫斯河與市區的絕佳地點。

阿許拉嘎－米聶羅

下圖：圓環遊樂園的遊樂設施。
右圖：植物園。

島的東端是阿許拉嘎－米聶羅（Hochelaga-Maisonneuve），1918年併入蒙特婁之前，曾是加拿大第五大城。城市眾多藝術建築中，最具代表性的**梅松諾市場**（Maisonneuve Market）在1912年開幕，現在以有機產品和地區特產深受歡迎。

附近最令人印象深刻的現代紀念建築或許是**奧林匹克運動場**（Parc Olympique），是世界上最富企圖心的綜合運動場之一，位於雪布魯克東街，由法國建築師泰利柏（Roger Taillibert）設計，當年是為了1976年奧林匹克夏季運動會而建，擁有可伸縮屋頂和世界最高的斜塔**蒙特婁塔**（Montréal Tower），從塔上眺望的市容景觀在全市數一數二（每日9am-5pm開放，6月中旬至9月勞工節開放到7pm，1月中旬至2月中旬休館；需購票）。在它的底部，令人印象深刻的運動中心有6座大型游泳池。體育館旁有**蒙特婁生物館**（Biodôme de Montréal，2月下旬至9月勞工節9am-5pm每日開放，夏季延至6pm；其餘時間的週一以及12月23日至1月中旬休館，購票參觀），展出四種不同生態環境的動物：雨林區、極地區、海洋區和森林區。

奧林匹克運動場的對面是**植物園**（Botanical Gardens）。占地73公頃，公認是世界最好的植物園之一。園內的**乾旱區**（Arid Region）溫室是逃離蒙特婁暴風雪的最佳去處。**昆蟲館**（Insectarium，冬季每日9am-5pm開放，夏季延至6pm，9月8日至10月31日到9pm；免費）內有25萬種昆蟲。

戶外休閒活動

加拿大廣袤的土地、眾多的湖川與多樣的氣候提供了戶外休閒運動的無盡機會,絕不僅止於冰上曲棍球。

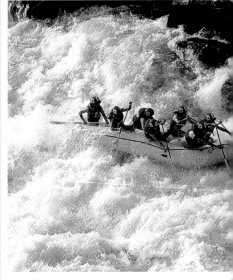

加拿大人熱愛在自己的國家旅遊休閒。有些家庭甚至整個夏季都在喜愛的國家公園或省立公園度假休閒。有些家庭有自己的度假屋,不論它有多大多小。愛划船到湖川划船,愛露營客到僻徑野營,賞鳥人、垂釣客、獨木舟客也都有很多地方來從事這些較溫和的休閒活動。想要刺激一點的,也有很多地方讓他們急流泛舟、乘直升機做徒步健行甚或釣魚等等。許多公園設置有露營地、度假地、步道與自行車道等等。

甚至城市居民也可以在市區公園內的步道、自行車道、森林區、小河、小湖從事戶外休閒。

參與式運動

在參與式運動方面,高爾夫球與網球是夏季的熱門活動。板球與足球也有支持者。長曲棍球源自原住民部落之間一種激烈粗野的競賽,如今已馴化變成一場七局的運動遊戲。

冬季,許多人雀躍冰雪的來臨。這時,徒步道與自行車道都變成溜冰道,釣客在冰上挖個洞釣魚,駕狗雪橇隊來個競賽,業餘滑雪人享受滑雪的樂趣,而高山滑雪手則向高山斜坡邁進。

△**激流泛舟**
南納哈尼河(South Nahanni River)流經西北領地納哈尼國家公園,提供了驚險刺激的激流泛舟活動。

▷**騎馬**
馬場與裝備用品店遍布加拿大各地。你可以加入大草原牛仔隊,或者沿著海灘騎馬,但加拿大最棒的騎馬場地是在落磯山國家公園。

▷**冰上曲棍球**
一場重要的冰上曲棍球比賽會讓全加拿大幾乎陷入停擺。頂尖的球隊有蒙特婁加拿大隊和多倫多楓葉隊。

值得注意的運動

△健行
公園有標示清楚的小徑，適合一般民眾健行。長途健行步道網絡正在闢建中，包括深富休閒娛樂作用的加拿大橫貫步道（Trans Canada Trail）。

▽河流探險
加拿大最壯觀的風景與野生生物從河上看最理想。皮筏可以用租的，業者還會指引你如何划舟到不易到達的地方探險。

斜坡滑雪
北克、亞伯達與卑詩境內的山脈是最熱門的滑雪場地。若要更刺激一點，可搭直升機到處的山頂。

垂釣
拿大的湖泊、河流與海提供了鮭魚、紅點鮭、紅點鮭、鱒魚的保護，要垂釣事先必須申請可。

在加拿大，棒球、冰上曲棍球與加拿大式足球都有業餘和職業的球隊和熱情的球迷。夏季時，年輕人會組隊玩「小聯盟」棒球賽。多倫多小孩的一大樂事就是去羅傑中心（Rogers Center）球場觀賞多倫多藍鳥隊與美國球隊的比賽。

冬季時，小聯盟隊員換下棒球手套，穿上冰鞋，到社區冰上溜冰場玩曲棍球。雖然冰上曲棍球的起源不明，但這項運動無疑是加拿大對世界的獻禮。來自北美的各支球隊齊聚競賽，相當動人心弦；如果艾德蒙吞油人隊、蒙特婁加拿大隊或多倫多楓葉隊在春末競逐年度史坦利盃，那全加拿大人都會放下工作觀看球賽。

加拿大式足球起源於19世紀英式足球，有高中球隊、大學球隊和社會球隊。它的盛事是在11月下旬或12月上旬的葛瑞盃（Gray Cup）比賽。開幕出場和賽後慶祝將葛瑞盃飆到最高潮，比賽進行時有啦啦隊及球迷為各自球隊加油。

魁北克：法語區的心臟

從寒冷的北國到肥沃的聖羅倫斯肥沃土地，
向以法語傳統自豪的魁北克省已發展出自己的獨特文化。

地圖見
192-193
頁

魁北克省面積達 1,504,687 平方公里，位於安大略與紐芬蘭、哈得遜灣與聖羅倫斯灣之間。蒙特婁、魁北克市與其他人口聚集的中心都在聖羅倫斯河沿岸與東海岸。760 萬的魁北克人強烈意識到自己被將近三億的英語人口所包圍，對方的文化構成了很大威脅。因此，若有時碰到當地人流露出一種對自身語言與文化的驕傲與防護的態度，不要感到意外，這是當地的兩大偏執。

東部的城鎮

幾百年來東部的城鎮一直是避秦的世外桃源。這個一度為英裔人把持的地區如今 90% 是法裔人（雖然大多數人都能說兩種語言）。在美國獨立戰爭期間，許多親英人士來到這一帶定居，此後在它整個歷史上便一直保有英國與美國的味道。此外，它從美國內戰中也得利不少，當時在美國北方各州感到不舒服的南方人很多都會到魁北克東部城鎮的古意精緻旅館度假。但東部城鎮居民與新英格蘭人之間的摩擦今天都不存在了，他們已成為親密的鄰居。國界從**比比平原**（Beebe Plain）的一條大街上直直劃過，直接切過一家雜貨店的櫃台，對於這個問題，店東的因應之道就是在櫃台兩端各放一台收銀機。

從蒙特婁出發，走 10 號公路，大約一個鐘頭便可進入東部城鎮。**格蘭比鎮**（Granby）在公路北方，蒙特婁東方 84 公里，鎮內的動物園和各噴泉相當著名。

接著可繼續東行 45 公里，來到終年都有空中吊纜通往山頂的滑雪勝地**歐福德山**（Mont Orford）❶，以及**馬哥**（Magog），欣賞那最美麗的鄉村景致。平緩的山坡與山谷是阿帕拉契山脈的綿延，那阡陌縱橫的湖泊、溪流，那鄉間的村落、乳牛、綿羊和草莓園，在粗獷的魁北克省當中別具田園風味。的確，位於馬撒威比湖（Lake Massawippi）北端 108 公路上的**北哈特利**（North Hatley）靜臥在一處山谷的懷抱中，受湖上反射的陽光所調節，而具有四季如春的氣候，較長的夏季和較暖和的冬季足以孕育出通常在南方才能見到的蜂鳥和花卉。

細長的**曼夫里馬哥湖**（Lake Memphrémagog）❷是本區最大的湖，位於湖北端的馬哥鎮不時有遊艇和各式各樣的水上活動。在西岸一處美麗的山坡上有座叫**湖畔聖本努瓦**（St-Benoît-du-Lac，開放時間：11-5 月週一至週五 9-10:45am-4:30pm，週六 9-10:45am、11:45am-4:30pm；6-10

左圖：魁北克冬季嘉年華的冰雪雕像。
下圖：刺激的高難度滑雪動作。

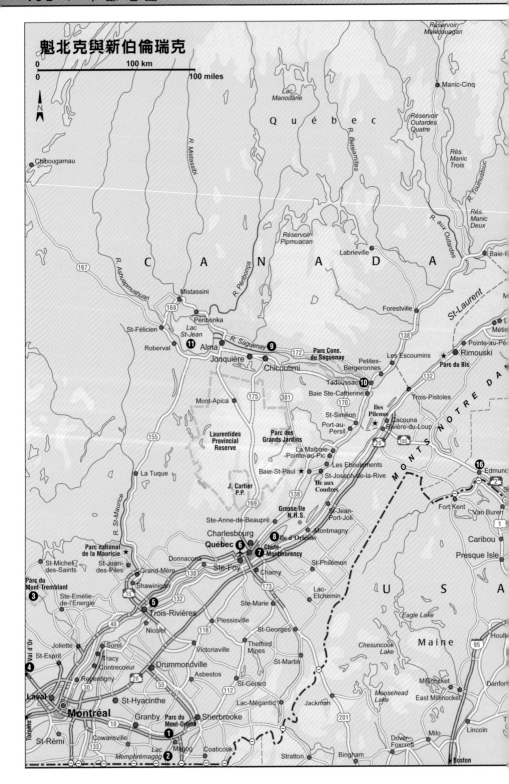

魁北克與新伯倫瑞克

0 _____ 100 km
0
100 miles

N

Réservoir Manicouagan

Manic-Cinq

Lac Manouane

Québec

Réservoir Outardes Quatre

Rés. Manic Trois

R. Mistassibi

R. Bersiamites

R. Toulnustouc

Chibougamau

R. aux Outardes

Rés. Manic Deux

R. Ashuapmushuan

C   A   N   A   D   A

167

Réservoir Pipmuacan

Labrieville

R. Péribonca

Baie-C

St-Laurent

Mistassini

Forestville

169

Métis

Péribonka

Roberval

St-Félicien

Lac St-Jean

⑪ Alma

R. Saguenay

⑨

172

138

Pointe-au-Pè

Rimouski

Jonquière

Parc Cons. du Saguenay

Les Escoumins

Parc du Bic

Chicoutimi

Petites-Bergeronnes

132

Mont-Apica

175

381

Tadoussac ⑩

Trois-Pistoles

Baie Ste-Catherine

170

155

Laurentides Provincial Reserve

Parc des Grands Jardins

St-Siméon

Port-au-Persil

Iles Pilenus

Cacouna

Rivière-du-Loup

20

185

MONTS NOTRE DA

La Tuque

La Malbaie-Pointe-au-Pic

⑯ Edmund

R. St-Maurice

Baie-St-Paul

Les Eboulements

St-Joseph-de-la-Rive

J. Cartier P.P.

138

He aux Coudres

Fort Kent

Van Buren

169

Grosse-Ile N.H.S.

St-Jean-Port-Joli

Ste-Anne-de-Beaupré

Charlesbourg

Québec ⑥

⑧ Ile d'Orléans

Montmagny

Caribou

Presque Isle

Parc national de la Mauricie

St-Jean-des-Piles

⑦ Chute-Montmorency

1

St-Michel-des-Saints

Donnacona

Ste-Foy

St-Philémon

Grand-Mère

138

Charny

Parc du Mont-Tremblant

③

Shawinigan

173

Lac-Etchemin

U   S   A

Ste-Emélie-de-l'Energie

15

⑤

132

Ste-Marie

Eagle Lake

Trois-Rivières

40

Plessisville

St-Georges

Maine

Hoult

Joliette

Nicolet

116

Chesuncook Lake

95

St-Esprit

Tracy

Sorel

Victoriaville

Thetford Mines

St-Martin

Val d'Or

④

Contrecoeur

Drummondville

St-Gérard

Moosehead Lake

Millinocket

Danfor

Repentigny

30

20

55

Asbestos

112

East Millinocket

Laval

St-Hyacinthe

Lac-Mégantic

Jackman

Montréal

Granby

Parc du Mont-Orford

10

201

Milo

Lincoln

St-Rémi

133

Cowansville

Magog

Coaticook

Dover-Foxcroft

Lac Memphrémagog

②

Stratton

Bingham

▼ Boston

Toronto

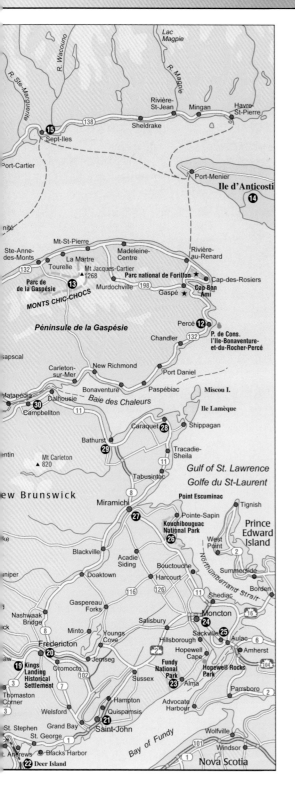

月週一至週六9-10:45am、11:45-
4:30pm，7月和8月延至6pm）的聖
本篤修道院，出產乳酪和巧克力。

勞倫欽區

　　春天在魁北克只維持一天半，是
蒙特婁人唯一避開不到勞倫欽區
（the Laurentians）的季節。本區就
在大都會的後院，是都市人度假遊
樂的地區。儘管它有林木茂盛的湖
光山色，問題是你想遠離塵囂而來
到這裡，塵囂中的每一個人也想逃
離到這裡。

　　冬季是滑雪季節，幾乎每個蒙特
婁人都會到鄉間或山坡滑雪。到了
夏天，全家人收拾行李開車到度假
小屋去游泳、划船、衝浪和滑水。
秋天，樹葉轉成紅、橘等深色調，
吸引健行者跋涉山坡、溪谷。

　　勞倫欽區不是每個小鎮都風景如
畫。美景往往與面積成比例，但**聖
救主山**（St-Sauveur-des-Monts）與
聖阿黛拉（Ste-Adèle，位於蒙特婁
西北方60公里）有精緻的餐廳和別
緻的風格，仍值得一遊。

　　但最值得一遊的地方是走15號高
速公路或風景較優美但行進較慢的
117號公路，到**塔伯拉山公園**（Parc
du Mont-Tremblant）❸。離蒙特婁
140公里的塔伯拉山集勞倫欽區其
他地方的魅力與美景於一身，有94
條滑雪道和夏季供遊客使用的四處
頂級高爾夫球場。

　　勞倫欽區位於世界上最古老的山
脈之中，因此此區大部分的山都被
磨蝕成三百公尺高的平緩圓丘。高
875公尺的塔伯拉山是本區最高的
山，空中吊椅終年將遊客運到山
頂。園區有三百八十幾個湖泊散布
各處，遊樂設施齊全，可玩風浪
板、划舟、釣魚、游泳，還可以在
魔鬼河（Rivière du Diable）上急流
泛舟。

　　歐赫谷（Val d'Or）❹一名意思為
「黃金谷」，位於凱迪拉克峽谷

想要了解三河市的紙漿與造紙業，可到當地的造紙業展覽中心參觀。

（Cadillac Break）的東邊盡頭，該峽谷是盛產黃金的斷層，往西延伸到安大略刻克蘭湖。從1914年希斯寇（Stanley Siscoe）在歐赫谷發現閃亮的黃金之後，便一直供養這裡的人口，但是產量也不算豐富，必須挖約五頓的礦沙才能提煉出一盎司的黃金。儘管如此，黃金高昂的價值仍然驅使礦工繼續挖礦。最近，該鎮發現另一項資源：位於蒙特婁通往準備興建水力發電廠的詹姆士灣之樞紐位置。

歐赫谷是在經濟大蕭條時期隨著拉瑪克礦坑的開採而興盛起來的，開礦公司在當地為員工建了**布赫拉瑪克**（Bourlamaque）村。而數百名從外地來這裡找工作的人必須在附近搭帳篷，這個臨時社區後來就發展成歐赫谷鎮。布赫拉瑪克如今是保存良好的歷史古蹟，裡面有75間松木屋和一座小博物館。歐赫谷的人口現已成長為3萬2千人，但仍帶有礦鎮普遍都有的過渡臨時風貌。鎮上歡樂、鬥志氣息濃厚。鼓勵遊客參加森林之旅或工廠之旅；想要娛樂性質的，可參加當地旅行社安排的夏季划舟、露營活動，以及冬季的滑雪和雪車活動。

造紙鎮

三河市（Trois-Rivières）❺位於蒙特婁東北方142公里處，一度生產占全世界10%的新聞用紙，一天2,500公頓。雖然它的商業地位仍舉足輕重，但現正努力去除冰冷的工業鎮形象。它從1610年開始繁榮，但那定期橫掃所有魁北克社區的火災使這個城鎮前兩個世紀的景觀幾乎都沒有留下來。在厄絮萊街（rue des Ursulines），**通拿佔赫堡**（Manoir de Tonnancour，有臨時展覽，週二至週五10am至中午、1:30-5pm，週六至週日1-5pm開放；免費）、**弗茲尼赫館**（Maison-de-la-Fresnière，現在是一家酒館）和**厄絮萊博物館**（Musée-de-Ursulines，3-4月週三至週日1-5pm，5-10月週二至週日10am-5pm開放；11-2月休館；需購票）這些18世紀初期的建築仍屹立不搖。

下圖：魁北克路普河（Loup River）上的古磨坊。

三河市的吸引力是屬於現代的：8月進行的**大獎賽賽車**（Grand Prix），以及10月舉行的**國際詩歌節**（International Poetry Festival）；此外還有跨越聖羅倫斯河的**拉維爾雷特橋**（Laviolette Bridge）。港口重建區也值得一遊。

在三河市東方13公里，打鐵舖大道（Boulevard des Forges）外，加拿大園（Parks Canada）開了一家**聖莫里斯打鐵舖**（Les Forges du Saint Maurice，5月中旬至10月中旬每日9:30am-5:30pm開放、9月和10月延至4:30pm；免費），重現昔日打鐵的情景。就像加拿大其他的歷史公園，這座打鐵舖綜合了歷史公園和博物館，充滿各種「自己動手做」的展覽品，邀請遊客親自操作。

附近吸引最多遊客的地方是**岬角聖母院**（Notre-Dame-du-Cap），位於三河市北方10公里處。這座小型的玫瑰經聖母教堂坐落於小鎮瑪德蓮岬角（Cap-de-la-Madeleine），建於1714年；1883年，有天賈蘇尼神父（Father Frederic Jansoone）和其

他兩人目睹了聖母像張開眼睛，此後朝聖者就蜂擁而來。

　　三河市位於聖莫里斯河與聖羅倫斯河的匯流處。問題來了，第三條河在哪兒？其實，沒有這條河。如果你像當年卡蒂埃與尚普蘭一樣，乘船溯聖羅倫斯河而上，聖莫里斯河口那兩個三角洲會給你一個印象，就是「三河」的盡頭在此。這個地名就一直沿用至今。

區域圖
見192頁
市區圖
見196頁

魁北克市

　　「這個北美的直布羅陀留給遊客深刻的印象：那令人暈眩的高度，那彷彿懸在半空的城堡，那如詩如畫的街道和地勢險要的通口，那映入眼簾的壯麗景色，這一切既獨特又永恆。」

　　令人側目的是，經過一個多世紀之後，狄更斯對**魁北克市**（Ville de Québec）**⑥** 的形容仍然很貼切。它仍然保留了18世紀的風貌：狹窄蜿蜒的街道、馬車、迷人的餐館建築、精緻的法國美食。這個古城唯一比較大的改變便是那座本世紀初改建成旅館的城堡：俯視聖羅倫斯河的**弗隆特納克城堡**（Fairmont Château Frontenac）**Ⓐ** 。

　　魁北克人有句意義深遠的箴言：堅持維護魁北克的傳統、語言和文化。在此地該省的首府處處有痕跡顯示，這句箴言曾由角樓和稜堡的士兵以槍來執行。今日，魁北克市的政治人士和公僕已經接手這項使命，運用較溫和的民主方式，但他們達成使命的熱情毫不打折扣。

　　魁北克市仍然派有哨兵在聖羅倫斯河上站崗。它是北美大陸墨西哥以北唯一有城牆的城市。它的視野絕佳：從弗隆特納克城堡前面的**達弗林台地**（Terrasse Dufferin）**Ⓑ**，可以遠眺青鬱的勞倫欽山丘和聖安妮山（Mont St-Anne），還有起伏的田野，以及60公尺下方閃閃發亮的聖羅倫

下圖：魁北克市的大型旅館：弗隆特納克城堡。

魁北克市雄踞在達弗林台地上，占盡地理之利。

斯河上的船隻。

達弗林台地目前正在進行考古文物發掘，好讓當年法人政府所在的聖路易碉堡和英人政府所在的聖路易城堡的遺跡重見天日。在考古學家持續挖掘的同時，6至10月的每一天都有導覽之旅，直到2009年這片台地重建為止。

在以往操練和遊行所在的**閱兵廣場**（Place d'Armes）**⊙**的斜對面，國庫街（rue du Trésor）延伸到布亞德街（rue Buade）。「國庫」一名是以昔日殖民地支付皇室賦稅所在的建築物來命名；這條街今天是藝術家的街道，處處掛有高雅的水彩畫、銅版畫和絹印作品。

布亞德街順著山坡蜿蜒而下至**蒙特摩倫西公園**（Parc Montmorency，不管這座古城變得多繁忙，這裡還是很寧靜），公園對面是宏偉的**郵政總局**（Ancien Bureau de Poste）及其壯麗無比的蒙特摩倫西主教（Bishop François-Xavier de Laval-Montmorency，魁北克首任主教與魁北克最大大學的創辦人）紀念堂。

蒙塔恩山脈（Côte de la Montagne）劇烈向左落下，緩緩伸進下城，再延伸到一處峽谷，那是魁北克第一批開墾者從下城（the Lower Town）爬向上城（the Upper Town）必經之地。

在**普里斯喀城門**（Porte Prescott，現在這座是仿製1797年原來那座）之外，有**卡斯庫階梯**（L'Escalier Casse-Cou，意為「斷頸階梯」）。這段階梯不像它的名字那麼嚇人，可通往狹窄的小尚普蘭街（Petit-Champlain），街上林立藝品店。

從卡斯庫階梯底下出來，皇家廣場就在轉角附近。一路過來，遊客便從弗隆特納克城堡跌跌撞撞地進入北美法國文明的搖籃。

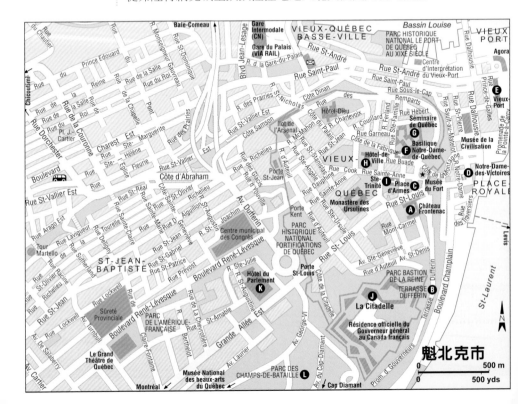

皇家廣場（Place Royale）這個北美第一個殖民地所在，在1832年之前一直是魁北克市的商業中心。它的名字是源於1686年在此豎起的那座凡爾賽宮太陽王路易十四的半身像。今天，它成了某些戲劇節目與音樂表演的固定場地，時常重現17、18世紀的文化。屹立在廣場上的**凱旋聖母教堂**（Eglise Notre-Dame-des-Victoires）**D**，建於1688年，在1759年毀於沃爾夫戰火後又重建。這座教堂的命名是為紀念對抗英裔美國人的兩大勝仗，更確切來說，是一場大勝利和一場僥倖的勝利。1690年10月，波士頓人費普爵士（Sir William Phips，他因發現32噸的沉船黃金而受封爵士）率領34艘戰船和2,000名士兵前來，要求魁北克投降。

弗隆特納克總督誓言要以大砲回應，在六天的作戰期間，他的炮火痛擊了這支艦隊。在陸地上，新法蘭西的狙擊兵以印第安人的作戰方式對抗費普正規整齊的作戰隊形，結果殺死敵方150人，而己方僅折損一人。費普在第六天撤退，但他不知道法方已經彈藥用罄。而另一場僥倖的勝利（對法國人來說，這是聖母馬利亞的勝利）是1711年時聖羅倫斯灣一場暴風雨摧毀渥克爵士（Sir Hovendon Walker）所率領的一支強大的英國艦隊，使魁北克倖免於一場必敗的戰爭。這兩場戰役的部分情景被描繪在教堂那座奇特的砲塔形祭壇上方。

越過那條沿著河港區行進的達豪吉街（rue Dalhousie），遊客就可將18世紀拋在腦後，看到港口較現代的世界。右邊是通往河對岸的**吊橋區**（Levis）的公營渡船服務區入口，而前方碼頭停泊著一艘頗受歡迎的畫舫：喬利葉號（M.V.Louis-Jolliet）。

沿著河邊往北走，可通到一處嶄新的商業住宅綜合大樓，稱為**舊港**（Le Vieux Port）**E**，但它的設計卻相當新潮：紅、銀管與樹脂玻璃牆

地圖見 196頁

蒙特婁創建者梅松諾的雕像矗立在魁北克市閱兵廣場。據說，在1644年的戰鬥中，他在這兒殺了一名印第安首領。

下圖：魁北克市的創新街區。

文明博物館由加拿大
建築師沙夫迪（M
oshe Safdle）設計，
揉和約1752年的商人
宅第「艾斯泰伯之家」
的風格。

構成的高架走道，連接著多功能的寬敞樓閣。

　　這處綜合大樓圍繞著**廣場劇院**（Agora），這座嵌在花壇、瀑布和泉水之間的圓形露天劇場有六千座位，用來舉辦文化活動，尤其是夏夜音樂會。**文明博物館**（Musée de la Civilisation，6月中旬至9月上旬每日9:30am-6:30pm開放，9月上旬至6月中旬10am-5pm、週一休館，需購票；11-5月週二、1-2月週六10am-中午免費）位於舊港中心的達豪吉街（rue Dalhousie），展出語言、思想、身體與社會等主題的展覽。

　　回到上城最簡便的方法就是在堡下街（rue Sous-le-Fort）頭搭乘纜車。纜車從喬利葉（Louis Jolliet，到密西西比河探險的探險家）的房子遺址出發，爬向達弗林台地（10月下旬至4月上旬每日7:30am-11pm開放，4-6月中旬延至11:30pm，6月中旬至9月勞工節延至午夜）。

　　在布亞德街與費伯利克山（Côte de la Fabrique）的交接處矗立著一座巴洛克式大教堂**魁北克聖母大教堂**（Basilique Notre-Dame-de-Québec）**⑤**（5-10月中旬每日8am-9pm開放，10月中旬至4月只到4pm）。這座大教堂從1633年起就一直屹立在這裡，那年，尚普蘭為了感謝從英國手中收復新法蘭西，特地建了光復聖母教堂（Notre-Dame-de-la-Recouvrance）。由於後來幾場勝仗，法國移民認為新法蘭西能從新教異教徒手中救回乃是上帝的旨意。教堂隔壁是**魁北克神學院**（Séminaire de Québec）**⑥**與**拉發爾大學**（Université Laval）。1635年耶穌會在這裡創辦大學（比哈佛的創辦早一年），但神學院（夏季有團體團覽，需購票）是在1663年才由拉發爾主教正式建立。

　　這所大學至今還在，雖然現在它那現代化的校園是在**聖富瓦**（Ste-Foy）郊區，而這些建築物則供最初的目的，作為神學院和高中上課之用。

下圖：魁北克市的國庫街。

地圖見196頁

神學院的博物館（開放時間：6-9月上旬每日9:30am-5pm，9-6月10am-5pm、週一休館；需購票）可能是魁北克市最好的綜合博物館，館內有壯麗的現代化設施，展示巴洛克、文藝復興及19世紀加拿大藝術品。此外，還有一具令人毛骨悚然的圖坦卡門時期的木乃伊、一些東方的收藏品以及有趣的古老科學玩意兒。大教堂對面街上有**塔什羅樞機主教**（Cardinal Taschereau）紀念堂，看起來頗嚇人，彷彿擺好架勢要執行他的威脅，將任何要加入工會的工人逐出去。紀念堂後面是市府那座灰色宏偉的**市政廳**（Hôtel-de-Ville）**H**。

轉角處矗立著一座唯一能與弗隆特納克城堡相抗的建築，**普萊斯大廈**（Price Building）。在古都中，這座17層樓高的大廈幾乎就算是摩天大樓了，而它那1937年的裝飾藝術風格跟鄰近建築還算搭調。再走下去，可以看見**聖三位一體大教堂**（Cathédrale Ste-Trinté）**I**。這座英倫三島之外第一座英國國教式大教堂（模仿倫敦特拉法加廣場的聖馬丁大教堂形式），從設計到從皇家溫莎森林進口的橡木所製成的座椅，完全都是英國式的。在半月形後殿有張國王寶座，雖然兩百年來有皇后、王子、公主、總督等大人物坐過，就是沒有國王來坐過。

熱鬧的**聖路易街**（rue St-Louis）有許多舒適的小餐館和公寓旅社，這條街從戴傑當街（rue Desjardins）的盡頭緩緩爬升到聖路易城門（Porte St-Louis）。這座取代17世紀那座而重建的新哥德式城門有完整的砲塔和架設大砲的垛口。城門正前方的巷子可通往**城堡**（La Citadelle）**J**，這座星形稜堡屹立在**鑽石岬**（Cap-Diamant，4-10月每日有導覽，需購票）頂端，聖羅倫斯河上方100公尺處。

這座城堡有衛兵交接儀式（6月24日至9月勞工節每日10am）與降

下圖：魁北克市的閱兵廣場。

魁北克市一整年的慶典相當熱鬧：2月初的冬季嘉年華，會舉行熱鬧的遊行、在冰凍的聖羅倫斯河面進行獨木舟競賽。到了7月，大街小巷到處洋溢著音符。

旗典禮（7、8月週五至週日7pm），喚起人們童年時期對軍人與冒險犯難的嚮往。但不論有多花俏，它仍繼續扮演加拿大的法國皇家22路軍團（即凡杜斯軍團，Vandoos）總部的角色。這座城堡是在19世紀初期依照威靈頓公爵所認可的藍圖而建造，有雙層花崗岩城牆和雄踞於陡壁上的絕佳位置，因而被視為大英帝國最堅固的要塞之一。

在城牆外方，魁北克城突然變開闊了，開展到**林蔭大道**（Grande-Allée）和**議會大廈**（Hôtel du Parlement）**ⓚ** 的草地上。議會大廈從1881年開始興建，雖然以魁北克城的標準來說，這座建築並不古老，但是它是出自塔謝（Eugène-E. Taché）那法國文藝復興式的設計，似乎呈現了魁北克與路易十三的淵源。然而，它的象徵卻純粹是魁北克式的：魁北克歷史上每個重要人物都雕在正門壁龕上，每個人像都試圖呈現最優雅的姿態壓過其他人，弗隆特納克、渥爾夫、蒙卡爾姆（Montcalm）、李維（Lévis）、塔隆（Talon）……在這些人像之下，有赫伯（Louis-Philippe Hébert）的青銅作品，包括許多受敬重的印第安人，即白人心目中「高貴的野蠻人」。

在外頭，議會大廈以西的林蔭大道滿是喬治亞式建築，陽台上散置桌椅，遊客和公僕享受著魁北克最熱鬧餐廳的美酒佳餚及小提琴悠揚的音符。南邊一個街區之外則是一片靜謐。

國家戰場公園（Parc des Champs-de-Bataille）**ⓛ** 又名**亞伯拉罕平原**（Plaines d'Abraham），與林蔭大道平行，越過聖羅倫斯河延伸到阿帕拉契山丘下，展現出壯麗秀景。它那綿延的草地與濃蔭蔽天的林木遠比戰爭更浪漫，那美酒乳酪的野宴也遠比殘酷的死亡更有情，但非常煞風景的是，它的建立卻是為了紀念一場歷時15分鐘的戰役。在這場

下圖：聖羅倫斯河吹著冷冽的寒風。

戰役中，蒙卡爾姆侯爵約瑟夫（Louis Joseph）將北美半壁江山拱手讓給英國。事情經過也沒這麼簡單，但無可否認的事實是，新法蘭西的印第安作戰方式使他們接二連三打敗英軍，直到蒙卡爾姆侯爵這位保守和失敗主義者成為陸軍指揮官為止，他即使打了勝仗也隨時準備撤退，甚少乘勝追擊，結果也就逐步失去了他必須守護的疆土。

地圖見
196頁

渥爾夫將軍從聖羅倫斯河下來，人馬只有蒙卡爾姆駐魁北克市碉堡兵力的一半，所以他從未奢望能攻下這座城，只以大砲摧毀該城的80%。蒙卡爾姆不敢挺身與敵人正面作戰，於是渥爾夫決心背水一戰，在夜色掩護下，率領4400名兵士悄悄爬上那座懸崖無可回頭之處。守在城北的波港（Beauport）等待渥爾夫軍的蒙卡爾姆，連忙趕回來在亞伯拉罕平原上迎戰。他拋棄了天時、地利（防守該城堅強的堡壘）、手下的狙擊技巧等一切有利條件，而以己方不擅長的歐洲定點作戰方式對抗敵人。渥爾夫戰死沙場，蒙卡爾姆身負重傷。戰役結束時，英軍只占領了平原，法軍竟棄城投降。

公園內的那兩座堅固的**圓形砲塔**（Martello Towers，6月24日至9月上旬每日開放；需購票），是1804至23年間英軍防衛體系的前哨站。其面對敵人那邊的城牆厚達4公尺，而面對城內這邊的城牆則只有2公尺厚。

在國家戰場公園較遠的那一頭，就是現在空著的監獄**小巴士底**（Petit Bastille）之外，矗立著**魁北克國家美術館**（Musée National des Beaux-Arts du Québec，開放時間：6月上旬至9月上旬每日10am-6pm，週三延至9pm；9月中旬至5月下旬週二至週日10am-5pm，週三延至9pm；需購票）。這座新古典式建築收藏了很多魁北克第一流的藝術作品，諸如培朗（Alfred Pellan）、弗廷（Marc-Aurèle Fortin）、李歐培樂

下圖：結冰河面上的
冬季活動。

聖羅倫斯最佳的賞鯨地點是在黑普朗門特利岬角（Pointe-Noire Promontory）的沙格內公園（Parc du Saguenay）與好望角（Cap-de-Bon-Désir）。

（Jean-Paul Riopelle）等現代畫家雖然不為大家所熟知，但是他們的作品卻涵蓋很廣，從印象派風景畫到狂亂的抽象派都有。

往東前往蒙特摩倫西瀑布公園（Parc de la Chûte-Montmorency）❼（每日開放，免費），記得要帶泳衣，可走360號公路或是138公路，大約10公里就到了。這處有83公尺高的瀑布比尼加拉瀑布還高，但是窄了許多，因此沒有尼加拉瀑布壯觀。在這裡遊客不是從頂端俯瞰瀑布，而是靠近瀑布底下去看，因此遊客越靠近，就會被水霧噴得更濕。省府體貼地在瀑布底下建了一座寬大的花崗岩平台，使遊客能真正置身在冰涼的水花之中。冬天，水花會結成硬塊從底部往上延伸變成冰雪「棒糖」，可作為坐雪橇滑雪的斜坡。

肥沃的島

就在瀑布南方2公里處，上了往奧爾良島（Ile d'Orléans）❽的那座橋便離開了高速高路。1970年，省府宣布這座島為歷史保護區，以防止城市的擴張和觀光事業破壞魁北克風景最美、最富歷史價值的地方。異常肥沃的土壤使得奧爾良島很早就相當繁榮。17世紀時，島上的人口跟蒙特婁或魁北克市一樣多，但這裡至今仍以務農為主，許多農田是從拓荒最早期流傳下來的。

少有遊客能擋得住路邊販賣的肥碩草莓加上濃稠新鮮的奶油再佐以楓糖的誘惑。聖安妮（Ste-Anne-de-Beaupré）是聖羅倫斯河北岸的小鎮，鎮內有座大教堂，有數百萬天主教徒曾來過。教堂前面有座聖安妮泉，據說具有治療的奇效。

下圖：奧爾良島上的肥沃農田。

地圖見 192-193 頁

沙格內與聖尚湖

在魁北克無數的湖泊河川中，可能沒有一個能比得上**沙格內**（Saguenay）❾ 的澎湃氣勢：那數百公尺高的崎嶇懸崖俯臨著寬闊湛藍的河水。遠在卡蒂埃在1535年尋找東方之前，維京與巴斯克（Basque）漁夫就來過了，當年卡蒂埃將這裡命名為「沙格內王國」。它的壯麗至今猶存，而鯨魚每年7月也從不間斷地聚集到那深深的入海口，一直逗留到12月才離開，前往不知名的目的地。在138號公路上的**聖凱瑟琳灣**（Baie-Ste-Catherine，魁北克市北方71公里處）的碼頭，有遊艇出海，遊客可親眼目睹鯨魚的泳姿。

渡輪將遊客與汽車運過河到對岸的**塔多薩克**（Tadoussac）❿，這兒有座北美最古老的木屋教堂，即**塔多薩克小禮拜堂**（Petite Chapelle de Tadoussac，6月中旬至10月中旬每日 9am-9pm 開放，需購票），早在1647年它就已經在這兒了。而建於1600年的新法蘭西第一座碼堡也已重建。如果你覺得**塔多薩克飯店**（Tadoussac Hotel）看起來很眼熟，那是因為《新罕布夏飯店》（*Hotel New Hampshire*）這部電影就在這兒拍攝。

再往內地走，台地緩緩沒入**聖尚湖**（Lac-St-Jean）⓫ 一帶的肥沃平原上。19世紀中葉之前，毛皮貿易公司在這兒獨占一切，少有移民來此開墾。直到1883年之後，鐵路促進當地造紙工業的發展，接著而來的大型水力發電廠和煉鋁廠給當地帶來繁榮。

然而，對遊客來說，這些工業比較沒什麼好留意，除非它位在西庫提米（Chicoutimi）、戎基埃爾（Jonquière）、阿爾瑪（Alma）等商業中心之內。那肥沃的土壤每年生產450萬公斤的藍莓，連同優質的乳酪，提供令人垂涎三尺的藍莓乳酪蛋糕的製作材料。當地的名產還包括各種花樣的肉餡餅（tourtières）及一種乾豆湯（soupe à la gourgane）。聖尚湖的鱒魚、梭魚與豐富的淡水鮭魚，更豐富了當地美食。

聖尚湖周圍散布許多美麗的小鎮，例如埃蒙（Louis Hémon）小說《瑪麗亞‧夏普德蓮》（Maria Chapdelaine）的背景地佩里朋加（Péribonka），以及「藍莓之都」**密斯塔夕尼**（Mistassini）。**瓦賈貝特**（Val-Jalbert）這個廢棄35年的鬼鎮又熱鬧起來，當地原有的風格與建築保存得很好，古老的磨坊仍然屹立在72公尺高的**維亞傳恩瀑布**（Quiatchouan Falls）下方。

加斯佩半島

132號公路的起點和終點都在**聖弗拉維**（Ste-Flavie），全長560公里，環繞了**加斯佩半島**（Péninsule de la Gaspésie）一圈，將東海岸那些昏昏欲睡的漁村連接起來。印第安密克馬克族（Mi'kmaq）稱東海岸為「傑斯佩」（Gespeg），意為「世界的盡頭」。雖然加斯佩在莎士比亞時代就已經開墾，但是長期以來卻幾乎毫無工業發展。即使19世紀後期出現的公路與火車也無礙於本區那份鄉間的寧靜，當地的阿卡迪亞文化大致還保

下圖：比尼加拉瀑布還要高的蒙特蒙倫西瀑布。

存完整。

公路從聖弗拉維向東南方劃過了馬塔佩迪亞谷，與那條「222道急流之河」並肩而行。這條河在契克喬克山（Chic-Choc Mountains）的邊緣穿過一道深谷流瀉而下。公路在150公里處的**馬塔佩迪亞**（Matapédia）村轉向東北，沿著夏雷爾灣（Baie des Chaleurs）前進。這個曾以「加拿大的里維耶拉（Riviera）」聞名的海灣，幸好今日還很原始，蒼鷺和燕鷗成群棲息在沙洲上，長長沙灘通常空曠無人。公路在小海灣與村落中穿梭，有些英國式地名的鄉鎮如新卡萊爾（New Carlisle）、新里奇蒙（New Richmond）、道格拉斯鎮（Douglastown）等，是昔日逃避美國獨立戰爭而遷居到這兒的保皇黨人取的。最後，海岸伸向北方，在契克喬克山沒入海洋處與那崎嶇的紅色懸崖相會。繞過一個彎之後，**皮爾斯山岩**（Percé Rock）**⓬** 赫然出現，這個四億噸重的石灰岩巨石以不可思議的姿勢伸入海中。它大致成橢圓形，寸草不生的峭壁一度被潮水掘出四道之多的拱門，因而稱為「被洞穿的岩石」。附近，**波納文徹爾島**（Ile Bonaventure）上的鳥類保護區有五萬隻塘鵝。

加斯佩北岸更加荒蕪崎嶇，公路就沿著加拿大東部最高山的邊緣峭壁蜿蜒前進。**卡蒂埃山**（Mont Jacques-Cartier）就在**加斯佩公園**（Parc de la Gaspésie）**⓭** 邊緣數哩的內陸上升1,268公尺。聖羅倫斯河南岸這一帶擁有加斯佩最動人的美景：公路環抱著險峻、令人暈眩的懸崖，海浪在懸崖下面猛力衝擊。在聖安妮山附近的**聖皮耶山**（Mont-St-Pierre），每年7月都會舉辦滑翔翼節，參賽者就像希臘神話中的伊卡洛斯（Icarus）一般，從聖羅倫斯河上方跳下。

這一帶沿岸的居民，有許多是當年愛爾蘭沉船倖存者的後裔，有些人

加斯佩福利隆國家公園（Parc National de Forillon）的群山、草地、沙灘、石灰岩懸崖是許多野生動植物的家園。

下圖：加斯佩半島的美景。

還記得1914年「愛爾蘭女皇號」與一艘船相撞，不到15分鐘就沉船，共有1,014人喪生。

過了這個海岸，一個較溫柔的文明再次出現在美蒂斯城（Métis-sur-Mer）附近的美蒂斯公園（Jardins de Métis）。史蒂芬爵士（Lord George Stephen）19世紀來到這兒建立雷福之家（Reford House，6-10月上旬每日開放；需購票），裡面有美麗的英式花園，展示著3000種花卉。

從魁北克市出發，這趟旅程長達1600公里，這不是一個週末假日就可以玩完的，但它值得你花上兩個星期日再加上中間一週的時間。

地圖見 192-193 頁

安提科斯提島

看似從聖羅倫斯河口咳出之物的**安提科斯提島**（Ile d'Anticosti）**⑭**，位置可能有點遙遠。全島面積8,000平方公里，但只有300位居民。這座島嶼是生態愛好旅遊者的天堂，也是北美第四大的白頭鷹棲息地，還有200種鳥類。

這座島目前由四家戶外用品供應商（即SEPAQ Anticosti、Safari Anticosti、Pourvoirie du Cerf-Sau和Pourvoirie du Lac Genevieve）經營各項活動行程，但**梅尼葉港**（Port-Menier）除外。推薦遊客向業者預約狩獵和釣魚（主要是海鱒、鮭魚和紅點鮭）行程，但必須領有魁北克的狩獵釣魚許可證。到島上的交通方便，每天有班機從**聖皮耶港**（Havre-Saint-Pierre）起飛、有渡船Relais Nordik從里穆斯基（Rimouski）或**七島**（Sept-Iles）**⑮**出航，終點站都是梅尼葉港。

周圍布滿陡峭懸崖和危險暗礁的安提科斯提島，曾以「漩渦墓場」聞名。大約有四百艘船難遺骸散布在周圍海域，其中有些最近才出事。儘管有這些危險和地處偏遠的缺點，但自從1680年弗隆特納克將它賜給了探險家喬利業之後，這座島就開始作為滿足各種私人利益之用。

許多農家來此定居，之後，英國創業家試圖開發此島，但在1859年，梅尼葉（Henri Menier）這名法國富翁買下它作為私人的運動休閒場地。島上第一群鹿就是他進口的，如今島鹿已經繁殖得很興旺。一家造紙廠從他兒子手中買下該島，不久將他的別墅焚毀，在以他為名的梅尼葉港附近，仍然可見他的別墅遺跡。

1937年，這座島成為加拿大人關切的焦點，當時，納粹德國佯裝為了島上的木材打算買下該島，但是當這項交易引起大眾矚目，德國人便打退堂鼓了。

梅尼葉港有兩家旅館：**黎門旅館**（Hotel de l'Il）和**梅尼葉港旅店**（Auberge Port-Menier）；還有一家**西岬旅店**（Auberge de la Pointe Ouest）在距離20分鐘路程的西岬；六處露營地也提供170個左右的宿點。雖然有很廣大的地區人煙絕跡，但是幾百年來偶來的過客已經留下他們的足跡：廢棄小鎮、雜草叢生的墓地、古舊的鐵軌，以及4000年前原住民的遺跡。

下圖：鳥兒過客在船頭休息。

東部地區

大西洋沿岸四省有共同的海洋傳統，
但也各有文化特色。

　　東部沿海各省身為加拿大接受第一批歐洲訪客的東道主，對海自然有一種眷戀。加拿大最美地區之一的沿海省份，有一種如海水霧氣的清新氣質。在這裡我們看到新斯科細亞（Nova Scotia）動人的曠寂海邊，紐芬蘭（Newfoundland）與拉布拉多（Labrador）居民奇特而迷人的友善態度，愛德華王子島（Prince Edward Island）的農人對馬鈴薯那種奇特、理直氣壯的執著，還有新伯倫瑞克（New Brunswick）城鎮溫文儒雅的氣質。

　　這東部四省由於地緣接近大西洋，故關係密切，但是每一省份都各自有自身獨特的魅力。加拿大東部地區的景點介紹，先從新伯倫瑞克崎嶇的海岸開始，呈現那沿海城鎮保留區與野外風光的獨特魅力。有加拿大的「新蘇格蘭」之稱的新斯科細亞，則順著那迂迴的海岸線一探美麗的風光，有時也停下來看看某些獨特的城市與迷人的小鎮。

　　紐芬蘭或許是最詭譎的省份，它那崎嶇與僻遠之美可作為描寫當地友善居民的背景。最後介紹的是加拿大最小的省份，愛德華王子島。它四周被終年吟唱不休的海洋所圍繞，內陸到處都是馬鈴薯田，擁有不少東部最美的海灘。

前頁：公路蜿蜒於豔麗的秋色之間。
左圖：欽斯藍丁歷史開墾區，一處保皇黨人重建的村落。

新伯倫瑞克：大西洋的門戶

新伯倫瑞克是體驗東岸生活方式很好的起點。昔時有法裔阿卡迪亞人和英裔保皇黨人來此定居，形成該省豐富的傳統。

地圖見 1927／193頁

加拿大
渥太華
聖約翰
美國

新伯倫瑞克（New Brunswick）的生活步調緩慢，友善的居民時常悠閒地話家常。那壯闊的森林覆蓋了85%的土地，供養了實力雄厚的紙漿與造紙業。在林木覆蓋的土地底下，蘊藏著鉛、銅與鋅礦，撐起了興盛的採礦業。此外，還有海洋的採礦業：漁業。

阿卡迪亞人與保皇黨人

繼印第安米克馬克族和馬利西特族（Maliseet）之後，第一批到沿海省份定居的是1604年跟著尚普蘭來的法國移民。他們把這片開墾地稱為阿卡迪（Acadie），其中包括沿海諸省與美國緬因州。在17世紀英、法對抗期間，阿卡迪亞人經常和英國人打仗。法國人的統治在1713年終止，新斯科細亞改由英國人掌控。 1755年，英人總督查理士·勞倫斯（Charles Lawrence）對阿卡迪亞人下了最後通牒：宣誓效忠英國皇室，否則就驅逐出境。阿卡迪亞人不願意宣誓效忠，因為怕被迫代表英國跟法國同胞打仗。這道驅逐令迫使14,600名阿卡迪亞人流亡。許多人前往美國路易斯安那州定居生根，就是今天的凱真人（Cajuns）。1763年英法兩國停戰和解，很多阿卡迪亞人於是返回新斯科細亞，卻發現他們的土地被新來的英國移民占據了。他們無奈再度搬遷，前往現今的新伯倫瑞克定居。今天，該省幾乎有33%的人口是說法語。

驅逐令對阿卡迪亞人或許造成了災難，但是對英裔人卻帶來意外的收穫。許多新英格蘭人搬來了，尤其在美國獨立戰爭期間來了更多。這些以保皇黨人著稱的移民給沿海省份帶來航海殖民的傳統。

聖約翰河沿岸

聖約翰河（St John River）是新伯倫瑞克的命脈。當初馬利西特族與米克馬克族、阿卡迪亞人、保皇黨人、蘇格蘭人、丹麥人都是沿著這條河尋找適合生活的地方。它在該省西北區形成與緬因州的疆界，在此處順著迂迴的河道可達河口的聖約翰城。尚普蘭到達這裡時，稱它為該省份最廣大的河口。

新伯倫瑞克最西邊有塊像拇指般的突出地，被魁北克省、緬因州與聖約翰河圍起來，這就是著名的馬達瓦斯加共和國（Republic of Madawaska）。

這地方的居民受夠了作為美、加邊界談判的棋子，因而在19世紀建立了這個神話般的王國，有

左圖：阿卡迪亞人的日常生活。
下圖：好望角（Hopewell Cape）的皮筏。

弗雷德里克頓火車博物館的展示品：蒸汽機時代的一項技術工程典範。

自己的領袖（艾德蒙吞市長）與國旗。馬達瓦斯加人（多數說法語）既自信又有活力。在布雷翁市集（Foire Brayonne，這地區的法國人以Brayons 聞名，這是種亞麻加工之用的工具）最能展現他們的精神。他們最吸引人的仲夏活動是民俗舞蹈和伐木競賽。馬達瓦斯加境內的加拿大橫貫高速公路沿線的第一個城鎮是聖雅各（Saint-Jacques），當地有共和國地方公園（Les Jardins de la République），園區內有露營地、自然小徑、一座露天劇場、探險園地、植物園與一間汽車博物館。

馬達瓦斯加的首府艾德蒙吞（Edmundston）❶ 是重要的木漿、造紙中心，位於聖約翰與馬達瓦斯加河的交會處。市內特別吸引人的地方是哀傷聖母教堂（Church of Our Lady of Sorrows），內有新伯倫瑞克藝術家魯塞爾（Claude Roussel）的木雕作品（十字架祈禱台）。

往南，美麗而富饒的聖約翰河谷（St John River Valley）一向是交通要道。河谷北岸從聖雷歐納（Saint-Léonard）到塢茲托（Woodstock）是著名的「馬鈴薯地帶」，馬鈴薯這種塊莖植物是當地主要農產品，每年都會在格蘭瀑布（Grand Falls）❶ 舉辦馬鈴薯節，這時撒花的船隻有時會從瀑布上方開始出發。此一習俗源自馬拉比（Malabeam）傳說，藉以哀悼一位印第安少女把俘虜領到瀑布上方殉死以拯救自己部落一事。河水流瀉而過的這道峽谷，是尼加拉瀑布以東最大瀑布之一的所在。農業小鎮哈特蘭（Hartland）❶ 位於下游80公里處，當地那座橫跨聖約翰河的棚橋相當有名，它不是普通的棚橋，是世界最長的一座，有七個橋墩，長達391公尺。

塢茲托（Woodstock）就在哈特蘭南方，居民以好客的傳統自詡。當地的地標是那座重修的舊法院（Old Courthouse），它扮演的不只是伸張正義的角色，也是社交大廳、長途客車停靠站以及政治會議的場所。這麼繁忙的小鎮，難怪早在1900年就有了加拿大第一個撥號電話系統。

若想了解1820至1890年聖約翰河谷保皇黨人的生活面貌，可以造訪欽斯藍丁歷史開墾區（Kings Landing Historical Settlement）❶（5-10月中旬每日10am-5pm開放；需購票），這座聖約翰河畔的歷史重建村位於弗雷德里克頓西邊，重現了當年保皇黨人的生活面貌。

在1783年，保皇黨人沿著河谷來到這個區域，發現這裡天然資源豐富，同年便著手開墾。他們熬過了第一年的寒冬，等春天雪融時接著建造弗雷德里克頓（Fredericton）❷，這種拓荒精神至今猶存。弗雷德里克頓意謂「加拿大大西洋岸的河畔之都」，的確很適合這個省會所在。

弗雷德里克頓是這個省份的文化中心，這點大半要歸功於畢佛布魯克爵士（Lord Beaverbrook），這位從不會忘記孩提故鄉、樂善好施的出版人暨政治家。畢佛布魯克美術館（Beaverbrook Art Gallery，6-9月每日開放，10-5月週一上午休館；需購票）位於皇后街，收藏從15世紀以來的絕佳作品，包括達利、根茲博羅（Gainsborough）、波

下圖：欽斯藍丁重現當年的生活形態。

提且利（Botticelli）、亨利‧摩爾，甚至是邱吉爾的作品。**立法大廈**（Legislative Building，6-9月每日、9-5月週一至週五開放；免費）展示著雷諾茲（Joshua Reynolds）描繪的肖像畫，還有稀奇的《末日審判書》（*The Domesday Book*）。弗雷德里克頓由於聚居了許多聲名遠播的白鑞工匠，因而被喻為加拿大的「白鑞之都」。這座城市最優雅的建築是基督大教堂（Christ Church Cathedral），落成於1853年，被視為講究裝飾的哥德式建築在北美的最佳典範。

位於河邊的**蓋瑞森歷史區**（Historic Garrison District），聚集多家博物館、藝廊、露天音樂會場地，也有多條傳統遺跡之旅。其中的**約克尚貝理歷史社會博物館**（York-Sunbury Historical Society Museum，開放時間：9-10月週二至週六1-4pm，7-8月每日10am-5pm；11-6月需預約；需購票）以編年史方式展示弗雷德里克頓的軍事和生活過往。當年的遺跡可在**軍營**（Military Compound，7-8月每日11am-7pm開放）見到，這裡也重現了當年衛兵交接儀式。

從弗雷德里克頓沿著聖約翰河往東南而行，來到歐諾莫克托（Oromocto），可以一覽現代化的軍事生活，這一帶有加拿大最大的軍事訓練基地和軍事博物館。

傑謝（Jemseg）以南的寧靜河岸社區，現已成為許多藝匠的落腳處。許多路邊攤販賣當令的水果蔬菜。在許多地點都有可載運汽車的渡輪橫渡聖約翰河，提供了更多尋幽訪勝的機會。

第一座城

飽經風霜的**聖約翰**（Saint John）㉑是加拿大最古老的城市，位於芬地灣

地圖見
192/
193頁

欽斯藍丁附近的馬克塔瓜克（Mactaquac）有一處省立公園，園內有北美最好的釣魚地點，許多釣客都會慕名而來。

下圖：聖約翰的泊船。

（Bay of Fundy）的聖約翰河口。1604年，尚普蘭在此登陸，並為它命名。

不過此地真正建城是在1783年，三千名保皇黨人從新英格蘭，特別是紐約來到這裡。聖約翰素以「保皇黨城」而聞名，每年7月居民都會歡度「保皇黨節」（Loyalist Days），以讚頌當地傳統。年中節慶還包括三天的爵士和藍調音樂活動，一年一度有巡迴藝人的木棧道節（Boardwalk Festival），以及夏季各種不同的戲劇演出。

昔日那些堅毅、富活力、進取的保皇黨人孤注一擲，將他們的新家園投入到木製造船工業的最前線。但不幸地，1877年一場大火燒毀了木製遠洋造船廠，這座新興的港市也隨之沒落。近來，港灣區的發展與市區的重建為聖約翰注入一股急需的新血。這個自詡為北美最早有警察、報紙、銀行的城市已經復活了。

新伯倫瑞克人很特別，從不將Saint John縮寫，或許是為了避免與紐芬蘭的St John混淆。

捕捉聖約翰過往遺跡的步行路徑有四條：威廉王子步道（Prince William's Walk）、維多利亞風格漫步（a Victorian Stroll）、西區徒步與行車（the West Side Walk and Drive）以及保皇黨小徑（Loyalist Trail）。這些旅遊路徑必經的一處景點是**巴伯雜貨店**（Barbours General Store，6-9月每日開放），這是一家重新整修的19世紀商店，貨品齊全；它原本位於上游，後來費盡千辛萬苦用船運順著聖約翰河遷到現址。數以千計的手工藝品，還有300顆「救命丹」或「亡命丹」將遊客帶入時光隧道。

最能表現聖約翰保皇黨人淵源的地方莫過於國王廣場（King Square，在保皇黨墓園對面），它的景觀設計就像英國國旗。另一處是**保皇黨之家**（Loyalist House，開放時間：5月中旬至6月下旬週一至週五，7-9月中旬每日；其餘時間需預約；需購票），這間喬治風格的宅邸經過七年時間興建，於1817年落成；之後150年間都由保皇黨人梅

下圖：聖約翰的市立市場。

瑞特（David Daniel Merritt）及其後代子孫居住；它躲過了1877年那場大火，如今是聖約翰保存原有結構最完整、最古老的建築物。保皇黨之家的家具裝潢仍保持原狀，這是19世紀聖約翰藝匠的一項獻禮。

聖約翰市立市場（City Market）也逃過了1877年的大火。從1876年至今，這個加拿大最古老的市場從不間斷地為居民服務；自始至終，管理員都以搖鈴來告知交易結束。這座建築物有船形屋頂、巨大的狩獵戰利品與紋飾鐵門，市場裡堆滿了來自新伯倫瑞克各地的農特產，繽紛色彩讓人眼睛一亮。

在聖約翰市中心海灣區的都市更新當中，最引人注目的地方於1983年正式命名為「市場廣場」（Market Square）。它的成功使得商業、觀光、就業機會與榮耀都重回到了聖約翰。19世紀初期的磚造建築正面，邀請人們進入那座溫暖、躍動的購物餐飲中心。這裡還有濱海木棧道、宏偉的食物大廳（Food Hall），以及一家完善收藏加拿大早期印刷品的圖書館。一座燈塔狀的時鐘屹立在市場廣場的入口，它的功用是充當話題多於報時；它沒有指針，用一條蛇尾巴指出時刻，以騰出空間容納底部三個栩栩如生的坐姿人像。想要全方位俯視城市景觀和海灣區，可走一趟豪堡（Fort Howe）和卡爾頓砲塔（Carleton Martello Tower）。

岩木公園（Rockwook Park）內的**百合湖**（Lily Lake）是當地泳客、釣客和滑冰者的驕傲（滑冰者須經聖約翰園藝協會認定安全無虞才准進入）。在市集廣場，有一座加拿大最古老的博物館：新伯倫瑞克博物館（New Brunswick Museum，5月中旬至10月每日開放，11-5月中旬週一休館；需購票），這裡收藏來自世界各國的珍品，尤其是與新伯倫瑞克歷史有關的工藝品，從一根13,000年前的乳齒象牙到致贈給聖約

地圖見
192/
193頁

實用指南

在聖約翰市立市場可以品嚐一下掌狀紅皮藻（dulse），這是一種採自芬地灣的深紫色海草乾；另外還有洋齒植物嫩芽，形狀很像蘆筍。

下圖：哈特蘭的棚橋。

翰短號隊的一支鍍金短號都有。大鯨魚展覽廳（Hall of Great Whales）是其中有趣的展示之一。

芬地海岸

聖約翰西邊的芬地海岸（Fundy Coast）具獨特風格，尤其是那風景如畫的漁村。這裡是美國獨立戰爭之後保皇黨人成群結隊遷徙定居的地方。

自芬地灣闢鑿而出的帕薩馬闊迪灣（Passamaquoddy Bay），位於緬因州與新伯倫瑞克之間。在它的東緣坐落著黑人港（Blacks Harbor），以擁有大英國協最大的沙丁魚罐頭工廠聞名。附近的烏托邦湖（Lake Utopia）堪稱是新伯倫瑞克的尼斯湖，尤其是對那些相信水中有海怪的人而言。

每天兩回，芬地灣的漲潮會在反潮急流處倒灌入聖約翰河，蔚成奇觀。

繞過海灣即來到**聖喬治**（St George），遊客可到那座加拿大最大的新教徒墓園走一走。附近的橡樹灣（Oak Bay）有一處海濱公園和露營地。

這道海灣最著名的社區可能是**聖安德魯斯**（St Andrews），這座漁村也是度假勝地及海洋生物研究中心，其間點綴著18、19世紀的屋宅。它是在美國獨立戰爭之後由保皇黨人建立的。1842年，加拿大和緬因州的疆界底定之後，有些家庭將他們的家屋一磚一瓦地運過來，這也是聖安德魯斯充滿新英格蘭氣氛的原因。聖安德魯斯有間阿岡昆旅館（Algonquin Hotel），它是加拿大最古老的度假旅館之一。不過當地的地標首推**格林納克教堂**（Greenock Church），這座風格樸實的建築圍著一道白色柵欄，飾有橡木雕刻圖案、時鐘和風向計。村中還有一座獵人海洋科學中心水族館暨博物館（Huntsman Marine Science Center Aquarium and Museum，5月中旬至9月24日每日；需購票），遊客參觀之後就能明瞭在芬地灣海域遨遊的各種海洋生物了。

下圖：新伯倫瑞克的農夫。

新伯倫瑞克的**聖史蒂芬**（St Stephhen）與緬因州的**卡拉斯**（Calais）正面相對。這兩座邊界城鎮在傳統上是好鄰居，即使在1812年兩國交戰期間，聖史蒂芬還出借火藥給卡拉斯慶祝7月4日國慶。直到今天，這兩座城鎮還一起主辦夏季慶典。全球第一個巧克力棒據說就是聖史蒂芬的嘉濃（Ganong）糖果廠於1910年發明的。

羅斯福鍾愛之地

芬地群島（Fundy Islands）是賞鳥人、賞鯨客、釣魚客和其他戶外活動愛好者的天堂，帕薩馬闊迪灣在這裡擴展為芬地灣。島上純樸之美與原始風情長久以來吸引了無數的自然愛好者，從美國鳥類學家奧都邦（James J. Audubon）到美國總統羅斯福都是。

大馬南島（Grand Manan Island）是其中離岸最遠的一座島。它是鳥類學家最鍾愛的地方，擁有大約230種鳥類，包括該島的象徵海鴨。對於藝術家而言，這裡的燈塔和海景可供寫生和攝影。大馬南島也以盛產掌狀紅皮藻聞名。

坎波貝洛島（Campobello）是羅斯福最鍾愛的島嶼，從緬因州的路貝克（Lubec）過橋即可到達。

羅斯福－坎波貝洛國際公園（Roosevelt- Campobello International Park，5月下旬至10月中旬每日10am-6pm；免費）位於島的南邊，這是一處自然保護區。遊客可以看到羅斯福那座34房「小木屋」，當年他從這棟荷蘭殖民風格的建築欣賞了許多回落日美景。

鹿島（Deer Island）❷ 正好位於北緯45度線上（它也以此為傲），島長雖然只有12公里，卻有世界最大的龍蝦池；離岸不遠處還有全球最二大的漩渦，名為「老母豬」（Old Sow），得名自其發出的聲響。

東南區

新伯倫瑞克的東南區，從聖約翰到蒙克頓（Moncton），流露出該省的文化特質。城鎮和村落漸次呈現轉變，從保皇黨人居住區域轉為阿卡迪亞人居住區域。

在聖約翰以東80公里處，海岸邊的聖馬丁（St Martins）村落外有一處**芬地國家公園**（Fundy National Park）❷，園區可見芬地潮汐和海岸平台。這裡以前曾彌漫木材工業的噪音，再加上遍布的人工裝飾，幾乎毀了這個大自然的贈禮。

園區東緣的阿爾馬（Alma），這個曾經盛極一時的木材城鎮，到了1930年時人口銳減，僅剩兩戶人家苟延殘喘。托國家公園之福，這個地區現在已恢復到原始野生狀態，森林受到保護，野生生物也進行復育，尤其是鮭魚。

阿爾馬東邊40公里處的**好望角**（Hopewell Cape），名氣可能比國家公園響亮；當地更以「花盆岩」著名，這是一種在退潮時露出的花盆狀岩層，可從其周圍的潮池看見。

地圖見
192/
193頁

阿爾馬的芬地國家公園有崎嶇的海岸線、森林與峽谷景觀。走在園區步道上可以望見芬地灣，幸運的話還能看見稀有鳥類。位於懸崖頂端的咆哮岬（Cape Enrage）具有最佳的觀景視野。

下圖：自然保護區阿爾馬的退潮景觀。

對自然愛好者而言，雪迪亞克（Shediac）以北的布克透須（Bouctouche）海岸沙丘，有一些罕見植物、時有時無的濕地，這裡也是瀕臨絕種的笛鴴（piping plover）棲息處。

越過芬地海岸便是**蒙克頓**（Moncton），這個鐵路古鎮有「沿海省份樞紐」之稱。最先到這裡開墾的是中歐人，但是在驅逐令迫使大批阿卡迪亞人遷移到現在的新伯倫瑞克之後，它就成為阿卡迪亞的非正式首府。蒙克頓大學是新伯倫瑞克唯一的法語大學。蒙克頓也是一處觀賞芬地潮奇景的好地方。

在蒙克頓附近，介於希爾斯波羅和賽倫小村莊之間，有一段**賽倫－希爾斯波羅鐵路**（Salem and Hillsborough Railroad），一部古老的蒸汽火車頭拉著無蓋貨車車廂，順著佩提科迪亞河（Petitcodiac River）沿岸蜿蜒前進。

這趟懷舊之旅經過一處鹹水沼澤，那是早期阿卡迪亞人辛苦採收乾草的地方。海瑞腳架橋（Hiram Trestle）是其中最突出的景點。

沙克維（Sackville）是個類似英國村莊的小鎮，鎮內有一家沙克維馬具公司，是北美大陸唯一還生產手工馬項圈的公司。沙克維也是一座大學城，大英帝國境內第一張女性文憑即是鎮上的艾麗森山大學（Mount Allison University）於1875年頒發的。

附近的波斯究赫堡（Fort Beauséjour）是英法在這地區最後的交戰所在。如今，當年點滴已大都不復可見了，不過還是可眺望四野的壯麗風光。

阿卡迪亞海岸

蒙克頓以北的新伯倫瑞克海岸地區是著名的「阿卡迪亞海岸」。這片有諾森伯蘭海峽（Northumberland Strait）暖潮流經的海岸，是當年驅逐令撤除之後阿卡迪亞人重返之地。他們說雪迪亞克（Shediac）有維吉尼亞以北最溫暖的海水，並自詡當地為世界龍蝦之都。

下圖：芬地灣的好望角。

地圖見
192/
193頁

阿卡迪亞人的漁村沿著海岸分布。**布克透須**（Bouctouche）以盛產生
蠔和厄文生態中心（Irving Eco-Center）而聞名；布克透須沙丘提供遊
客認識北美東北海岸僅存的大型沙丘生態環境。**庫西布瓦國家公園**
（Kouchibouguac National Park）㉖ 位於蒙克頓北方100公里處，保有數
公里長沙質細緻的無人沙灘。駕車前往艾斯克麥納角（Point Escuminac）
沿途令人愉快；此處曾發生省境最嚴重的釣魚慘劇，讓人記憶猶新。
新伯倫瑞克藝術家魯塞爾（Claude Roussel）雕塑的有力紀念碑，背對
著海洋屹立，以哀悼在1959年喪命的海難者，讓人永遠緬懷那場悲
劇。

沿著海岸再往北行，便來到**米拉米奇**（Miramichi）㉗ 這座城市，它
是新近合併了查坦（Chatham）和新堡（Newcastle）而成，這兩座早期
的伐木鎮仍保留了一些英國文化。這一帶的民謠和民間傳說，以及優
秀的當地人材是出了名的。查坦昔日繁忙的造船廠現已由輸出木材的
港口所取代。新堡是畢佛布魯克爵士的童年故鄉，他對該鎮的回饋是
毫不吝嗇的。

愈往北行，就愈能看見阿卡迪亞的旗幟。旗幟以法國三色為底，上方
的藍色帶有一顆黃色星星。希帕岡（Shippagan）是個典型的漁村，村
內有座**新伯倫瑞克水族館和海洋中心**（New Brunswick Aquarium and
Marine Center，5-10月每日開放；需購票），展示聖羅倫斯灣的漁業世
界。這裡有一艘渡船可載客到米斯庫島（Miscou Island）的無人沙灘。

位於希帕岡西方20公里處的**卡拉基特**（Caraquet）㉘，是阿卡迪亞海
岸最繁榮的城鎮，也是這一帶的文化中心。每年8月，阿卡迪亞節吸引
了來自上下海岸的人們參與，節慶包括對船隊的傳統祝福。城裡有新
伯倫瑞克省境數一數二的商業漁船隊，以及唯一
的漁業學校；在碼頭區有造船廠和漁市場。卡拉
基特的**阿卡迪亞歷史文物村**（Village Historique
Acadian）重建了阿卡迪亞開墾區，呈現1780至
1880年間阿卡迪亞人在驅逐令撤除之後回到此地
重新開發的情景。文物村靠近早年阿卡迪亞人築
成的沼澤堤防。

巴瑟斯特（Bathurst）㉙ 在卡拉基特以西60公里
處，是一座成功融合英法文化的代表城市。這裡的
外海就是沙勒爾灣（Chaleur Bay）水域，意為「溫
暖的海灣」，由卡蒂埃在1534年所命名。這裡曾傳
出有幽靈船出現，從巴瑟斯特到坎貝爾頓沿岸都有
此傳說。有些人認為那是一艘在戰爭中失蹤的法國
船，但也有人認為應該有更科學的解釋。

沙勒爾灣西緣盡頭是**達爾豪濟**（Dalhousie）與
坎貝爾頓（Campbellton）㉚，這裡是由蘇格蘭
人、愛爾蘭人和阿卡迪亞人所墾殖，因此必須有
好聽力才能聽懂當地口音。坎貝爾頓蟄居在糖棒
山（Sugarloaf Mountain）山腳下，是釣鮭魚和冬
天戶外活動的勝地，也是前往魁北克的門戶。

由此往南和往東，就是大西洋岸諸省所在，包
括新斯科細亞、紐芬蘭和愛德華王子島。

旅遊雪迪亞克的最佳
時節是7月上旬的龍
蝦節，當地會有龍蝦
大餐、吃龍蝦大賽和
遊行等活動。

下圖：木雕師傅在刻
製自己的標記。

新斯科細亞：望海

這個以法國、保皇黨人、蘇格蘭等文化為主的沿海省份有豐富的航海傳統。那崎嶇的海岸與隱蔽的海口曾是海盜與造船工人的家園。

地圖見
222頁

加拿大

魁太華

美國

新斯科細亞（Nova Scotia），光聽這個名字就令人聯想到崎嶇的蘇格蘭高地，迴蕩著風笛的聲音。但在蘇格蘭人還沒來之前，印第安密克馬克族、法國人、英國人、從美國殖民地來的保皇黨人就已經居住在這兒了。這些族群都在這裡留下印記。今日，該省居民中有77%是英裔，10%是法裔（阿卡迪亞人）。同時，這裡也是全加拿大黑種原住民人口最多的地方。

新斯科細亞人跟他們的祖先一樣，因為天性使然，加上經濟與地理因素，和大海有種極為密切的關係。該省的布雷頓角（Cape Breton）是座島嶼，內陸則以契格尼克托地峽（Chignecto Isthmus）與加拿大大陸相連。湊巧的是，該省的形狀很像龍蝦，而且沒有一個地方離海洋超過56公里。新斯科細亞濃密的人情味吸引很多人來，尤其是那傳統的蘇格蘭高地式歡迎，也就是「十萬分歡迎」（Ciad mile failte）。

撫今追昔

新斯科細亞的原住民密克馬克族，至今仍活躍在這塊土地上，在這片水域捕魚，但人數已銳減。一般認為，古斯堪地那維亞人在西元1000年左右可能來過這裡。目前已有證據支持這個觀點。數世紀後，卡伯特在英國的旗幟下前來探險，足跡曾至布雷頓角島的北方。16世紀時，法國與葡萄牙漁民亦曾前來這裡捕魚並醃製魚肉。

左圖：一位討海人在抽菸斗。
下圖：佩姬灣孤獨的燈塔。

法國人把這塊土地稱為「阿卡迪亞」，範圍包括現今的新斯克細亞、新伯倫瑞克、愛德華王子島，以及美國的緬因州。他們沿著芬地灣沿岸與安納波利斯河（Annapolis River）周圍沼澤地帶定居下來，開墾這些新斯科細亞最肥沃的土地。

沿海省份的居民認同與傳統在新斯科細亞依然相當活躍，只是隨著20世紀的到來，原有的繁榮景象多已成明日黃花。加拿大心臟地區常常把沿海諸省看作是包袱，因為它們經常向聯邦政府要求財政補助。但許多沿海省民說，當初加拿大心臟地區因為缺乏冬季港口，才千方百計想要把沿海諸省納入聯邦。他們深信，1867年時他們的領袖不知嘗了人家什麼甜頭，才會同意加入聯邦。但史書上寫的又是另一套，說是加拿大同意新斯科細亞和新伯倫瑞克加入聯邦的。

早在聖羅倫斯河航道於1959年開通、聖羅倫斯河成為首要的商業運輸動脈之前，新斯科細亞的運輸地位便已大幅滑落。鋼鐵殼的蒸氣船取代木製帆船後，便扼殺了本地風光一時的工業與經濟。取代造船業的採煤業到二次大戰後依然蹣跚

擅於海上突襲的密克馬克族是木造船的能手。早期的歐洲探險家及毛皮貿易商便採用他們造的獨木舟。

前行。

但是新斯科細亞還有其他的本錢可以依靠：提供很多工作機會的林業，以及資源豐富的淡水和海水漁場、肥美多產的安納波利斯河流域（這些都曾經是阿卡迪亞人的寶貝）；還有觀光業，更是這裡由來已久的傳統及主要財源。

雙子城

新斯科細亞的第一大城及第二大城分別是首府哈利法克斯與**達特茅斯**（Dartmouth）❶，這兩大城市相互對望，以兩座吊橋連接。壯麗的**哈利法克斯港**（Halifax Harbor）是世界第二大天然港，終年不受冰封。密克馬克族稱它為「chebucto」，意思就是「大港」。它長久以來一直是繁忙的國際港暨海軍基地。

哈利法克斯身兼濱大西洋諸省的商業及教育中心，自然在這雙子城中居主導地位，也是較受青睞的一個，但達特茅斯也不是沒有自己的魅力。達特茅斯雖然以工業城聞名，大家卻稱它為「湖之城」，因為城裡有25座波光粼粼的湖泊。

因此，市民夏天不用出城，就可享受淡水魚釣和泛舟的樂趣。湖面冬天結成溜冰場。達特茅斯建於1750年，比哈利法克斯晚一年。當時，渡港而來的英國軍隊在這裡開林闢地。

達特茅斯的發展泰半是因應哈利法克斯的需求，在1752年便開始經營來往兩地的渡船。這些渡船不斷在港口來來去去，成為北美最老字號的海洋渡船事業。

美國獨立革命後，教友派信徒於1785至92年間從南土克特島

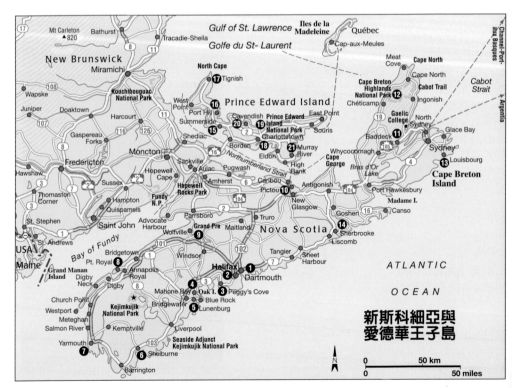

新斯科細亞與愛德華王子島

（Nantucket Island）來此定居。他們成立一家捕鯨公司，總部設在達特茅斯，作業流程集中在現在的達特茅斯造船廠（Dartmouth Shipyards）。他們留下的住屋有許多現在還在。這些房子造型簡單，前門不是安在正中央，建築著眼點在經久耐用。順著歐契特婁尼街（Ochterloney Street）逛下來，便可見到多棟這樣的老屋，其中的教友派之家（Quaker House，6月至9月勞工節週二至週日 10am-5pm 開放，1-2pm 休館；需購票），可算是歷史最悠久的。

在達特茅斯的主街（Main Street），新斯科細亞黑人文化中心（Black Cultural Center for Nova Scotia）對這地區的黑人族群，提供有力卻少有人知的透視觀點；第一批黑人在 18 世紀晚期來到新斯科細亞。

就跟加拿大其他濱水區一樣，哈利法克斯與達特茅斯雙子濱水區也在脫胎換骨中。尤其哈利法克斯的都市重建，更是令人刮目相看。

1960 年代中期，哈利法克斯（Halifax）❷市民積極參與，企圖扭轉該市灰黯的形象。濱水區如今以歷史遺產區（Historic Properties）而聞名，它當初在市民關懷下才免遭拆除，現在是加拿大仍存留的濱水倉庫中最古老的一座。遊客可以在這鵝卵石路面的地方採購、用餐、四處逛逛。這裡的外觀仍保持著 19 世紀原有的面貌，當年海盜搶了東西就是拿到這裡來藏的。出了下水街（Lower Water Street）不遠處，有晚近才復建完成的啤酒廠市場（Brewery Market）與大西洋航海博物館。

凱斯（Alexander Keith）當過一任新斯科細亞市長，在 1820 年建了一家酒廠。如今廠內的庭院、拱廊再度洋溢著酒香。在各式各樣的廠房當中，有一個哈利法克斯農夫市場（Halifax Farmers' Market，週六 7am-1pm 開市），終年開市。

地圖見 222 頁

在達特茅斯，位於新堡街的長青歷史古宅（Evergreen Historic House），是民俗學家兼作家克萊頓（Helen Creighton）的故居，她是《藍鼻魂》（*Bluenose Ghosts*）的作者。

下圖：每戶人家的小船。

哈利法克斯以「綠都」聞名。它有八座公園，還有美術館、博物館、購物中心，以及更新重建的濱水區。遊客可徒步、搭船或是坐人力車四處逛逛。

大西洋航海博物館（Maritime Museum of the Atlantic，每日開放；需購票）視野極佳，可眺望港口，還有一艘龐大的測量船，叫「加拿大測量船阿卡迪亞號」（CSS Acadia）。這艘船目前停泊在博物館後面，當年它負責測繪北部海岸線地圖，定期往返於嚴寒的北極和北大西洋水域。

沿著濱水區往南來到**21號碼頭**（Pier 21，每日開放；需購票），這裡是100萬移民在1928至71年進入加拿大的門戶。21號碼頭以文件記錄移民的體驗，並以互動式陳列來呈現。

濱水區正西邊是哈利法克斯的商業區。在鱗次櫛比的辦公大樓與觀光飯店之中，矗立著**世界貿易會議中心**（World Trade and Convention Centre）。憑它畫著「藍鼻號」的巨大風向標，很容易就能找到它。這裡專供舉辦商展、會議與音樂會之用。王子街（Prince Street）正北，舊蒙特婁信託大樓旁邊，就是昔日14種報紙出版的所在地。這八幢前聯邦式建築據說曾是狄更斯與王爾德最愛流連的地方，如今它們都併入了那十分迷人的**創業廣場**（Founders Square）當中。

哈利法克斯建於1749年，這不單是因為它是一個大港，也是因為它可作為軍事堡壘，以制衡駐紮在路易斯堡（Louisbourg）的法軍。**碉堡**（Citadel，開放時間：10-6月每日9am-5pm，7-8月9am-6pm；需購票）雄踞在一處山崗上，可遠眺商業鬧區。這座星形的19世紀建築，是第四度從原有的地基上蓋起來的。如今它不再是軍事重地，已成為國家歷史公園，內有收藏廣泛的**軍事博物館**（Army Museum，5-10月每日開放；免費），也是眺望商業區和濱水區勝景的好地方。

想看**市鐘**（Town Clock）的話，這個地點視野最棒。靠著它各朝一方的四個鐘面，加上逐時鐘響，市民其實不用戴錶。當初建這座市鐘是

左下：哈利法克斯的濱水區。
右下：哈利法克斯農夫市場。

奉肯特公爵愛德華王子之命，據說他很講求守時。

有兩座教堂不可錯過。一個是**聖瑪麗大教堂**（St Mary's Basilica），它有座世界最高的教堂尖頂。另一個是坐落於大徒步區（Grand Parade）的**聖保羅教堂**（St Paul's Church），建於1750年，是加拿大最早的基督新教教堂。大徒步區也作為藝術家的開放空間。**省議會**（Province House，每日開放；免費）位於附近的哈利斯街（Hollis Street），是加拿大現存最古老的議會大廈。狄更斯說它是「喬治式建築的瑰寶」。

碉堡山腳下有美麗的**公共花園**（Public Gardens）。它建於1867年，是北美歷史最悠久的維多利亞式公園。花園附近的夏街（Summer Street）上有**自然歷史博物館**（Museum of Natural History，開放時間：6-10月中旬每日，10月中旬至5月週二至週日；需購票），它在全省各處另有24個分館。總館收藏品以新斯科細亞的自然與社會史為主，還包括密克馬克族的手工藝品，有些歷史上溯11,000年前。

回到濱水區，哈利法克斯半島南端有一處**岬角樂園**（Point Pleasant Park）。聯邦政府每年以一先令將這塊綠地租給市政府，租期999年。**威爾斯王子海岸碉塔**（The Prince of Wales' Martello Tower，7-9月勞工節每日開放；免費）建於1796年，至今依舊屹立，在一系列分布於北美和英倫三島海岸區的圓形石造崗哨中，這座可說是元老。岬角樂園可供人慢跑、健行、游泳、野餐、看船等等，據說它是北美大陸中蘇格蘭石南樹唯一能長得茂密的地方（種子還是從英國兵的床墊上掉下來的呢！）。哈利法克斯另一端也有公園，叫**尼漢碉堡公園**（Fort Needham park），是為了追悼1917年哈利法克斯大爆炸案的罹難者（參見226頁）。

地圖見 222頁

下圖：新斯科細亞的「新英格蘭之藍」。

南岸盛開的花朵。

南岸

哈利法克斯西南部崎嶇的大西洋沿岸，就是一般所講的**南岸**（South Shore），經觀光局提升成為「燈塔觀光路線」。這的確是名副其實，只可惜夜晚雖然有這些燈塔照明，但這條美麗、神祕、嚴峻的海岸線依舊是海難頻傳。而當地居民對於大海的威力與深不可測，也同樣感同身受。

迂迴的南岸多的是海灣、灣澳、海口與島嶼，因而成為海盜、私梟的最愛。哈利法克斯西邊有一個**雪德灣**（Shad Bay），灣裡有個**柯克蘭島**（Cochran Island，曾以泣婦島〔Weeping Widows Island〕聞名），那裡曾發生一段令人髮指的故事，跟17世紀惡名昭彰的海盜奇德船長有關。奇德想把部分寶藏藏在這裡，便雇用43人替他挖了兩個大洞；不幸的是，事成之後他便把他們連人跟寶藏一起埋了，讓這些人的妻子都成了傷泣的寡婦。今天島上還有個很深的通風井，就是後來無數人前來尋寶所留下的證據。

附近的**印第安港**（Indian Harbor）與**佩姬灣**（Peggy's Cove）❸ 都是依偎在海岸花崗岩層露頭的漁村，一個靠中央，一個靠頂端，兩個有各自不同的寶藏。佩姬灣現成為新斯科細亞半官方性的展示櫥窗，號稱是全世界最上鏡頭的漁村，不過它的質樸與原本面貌還沒有遭到破壞。佩姬灣名稱的由來眾說紛紜。有人認為是衍生得來的，意思是小一號的聖瑪格麗特灣；還有人認為它是取自某次海難唯一生還者的名字，她後來還嫁給了當地人。

當地的航海藝術家，已故的德嘉戴（William E. de Garthe，1907-83），顯然是支持後一派的說法。

下圖：馬宏灣的南瓜攤。

Fruit and Vegetables

All Cheese 20% OFF MUSSELS

哈利法克斯大爆炸案

1917年12月6日，一場大爆炸案奪去多條生命，震驚了哈利法克斯。案發原因是法國軍火運輸船「白朗峰號」（Mont Blanc）滿載著軍火，包括TNT炸藥，在哈利法克斯港撞上了比利時補給船「伊墨號」（Imo）。兩船起火燃燒，很多市民跑去港岸圍觀。

突然，「白朗峰號」發生爆炸，造成兩千人當場喪生，數千人受傷，哈利法克斯北區幾乎被夷為平地。連遠在一百公里外的楚洛鎮（Truro），窗戶玻璃都被震碎。據說這是1945年廣島原子彈轟炸之前最大一次的爆炸案。

市府當局收拾殘垣斷壁，把「白朗峰號」的碎鐵片（有些是在數公里之外找到的）熔解鑄成一座雕像，塑立在哈利法克斯北區紀念圖書館前，以茲追思。

位於下水街的大西洋航海博物館（Maritime Museum of the Atlantic，5-11月每日開放；免費）展示了大爆炸案等哈利法克斯的海事相關文物，也有鐵達尼號海難的展出。

地圖見
222頁

他耗費十年光陰，雕出32尊當地漁民及他們妻兒的雕像，雕像是刻在他屋子後面一座30公尺長的花崗岩壁上，後來被稱為「漁民紀念壁」（Fishman's Monument）。除此之外，德嘉載也雕了船難故事那位年輕姑娘的雕像。佩姬灣的燈塔（Lighthouse）吸引了許多遊客慕名而來，燈塔裡還設有郵局。令人沮喪的是，1998年夏天，載有229名旅客的瑞士航空不幸墜落佩姬灣，當地居民英勇地投入救援工作，但這件悲劇在未來數年中將深印在他們腦海中。

聖瑪格麗特灣（St Margaret's Bay）是1631年由尚普蘭命名的，以美麗的沙灘與夏季度假別墅著稱。銜接它的馬宏灣（Mahone Bay）❹，名聲就比較狼藉，灣內共有365個島嶼，一度是海盜的地盤。它的名字可能是來自法文的駁船（mahonne），這種輕便小艇正是海盜在外海打劫的利器。此外，地名的由來跟那個時代有關的還有犧牲島（Sacrifice Island）、殺手角（Murderer's Point），不過，論神祕，橡樹島（Oak Island）的名氣比它們響亮得多。它一直是尋寶人注目的焦點，傳說奇德船長把他另一部分寶藏埋在這裡。島上曾經長滿密密麻麻的大橡樹，根據當地民間傳奇的說法，要等橡樹全部死光，外帶賠上七條人命後，寶藏埋在何處的謎底才會揭曉。（至今已有六個人一命嗚呼，剩下的樹也沒幾棵了。）

「藍鼻號」的故鄉

「從1753年起，就是遮風避雨的好港」，這是當地人形容盧嫩堡（Lunenburg）❺的話。它是加拿大最重要的漁港之一，找不出哪個地方能像這兒的航海傳統那樣發揚光大，跑船的、捕魚的、造船的，都幹

下圖：落日餘暉映照在盧嫩堡船塢。

抓龍蝦。

得有聲有色。像著名的「藍鼻號」（Bluenose）俗稱「北大西洋女王」，四度獲得國際縱桅帆船大賽冠軍，正是 1921 年在這裡建造的。

「藍鼻號」是盧嫩堡人的驕傲，但它在 1946 年於海地外海報銷了。盧嫩堡船塢後來又造了一艘，用來拍攝電影《叛艦喋血記》（*Mutiny on the Bounty*），船由新斯科細亞海員開到大溪地。這麼一來，「藍鼻號二世」也跟著誕生，是按照原型建造，請的也是同一批造船師傅。二世下水後，便展開了水上大使的生涯。盧嫩堡舊鎮區（Old Town）保存數十棟 1760 年的歷史性建築，其中有不少已轉型為旅店、餐廳、商店和藝廊。每年到了夏天，7 月的盧嫩堡工藝節、8 月的盧嫩堡民俗港口節、新斯科細亞民俗藝術節、新斯科細亞漁民展覽等，讓當地顯得生氣蓬勃。

繼續往內陸走，來到拉阿弗河（LaHave River）畔的**橋水鎮**（Bridgewater），它是當地的工業財源，每年 7 月都會舉辦**南岸展示會**（South Shore Exhibition），內容包括國際牛力拖曳錦標賽（International Ox Pull Championship），與賽的飼主無不連哄帶騙要他們的牛隻拉出個冠軍來。

加勒比海貿易港

回到海岸，在橋水鎮南方有**麥德威港**（Port Medway）。這港口雖然現在很冷清，19 世紀晚期卻是繁忙的大港，滿載漁產、木材的船從這裡出發前往加勒比海，載回蘭姆酒和糖蜜。在哈利法克斯西方 142 公里處的**利物浦**（Liverpool）好景依舊，它建於麥西河（Mersey River）畔，就跟英國的利物浦一樣。這裡歷來的私梟赫赫有名，每年 7 月有「私梟節」來緬懷過去這項歷史。利物浦特別引人的地方是**柏金斯宅邸博物館**

下圖：德嘉戴在佩姬灣雕刻的「漁民紀念壁」。

地圖見
222頁

（Perkins House Museum，6-10月中旬每日開放；需購票），建於1767年。柏金斯的日記記錄了利物浦殖民時代的風土人情，他的宅邸正是這樣一個活生生的見證。

沿海岸西行，可達**羊皮港**（Port Mouton），這是宜人的漁村。羊皮港是德蒙特（Sieur de Monts）和他的同伴在1604年所命名的，當年他們的一頭羊從船上落水。小小的**久利港**（Port Joli）如今是鳥類保護區，也是加拿大雁秋冬季最喜愛的聚集地。

坐落於利物浦西方67公里處的**雪伯林**（Shelburne）❻是18世紀的歷史寶窟，它被稱作「保皇鎮」，因為1783至85年間從美國來此定居的親英保皇人士多達一萬六千人。雪伯林因而驟然發跡，規模不僅比哈利法克斯大，也比蒙特婁大。1787年後由於政府停止補助，當地人口銳減，到了1820年代更降到300人以下。雪伯林的**湯姆生宅邸**（Ross Thomson House，6-10月中旬每日開放；需購票）建於1784年，是某保皇黨人的住家兼商店，也是新斯科細亞僅存的18世紀商店，現為省立博物館，裝飾和擺設全反映了1780年代的樣子。

另一批想住在雪伯林的人是不久前才來的。1987年，有艘從荷蘭出發的船在這裡靠岸，船上載了174名錫克教徒。近年來，加拿大成了不少難民嚮往的地方。這些錫克教徒偷渡違法上岸時，碰上道地的東岸討海人的熱情招待，一位婦女送自製的花生果醬三明治給他們。

新斯科細亞約自1765年以來僅存的新英格蘭式教會在**巴靈頓**（Barrington）附近，內有一19世紀的羊毛織坊。鎮上以前住著法國人，鎮名叫「旅次」（Le Passage），後來被新英格蘭人攻毀，鎮民放逐到波士頓。1760年，移民從鱈魚角（Cape Cod）與南土克特（Nantucket）來到這裡，這兒便成了一個最早的新英格蘭移民前哨站。

沿著海岸往北向芬地灣走，便可到達**雅茅斯**（Yarmouth）❼。這裡是美國渡輪終點站，所以很多加拿大人旅行都從這兒開始。在帆船黃金時代，它曾是世界級的大港。

法蘭西海岸

法蘭西海岸（The French Shore）就是**克萊爾**（Clare）自治區的同義字，介於雅茅斯與迪格比（Digby）之間，是該省阿卡迪亞人最多的地方。當地人愛說他們有世界最大的幹道，媲美多倫多的洋吉街（Yonge Street），因為法蘭西海岸由27個鄉鎮組成，其中半數以上位於通衢大道上。昔日許多阿卡迪亞人在驅逐令過後又回到這裡從頭幹起，其中有的還是步行翻山越嶺而來的。

在雅茅斯北方40公里處的**梅特根**（Meteghan），有短短的步道引健行客到**私梟洞穴省立公園**（Smuggler Cove Provincial Park），下到一處有天然岩洞的幽靜海灘，據說這是當年美國禁酒令時期私梟藏蘭姆酒的地方。梅特根這裡的傳統技藝蓬勃發展，這點從它有濱大西洋諸省最大的木船製

1750年，一艘美國船在久利港外海沉沒，船員被原住民捕獲，原住民給他們兩條路走：一是赤腳站在火堆上，一是跳海；他們選擇跳海，結果都淹死了。

下圖：辛苦一天，該歇歇了。

若想一睹東北海岸的聖瑪麗灣之美，不妨踏上那盤旋於聖瑪麗岬與熊澳（Bear Cove）之間峭壁頂端的健行山徑。

造廠便可證明。

多數阿卡迪亞村落最明顯的標記是教堂，這在教堂角（Church Point 或 Pointe d'Eglise）尤其明顯。**聖瑪麗教堂**（St Mary's Church）建於20世紀初，是北美最高最大的木造教堂。教堂尖頂高達56公尺，隨著海灣和風搖曳，動用36公噸碎石壓底。這座地標位於**聖安妮大學**（Université Sainte-Anne）內，它是省內唯一的法語大學，阿卡迪亞的文化重鎮，每年7月底都會舉辦為期一週的**克萊爾阿卡迪亞節**（Festival Acadian de Clare）。

迪格比（Digby）位於聖瑪麗灣東緣，安納波利斯內灣南端，俯視迪格比狹道（Digby Gut）。該鎮素有航海之風，鎮名是依1783年率領保皇黨人從新英格蘭來到此地的船長而命名的（船上有一名是發明家愛生的曾祖父）。這裡是名聞遐邇的**迪格比扇貝艦隊**（Digby Scallop Fleet）所在地，船隊規模是全球最大的。迪格比有數家魚類加工廠，出產一種叫做迪格比海底雞（Digby Chicks）的煙燻鯡魚，很有名。每年5月，這裡都會舉辦溫莎漁人賽船會（Windsor Fisherman's Regatta）。

安納波利斯流域

尚普蘭這麼描述安納波利斯內灣（Annapolis Basin）：「我們進入了一個我在這帶海岸所見過的最美麗的港灣。」他的同胞雷斯卡波（Marc Lescarbot）則這麼形容：「好不可思議的景致，讓我訝異這麼美麗的地方怎麼還沒人要。」如今在沿著安納波利斯內灣與河岸，果園和農地取代了原始森林，景觀雖變，美麗依舊。

克雷蒙斯波（Clementsport）的**舊聖愛德華保皇教堂**（Old St Esward's

下圖：安納波利斯流域綻放的蘋果花。

地圖見
222頁

Loyalist Church）建於 1780 年代，雄踞在山崗上，有個古老的墓園。它是省內最早的博物館之一，展示著建築本身的完好無缺與豐富的保皇黨人手工藝品。它居高臨下，是俯瞰盆地的好地點。

盆地的另一邊是**皇家港**（Port Royal）❽，距離安納波利斯皇家（Annapolis Royal）10 公里，當地重建的**居所**（Habitation，5 月中旬至 10 月中旬每日開放；需購票），是 1605 年由德蒙特與尚普蘭建立的；見證過很多的第一：它是北美佛羅里達以北第一個永久性殖民地；舉行過加拿大第一次羅馬天主教彌撒；有第一個加拿大社團（尚普蘭為了消解長冬的鬱悶，創立了 Order of Good Cheer）；推出第一齣加拿大劇作（律師兼作家雷斯卡波在 1606 年編曲《海神劇》）。1613 年，居所被英國人焚毀，經多年研究後，終於在 1939 年重建，這是加拿大古蹟保存運動最早的重大成果之一。

安納波利斯流域有南北兩山脈屏障，加上阿卡迪亞先民廣修堤道，使本區成為渾然天成的農業區和風景區，這裡的蘋果尤其出名。到了春天，空氣中彌漫著蘋果花香的氣息，整個流域都在慶祝**蘋果花節**（Apple Blossom Festival）。

雖然在下驅逐令後流域住的多半是墾殖者與保皇黨人，但是阿卡迪亞人還是受到相當尊重，尤其在**大牧野**（Grand Pré）❾，這個村莊由於朗費羅所寫的《伊凡吉林》而名垂不朽。它是在驅逐令之前新斯科細亞最重要的阿卡迪亞聚落。朗費羅在 1847 年寫了《伊凡吉林：阿卡迪亞往事》，描述驅逐令期間一對年輕夫婦如何慘遭拆散，她又如何千里尋夫。在**大牧野國家歷史公園**（Grand-Pré National Historic Park，全年開放，5-10 月有導覽；需購票），有一座簡樸的石造教堂，裡面收藏有

下圖：朗費羅作品中的女主角伊凡吉林像，豎立在大牧野國家歷史公園。

關阿卡迪亞文化的工藝品，教堂外面豎立著朗費羅作品中悲劇女主角的塑像。

在大牧野東南，亞芬河與聖克羅伊河（St Croix River）匯流處便是**溫莎**（Windsor）鎮。喜歡一些妙語的人，像是「raining cats and dogs」（傾盆大雨）、「quick as a wink」（才一眨眼）、「an ounce of prevention is worth a pound of cure」（預防重於治療），就該到溫莎的**哈利伯頓宅邸**（Haliburton House，約建於1839年）瞻仰一番。這所博物館以前是法官兼幽默作家哈利伯頓（Thomas Chandler Haliburton）的家，他寫了《山姆・斯利克》（*Sam Slick*），故事主人翁是個在新斯科細亞到處叫賣的北方佬，一路拋下這些如珠妙語。

契格尼克托地峽

新斯科細亞大陸北邊受芬地灣潮水沖刷，這裡漲潮時水位世界最高。在契格尼克托地峽（Chignecto Isthmus）的那一邊，則受諾森伯蘭海峽（Northumberland Strait）潮水沖刷。有些自然奇觀真是千載難逢，芬地灣潮水卻很慷慨，一天上演兩次，而且戲法還隨著位置不同而有變化。**表燒岬**（Burntcoat Head）在**密納斯內灣**（Minas Basin），有世界最高漲潮紀錄，漲落之間潮差高達17公尺。

或許是這股一鳴驚人的氣勢讓威廉・勞倫斯（William D. Lawrence）受到啟示，就在**梅特蘭**（Maitland，楚洛西方20公里處）一舉造出加拿大最大的木船。這艘和他同名的帆船，索具、桅檣一應俱全，在1874年下水，在技術上和經濟上都相當成功。勞倫斯那富麗堂皇的家現為陳列館，收藏船隻和造船方面的手工藝品和紀念品，其中包括一艘威

實用指南

葡萄酒愛好者應該造訪大牧野葡萄酒莊（Grand Pré Estate Vineyard），它是加拿大東部最著名的釀造廠。參觀與品酒時間：3月至12月每日兩次，週一至週五每日三次。

下圖：鱒河的龍蝦捕捉器。

廉勞倫斯號的模型。

楚洛（Truro）原先住的是阿卡迪亞人，當時叫科貝基（Cobequid），後來住的是北愛爾蘭人、新罕普夏人。這兒是觀潮的好地方。芬地灣潮水激盪所形成的「水牆」，以每秒0.3公尺的速度衝進鮭河（Salmon River）。向東越過契格尼克托地峽，就是諾森伯蘭海峽沿岸，沙灘綿延，風笛聲不時迴盪。據說蘇格蘭高地宗族在新斯科細亞的後裔比在蘇格蘭還多，其中不少就住在這附近。楚洛東方76公里處的**皮克托**（Pictou）**❿**是「新蘇格蘭誕生地」，首批蘇格蘭高地移民便是在1773年搭乘「海克陀號」（Hector）在這裡上岸的。這個良港之後又陸續接納好幾批蘇格蘭移民。今日，它是造船和漁業的中心。每年7月都會舉辦**皮克托龍蝦節**（Pictou Lobster Carnival）。

就跟皮克托一樣，**安提哥尼什**（Antigonish，皮克托東南方74公里處）的名字也是從密克馬克語來的，後來也受到蘇格蘭高地文化的洗禮。這裡每年7月舉行的**蘇格蘭高地賽會**（Highland Game）吸引了各路人馬前來一較高下，這是北美高地賽會中資格最老的。比的是蘇格蘭音樂、舞蹈和競技，最引人注目的是流傳已久的擲桿競賽。

布雷頓角島

電話發明人貝爾寫道：「我環遊過世界各地，見過落磯山脈、安地斯山脈、阿爾卑斯山和蘇格蘭高地，但論及質樸之美，布雷頓角島勝過它們。」貝爾所言不虛，**布雷頓角島**（Cape Breton Island）正是新斯科細亞最熱門的觀光景點。但有點尷尬的是，它也是這個較窮省份中經濟最差的地方，這是因為採煤業沒落的緣故。

地圖見
222頁

普格瓦什（Pugwash）是加拿大的蘇格蘭文化中心，位於安赫斯特（Amherst）東方50公里處。每年7月，該鎮都會舉辦氏族大會，鎮上街牌也是用蘇格蘭蓋爾語（Gaelic）書寫。

左下：聖羅倫斯灣的漁民。

右下：卡伯特（John Cabot）的半身像。

布雷頓角向來是自成一格的地方，法裔住在這地方比住在新斯科細亞其他地方更久（他們稱之為 Ile Royale），而且直到1820年，布雷頓角都是自成一省。康索堤道（Canso Causeway）是布雷頓角和「大陸」相連的臍帶，遲至1955年才建造。

卡伯特徑（Cabot Trail）是依探險家卡伯特的名字來命名的，全長298公里，環繞布雷頓角北部。所經之處，不論在視覺或聽覺上，都跟蘇格蘭高地很像。卡伯特徑是公認北美開車旅遊最有看頭的路線之一，蜿蜒穿過茂密的河谷，行經桀傲奇美的海岸線，而且不時緊攀險峻的峭壁通過，再深入蒼鬱的森林地帶，而後登峰造極，俯覽群山。

卡伯特徑是先人前仆後繼之下才開拓出來的。布雷頓角北部聚落幾乎與世隔絕，東岸的**煙角**（Cape Smoky）是最大的天險。到了1891年，才有一條窄窄的馬車路辛辛苦苦繞著老煙角山嶺走過來，路的一邊是陡峭岩壁，另一邊是懸崖，下面是深366公尺的大海。要到1908年汽車才有機會上路一試身手。早期的汽車駕駛曾想出一個絕招，就是車尾綁上針樅樹，這樣下坡時就不會失控。在卡伯特徑開車至今還是叫人毛骨悚然，雖然說大部分人是順時鐘方向、緊靠路的內側開。

出生在蘇格蘭的貝爾在**巴代克**（Baddeck）⑪蓋了一座避暑山莊，這是卡伯特徑正式的起迄站。貝爾在此安享最後35年生活。他有志成為聾啞教師來教出像海倫・凱勒那樣的學生，還有繼續進行能發明電話那樣的研究。**貝爾國立歷史公園**（Alexander Graham Bell National Historic Park，5-10月每日開放，11-4月需預約，電話：902-295 2069；需購票）有照片和展示品來紀念這位教師、發明家暨人道主義者。

卡伯特徑從巴代克順時鐘方向沿**瑪佳麗河**（Margaree River）走，這

地圖見
222頁

段路以優美的風景、豐富的鱒魚和鮭魚著稱。聖羅倫斯灣岸從瑪佳麗到布雷頓角高地國家公園，沿途散布著許多阿卡迪亞漁村，居民是法國內陸移民後裔，在驅逐令後便來到這裡。

如同阿卡迪亞語還保留了17世紀的風味，當地文化也保存了相當多的原味。阿卡迪亞旗幟在海風中飄揚，等你見到又一個教堂尖頂時就表示下一個村落要到了。**謝地康**（Chéticamp）正是如此，它是本區最大的城鎮。**布雷頓角高地國家公園**（Cape Breton Hoghlands National Park）**12** 在謝地康北方只有幾哩路，涵蓋了從聖羅倫斯灣到大西洋岸的整個地帶，三面為卡伯特徑所環繞。這片壯麗的自然景觀保護區是健行者、泳客、露營人、高爾夫球與其他戶外活動愛好者的樂園。

卡伯特徑沿國家公園走，最北到達**北角**（Cape North），從這兒再往北一條路走可繼續北行來到**聖羅倫斯灣**（Baby St Lawrence）漁村。路上會經過**棒糖山**（Sugar Loaf Mountain），據說山腳就是卡伯特1497年登陸的地方。每年到了6月24日，當地人就會把當年的情景在海邊重新演一次。

國家公園東門是在**英勾尼許**（Ingonish），這個聚落長期以來便吸引許多遊客。英勾尼許港外是煙角，那兒山頭高聳入雲，海拔有366公尺。冬季，遊客可到煙角山坡滑雪，順便眺望大西洋。夏季可搭乘空中纜椅上煙角山頂，俯瞰這個崎嶇多霧的島嶼。

從煙角到巴代克，這個地帶就是著名的**蓋爾海岸**（Gaelic Coast）。沿聖安灣（St Ann's Bay）走，可到達**蓋爾學院**（Gaelic College of Celtic Arts and Crafts）。它是北美唯一這類型的學院，成立宗旨在於緬懷當年來這裡的蘇格蘭高地人，培育他們的後代子孫。風笛的聲音，蘇格蘭格子呢，穿格子呢衣裳跳迴旋舞的舞者，這些在夏天都會見到。8月初蘇格蘭各氏族共聚一堂，參加年度**蓋爾敦親會**（Gaelic Mod），這是為期一週的凱爾特（Celtic）文化慶典。到校園內，別忘了去看看**宗族廳**（Great Hall of the Clans，6-9月每日開放；需購票）。那裡展示了麥卡斯基（Angus McAskill）的紀念物。他是19世紀身高將近240公分的布雷頓角人，曾跟侏儒湯姆（Tom Thumb）共事。

煤鐵之鄉

從卡伯特徑拐到**布雷頓角工業地帶**（Industrial Cape Breton），就會進入一個煙囪與鋼鐵廠的世界。採煤業一度是這裡的龍頭老大。雖然現在已經沒落了，還好新斯科細亞省政府仍多半用煤來發電。

格雷斯貝（Glace Bay）的**布雷頓角礦業博物館**（Cape Breton Miners' Museum，開放時間：6-8月每日10am-6pm，週二延至7pm；9-6月週一至週五9am-4pm；需購票）已發展成為該省最完備的博物館之一。館內有器物與照片逐年記錄鎮上煤礦業的成長史，讓參觀者緬懷那些冒生命危險深

布雷頓角高地國家公園有風景優美的群山與海岸，有25條健行步道穿過其中。可詢問當地人賞鯨行程的詳情。

下圖：獨自吹奏蘇格蘭風笛。

路易斯堡要塞的當時服飾。這座要塞是 18 世紀初期法國人築的堅實堡壘,兩度遭到攻擊,終於在 1758 年被英軍攻陷。

入地下的煤礦工人。參觀的高潮是礦坑之旅:一身鹹味的礦坑老手帶領遊客深入開鑿在海底岩層下方的**海底深坑**(Ocean Deep Colliery),訴說礦工的痛苦、死亡、驕傲、辛苦、微薄工資及袍澤之情。

自 18 世紀路易斯堡附近的士兵被派來挖礦,就開始了格雷斯貝一帶的採煤業。

法國末代大本營

走過路易斯堡要塞(Fortress Louisbourg)**⑬**崗哨會讓人感到恍如步入 1744 年夏季。它是法國在阿卡迪亞區最後一個軍事、商業和行政大本營,但在 1758 年變為廢墟。遺址經過兩個世紀都原封未動,後來修復工程開動,被列為加拿大此類工程中最浩大的一個。50 個建築物如今已修復完成。從那些穿好戲服、熟稔 18 世紀舉止的工作人員,到如假包換的建築和擺設,路易斯堡讓遊客留下深刻印象。

路易斯堡港(Louisbourg Harbor)是潛水的中心,而布雷頓角南岸海域向來是「沉船尋寶」的熱門地點──這是附近數世紀以來航海活動的遺產。

南岸外海,靠近新斯科細亞本土的地方有個**夫人嶼**(Isle Madame)。有座小橋跨越勒諾克斯航道(Lennox Passage)通到島上。航道景色優美,經過一些阿卡迪亞漁村。值得一提的是,亞力夏特(Arichat)的**勒諾瓦鍛鐵陳列館**(Le Noir Forge Museum,5-9 月開放,歡迎捐獻),是一座復建的石造打鐵店舖,也是島上最古老的建築物(1793 年)。在小昂塞(Little Anse)有小徑通到盡頭的**紅角**(Cape Rouge)。遊客由此可以遙見**綠島**(Green Island)與島上的燈塔,它是該省少數僅存仍有人駐守的燈塔。

下圖:路易斯堡要塞的法國衛兵。

東岸

介於布雷頓角與雙子城之間的東岸,其特色是未經破壞的自然之美、豐富而種類繁多的漁業資源、傳統民情。在當地人維持下,許多事物多年來幾乎沒有多少改變。在某些聚落,你仍可以見到一片片的鱈魚乾露天晾著,就跟一個世紀前沒有兩樣。

坎索(Canso)位置比大陸上任何聚落更靠近大西洋漁場,自然成為漁業和漁產加工的中心。坎索港見證了這個區域的歷史,從早期的歐洲漁民和商人,到英國艦隊集結在這兒,準備對路易斯堡發動總攻擊。

聖瑪麗河沿岸,在坎索西方 80 公里處有個村落,叫**雪布魯克**(Sherbrook)**⑭**。它在 17 世紀是法國毛皮交易站,到 1800 年才有永久定居的移民,他們主要是看上這裡有高大的林木與盛產鮭魚的河川。61 年後,發生了一件事,改變了這個鄉鎮的面貌:有人在這兒發現了黃金。這波淘金熱被視為「雪布魯克黃金時代」,但只維持了 20 年。

地圖見222頁

雪布魯克又沉寂下來了，只在鮭魚旺季才有漁民來此。直到1970年代復建計畫開始，雪布魯克總算復甦。如今鎮中心區幾乎已恢復到跟1860年代至1880年代一模一樣了，有些街道還交通封鎖，為的是再造一個**雪布魯克村**（Sherbrook Village）。裡面的人已經穿好戲服在做他們各自的工作，就等遊客走過21世紀的雪布魯克，進入另一個世紀的雪布魯克。

1870年代開張的**鐵匠舖**（The Blacksmith Shop）打造各項復建所需物品，還銷到大型商城Emporium，以及**雪布魯克村陶器坊**（Sherbrook Village Pottery）。最有意思的是那座監獄，1860年興建的，至今已使用了一百多年。其實那也不是真的監獄，只是普通的住家，只不過住的是獄卒、他的家人和一些違法者罷了。

從前雪布魯克與哈利法克斯之間的路程被形容成「六十哩惡地」。今天，道路改善了許多，而且沿途風光還能發人思古幽情。鎮郊復建的**麥當勞兄弟鋸木廠**（McDonald Brothers Mill），不論看的、聞的、聽的，都跟19世紀時一模一樣。

沿著海岸公路西行85公里，便可到達**丹吉爾**（Tangier），這裡是某企業的發祥地，全世界的老饕與美食家都該聽過，沒錯，便是克勞奇（J. Willy Krauch）和子孫輩經營的企業。現在兒子接手了，克勞奇在誠誠懇懇採用丹麥柴火燻烤法來調製大西洋煙燻鮭魚、鯖魚、鰻魚那麼多年後，終於可以享享清福了。

再西行30公里，來到**傑多蠔塘**（Jeddore Oyster Pond）的**漁民生活陳列館**（Fisherman's Life Museum，6-10月中旬每日開放；需購票）。該館原是麥爾茲夫婦（Ervin and Ethelda Myers）和13名子女的純樸家園，經復建後，充分反映出20世紀初的時代面貌。

下圖：路易斯堡的拱門。

海岸賞鯨

對伊努特人來說，捕鯨是爲了生存；
對歐洲人而言，是爲了商業利益。
今天，鯨魚在科學家與遊客的
注目之下生活著。

　　在哥倫布與卡蒂埃回國報告他們的探險發現
時，巴斯克（Basque）捕鯨人早已悄悄在加拿大
海岸捕捉他們的財富了。他們設在拉布拉多紅灣
（Red Bay）的捕鯨站雇用了一千人，每季可提煉
出兩百萬公升的鯨油。同時，不爲巴斯克人所知
的，伊努特人也在極西的北極海捕鯨，而印第安
努特卡族（Nootka）則在加拿大西海岸捕鯨。

　　其他的歐洲人與後來的美洲捕鯨人也加入巴斯
克人的行列，到加拿大三大海岸外的海域捕鯨。
他們用小船追逐鯨魚，靠近後用魚叉刺入，放出
長線；被激怒的鯨魚會拖著船走，稱爲納塔凱特
滑橇行（Nantucket sleigh ride），直到鯨魚精疲力
盡，成爲獵鯨人的獵物。之後，鯨魚會被拖上岸
任憑宰割分解。

　　隨著19世紀蒸汽船與獵槍的使用，鯨魚的數量
便銳減。

捕鯨轉爲賞鯨

　　到了一次世界大戰，北極海的商業捕鯨已經停
止，但卑詩省與紐芬蘭沿岸在引進附設處理設備
的捕鯨船之下，仍繼續捕鯨。到了1940年代末
期，國際捕鯨協會開始限制捕鯨數量，但加拿大
海域的鯨魚數量依舊銳減。1972年，加拿大政府
禁止商業捕鯨。今日，只允許伊努特人捕鯨，但
僅能自用。

　　現在，賞鯨觀光業雇用了許多兼職漁人。有
時，遊客是坐大的賞鯨船賞鯨，一次可搭載20至
200名遊客。通常，是母船放下小艇，一次搭載
二、三名遊客，在距離一兩公尺外觀賞這個龐然
大物。

▷ **鯨魚分布地**
加拿大沿海水域有各種不
同的鯨魚：巴芬灣有弓頭
鯨和白鯨，而神祕的獨角
鯨則生活在更北的海域。
座頭鯨、抹香鯨、長鬚
鯨、露脊鯨生活在東岸，
虎鯨、灰鯨在卑詩省海域
可以見到。

▽ **鯨魚用途**
伊努特人最懂得鯨魚各部
分的用途。他們把鯨魚的
皮、脂肪層、肉拿來吃
食，骨頭拿來作武器、工
具、建造房子，油拿來點
燈、取暖。歐洲人就比較
浪費了，只取用鯨油來製
作肥皂、化妝品、蠟燭、
人造奶油與顏料。

鯨魚力量

鯨是危險的行業。這裡
曾發生過抹香鯨撞毀船
的事件。在加拿大海
域，最受矚目的是弓頭
，在巴芬灣、哈得遜灣
見到牠們的蹤跡。鯨鬚
拿來做緊身褡撐條、裙
的紮環、馬車鞭繩、雨
、魚竿等等。

△**近距離賞鯨**
在大馬南島附近海域，遊
客乘坐小船，以便更靠近
鯨魚。也可以乘坐大點的
船從遠處觀賞鯨魚。

賞鯨地點

　　紐芬蘭東岸的港口，
包括那些位於三位一體
灣（Trinity Bay）與波
納維斯塔灣（Bonavista
Bay）的港口，有過一
段捕鯨的輝煌時期。今
日，業者將賞鯨與賞白
頭鷹及其他稀有鳥類結
合在一起。此外，遊客
還可以順便近距離觀賞
南漂的冰山奇景。

　　往南，芬地灣的海域
有豐富的磷蝦，隨潮水
移動。磷蝦會吸引露脊
鯨，如此一來，很容易
就可以找到鯨魚的蹤
跡。最熱門的賞鯨地點
是在新伯倫瑞克的大馬
南島海域。那兒有海洋
生物學家進行探測。

　　在魁北克的沙格內河
（Saguenay River）與聖
羅倫斯河匯流處，從岸
邊很容易就可以發現鯨
魚的蹤影，也有賞鯨行
程。這一帶有很多種類
的鯨魚，其中包括白
鯨，除北極外就只有這
裡可發現牠們的蹤影。

　　曼尼托巴北極沿岸的
邱吉爾也有白鯨的蹤
影。這裡除了傳統的旅
遊活動外，遊客也可以
潛水深入鯨魚出沒的海
域。

　　在卑詩省海岸，賞鯨
活動是從溫哥華、維多
利亞及其他小一點的港
口出發。每年春季，灰
鯨會游到溫哥華島西岸
海域，這裡賞鯨的最佳
時機是在3月中旬至4
月上旬。

愛德華王子島：水波中的搖籃

愛德華王子島是加拿大聯邦的誕生地，
也是作家露西・蒙哥馬利（L. M. Montgomery）的小說
《清秀佳人》的場景，加拿大面積最小的省份。

地圖見 222頁

愛德華王子島（Prince Edward Island）位於聖羅倫斯灣，隔諾森伯蘭海峽與大陸本土相望。跟其他的濱大西洋諸省相比，愛德華王子島地形較不崎嶇，當地古雅的風情似乎尚未染上現代世界的氣息。農地規畫整齊、精耕細耘。有人用比較誇張的方式形容愛德華王子島等於是兩片海灘中的馬鈴薯田。不能小看馬鈴薯，它是愛德華王子島最重要的經濟來源。觀光業的經濟地位則居次。當地居民共 13 萬 8 千人，大多是早期法國人、蘇格蘭人、英格蘭人與愛爾蘭人的後裔。

愛德華王子島是個極需開發的地方。1997 年後，有座聯邦跨海大橋（Conferderation Bridge）跟大陸本土相連，該橋兩端是波登（Borden）與新伯倫瑞克的喬里曼角（Cape Jourimain），全長 13 公里。此外，在林島（Woods Island）與新斯科細亞的卡里布（Caribou）之間有渡輪往來。

阿巴威

在密克馬克族的神話中，大神用紅磚土捏成一塊「世上最美的地方」，然後將它輕輕放在聖羅倫斯灣。祂把這塊土地送給了祂的子民，他們在兩千年前來到這裡紮營、捕魚，稱這裡為「阿巴威」（Abegweit），意思是「水波中的搖籃」。時至今日，密克馬克族的人口在島上占不到 1%。

第一個垂涎阿巴威的歐洲人是卡蒂埃，他在 1534 年宣稱它為法蘭西王土。他認為這裡是「人們所能見到最美的地方。」但這塊被法國人親熱地叫做**聖讓島**（Ile-St-Jean）的土地，直到 1719 年在**若耶港**（Port La Joye）才有永久性的聚居地。後來這個島成為路易斯堡要塞的糧食供應地，至今在這個區域它仍扮演著「聖羅倫斯灣農倉」的角色。

西區：北角濱海道

愛德華王子島可分為三個部分，由西向東分別是王子區、皇后區與國王區。西邊王子區的觀光業雖然沒有另外兩區來得發達，但一樣很迷人。

北角濱海道（North Cape Coastal Drive）沿著極為曲折的海岸一路蜿蜒，經過沙岩峭壁和曬得發白的沙丘，穿過小村，其中有很多是操著阿卡迪亞法語口音的村落（該省的法語人口僅占 5%）。

這條路線的起迄站在**夏邊市**（Summerside）**⑮**，它是該省僅有兩座城市中的第二大城，次於最大城首府夏洛特鎮（Charlottetown）。夏邊市位於**貝迪格灣**（Bedeque Bay），城鎮名的由來一般認為是它位置靠

左圖：愛德華王子島的老爺爺。
下圖：豐收的一天，龍蝦是愛德華王子島的名產。

屹立在布雷克萊海灘（Brackley Beach）一隅的灣頭港燈塔（Covehead Harbor Light）。

愛德華王子島比較溫暖、陽光較充足的那一邊。夏邊市一度是造船中心，如今碼頭仍擠滿了載運馬鈴薯的船隻。該城鎮年度最高潮在7月中旬，有一連八天的品嚐大會，即著名的龍蝦狂歡節（Lobster Carnival）。

聖約翰浸信會教堂（St John Baptist Church）是愛德華王子島最受人喜歡的教堂之一。一見到教堂尖頂，就表示你已到了**米斯古許**（Miscouche）西邊10公里處。1884年就在這裡召開阿卡迪亞全國大會，決定了紅、白、藍三色的阿卡迪亞旗幟。今日，在濱大西洋諸省各法語區都可見到這面旗子。

米斯古許有座**阿卡迪亞博物館**（Le Musée Acadien，每日開放；需購票），館內收藏了昔日阿卡迪亞人的工具、家用器具、宗教手工藝品、照片和文獻，以保存先民的文化。

生蠔產地

在米斯古許北邊五公里處的**馬佩奎灣**（Malpeque Bay），就是聞名全球的馬佩奎蠔發現地。每年8月，當地都會舉行泰因谷生蠔節（Tyne Valley Oyster Festival）來慶祝這些雙殼貝類的豐收。除生蠔外，馬佩奎灣也以優美的沙灘以及自19世紀以來便是造船重鎮而著名。造船業是愛德華王子島的一項傳統行業，灣區西岸**丘港**（Port Hill）的**綠苑省立公園**（Green Park Provincial Park）**⑯** 就是一個紀念。綠苑本是造船大亨小耶歐（James Yeo, Jr.）的產業，如今公園內還有他那棟整修過的耶歐宅邸（約1865年）、一座造船博物館，以及一座重建的19世紀船塢（7-9月勞工節每日開放，其餘時間休館；需購票），裡面停放一艘部分完工的雙桅縱帆式帆船。

下圖：林間的聖所。

丘港外有堤道可通往**連諾克斯島**（Lennox Island），該島是保留區，島上有50戶密克馬克族人。連諾克斯島印第安藝術暨手工藝中心有出售珠串、銀飾、陶壺、木雕、編籃和典禮用的頭飾，這些是由不同族群的印第安人製作的。

啟達角（Cape Kildare，丘港北邊45公里處）是卡蒂埃在1534年下錨處，就這樣他「發現」了愛德華王子島。沿啟達角沙丘海岸綿延五公里的省立公園，就是紀念這位偉大的探險家。往內陸向北行12公里，可達**提格尼什**（Tignish）**⑰**，它是1799年一群阿卡迪亞人和兩個後來加入的愛爾蘭人建立的。此地阿卡迪亞與愛爾蘭文化仍蓬勃發展，而且很典型的，教堂是整個聚落的中心焦點。**聖西蒙暨聖猶大教堂**（Church of St Simon and St Jude）珍藏了一架難得一見的管風琴，每年7、8月的獨奏會就奏出悠揚的樂音（時間見當地通告）。

愛德華王子島的最北端**北角**（North Cape），一直不斷受到嚴重侵蝕，以致區內的燈塔和道路不得不內移好幾次。北角地處關鍵位置，**大西洋風力測量站**（Atlantic Wind Test Site）便設立於此，

地圖見222頁

從事風力測量和評估的工作，隨時歡迎遊客參觀。

從北角沿著諾森伯蘭海岸往南走，遊客可見到愛爾蘭海苔在路邊乾枯，或在雷雨後被馬車、輕便貨車的車輪碾過，一團一團沿著海濱散布。米邁蓋許（Miminegash）一帶出名的就是這類頗具商業價值的海藻。**坎貝頓**（Campbellton）與**柏頓**（Burton）之間的海岸一帶經常盛傳有人看見幽靈船起火燃燒。這兒向來就有很多傳說，比如當初密克馬克族說**窩夫角**（Cape Wolfe）的紅跡岩石是雷神窩夫發現祂所愛的少女移情別戀，憤而將她摔在地上的結果；又如奇德船長把金銀財寶埋在**西角**（West Point）。

從西角往內陸走，可達**歐利瑞**（O'Leary），它是愛德華王子島最富庶、產量最大的馬鈴薯產地。當地有**馬鈴薯陳列館**（Potato Museum，歐利瑞博物館的一部分），每年7月該館都會主辦馬鈴薯花開節。

沿著**愛格蒙灣**（Egmont Bay）往夏邊市方向走，便到阿卡迪亞區（Région Acadienne），區內有**亞伯拉罕村**（Abram Village）、**愛格蒙角**（Cap‐Egmont）與**卡梅爾山**（Mont‐Carmel）三個村落。夏季在這些村子有機會可體驗阿卡迪亞文化與他們的「生活情趣」，包括8月下旬舉辦的農業展覽會暨阿卡迪亞節，節慶包括有農產品競賽、方塊舞、小提琴演奏、龍蝦大餐、船隊祈福等活動。亞伯拉罕村的手工藝品也頗富盛名，尤其是棉被和毯子，當地的手工藝品合作社展示製造技巧及出售成品。

愛格蒙角海濱有一個獨特的地方，即**瓶屋**（The Bottle Houses）。阿塞諾（Edouard T. Arsenault）在退休後進行一個回收計畫。他用空瓶來蓋房子與禮拜堂，單是建房子就用掉了一萬兩千個瓶子。這位退而不休的漁民兼木匠，「花了好長的一個冬季洗瓶子」，之後在1980年開始動

1755年的驅逐令迫使許多阿卡迪亞人流亡，但約有30戶還隱藏在愛德華王子島，他們正是當地阿卡迪亞人的先祖。

下圖：位於愛格蒙角的瓶屋。

愛德華王子島的年中節慶有夏洛特鎮節（5月下旬至10月中旬）、凱爾特節音樂系列（7-8月）、露西蒙哥馬利節（Lucy Maud Montgomery Festival，8月）等。

工，他樂在其中，直到四年後去世為止。瓶屋的每一面牆都呈現阿塞諾的阿卡迪亞人精神，以及他創作力與幽默感的結合。

島上首府

夏洛特鎮（Charlottetown）**⑱** 的魅力絕不只是在於建築仍以木造為主（是以木材為結構，而不只是木材裝飾）。這座城市是愛德華王子島的政治、商業與文化中心；不過它看起來更像是優雅古樸的小鎮，有叫賣小販以及瓦斯照明路燈。實際上，夏洛特鎮是以「聯邦搖籃」著稱；1864年那次會議（三年後加拿大自治領正式成立）就在這裡的**省議廳**（Province House，開放時間：6-10月中旬每日、10月中旬至5月下旬週一至週五；免費）召開，這是該省第一棟公共建築。諷刺的是，愛德華王子島起先還有點猶豫要不要加入聯邦，到了1873年才大事底定。這幢新古典式石造建築目前為國家歷史古蹟，當年加拿大開國元老集會的議事廳現已修復完成，仍繼續提供立法議事場所的功能。

省議廳旁邊便是**聯邦藝術中心**（Confederation Center of the Arts），是為慶祝聯邦百年紀念而建的，終年展示加拿大藝術家的才華之作。全國各省每人捐出15分錢贊助建造這座中心。中心有美術館和劇院，每年夏季都會舉辦**夏洛特鎮節**。夏洛特鎮節從6月中旬到10月中旬，是加拿大最著名的音樂和戲劇季。夏洛特鎮有一個迷人的地方，叫做**岩灘廣場**（Rockford Square），那兒如蔭的樹木是在1884年植樹節種的。廣場旁邊有1869年的**聖彼得英國國教堂**（St Peter's Anglican Church）和附屬的**萬靈禮拜堂**（All Soul's Chapel），禮拜堂建於1888年，以紀念教堂首名執事哈利斯（William Harris）及他的兄弟羅勃的獻禮，哈利斯設計禮拜

左下：好大一盤海鮮佳餚。

右下：馬鈴薯田。

的建築風格，羅勃創造那耀眼的壁畫。哈利斯指明要用島上的哪些建材，從外部紅砂岩到內部木石雕都巨細靡遺。這座維多利亞全盛時期的哥德式聖堂見證了手足之情及當地師傅的技藝。

中心區：藍鷺道

愛德華王子島的中心區有**藍鷺車道**（Blue Heron Drive）通過，該公路環繞夏洛特鎮一圈，經過許多優美的海灘（聖羅倫斯灣岸白沙灘、諾森伯蘭沿岸紅沙灘），穿過多采多姿的漁村、和《清秀佳人》有關的名勝（這是該島次要工業）及可以大啖龍蝦的聚落。每到夏夜，愛德華王子島各小鎮及地區都大擺流水席，看婦女顯身手。筵席不是設在教堂就是設在大會堂，一次請四、五百人。遊客也可以付點錢來湊一腳，享受一下從沒嚐過的家常拿手菜與龍蝦大餐。

皇后郡灣岸（Queens County's gulf coast）大多屬於**愛德華王子島國家公園**（P.E.I. Natinal Park）⑲的範圍，園區位於夏洛特鎮西北24公里處，美麗的海灘在東部地區可說是數一數二（全年開放；需購票）。戴維濱海大樓（Dalvay-by-the-Sea）這棟維多利亞式建築位於公園東入口附近，原是1896年石油業鉅子亞歷山大‧麥克唐納所建的府邸，現在則是一家旅館。

國家公園內的**魯斯提科島**（Rustico Island）是張翅足足有二公尺長的保育鳥類大藍鷺夏天的棲息地。**北魯斯提科**（North Rustico）是個傳統漁村，在這兒可以直接跟漁船買海產，或跟當地人聊天，或搭乘捕鮪船出海。每年7月下旬，為期三天的魯斯提科節（Rendez-vous Rustico Festival）帶來傳統和當代的阿卡迪亞音樂。

下圖：殖民時代遺留下來的建築。

在愛德華王子島，
「清秀佳人」有很多
衍生商品。

綠山牆屋

　　國家公園內的**凱芬迪希**（Cavendish）**⑳**，在魯斯提科西邊10公里處，是《清秀佳人》書中的背景。遠近遊客都來探訪露西‧蒙哥馬利在這本小說（1908年）和其他小說中所描寫的場景，也來看看作者生命的里程碑。六號公路上的**綠山牆屋**（Green Gables House）在1997年曾發生火災，現已修復。**露西‧蒙哥馬利出生地**（L.M. Montgomery Birthplace）在西南15公里處的**新倫敦**（New London）。導覽手冊介紹了這段台詞：「當您走過露西‧蒙哥馬利出生地的每個房間，會倏然驚悟，她就是在這棟房屋裡首度見到白晝之光。」

　　位於夏洛特鎮西南30公里處的維多利亞（當地人偏愛叫它「濱海維多利亞」，Victoria by-the-Sea），面臨諾森伯蘭海峽，是個很有英國味的城鎮。這裡也是蓬勃的漁港，以及古董與精緻手工業的重鎮。從6月下旬到9月勞工節，修復後的**維多利亞表演廳**（Victoria Playhouse）都有精采的戲劇表演。再不然，去省立公園野餐也不錯，那兒有紅沙灘。

東區：東海岸道

　　愛德華王子島的最東邊大部分和國王郡重疊，有**東海岸道**（Points East Coastal Drive）繞行，這也是三條路線中最長的一條。**歐威爾角歷史村**（Orwell Corner Historic Village，開放時間：5-6月下旬週一至週五9am-4:30pm，6月下旬至9月上旬每日9am-5:30pm，9-10月週日至週四9am-4:30pm；需購票）在夏洛特鎮東邊30公里處，當地營造了19世紀末鄉村市集生活的氣氛。這裡的先民大多是蘇格蘭人。一到夏天，各種傳統的蘇格蘭高地聲音便會在每個禮拜趕集的時候讓人重溫舊夢。歷史

下圖：坐看一天時光
的流逝，凱芬迪希。

村的旁鄰是麥克費爾爵士農莊國家史蹟（Sir Andrew Macphail Homestead National Historic Site，6月中旬至10月中旬週二至週日開放；接受捐獻），完整展示這位20世紀之初卓越居民的生活時光。

1803年，蘇格蘭賽爾克勳爵資助三船的高地人移民到愛德華王子島。這批「賽爾克先鋒隊」在**艾敦**（Eldon，歐威爾南邊13公里處）落戶，如今經重建之後成為**賽爾克勳爵先鋒殖民地**（Lord Selkirk Pioneer Settlement），讓遊客明白昔日先民是如何生存的。這裡也是加拿大保存最多原木建築的地方。每年8月上旬，各宗族都會齊聚艾敦參加蘇格蘭高地賽會。

雕塑家與海豹

在**林島**（Woods Island），一處前往新斯科細亞的寬敞渡口，坐落著**林島燈塔**（Woods Island Lighthouse，6月中旬至9月上旬每日；需購票），塔內可眺望360度的壯麗景觀，還有一間博物館，展示燈塔管理員的生活方式、禁酒令時期的酒類走私以及幽靈船傳說。

林島18公里外有**墨累河**（Murray River）**㉑**，這個可愛的城鎮曾是造船重鎮，如今木頭造的東西少很多，都拿來做玩具。墨累灣是大群海豹的天然棲息地。想觀賞這些滑溜溜的動物，最好的地方是**北墨累港**（Murray Harbor North）的**海豹澳營地**（Seal Cove Campground），牠們就在陽光下在岸外沙洲上跳躍。

愛德華王子島東端的**命運灣區**（Bay Fortune Area），歷來傳聞不斷。有人說，19世紀初地主亞伯（Edward Abell）的一名佃戶在**亞伯角**（Abell's Cape）幹下一椿謀殺案；也有人說，沙岩懸崖一帶有寶藏埋在那兒；還有人說，19世紀末喜劇演員福拉克頓（Charles Flockton）買下亞伯角，每年都帶他的喜劇團來此避暑。美國劇作家艾瑪‧哈利斯（Elmer Harris）某年到這兒專心寫作，靈機一動，就把他的新作背景設在附近的**蘇勒斯**（Souris），根據當地一位聾啞少女的故事寫成《心聲淚影》（*Johnny Belinda*）。如今的蘇勒斯是前往鄰近馬達連群島（Iles de la Madeleine）的渡口。

下圖：東角燈塔。

海灣岬（Basin Head，蘇勒斯東邊12公里）有**漁業博物館**（Fisheries Museum，6月中旬至9月每日；需購票），博物館位於美麗的沙丘旁，你可以一面走一面聽沙丘「唱歌」。繞著**東角**（East Point，密克馬克族稱為「Kespemenagek」，意思是「島之末端」）而行，可達「世界鮪釣之都」——**北湖**（North Lake）。各地遊客群集於此，獵逐鮪釣的終極挑戰——巨型藍鰭鮪魚。

回夏洛特鎮途中，會有一種感受：兩千年過了，但很多事物並沒什麼改變。密克馬克族把愛德華王子島稱為阿巴威是很有道理的，它確實是睡在碧波搖籃裡的一塊土地。聖羅倫斯灣提供遊客無盡的水上活動，從釣魚、划船、游泳到紅沙灘上挖蚌蛤做晚餐都有。內陸平坦而富奇趣的地帶，則提供愛好跋山涉水與騎自行車的人一條絕佳探險路線。

紐芬蘭與拉布拉多

雖然人煙稀少，很多地方只能依賴船隻、輕型飛機才能到達，
但是它那崎嶇的海岸、山川湖泊、豐富的歷史，
還是吸引了很多世界各地的遊客。

地圖見
251頁

紐芬蘭（Newfoundland）的山脈沒有落磯山脈高，但卻不易到達。也
沒有什麼主題公園或者世界級的美術館。觀光設施雖然齊全，但稱
不上豪華氣派。儘管如此，紐芬蘭的偏遠性卻孕育了北美最有個性的山
水。想像一下，有塊地方是新伯倫瑞克、新斯科細亞、愛德華王子島面
積總和的三倍，然後再想像一下，這麼一大塊崎嶇地帶每平方英哩住不
到四個人。當地三分之一的人口居住在東岸聖約翰一帶，其餘大多散居
在內陸的小社區，或沿海城鎮和漁村。英語是最通行的語言，使用率達
99%。而96%的居民都是在本地出生的。拿紐芬蘭佬開玩笑的話題在加
拿大到處都聽得到，但紐芬蘭人也有自己的幽默品牌。譬如，他們就稱
紐芬蘭為「大石頭」（The Rock）。

開拓先民

想要了解紐芬蘭，必先了解它的歷史。紐芬蘭最大資產是東南漁業基
地格蘭班克（Grand Banks），歐洲漁民從15世紀起就到這一帶捕魚。受
英王亨利七世資助探險的卡伯特從義大利出發，在1497年發現這處海
岸，宣稱這塊地方屬於英王王土。期待卡伯特能找到黃金的亨利七世
致贈十英鎊以感謝他的辛勞。卡伯特沒找到黃金，他呈報說這裡鱈魚
多到「要用一魚筐接著一魚筐裝」，英王也只好
這樣了。西班牙人、葡萄牙人和法國人也都千
里迢迢來這兒捕魚，他們先把魚醃起來，這樣
載回去就不會壞掉。英國人沒有便宜的鹽可
用，只好把鱈魚曬乾。為了做魚乾，英國船隊
必須靠岸。事實上，直到1904年法國人都擁有
上岸醃魚的登陸權。

大英帝國原本沒有想要在此建立殖民地，甚至
還主動阻撓。事實上，一開始時誰打算在紐芬蘭
過冬誰就犯法。在維京人之後，紐芬蘭首批歐洲
移民是所謂的「逃逸人」。這些為掙脫束縛，不
惜跳船逃逸的船員，寧可到紐芬蘭崎嶇沿岸的天
然港去碰碰運氣，而不願待在漁船上繼續過著跟
奴隸沒有兩樣的生活。時至今日，紐西蘭人還留
有這種追求獨立自主、堅毅求生的精神。

11世紀初期的維京人聚落「溫蘭」（Vinland）
已經消失，原因或許是氣候突變，或者是缺乏
某種維他命導致骨骼疏鬆。種種溫蘭的故事顯
示，第一個出生在美洲的歐裔小孩叫托芬生
（Snorri Torfinnson）。

在1480年代哥倫布到達冰島時，也就是他在
1492年「發現」新大陸之前，他可能早已耳聞

左圖：東岸的老水
手。
下圖：佐以檸檬的龍
蝦料理。

鎮政廳舉辦的深色蘭姆酒入盟大會都會邀請初次來此的人品嚐當地人釀造的深色蘭姆酒。喝過之後,便會獲頒證書一張表示入盟通過。

維京人航行到紐芬蘭的傳說。溫蘭遺址在現今大北半島(Great Northern Peninsula)北端的郎索梅多(L'Anse aux Meadows)。

口耳相傳

如果你知道聖約翰離愛爾蘭比離多倫多更近,那麼你就不會驚訝當地使用的語言。紐芬蘭方言揉合了英格蘭西部鄉村與愛爾蘭西南地方的方言,是由拓荒移民帶過來的,而且流傳了好幾世紀大體上沒什麼改變。它是最接近莎士比亞時代的現代英語方言,很多用字遣辭還保留17世紀通用的英語。

紐芬蘭另一項香火不絕的傳統是「口耳相傳」。利用口述把往事一代傳一代的傳統在紐芬蘭依然沒有消逝。時代不斷在變,但並非所有的紐芬蘭人會隨時代改變。馬可尼(Guglielmo Marconi)在1901年前來紐芬蘭接收世界第一通無線越洋訊號時,就被當地人貶抑為「愛時髦的人」。在以前那個時代,多數人既不識字也不會寫字,所以就用口述方式來說「古早以前」怎樣怎樣,老天,他們還真能說!現在的差別僅僅在於多數人已能讀能寫了。

事實上,紐芬蘭是最後加入加拿大聯邦的省份。該不該加入聯邦一度是(現在有時候還是)紐芬蘭的熱門話題。一直拖到1949年,擁護聯邦陣營險勝,事情才告塵埃落定。有首紐芬蘭老歌是這麼描寫這個島嶼的處境:「臉對著不列顛,背朝著海灣,哎呀危險,來了個加拿大狼。」

現代的生活

直到20世紀初,紐芬蘭絕大多數沿海居民都還過著靠海吃海、極為刻苦困難的生活。鱈魚曾是紐芬蘭的經濟基礎,但現在整個東岸海域鱈魚幾乎已枯竭,政府已經禁止捕鱈魚了。

然而,捕獵海豹一直是年中固定行事。紐芬蘭漁民向來以厚道的獵殺方式與恪遵配額限制而自豪。2003年初,聯邦政府制定捕獵額度為32萬5千隻,這與「舊時光」有天壤之別,在19世紀,每年的配額是50萬隻。如今,捕鱈魚也嚴格限制數量,因為漁業署的科學家堅持唯有這麼做才能讓鱈魚數量回復到健康的標準。雖然如此,鱈魚在超市和炸魚排店還是有效的。

最近50年來,紐芬蘭的林業已經衰微。不過,1990年代在拉布拉多發現的大片鎳礦床,目前仍持續開採。而在外海發現的三處油田——哈伯尼亞(Hubernia)、泰拉諾法(Terra Nova)和白薔薇(White Rose),則可媲美北海的油田。觀光業是比較晚近才發展的。紐芬蘭人普遍的態度是「我們本來是什麼樣子,就是什麼樣子」。

不過全省各地有許多民宿可以選擇,遊客不但可以住宿,還能享受紐芬蘭的家常美食。

深色蘭姆酒(screech)是紐芬蘭很有名的土產,在很多人家與小酒館都找得到。這種酒的名稱有豐

下圖:滿船而歸樂陶陶。

地圖見
251頁

富的各種說法。不過，自從鹹魚第一次運送到西印度群島，以交易蘭姆甜酒（rum）之後，這種甜酒就開始普及了。它比較像是紐芬蘭的一種特徵，貴在它的奇趣，而不在於它有無精煉。對愛好海鮮的人來說，紐芬蘭是大啖一番的好地方。不但時時都有得吃，而且想吃什麼就有什麼，大比目魚、螃蟹、大西洋鮭魚、鱈魚、龍蝦，還有許許多多。

四處逛逛

　　愛自己玩的遊客想在紐芬蘭四處逛逛，最好是想辦法弄部車。雖然說島上各處都有公車行駛，但是離交通頻繁的路線越遠，意思就是要去的地方越好玩，公車班次就越少。有很多地方只有坐船才能到。紐芬蘭的幹道是**加拿大橫貫快速道路**（Trans－Canada Highway）的支線，西起**巴斯克港**（Channel-Port-aux-Basques）❶，港口有渡輪前往新斯科細亞的北雪梨，東至聖約翰，貫穿紐芬蘭，全長905公里，是該省的命脈。

　　國家公園是紐芬蘭人引以為傲的地方，也是遊客暢懷身心的活水源頭。西海岸有**天崖國家公園**（Gros Morne National Park）❷。如果要去觀賞國家公園內的峽灣，最好是坐船從**西川塘**（Western Brook Pond）望過去，在這兒有機會看到海豹、北美馴鹿、麋鹿等等。**泰拉諾法國家公園**（Terra Nova National Park）❸ 位在東岸，是典型的紐芬蘭漁業海岸景觀。這裡可以泛舟、釣魚，以及在月光下巡航於**克羅德峽灣**（Clode Sound）。園區內陸是露營、健行的好地方，而且有一些水溫較暖和的湖泊可以游泳。

　　波納維斯塔半島（Bonavusta Peninsula）❹ 在泰拉諾法國家公園東

「Gros Morne」的意思是「大懸崖」。在園區內，可以沿著沙灘走，或者花四天時間走健行步道，越過冰河刻蝕的地形，進入原野。

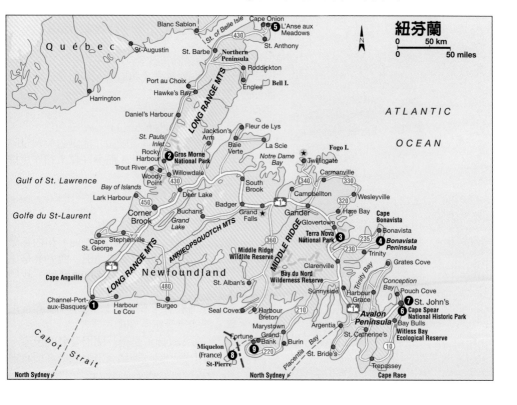

邊，在1997年吸引了世人的注意。當時，在波納維斯塔角舉辦了一場盛大的慶祝活動，重演五百年前卡伯特乘著「馬太號」從英國布里斯托出發、在此登陸的歷史。這個隱僻的岬角有**波納維斯塔半島燈塔**（Bonavusta Peninsula Lighthouse，經重修已恢復1870年代的面貌，6月中旬至10月中旬每日開放），以及**賴恩房舍國家史蹟**（Ryan Premises National Historic Site，5月中旬至10月中旬每日開放；需購票），遊客可以感覺到一種生命力。

坐落於紐芬蘭島最北端的**郎索梅多國家史蹟**（L'Anse aux Meadows National Historic Site）**⑤** 也值得一遊（6-8月每日開放；需購票）。11世紀的維京人聚落業已重建，遊客中心（Visitor Centre）展示在當地發現的維京人手工製品。

鋒角國家歷史公園（Cape Spear National Historic Park）**⑥** 位於紐芬蘭的極東。可乘船到此一遊，看一看、聽一聽成群結隊的鯨魚。即使乘船離開紐芬蘭海岸才一小段距離，也會感受到大海的威力。

紐芬蘭適宜垂釣的地方既多且富變化。除海岸外，內陸河川湖泊都可釣魚。這裡可供垂釣的湖泊，一般都叫做「塘」（pond）。大西洋鮭魚、紅點鮭和北方梭子魚都是釣客的最愛。

聖約翰

紐芬蘭與拉布拉多的首府**聖約翰**（St John's）**⑦**，位於亞瓦倫半島（Avalon Penisula）東北，是北美最古老的城市之一。它的街道是當初從港口上來的牛隻亂踩出來的。市中心區一處公園內的彼得潘雕像，被小孩子爬來爬去磨得滑亮滑亮的。**市府**（Goverment House）有壕溝圍

實用指南

鋒角海域每到春夏經常可以見到鯨魚出沒，可以向國家公園的巡邏員詢問詳情。這裡也是看冰山的好地方。

下圖：幽寂的教堂。

起來，事實上，這是19世紀一種符合成本效益的方法，好讓光線經由地下室的窗戶進入。

信號岡國家史蹟（Signal Hill National Historic Site）一定要去看看，因為這裡發生了很多重要歷史事件。馬可尼就是在這裡接收第一個越洋無線電信號。信號岡也是1762年七年戰爭最後幾次戰役裡其中一個戰場。遊客到這處古戰場仍可以見到從拿破崙戰爭到二次世界大戰遺留下來的防禦工事。雖然信號岡有歷史的重要性，但地名由來卻是來自從這裡舉起旗幟，傳出信號給港口船隻知道。從這裡觀看市中心區、港口以及鋒角海岸線的風光，最是賞心悅目。

要領略聖約翰的風情，最好的方式就是到大街上走走。哪條大街？就是水街（Water Street），它可是北美最老的街。1949年紐芬蘭加入加拿大聯邦時，絕大多數人都過著很窮困的生活。但按人口比例計算，紐芬蘭的百萬富翁（常被稱為「水街人」）比北美其他地方還多。

波納文徹爾大道（Bonaventure Avenue）上的**房間**（The Rooms，開放時間：6-10月中旬每日，10月中旬至5月週二至週日；需購票），設有省立博物館、省立藝廊以及省立檔案室。這引人注目的建築高踞在聖約翰市中心區，是以紐芬蘭和拉布拉多外港的建築和海岸地帶構造為興建基礎。博物館講述島上的人類歷史，以及從九千年前至1730年的自然人文史。19世紀聖約翰曾發生五次大火。位於國王橋路（King's Bridge Road）的**軍需處**（Commissariat House）是少數逃過一劫的建築，外有護牆板，經重修後如今已恢復1830年代的面貌。

而在**魁迪維迪村**（Quidi Vidi Village，信號岡北邊三公里處）有典型的「口袋形」的港口。

地圖見
251頁

下圖：聖約翰附近的
一處海灣。

地圖見251頁

魁迪維迪湖是聖約翰皇家賽舟（Royal St John's Regatta）的場地。這項競賽始於1826年，是現在還有舉行的北美最古老的運動比賽盛事。

法國的前進基地

紐芬蘭不但離愛爾蘭比離多倫多近，而且離法國也比離新斯科細亞近，至少是離法國的某部分更近。紐芬蘭南岸，布林半島（Burin Peninsula）外海附近，有兩處島嶼，叫做聖皮耶（St Pierre）和密啓倫（Miquelon）❽。它們是法國在北美建立強大帝國的遺跡。前往這兩處島嶼可在富春（Fortune）❾搭乘渡輪或飛機，通常需要護照。到了這裡，道地的歐洲味便出來了，窄窄的街道、歐洲款式的車子。聖皮耶與密啟倫人口約有6,000人，他們選出一位眾議員和一名參議員參與法國國會。

拉布拉多

拉布拉多隔個17公里的拜耳海峽（Strait of Belle Isle）與北紐芬蘭對望。兩地在聖巴比（St Barbe）與白朗薩布隆（Blanc Sablon，位於拉布拉多與魁北克邊界）有渡輪往來。510號公路從白朗薩布隆開始綿延，沿途連接各沿海村落，包括**郎索克雷爾**（L'Anse-au-Clair，這個漁村是18世紀初法國人建立的）、**郎索阿莫爾**（L'anse-Amour，九千年前原住民就已經生活在這兒了）、**紅灣**（Red Bay，大約1550年巴斯克人建立的捕鯨站），還有距離拉布拉多與魁北克邊界400公里的**卡特賴特**（Cartwright）。這條公路只有前80公里有鋪設路面。從瑪麗港（Mary's Harbour）坐渡輪約一小時來到一座島的**戰鬥港**（Battle Harbour，網址：www.battleharbour.com），這裡可能是該省保存最好的傳統外港，1990年代中期宣布成為一處國家歷史區。

下圖：拉布拉多的阿蘇尼比河（Ashua-nipi River）。
右圖：紐芬蘭遠離塵囂的海岸。

吹牛皮

紐芬蘭是在1949年4月1日成為加拿大一省。那天傳統上是愚人節，每到這天少不了要開開無傷大雅的玩笑，尤其是吹破牛皮不犯法的笑話。幽默已經成為紐芬蘭人生活的一部分，後來常讓人搞不清楚是在開玩笑的。像冬天在聖約翰海面看到的冰山，是苯乙烯做的冰山，由商業同業工會的人拖來這裡。告訴你這個消息的人確定你是從大陸來的，故意正經八百地開你玩笑。

過去30年來紐芬蘭和拉布拉多的變化很大，而且變化的腳步沒有放緩的跡象。從1954至72年，有2萬7千多人從220個以上的外港社區移居到較大的中心區，不過約有700個外港仍是堅定不撓的紐芬蘭人的家園。聖約翰東邊外海的數十億油田開採計畫，其影響非常巨大；十年之間，聖約翰已從寧靜的首都搖身變為興盛的油港。無數的新餐廳供應全球各地美食，時尚精品店代替了傳統的水街商人。夜生活範圍從有戲劇表演的餐館、酒吧，到光碟開辦派對、現場音樂演奏等都有。

紐芬蘭和拉布拉多在是加拿大最獨特、卻又最典型的一省。它兼具美麗與艱困，既好客孤立。總之，即使是短暫的過客，也會留下終身難忘的回憶，它，就是這樣的地方。

西部地區

從曼尼托巴到太平洋沿岸，
加拿大西部地區擁有多樣的景致與文化。

西部地區向來受到安大略、魁北克的冷落，近年來總算熬出頭，躍居為加拿大的要角。曼尼托巴（Manitoba）、薩克奇萬（Sakatchewan）、亞伯達（Alberta）三省由於蘊藏豐富的礦產、石油和天然氣，已經成為不可忽視的力量。

卑詩省（British Columbia）也有加拿大的「伊甸園」之稱，它是加拿大濱太平岸最西邊的一個省區，也是西部氣候最溫暖的地區。它不僅擁有壯麗桀驚的落磯山脈，也擁有平柔的海岸線。

西部地區的章節，將從溫哥華與卑詩省開始，從印第安人的生活與歐洲探險家的到來一路介紹。現代的卑詩省部分從省會維多利亞開始，一路開展在你面前，在本書的引導下，讀者將漫遊維多利亞的街道，登臨海岸，而後進入本區儡人的荒野。

接下來是介紹大草原區諸省，包括了亞伯達、薩克奇萬與曼尼托巴。這三省是加拿大「正式」的西部地區。亞伯達部分將從追尋「大草原生活」開始，帶領讀者攀上加拿大的大遊樂場──落磯山脈，一覽那不可思議的多樣面貌。班夫（Banff）遺世獨立的美，恰與艾德蒙吞（Edmonton）、卡加立（Calgary）精采的都市生活形成對比。薩克奇萬部分則帶讀者探訪當地豐富精采的歷史與多采多姿的文化特色。最後是曼尼托巴，將帶領讀者一探大草區的景觀：空曠的野地，沒有半棵樹遮擋，草原綿亘向遠方天際。

前頁：卑詩省的山水景色。
左圖：堆疊的冬季木材燃料。

溫哥華：西部的明星

位於太平洋與落磯山脈之間，這座青綠、
閃亮的城市將多樣的傳統與活躍的藝術文化、
休閒運動揉合在一起。

地圖見
264頁

大城溫哥華（Vancouver）是西海岸閃亮的明星，背對大陸，正面遠望太平洋對岸的亞洲市場。溫哥華拜香港投資客之賜，發展之迅速，令南方鄰居美國刮目相看，同時展示21世紀的都市該如何發展。躋身加拿大一流城市的溫哥華，像是個閃亮耀眼的建築，不論那建築是華人移民的豪宅，或是企業老闆、投資客、房地產業者的辦公大樓。在泛太平洋主義之下，將加州、雪梨和漢城視為未來經濟夥伴，而非多倫多、楚洛（Truro），現已顯現某些收益。

正如旅遊作家珍‧莫里斯（Jan Morris）所說的，溫哥華可能會成為「銀行、房地產、國際投機客群聚的都會……熱錢操縱客鍵入訊息傳到東京、香港，在溫哥華俱樂部與日本經紀人邊吃早餐邊談事情。」

溫哥華繁榮景象在市中心區豪華旅館也可以看到，當中最著名的有濱海中心旅館（Canadian Pacific Waterfront Center Hotel）、溫哥華泛太平洋旅館（Pan Pacific Hotel Vancouver），後者造價一億美金，創下加拿大空前紀錄。這家旅館緊鄰**加拿大廣場**（Canada Place）**Ⓐ**，這處廣場是1986年世界博覽會（它標示了溫哥華百年紀念）的加拿大展館場地，模擬帆船張帆離港的樣子，就像雪梨歌劇院（屋頂是五片大形風帆）；扇形圓頂的樣子是象徵斯土斯民。

如果加拿大廣場是第一個讓人想看的地方，那麼壯麗非凡的**史坦利公園**（Stanley Park）**Ⓑ**則是第一個讓人想歇腳的公園。這個占地405公頃的森林公園突出於布拉德峽灣（Burrard Inlet），幾乎四面環水，園內有茂密的花旗松、西洋杉、鐵杉。公園是在1889年題獻總督史坦利爵士的名字，跟代表職業曲棍球的至高榮譽「史坦利盃」是同樣名字。

停泊在公園入口的是「大不列顛號」（M V Britannia）遊艇。從這兒，雙層客輪載著觀光團的遊客逡巡在溫哥華的天際線下，行經藝文家社群所在的寶雲島（Bowen Island）附近，繞過崖頂覆滿西洋杉、令人想起北歐峽灣的險峻崖壁；最後進入豪灣（Howe Sound），這片水域匯聚來自內陸河流、內地積雪和冰原的淡水，並有豐富的海洋生物。

史坦利公園有一條全長10公里的車道，可盡情一覽海面全景和數百艘遊艇進港靠岸的盛景。在夏天，有定期遊輪航班沿著太平洋西岸前往北邊的阿拉斯加碼頭。溫哥華是加拿大西岸最重要的港口，載運的散裝大宗貨物包括煤礦、穀物、硫磺、鹼水、液體化學品和燃料油；此外，這裡也

前頁：溫哥華布納德峽灣的薄暮景致。
左圖：溫哥華獅門大橋（Lion's Gate Bridge）。
下圖：溫哥華旅館（Hotel Vancouver）的玻璃帷幕影像。

想好好看一下港灣、市區、群山，可以乘坐往返於市中心區與北溫哥華的海上巴士，全程13分鐘。

是進口貨櫃港埠。無數的貨櫃輪、遊輪和遊艇固定進出港口，形成一幅迷人的景致。

史坦利公園最有看頭的地方是園內東南角的**溫哥華海洋世界科學中心**（Vancouver Aquarium Marine Science Center，每日開放，需購票）。這個嚴肅認真的機構研究史戴勒海獅（Steller sea lion）、海獺和斑海豹。養在水池裡的鋃口鯊能在瞬間吞食大量肉塊，讓人印象深刻。這處研究中心擁有8,000多種生物，包括溫馴的白鯨和一隻名叫Spinnaker的白腹豚。

除了海洋世界生動的精采表演之外，溫哥華還有很多歷史博物館與藝術館。其中首屈一指的是不列顛哥倫比亞大學附屬的**人類學博物館**（Museum of Anthropology）**ⓒ**，（5月中旬至9月上旬每日開放，9-4月週一休館；需購票），擁有世界上最豐富的印第安圖騰柱收藏，包括原尺寸的西岸原住民長屋複製村落，還有當代印第安雕刻作品、非洲工藝品。**溫哥華博物館**（Vancouver Museum）**Ⓓ**（開放時間：7-8月每日9:30am-7pm，9-6月週二至週日10am-5:30pm；需購票），位於栗街（Chestnut Street），館內有加拿大最大宗的居民收藏，將本地原住民的歷史上溯至石器時代，同時也展出白人移民史和該省近代史。

這裡也是市立博物館**索瑟姆天文台**（Gordon MacMillan Southam Observatory，需購票）所在地，以及最早的原住民沿海薩利什人（Coast Salish people）生活的地點；定期開放讓人觀看美國航太總署和太空科學廣播。還有**麥克米蘭太空中心**（H. R. MacMillan Space Center，7-8月每日開放，9-6月週一休館；需購票），這處劇場不僅展現星宿天象，也會來個現場雷射流行音樂秀。**溫哥華海事博物館**

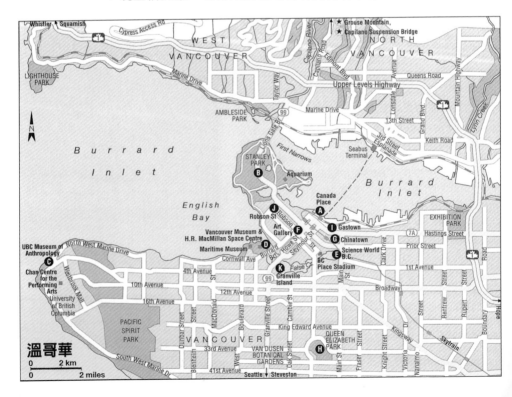

溫哥華

0 —— 2 km

0 —— 2 miles

地圖見 264頁

（Vancouver Maritime Museum，6-8月每日開放，9-5月週一休館；需購票）也在同一地點，館內保存加拿大皇家騎警北極探險船「聖洛希號」（St Roch），這艘堅固的小船在冰雪嚴寒的西北航道完成兩趟探險之旅，在這領域奠定了加拿大至高的地位。

另一個深受歡迎的地方是**卑詩省科學世界**（Science World B. C.）**E**（每日開放；需購票），位於1986年博覽會濱水會場。這個圓頂式建築展出各種難得一見的實作經驗，從爆開的黃瓜（接上八萬伏特的電流）到海狸穴內部都有。那兒附近有**歐尼麥斯劇院**（OMNIMAX Theater），它的銀幕之大，居同類型世界第三。

羅伯森街（Robson Street）與豪街（Howe Street）交接處有**溫哥華美術館**（Vancouver Art Gallery）**F**（每日開放；需購票），館內收藏加拿大著名藝術家愛密莉·卡爾的作品，以及開創視覺攝影概念的藝術家、歷史大師的作品。愛密莉·卡爾是世界知名的卑詩省藝術家和作家，她在20世紀的前30年間，致力於創作有關該省的天空、森林和原住民文化的繪作。

溫哥華戲劇季從9月到翌年6月，推出各種表演藝術。當地最著名的劇院是位於史密斯街（Smithe Street）的**奧菲姆劇院**（Orpheum），它也是溫哥華交響樂團的根據地。要看傳統戲劇的話，可以去坎比街（Cambie Street）的**伊莉莎白女王劇院**（Queen Elizabeth Theatre），裡面有兩個舞台和幾家餐廳。

區內兩所大學有現代劇場，由大學戲劇系和音樂體系的成員包辦，演出場地在不列顛哥倫比亞大學的**陳氏藝術表演中心**（Chan Centre for the Performing Arts），這座四周花園環繞的場地以戲劇音響設備聞名。娛樂喜劇是在格蘭佛島（Granville Island）的**藝術俱樂部**（Arts Club）演出。戶外戲劇在夏季於史坦利公園的**梅京露天圓形劇場**（Malkin Bowl）登台。由於此地的年降雨量（1450毫米）跟北美其他大城市差不多，所以室內表演也相當有人氣。但雨量與暖和氣候也給溫哥華帶來加拿大最出色的公園與花園。

位於華埠（Chinatown）**G** 的**中山公園**（Dr Sun Yat-Sen Classical Chinese Garden，開放時間：6-10月每日，11-5月週二至週日；需購票）是中國境外第一座中國傳統花園，有假山、流水、亭閣、廊道，材料多數從中國進口。南邊的**伊莉莎白女王公園**（Queen Elizabeth Park）**H** 就更有古味了，內有玫瑰園、溫室、網球場、採石園和小型高爾夫球場。

社區生活

就跟任何大都市一樣，溫哥華真正的活力是在社區鄰里。社區鄰里的居民和房子，不像某些擠作一團的商業區般個個是沒名沒姓的小零件，此地個個都有自己的風格，結合成獨特的社區文化。溫哥華幾處很有特色的社區，正是

下圖：在史坦利公園溜直排輪鞋的小孩。

展現這種生活。

當中最負盛名的**蓋嬉鎮**（Gastown）**❶**，地名取自這裡以前一位酒吧老闆「蓋仙」（Gassy）戴頓（Jack Deighton），他自稱是市長。這裡當初是圍著一家鋸木廠慢慢發展，而且要消解金礦探勘者的諸多渴望；如今蓋嬉鎮跟多倫多的甘藍鎮（Cabbagetown）、紐約蘇活區一樣脫胎換骨，不再只是紀念品店、古董店和巷弄酒吧而已，而是聚集了各種創作活動的天堂，如陶藝、皮飾、編織、各類手工藝和卑詩省原住民藝術家的工坊。

羅伯森街（Robson Street）**❶**一帶也屬於社區轉型成功的例子。這裡的新風貌是1950年代前來羅伯森定居的德國移民所帶來的，但是它費的工夫更大些，已經成為本市的倫敦西區，精品店、高級餐廳、大型連鎖店都雲集在此。觀光客若有興趣品嚐精緻、快速的料理，或者逛高價精品店或廚具店，那麼就到羅伯森街一帶享受愜意、溫暖的午後時光。

饕客一定不願錯過**格蘭佛島市立市場**（Granville Island Public Market）**❶**（每日9am-7pm開市），這裡是把廢棄的倉庫區整修後當作市場。除了餐館外，這裡還有藝廊、劇院、旅館與熱鬧叫賣的新鮮食品市場。遊客喜歡在這些鮮食攤位買些餐點，然後閒逛到碼頭，觀看遊艇滑行過水面。

掌社區牛耳的，則非**華埠**（Chinatown）莫屬。溫哥華37萬亞裔人口中有許多都住在這裡。它是北美第三大華人城，僅次於舊金山和紐約。這兒出售各式物品，從炊具到藝品不一而足，但它最大的吸引力還是食物。此地多數餐館上菜都是「點心式」的，意思是說，跑堂會推著托盤車，盤裡有各式美味小菜，客人要的話就拿。買單的時候是根據桌上一共有幾碟來計算。

亞裔社區還有它的另一面：在白人拓荒者對淘金失去興趣、紛紛打道回府的時候，華人移民仍留下來，幫助淘金熱再維持了一段時間；此外，他們對興建加拿大太平洋鐵路也有很大貢獻，這點確實是值得他們驕傲的地方。不同於香港移民，受到來自台灣和中國移民的影響，這裡的主要語言已經從廣東話變成中文了。

布拉德灣（Burrard Inlet）對面的溫哥華北岸，乘坐**松雞山**（Grouse Mountain）的空中纜車可看到市區全景，或山區的灰色大熊。途中的**卡皮拉諾吊橋**（Capilano Suspension Bridge）可近距離欣賞雨林景觀和許多圖騰柱。

溫哥華北邊

距離溫哥華北方100公里的**惠斯勒村**（Whistler Village），是舉行2010年冬季奧運的所在，同為滑雪最佳地點的惠斯勒山和黑梳山（Blackcomb Mountain），競相贏得滑雪愛好者最愛的場地。到了夏天，這裡有山區自行車和健行活動，還有各種藝文活動。溫哥華交響樂團會在山頂舉行年度演奏會。

北溫哥華的卡皮拉諾吊橋是不能錯過的景點。這座浪形鋼索懸橋橫跨一處峽谷，全長140公尺。

下圖：蓋嬉鎮的蒸氣時鐘。

惠斯勒北方32公里，沿著綠河（Green River）走半小時，可達**奈恩瀑布**（Nairn Falls）。雖然瀑布不是很高，但是水聲澎湃，讓人留下很深刻的印象。

溫哥華南邊

在日裔漁村**史蒂夫史東**（Steveston）可見到亞洲人在加拿大的奮鬥史。1887年，有個日本漁民單槍匹馬來到這個小鎮捕捉鮭魚。40年後，已有3,000名日本人來到這裡，其中多數是漁民。加拿大政府唯恐這些新來的人會排擠白人的漁業，於是開始限制日本移民的漁業許可證數量。

這支文化所承受最沉重的打擊是在二次大戰期間，加拿大政府開始將沿海日裔居民強制撤離。史蒂夫史東整村的人幾乎都被掃地出門，漁船和漁具也悉數充公。很多人被移往北安大略。大戰結束後，他們獲得自由，很多人返回史蒂夫史東重整家園。

今日的史蒂夫史東是散步的好地方，可以逛逛商店，去碼頭閒晃，買些當日漁船捕獲的海鮮，有鮭魚、石斑魚、真鯛、明蝦、螃蟹、比目魚、鯡魚等。

萊福野島候鳥保護區（George C. Reifel Migratory Bird Sanctuary）位於菲沙河（Fraser River）河口的**威士咸島**（Westham Island），每年在此過冬的水鳥數量居全國第一。

這個占地340公頃的海口沼澤地有240多種的水鳥。每年11月，小雪雁都會從北極飛到這裡歇腳，再前往加州的沙加緬度河谷地（Sacramento River Valley）。

地圖見264頁

下圖：惠斯勒村，卑詩省海岸山脈的度假勝地。

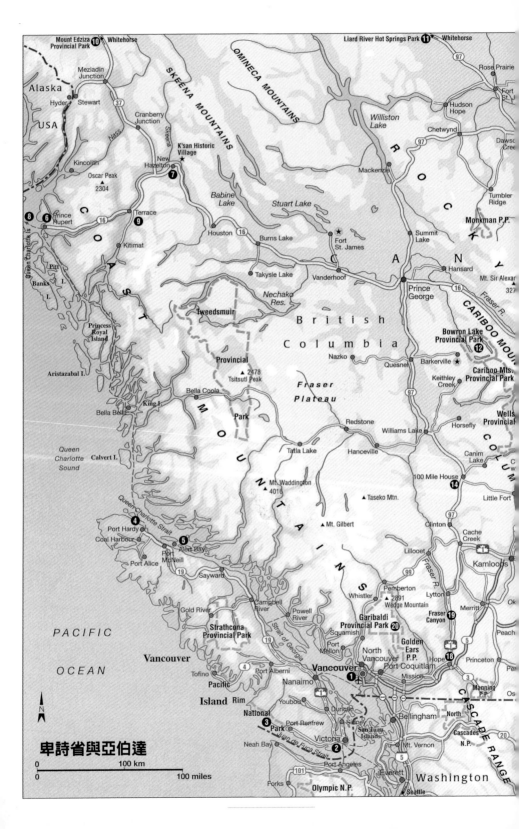

串詩省與亞伯達

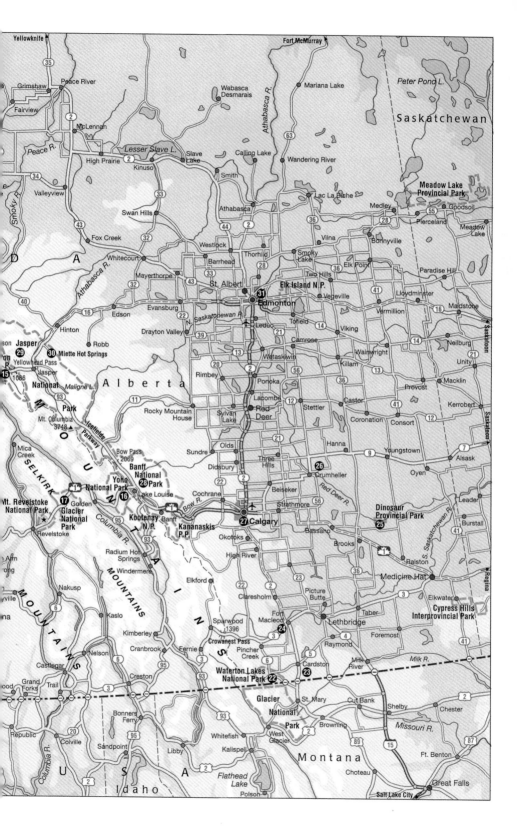

卑詩省：美好生活

吸引人們來此生活的是，卑詩省的自然之美——崎嶇的海岸、
茂密的森林、綿延的山巒、
溫和的氣候，還有愜意的生活。

幾乎半數的卑詩省人都是在其他地方出生的。這個地方吸引了重視
養生者、死硬派嬉皮、素食主義者、保皇黨、工會運動人士、重
視利潤的商業人士。卑詩省既然又美麗又能容納各方不同信仰的人，
當地420萬居民自然也不會懷疑它的魅力，至於每年數百萬前來**溫哥華**
（Vancouver）❶與卑詩省的遊客當然是更不會懷疑它的魅力。

那些製作圖騰的原住民正是受到該省自然之美的吸引才來此生活的。
這裡的年度鮭魚迴流漁獲、豐富的森林物產，讓印第安人發展出複雜
的生活形態。他們在這裡過著寧靜和樂的生活，不像加拿大其他地區
的印第安人有所改變，即使在1778年被庫克船長「發現」後仍然如
此。之後，蘇格蘭人菲沙（Simon Fraser，1776-1862）把加拿大當作第
二故鄉，終生奉獻於探險、拓展卑詩省的富源。他後來更把菲沙河建
設成毛皮貿易的重要路線。

毛皮貿易是19世紀的大宗買賣。早期卑詩省的歷史正是一頁爭奪控
制這個新市場的歷史。西北公司（the North West Company）拿到大英
政府的特許權，全力開發西北資源。為了貿易路線與利潤，它得跟哈
得遜灣公司拚一拚；哈得遜灣公司是老字號的「東部」公司，長期以
來獨占加拿大與歐洲間的生意。

西北公司在喬治堡（Fort George，即現今的喬
治王子市）建立了內部貿易站。規模較大的哈得
遜灣公司看上這裡的毛皮貿易及林礦，終於在
1821年買下西北，實質控制這裡的市場，直至
1858年為止。

北緯49度線

19世紀時，哥倫比亞河沿岸的毛皮買賣大多是
由法裔加拿大人和美國人經營。當時，美國人的
人口成長比英國人快。美國人控制哥倫比亞河貿
易的企圖愈來愈明顯。他們叫陣道：「50－4－
40（指的是作為兩方疆界的緯度），不然就開
打！」，英國人遂於1843年建立維多利亞堡（Fort
Victoria）。

這塊地方終於以北緯49度線為界一分為二。哥
倫比亞河流域大部分土地及最好的毛貨地盤都給
了美國。

英裔保皇黨人這下只好去內地另找一條「純英
國路線」，以重建皮貨地盤。1856年，詹姆士‧道
格拉斯（James Douglas）這位長得虎背熊腰、深
具政治手腕的政治人士呼籲溫哥華島上774名白人
（其中半數還不到20歲）選出他們的議員，成立立

前頁：落磯山脈的滑
雪人。
左圖：溫哥華史坦利
公園。
下圖：享受美景。

卑詩省的首府維多利亞市素有花園城市之譽,建於1843年,原是哈得遜灣設於溫哥華島的一個交易站。

法機構。兩年後,維多利亞女王將這一行政區命名為英屬哥倫比亞(British Columbia,簡稱B.C.,卑詩省),並任命道格拉斯為首任總督。

淘金熱

1856年4月,一群印第安人在坎路普(Kamloops)上面的北湯普森河(North Thompson River)發現了金子。探勘人馬隨即傳回好消息:英屬哥倫比亞富藏金礦,於是掀起了淘金熱,雖然淘金往往辛苦又危險。

隨著內陸的發展,維多利亞市的繁榮漸走下坡,黃金時代已結束,淘金熱過後的經濟蕭條使溫哥華島變成財政上的寄生蟲,把殖民地其他方面的前途都吃光了。溫哥華島需要新工業來變換其經濟體質,提供就業機會給那些沒能在卡里卜(Cariboo,菲沙河上游的印第安名)致富的人,最好的幾處金田都是在卡里卜一帶發現的。

有一點得記住,金子並不是這片豐饒土地所提供的第一項財富,它不過是取代毛皮的地位罷了。溫哥華島的白人之後把目光轉向廣大的森林,看好林木業的未來。亞伯尼鋸木廠(Alberni Sawmill)是加拿大落磯山脈以西第一家鋸木廠,就蓋在溫哥華島西岸——從印第安人那兒竊占來的土地。鋸木廠不但造成白人與印第安人之間的緊張關係,也造成廠內勞工的差別待遇,白人工人一工時可拿25分錢,而亞裔和印第安工人才拿15分錢。

這不是1858年淘金客所想的光明未來。河床早就被淘光了,現在不管是去鋸木廠還是去淘金,都跟以前在東部老家的工廠做工沒兩樣,賺的依舊是辛苦錢。

卑詩省較有自主精神的人必須開始面對經濟現實,卑詩省確實需要外

下圖:維多利亞港。

界支援。卑詩省最後一次打算轉而投靠美國的念頭，由於政府答應建造加拿大太平洋鐵路，把溫哥華這個新興城市跟加拿大其他地方連接起來，而告打消。1871年，卑詩省正式成為加拿大的一省。時至今日，卑詩省的經濟仍倚賴開採當地的自然資源。該省出產的木材約占北美市場的四分之一，世界製造木筷的原料也多從這裡而來。林木工業成為卑詩省的第一工業，但礦業和漁業依舊相當重要。

維多利亞市

正如同卑詩省的歷史是從**維多利亞市**（Vitoria）❷開始的，今日的它仍是很多人心目中「最初」的城市。維多利亞氣候溫和，位於溫哥華島南端，距離溫哥華市走水路約56公里。要到維多利亞可坐飛機，或者搭英屬哥倫比亞渡輪公司的船班，他們的渡輪從許多地點前往維多利亞郊區港埠。大多數遊客是從溫哥華南部的主要終站查瓦森（Tsawwassen）到維多利亞。照理說維多利亞這麼接近美國，應該有一定的美國風格，但是它不但全然是加拿大風格，而且比溫哥華更有英國味。

議會大廈（Parliament Buildings）Ⓐ（開放時間：5月下旬至9月勞工節每日開放，9月至5月上旬週一至週五；免費）是卑詩省之旅很不錯的一個起點。在會議期間，該省兩大政黨在議會場與省長爭論公共政策。在這些壁壘分明的火爆論爭當中，若想找地方舒緩一下的話，可以去**女王飯店**（The Fairmont Empress）Ⓑ，許多讚揚英國君主政體的人時常聚在那兒喝下午茶。

這座根據維多利亞女王命名的大飯店是英國出生的雷吞伯利（Francis Mawson Rattenbury）設計的。1987年耗資4500萬加幣重新整修。但在

區域圖見
270頁
市區圖見
276頁

吸引歐洲人前來的不只是黃金，還有林木。喬治·溫哥華在1860年代形容這片土地「覆蓋了茂密的森林……主要是松樹」。

下圖：維多利亞的女王飯店。

可去女王飯店的棕櫚廳（Palm Court），體驗一下世界最有格調的下午茶（12:30-5:15pm），不得穿牛仔褲、短褲入內。

這次重修前20年，飯店已翻修過一次，包括更換暖氣、電力系統，重鋪新地毯（全長六公里），訂製特殊的織布機織出好幾百件床罩，查對新增客房（現有481間客房）及好幾千件擺設的確實性。除了硬體翻修外，飯店還請了一位來自白金漢宮的甜點大廚。整個作業都在嚴謹的「茶杯運作」程序下進行。一位作家說，女王飯店的下午茶已經到了「神話般」的地位，經常有世界各地的飯店前來觀摩。遊客若想品味該飯店的下午茶，恐怕得事先訂位。

另一個足以揭開溫哥華島萬種風情的序幕是博物館。**卑詩省皇家博物館**（Royal British Columbia Museum）**Ⓒ**（每日開放；需購票）與其IMAX劇院巨細靡遺地介紹了該省歷史。該館的主要展示廊呈現了19世紀維多利亞市的生活面貌。館內還有許多很有吸引力的展覽，包括沿海自然歷史、當地原住民文化以及引進歐洲文明至這處荒野的幾位探險家。歷史愛好者將會欣賞幾處地點：**愛蜜莉・卡爾紀念館**（Emily Carr House，開放時間：6-8月每日，5月和9月週二至週六，10-4月休館；需購票），是這位藝術家的童年居所。**克雷格達洛城堡**（Craigdarroch Castle，每日開放；需購票）是早期一位煤礦大亨的宅邸。**羅德丘堡**（Fort Rodd Hill）這處公園可回憶軍事史，**弗斯嘉燈塔**（Fisgard Lighthouse）則可掃視太平洋的澎湃景觀。

議會大廈附近有一座太平洋海底世界（Pacific Undersea World，每日開放；需購票），可一覽維多利亞的水下世界。還有皇家倫敦蠟像館（Royal London Wax Museum，每日開放；需購票），陳列歷史人物的身影。

維多利亞市有許多一流的藝術館，其中最著名的是位於摩斯街（Moss Street）的**大維多利亞區美術館**（Art Gallery of Greater Victoria）

右下：維多利亞市內的議會大廈。

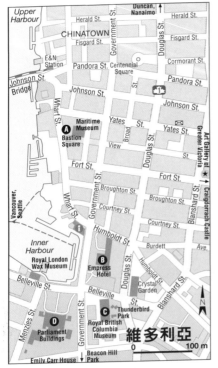

維多利亞
0　　100 m

區域圖見
270頁
市區圖見
276頁

（每日開放；需購票）以及位於維多利亞大學校園內的**摩特伍美術館**（Maltwood Art Museum，週一至週五開放；免費）。猶如溫哥華的史坦利公園，維多利亞市區南邊的**畢肯丘公園**（Beacon Hill Park）坐落在道格拉斯街東側，為在**市府街**（Government Street）一帶血拚一整天的遊客提供休憩地點，可安靜地欣賞天鵝的悠游姿態。在畢肯丘北端的水晶花園（Crystal Gardens）歷史保護區內，新近開幕的**卑詩省體驗館**（BC Experience，每日開放；需購票）提供高科技的互動式展覽，讓訪客探究該省豐富的歷史、文化和地理。就在市郊外，已有百年歷史的**布查花園**（Butchart Gardens，每日開放；需購票），在舊日的22公頃採石場展示季節性的姹紫嫣紅。

儘管在地球這個角落，陽光只有出現半年，但遊客若多把時間花在室內活動的話，就會錯過溫哥華島最有看頭的奇景。首先，整個卑詩省就是個廣大的釣魚樂園，不管是海釣、溪釣，釣著玩、釣來吃都行。其中以鮭魚最多。淡水還可以釣到鱒魚和鐵頭魚，鹹水則有鮪魚、鱈魚、螃蟹、蚌蛤、牡蠣和蝦子。打算釣魚的人必須事先申請執照，並遵守有關規定。

通幽曲徑

花點工夫到溫哥華島西岸的**巴克利澳**（Barkley Sound），會釣得更痛快。風景如畫的**太平洋濱國家公園**（Pacific Rim National Park）**❸**，（全年開放，5月中旬至10月中旬完全運作；需購票），可以盡覽太平洋海岸風光，岩石島嶼、在波濤中嬉戲的海獅、躲藏在灣澳的海豹、翱翔的海鳥。這裡更飽藏機會，等待有心人發掘。**碎群島**（Broken

下圖：搭渡輪欣賞維多利亞海岸風光。

Group Islands）位於溫哥華島西南岸外海，可坐船前往。**長灘（Long Beach）**有曲徑通幽，並可見到日落太平洋無垠海面的美景。

位於溫哥華島與溫哥華之間的**海灣群島（Gulf Islands）**則更有看頭。它的氣候跟維多利亞差不多，不少藝術家和作家都喜歡住在這裡。愛尋幽訪勝的人可以去**西岸步道（West Coast Trail，5-9月；健行得事先預約）**，起點在**班菲（Bamfield）**，終點在**長尾鮫澳（Thrasher Cove）**。這條全長75公里的步道包含一段名為「救生」的小徑，當初修築的目的是為援助海難生還者順利穿過蓊鬱的海岸地帶，返回有人煙的地方。這條步道沿途可見灰鯨、海獅、海豹、岩層地形、兩座燈塔，是海釣的好地點。它是真正有心尋幽訪勝者的夢幻園地，行程當中充滿峻峭的陡坡、泥濘的羊腸小徑、密得幾乎穿不過的森林，尤其最後路程沿著海濱，只有趁著落潮才能通過。

比較好走的尋幽步徑在卑詩省任何省立公園園區都有。沿途景色美不勝收，讓人心曠神怡，並且跟大自然親近得彷彿每棵樹的色澤都不一樣，每一個都是獨一無二的體驗。

要把沿海美景盡收眼底，最好的辦法莫過於搭乘**「魯伯特王子號」（Princes Rupert Ferry）**。它曾是往來維多利亞與魯伯特王子港或阿拉斯加的唯一交通工具，目前卑詩內航道（B.C. Inside Passage）渡輪依然航行此一18小時的路線，從溫哥華島北端的**哈地港（Port Hardy）**❹出航（建議先預約）。在趕赴哈地港途中，可在**麥克尼爾港（Port McNeil，**在維多利亞北方350公里）稍事停留，坐一趟短程渡輪到**亞勒特灣（Alert Bay）**❺，見識一下西北地方最重要的藝術：圖騰柱。亞勒特灣是瓜奇特爾族的村落，要參觀他們的傳統木雕，可到**烏密斯塔文化中心（U'mista**

👁 **實用指南**

從哈地港沿著內航道北行至魯伯特王子港的渡輪之旅，最好挑在夏季白天時分，全程約需18個小時。

左下：印第安家族的木柱雕刻。
右下：利亞德河溫泉省立公園。

Cultural Centre，開放時間：5月中旬至9月上旬每日，9月至5月中旬週一至週五；需購票）。印第安木柱雕刻說明了各家族的淵源，作用大約跟歐洲文化的家族徽相同。雕刻的動物樣式跟地位有很大關聯。圖騰柱高達九公尺，柱上一個個動物的造型與特徵都讓人聯想起現代藝術。

區域圖見 270/271 頁

從**魯伯特王子港**（Prince Rupert）**❻**，不妨參觀周遭幾處從事印第安雕刻的地點。尼斯卡族（Nishga）在**新海澤頓**（New Hazelton）**❼**附近建了一座原尺寸的傳統西岸原住民村落，稱為「克聖」（'Ksan，全年開放；付費導覽）。從這兒，遊客可驅車至附近各村落參觀保護良好的圖騰柱。搭另一班渡輪6.5小時往**夏洛特女王群島**（Queen Charlotte Islands）**❽**，便可在**斯基德蓋**（Skidegate）見到受高度重視的海達族雕刻，還可看到**沙崎**（Sandspit）海灘，印第安傳說這處海灘是巨鴉*Ne-kil-stlas*的登陸地，牠們在這裡繁衍後代。

北方湖國

從亞伯特王子港往內陸走，便可見到大片蒼茫的曠野。一時之間，真叫人難以取捨朝哪個方向去才好，但路沒幾條，所以選擇也無幾。除了主要幹線東西橫貫公路（16號黃頭山公路）外，多數的路都不是柏油路面，而且只有一個半巷子的寬度，因為當初開這些路是為了運木材而不是觀光用途。

往北方最長、風景也最美的路是從**平壇**（Terrace）**❾**到育空**瓦森湖**（Watson Lake）附近的阿拉斯加公路，沿途可徒步或坐水上飛機順遊**愛奇扎山省立公園**（Mount Edziza Provincial Park）**❿**，以及小鎮**司徒華**（Stewart）。從司徒華可越過邊界到阿拉斯加的**海德**（Hyder）。到司徒華

下圖：遠眺氣勢雄渾的落磯山脈。

極受登山客與健行者熱愛的冰河國家公園位於加拿大橫貫公路上，有400多處冰河可看；最好沿著地圖上標示的路線走。

鎮的那條路，穿過康比亞（Cambria）雪原，可見到**大熊冰河**（Bear Gracier）的壯麗景色。

卑詩省中部有數千個湖泊，由無數的河川、溪流互相銜接。這裡可以看到各類野生動物，從麋鹿、北美馴鹿、白頭鷹到科莫德白熊。想釣魚的話，此地魚類的數量和種類之多，更是不在話下。南邊湖泊有彩虹鱒、湖鱒與溪鱒，以及美味可口的馬氏紅點鮭（Dolly Varden），這是一種像鮭的大魚，沒有鮭那麼重，但是比鱒魚肉多。靠北一點，在**和平河區**（Peace River Area），釣得到北極灰鱒與北方梭魚。

此省的東北角落有一個絕妙的景點，那就是**利亞德河溫泉公園**（Liard River Hot Spring Park）**⑪**（全年開放；需購票），位於阿拉斯加公路493英里處。它是一座天然溫泉，一池池的水微微冒著硫磺氣，周圍密麻麻的蘭屬植物與熱帶蔓跟僅僅數碼外的北國森林一樣茂盛。溫泉水溫超過43℃，泡在泉水裡舒服得不得了，進去就不想再爬出來。利亞德是奔波於阿拉斯加公路的卡車司機的一大恩物，據他們的經驗，上路前最好打個小盹，因為溫泉水暖，往往令駕駛朋友打瞌睡，因而把車子給開到路外頭。

卡里卜淘金之路

在**奎斯內爾**（Quesnel）附近的**喬治王子**（Prince George）南邊，有卡里卜淘金熱（Cariboo Gold Rush）歷史遺跡。菲沙河各支流湖泊在1860年以前，不是被淘光就是被占據，所以淘金客只好向北往奎斯內爾發展。結果，在幾年內就挖到更多的金子。1865年，卡里卜驛道竣工，不論用馬車運送生活用品或載來新的淘金客，都比從前方便得多。

下圖：哈得遜灣公司設於朗里堡（Fort Langley）的交易站。

淘金熱歷史痕跡

森林茂密的卡里卜高原橫臥於利洛威特（Lillooet）北邊，海岸山脈與卡里卜山脈之間，或許不是卑詩省風景最優美的地方，但當地濃濃的歷史味則可以彌補這點不足。

當地的金礦是1850年代末期來自加州的探勘者發現的。但掀起卡里卜淘金熱的是，1862年康瓦耳水手巴克（Billy Barker）在威廉斯溪（Williams Creek）發現大量金礦。在短短幾個月內，巴克維（Barkerville）等淘金鎮一一出現，一條從南方耶魯沿著險峻的菲沙河峽谷的補給道路也不可思議地築成，全長640公里。但不到十年，黃金就淘光了。

今天的97號公路與26號公路，正是循著通往巴克維的卡里卜公路原路線修築而成。巴克維經重修後，如今宛如一個活生生的博物館，充滿著當年淘金鎮的氣氛（5月中旬至9月勞工節每日8am-8pm，10-4月從早到晚；需購票）。在原有建築之中，商店、酒吧、旅館都宛如當年。從5月至9月（週五除外），皇家劇院（Thretre Royal）有節目上演；富礦法庭（Richfield Courthouse）則重演當年的審判情景。

地圖見 270/271 頁

今天的**卡里卜公路**（Cariboo Highway）大約就是循舊的卡里卜驛道修建而成。沒想到公路建好，好淘的金礦也已被淘光，這終結了淘金的拓荒期，也為後來較有組織的豎坑開挖模式鋪路。此後開礦作業仍然頗有斬獲，直到1870年代挖金羅曼史才宣告結束。加拿大與美國採礦人迅速被華人移民取代，這也正是加拿大太平洋沿岸一帶何以充滿東方味的緣故。

淘金熱已結束的事實，應不至於壞了觀光客在**巴克維**（Barkerville，全年開放，5-9月開放；需購票）自己動手淘金的雅興，這座重建的淘金鬼鎮滿是歌舞女郎，饒富西部氛圍。附近的**波容湖省立公園**（Bowron Lake Provincial Park）**⑫**（全年開放，5月中旬至9月下旬可露營；需購票）有聞名的交錯湖泊群，是熱中划船者的最愛。淘上兩天，應該可以淘到足夠的「沙」來買一份溫哥華的報紙。遊客可能更愛沿著溪流健行，河床出產翡翠礦石，不過這些綠石頭大概不會像黃金那樣讓人一見就心臟砰砰地跳。這處省立公園是荒野聖地，見到野鹿、麋鹿、熊和馴鹿並非不尋常。森林植被主要是白雲杉和高冷杉。印第安岬湖（Indianpoint Lake）和以撒湖（Isaac Lake）是最佳的垂釣地，所有的溪湖都有虹鱒。

本區有很多省立公園都可以安排露營。其中最大的是**灰井省立公園**（Wells Gray Provincial Park）**⑬**。這裡不但集卑詩省之美於一身，還可供遊客探訪19世紀拓荒期之後就荒廢的住家。園區內還有五座大湖泊以及眾多的瀑布和急湍。

這裡也是卑詩省牛仔的家鄉，區內大部分的牧牛業都集中在這兒。遊客在此可見到現代牛仔的實地作業情形，他們趕牛馴馬的特技演出，

每年7月，在百里舖西北15公里的威廉斯湖（Williams Lake）都會舉辦加拿大規模最大的趕牛大賽，場面僅次於卡加立牛仔競技賽。

下圖：在惠斯勒試試自己的膽量。

地圖見
270/271
頁

從溫哥華開車往東行，約四個鐘頭就可到達以水果和釀酒著名的奧卡納干。在當地，可以在奧索育湖（Lake Osoyoos）那暖和的水面玩風浪板與滑水。

下圖：柔和的金色光線映照在山坡地。
右圖：原住民服裝。

也幫助了本區重拾往日雄風。夏季牛仔競技擂台就設在**百里舖**（100 Miles House）⑭。百里舖的開拓始自淘金熱時期，它就位於距離利洛威特（Lillooet）100英里處的卡里卜驛道上，是驛站所在，旅客在這裡休息、填飽肚子。現在還有一輛伯納傳驛（Barnard Express）的驛馬車陳列在此鎮北端。2月初，一年一度的卡里卜馬拉松賽吸引了世界各地的滑雪者；其他的活動還有開雪車、狗雪橇、冰上釣魚與滑降滑雪。

往南再朝西走，道路就都往溫哥華去了，在這段與美國接壤的地區內，值得看的景點還是不少。譬如，雖然亞伯達的班夫（Banff）與傑斯波（Jasper）比較有名，但是不可否認的，**卑詩省落磯山區**（British Columbia Rockies）與區內各公園的美景，同樣值得一遊。**羅勃生山省立公園**（Mount Robson Provincial Park）⑮擁有加拿大落磯山脈的最高點；**幽侯國家公園**（Yoho National Park）⑯與**冰河國家公園**（Gracier National Park）⑰可以露營、滑雪及欣賞雪原。

1號公路從**希望鎮**（Hope）⑱向北到小鎮**儲藏溪**（Cache Creek），一路沿著菲沙河與湯普森河。皇家工程隊在1860年代修築的卡里卜驛道如今已成為現代化公路，但路線不變，仍然通過**菲沙峽谷**（Fraser Canyon）⑲。撫今追昔，不難想像當年淘金客、探勘者和酒館客棧經營者所面臨的挑戰。

喜愛冒險的朋友若在夏天來此地旅遊，不妨抄捷徑，直穿詭譎的菲沙峽谷。由**利洛威特捷徑**（Lillooet Shortcut）可以走到**加里巴迪省立公園**（Garibaldi Provincial Park）⑳一帶，有條伐木道可通到利洛威特。由於小艇很難挺得住菲沙河的洶湧波濤，所以在還沒有卡里卜驛道之前，走利洛威特捷徑是到內地最好的辦法。

水果與釀酒之鄉

從溫哥華往東走，地理特性開始有點改變。降雨量減少，出現乾旱單調的山丘，甚至山艾樹叢。這裡是加拿大最出名的水果產區：奧卡納干谷地。**奧卡納干湖**（Okanagan Lake）㉑湖水可來灌溉，再加上日照充足，這些有利因素造就了這一帶結實纍纍的果園。蘋果、桃子、李子、葡萄、櫻桃、杏子和梨子樹樣樣茂盛。奧卡納干谷地的釀酒、沙灘和湖泊也同樣很出名。位於奧卡納干湖與斯卡哈湖（Lake Skaha）之間的**朋提克頓**（Penticton）、**基洛納**（Kelowna），都是很熱門的休閒地。基洛納是奧卡納干水果產區的產銷中心，此外，每年7月，當地都會舉行國際賽船會（International Regatta）。

卑詩省很多城鎮都是因為位於金礦補給線而發跡的，最著名的例子就是該省東南部中心的**納爾遜鎮**（Nelson）。該鎮現在還保存了不少昔日的建築。可能就是這個原因，許多電影都到這裡拍外景。順著3號公路開車，經過「烏鴉窩路」（Crow's Nest Road）時，落磯山脈與僅存的金礦地都會映入眼簾。

西部野地的動植物

從北緯49度線延伸到北極圈，
加拿大西部提供了多樣的棲息地給
豐富的野生動物。

加拿大西部有多樣的環境。北方有苔原和高聳的山峰，南方則有大草原、星羅棋布的湖泊及山脈。甚至美洲中央大沙漠的北端也在其境內，但在幾百公里外卻又有蒼翠茂密的雨林。在這麼多樣的生態環境下，西部野地的植物可說是包羅萬千，從苔蘚到各類仙人掌、羊齒植物，甚至是野生石南、杜鵑花與野生蘭花。而最令人注目的，可能是樅樹林與一望無際的白楊林。

傳統象徵

春天，加拿大野花齊放。各省、領地都可以見到象徵該地的植物。譬如，育空的代表植物是火草（fireweed）；西北領地的代表花是高山水楊梅屬植物（avens）；卑詩省是山茱萸（dogwood）；亞伯達是野玫瑰；薩克奇萬是大草原百合（Prairie lily）；曼尼托巴則是大草原番紅花（prairie crocus）。在動物方面，海狸傳統上被視為加拿大的代表動物，這是因為早期開拓的一大誘因就是為了具商業價值的海狸毛皮。通常在池塘或湖泊可見到海狸的蹤跡，而牠們築的壩狀物與巢穴更是容易見到。

◁ **鷹王**
白頭鷹雖然是美國的國鳥，但其實加拿大的太平洋沿岸更容易見到。白頭鷹是相當成功的掠食者，過去獵人經常用牠們獵殺的獵物來獎勵牠們。今天，白頭鷹已被列為保育類動物。

◁ **獵魚**
灰熊在落磯山脈人的地區可見牠們的牠們以魚、植物與生。灰熊外表的特部隆起。

▽ **巨樹**
花旗松（Douglas F是西岸的森林巨人長至90公尺高，有經活了一千歲。

▽ **野牛故鄉**
野牛是北美最大型的哺乳類動物。受到長期獵殺與疾病的影響，如今野牛的數量已經銳減，在加拿大大草原還可以看到一些，特別是在亞伯達的野牛國家公園（Wood Buffalo National Park）。

加拿大公園的野生動物

◁ **岩石花園**
班夫國家公園的高山火草：即使在落磯山脈樹帶界線以上及北極地區都還可以見到它們的蹤跡，這種分布極廣的植物在極嚴寒的環境仍能生存，到了夏季迅速開花。

△ **北極熊**
伊努特人帶領狩獵旅行隊到北極區尋找北極熊的蹤跡，但在 10 月、11 月時到曼尼托巴的「北極熊之都」──邱吉爾鎮，可看見北極熊在該鎮漫步。

加拿大國家公園、省立公園提供了自然棲息地給許多野生動物。以景觀之美、野生生物之多而論，世界上沒有幾個地方比得上育空克魯安國家公園（Kluane National Park）。該公園有北美馴鹿、道爾大角白羊（Dall sheep）、野山羊，甚至是罕見的藍熊（blue bear 或 glacier bear）。

黑熊遍布加拿大，而灰熊（grizzly）則局限在西部的森林與濕地。露營者要注意獵犬的警告──即使小熊也要當心，因為母熊通常就在附近。

◁ **北美馴鹿之鄉**
北美馴鹿即伊努特人所稱的吐克吐（tuktu）。他們依賴北美馴鹿，製取食物、衣服、工具和武器。北美馴鹿的年齡可從鹿角判斷，鹿角越多叉，年齡越大。

▽ **火草**
育空的代表花：夏季雖短暫，但還是開得很茂盛。

白尾鹿（white-tailed deer）有著小鹿斑比的斑點毛色，在加拿大很多公園都可見到，體型壯大、樣子像史前動物的北美麋鹿很容易在沼澤地見到。在落磯山脈的公園，常可看到麋鹿、野山羊、山地綿羊、北美草原小土狼（coyote）與野狼。

北美野牛在西北領地與亞伯達交界的野牛國家公園數量最多，大約有 5,600 頭自由在此區漫遊。園區也有很多白鵜鶘、蒼鷺、老鷹和野狼，不過它的面積幾乎跟瑞士差不多，所以遊客可能需要嚮導帶領才能找到牠們。

亞伯達：西部之最

從落磯山脈的群峰到開闊的大草原，從覆雪的國家公園到乾燥的恐龍徑，從現代都市到古樸小鎮，亞伯達在在呈現強烈的對比。

地圖見 270/271 頁

加拿大
渥太華
美國

如果一個省能走動，亞伯達（Alberta）必定會抬頭挺胸，昂頭闊步，目光堅定地注視前程。是啊，有何不可？它有西部最好的資源：肥沃的農田、豐富的石油、天然氣與煤礦；有趣的城市如卡加立和艾德蒙吞，以及無與倫比的休假遊樂勝地落磯山脈。亞伯達人神氣地向加拿大其他地區宣揚該省的優點，那份自負有點像直率的美國人自詡美國的優點。1970年代帶動亞伯達經濟快速發展的石油工業，大部分是由美國石油業者奠定的，他們那種勇往直前的精神（這對事業開創是不可或缺的），似乎已經感染給每一個人。

盛產石油的亞伯達

1902年，萊漢姆（Rancher John Lineham）在亞伯達西南角阿卡米納車道（Akamina Parkway）沿線挖油井時，並沒有冒很大的風險。早在好幾世紀之前，印第安庫特奈族（Kutenai）就已經利用當地石油作為療傷鎮痛劑。萊漢姆的油井是加拿大西部第一口油井，每天生產三百桶原油，一直到四年後油井枯竭為止。**發現油井**（Discovery Well）在現在卡加立南方250公里的**瓦特頓湖國家公園**（Waterton Lakes National Park）㉒，遺址有標示。

瓦特頓湖國家公園的景觀千變萬化，從綿延的草地到冰河時期冰河磨蝕的積雪山峰都有。湖上遊船會經過許多特殊的冰河蝕刻地形，包括高懸山壁上的山谷。一條健行路徑蜿蜒穿過紅、紫、綠、黃色礦脈相陳的**紅岩峽谷**（Red Rock Canyon），另一條路徑通往**科麥隆湖**（Cameron Lake），該湖就像鑲在缽狀山谷中的藍寶石。

加拿大唯一的摩門教堂建於1913年，坐落在瓦特頓湖國家公園東方45里的**卡德斯頓**（Cardston）㉓，純樸的大理石白色教堂在大草原陽光下閃閃發光。出生此地的**費芮**（Fay Wray）是《金剛》一片中落入大猩猩掌中的電影明星。這座教堂是楊百翰（Brigham Young）的女婿卡爾德（Charles Ora Card）所建的。遊客可以參觀庭園和卡爾德在1887年所住的小木屋。摩門教徒在1887年從美國猶他州遷居到此。他們到達之後，很快就建立了加拿大第一個大型灌溉系統，從聖瑪麗河開鑿出一條長90公里的灌溉水道，並在兩旁種植蔬菜。

較不受歡迎的美國移民是在1870年代從蒙大拿州來的商人。他們時常以一小杯的劣等威士忌跟印第安人交換毛皮和野牛皮。**麥克勞堡**（Fort Macleod）㉔位於卡德斯頓北方60公里處，建於

前頁：落磯山脈隱隱迫近路易斯湖。
左圖：大草原的農人。
下圖：沉靜的瓦特頓湖。

恐龍省立公園的地層
隱藏 35 種距今已有
7500 萬年前的恐龍化
石。有興趣的遊客可
到挖掘站（Field
Station，每日開放）
一遊。

1874 年，配置了遏止這種墮落交易的西北騎警（North West Mounted Police，加拿大皇家騎警的前身）。麥克勞堡博物館展示了駐紮騎警的生活情形，解說員還穿著 1870 年代的騎警制服，列隊騎在馬背上（5-8 月每日開放；需購票）。

呼哇堡（Fort Whoop-up，開放時間：5-9 月每日，4 月和 10 月週三至週六，11-3 月週六日；需購票）是騎警阻止其生意的第一座，也是最聲名狼藉的威士忌堡。一座重建的呼哇堡矗立在列斯布里治（Lethbridge，卡德斯頓東北 75 公里處）的**印第安戰場公園**（Indian Battle Park）內。當地人說列斯布里治一年日照達 2,400 小時，在加拿大城市中屬最長。該城黑暗的歷史一頁如今已被**日加友好日本庭園**（Nikka Yuko Japanese Garden，5-10 月每日開放；需購票）所照亮。這是一座以流水、枯山水和垂柳點綴其間的寧靜花園，建於 1967 年，用來紀念二次大戰被拘留在此的六千名日裔加拿大人。

史前發現

亞伯達荒地（Alberta Badlands）曾經是庇護著許多史前生物的亞熱帶沼澤地，而今它擁有世界數一數二的恐龍化石陳列館。區內最壯觀的地方是沿紅鹿河（Red Deer River）一帶，已被保留為**恐龍省立公園**（Dinosaur Provincial Park）**㉕**，就在卡加立東方 175 公里處，並被聯合國教科文組織列入世界遺跡。遊客從公園入口處附近的瞭望台，可以一覽這片占地 7,000 公頃的崎嶇蝕刻沙岩地形。一條五公里長的環行車道及路邊的人行步道，可通往恐龍化石的發現處及保存處。恐龍公園的其他景點可以安排巴士旅遊和健行活動（5-10 月開放，預約電話 403-378-4342）。

下圖：恐龍省立公園。

地圖見
270/271
頁

再深入亞伯達荒地，在**德蘭赫勒鎮**（Drumheller，卡加立東北138公里處）❷一帶，地形陡降。出奇的景觀變化令人眼睛為之一亮，想像奔馳。一條全長48公里長的環形車道，稱作**恐龍之道**（Dinosaur Trail），可將遊客從德蘭赫勒西北六公里處的**皇家泰瑞爾古生物博物館**（Royal Tyrrell Museum of Paleontology，5月維多利亞節至11月感恩節每日開放，10月中旬至5月週一休館；需購票），帶到一英里寬的山谷。此行的精華在於遠眺**馬賊峽谷**（Horsethief Canyon）與**布雷里奧渡口**（Bleriot Ferry），後者是該省僅存的電纜線渡口之一。

卡加立

〈*Can You Feel It ?*〉是1988年**卡加立**（Calgary）❷冬季奧運主題曲，也是這個年輕的大草原都會的標語。有人說，這座充滿動能的城市感覺起來就是不同於加拿大其他地方。

市郊不斷向四面八方伸展，氣派的公共建築物讓市民引以為傲，例如：造價7500百萬美金的藝術表演中心，也就是卡加立愛樂交響樂團的根據地；有一萬七千個座位的當地首座室內運動場**鞍頂體育館**（Saddledome），也是1988年冬季奧運曲棍球和滑冰比賽的場地，以及曲棍球隊卡加立火焰隊的主場。快速成長的代價之一就是市區壅塞。還好卡加立沿著史蒂芬大道開闢了三個街區的行人徒步區。史蒂芬大道是一條老街，兩旁多半是兩層樓建築，有很多商店、長椅和街頭音樂家。

高架人行天橋進一步紓解了行人流量。市中心區大半是利用離地五公尺高的「Plus 15s」天橋來聯繫，它連接了新大樓、複合購物商城和旅館。在一個稱為**得弗尼恩花園**（Devonian Gardens）的室內公園，每到中午休息時間常有上班族帶著午餐坐在瀑布、池塘與綠地之間的長椅用餐。

下圖：卡加立的鞍頂體育館。

班夫的鎮名是取自蘇格蘭班夫郡，這是太平洋鐵路兩位出資者的出生地。

牛仔競技會

這個城市變得愈光鮮，似乎就愈熱中於卡加立牛仔競技會（Calgary Stampede）道地鄉土的樂趣。它是世界規模最大的牛仔競技會，獎金高達160萬加幣。在7月上旬十天當中，這座牛仔城的居民戴上牛仔帽，穿上馬靴，盡情享受免費的煎餅早餐、方塊舞和遊行。**展覽場**（Exhibition Grounds）最刺激與最受歡迎的活動是馬車競賽。

位於遺跡道（Heritage Drive）的**遺跡公園歷史村**（Heritage Park Historical Village，開放時間：5月中旬至9月勞工節每日，9月至10月中旬週末與假日；需購票）也重現了拓荒時期的生活情形。園內有從全省各地搜集來的重建及原有建築。一節古意盎然的蒸氣火車在此巡迴，而一艘仿明輪則在**葛連摩爾水庫**（Glenmore Reservoir）撥水前進。

在**葛連波博物館**（Glenbow Museum，每日開放；需購票），可以更深入過去。館內陳列著世界一流的大草原原住民手工藝品。

若卡加立緊張的生活步調讓人喘不過氣來時，人們便逃離到波河（Bow River）的**聖喬治島**（St George's Island）。露營野餐者與愛好大自然的人在此分享森林與如實體般大小的恐龍模型。

嚮往高山的遊客可以去爬那座190公尺高的**卡加立塔**（Calgary Tower，每日開放；需購票），以滿足高山冒險的欲望。卡加立市就在面積717平方公里的新玻璃地板下面，而西邊是**落磯山脈**鋸齒般的山脊，多數都在國家公園與省立公園的保護之下。**卡那納斯基省立公園**（Kananaskis Provincial Park）就是其中之一，位於卡加立西南方，車程45分鐘，園內有山麓小丘、高山、冰蓋和閃閃發亮的湖泊。越野車小徑穿梭在森林中，釣客在數十條有大鱒魚的溪流中試試手氣，滑雪者

下圖：牛仔競技賽的馴馬項目。

挑戰**納奇斯卡**（Nakiska）的斜坡，此處曾是1988年冬季奧運的比賽場地。遊賞卡那納斯基省立公園的最佳方式之一，就是在供住宿的牧場過夜。騎馬與健行會使牧場的生手們變得食欲大增，但沒關係，牧場的家庭伙食會讓他們滿足。

落磯山脈之寶

　　班夫國家公園（Banff National Park）❷ 沿著北美大陸分水嶺東側分布，擁有北美最美的山景，是落磯山脈的一顆皇冠寶石。這座公園建於一個世紀前，成為加拿大第一個國家保護區，保護**班夫**東南邊的溫泉。溫泉是在1880年代建築橫貫鐵路時發現的。

　　班夫鎮洞穴大道（Cave Avenue）的**穴池溫泉百年中心**（Cave and Basin Hot Springs Centennial Center）的溫泉池是天然穴池。溫泉中心的博物館（每日開放；需購票）展示加拿大各地的公園歷史與地質。高山大道（Mountain Avenue）的**上溫泉**（Upper Hot Springs，每日開放；需購票），可以試著泡這家的硫磺溫泉，在室外公共池的溫泉水溫，冬天達47℃、夏天達27℃。那座溫泉澡堂已經修復成1930年代初期原有的氣派，甚至還出租1920年代樣式的泳衣與浴巾。

　　從班夫上**硫磺山**（Sulphur Mountain）的纜車之旅，全程三公里，終點在山頂的一家自助餐館處，這一帶常會有綿羊到處嗅著，向遊客要點心。山上有一條木板步道通到1903年建的氣象觀測站。班夫鎮外八公里的**諾魁山**（Mount Norquay），冬天可搭滑雪椅上山頂，飽覽環繞班夫鎮的山景。

　　突出於樹梢之上的是**班夫溫泉飯店**（The Fairmont Banff Springs Hotel）的花崗岩尖塔。這家擁有600間客房的飯店建於1888年，原本是蘇格蘭男爵的城堡。飯店的風笛隊與第九層樓的鬼魂傳說使它更富古堡氣氛。長久以來，飯店的週日早午餐吸引無數人慕名而來。

　　班夫有十足的山城味道。夏天，人行道上滿滿是人。閒逛者在數十家禮品店細細品味，或者在小瀑布廣場（Cascade Plaza）享受各種歡樂。冬季，滑雪後的社交活動很豐富。商店關門時間比平常晚，而且有各式的美食餐廳等客人上門。

　　若要避開人群的話，可到聖朱里安路（St Julien Road）舊郵局附近的**班夫中心**（Banff Center），中心有一流的美術、音樂和戲劇。在這個落磯山脈的薩爾茲堡，整個夏季班夫藝術季上演許多歌劇、舞蹈、歌舞劇和爵士樂。

冰河之鄉

　　路易斯湖（Lake Louise，班夫北方90公里）像顆鑲嵌在維多利亞冰河的寶玉，是落磯山脈很美的景點。在**路易斯湖城堡**（The Fairmont Château Lake Louise）的庭院中，蘇格蘭風笛手在花園與松林間漫步，風笛聲的迴響從周圍的山峰傳回。喜愛浪漫的遊客可租小船在湖中遨遊。喜愛運動的遊客則可循著三公里長的小徑步行到

地圖見 270/271 頁

到班夫旅遊，一定要到班夫大道（Banff Avenue）224號的班夫旅遊中心（Banff Information Centre，每日開放），那兒有國家公園的最新資訊、旅遊指南以及申請進入許可。

下圖：班夫國家公園的佩托湖（Peyto Lake）。

艾格尼斯湖（Lake Agnes），那兒的一家茶館高據在瀑布的頂端。

93號與11號公路的交會點是**冰原大道**（Icefields Parkway，路易斯湖北方76公里）的起點。它是世界最大的山間公路。經過40公里，路易斯湖的美便受到了**米斯塔亞河谷**（Mistaya River Valley）的**佩托湖**（Peyto Lake）的挑戰。在停車場外一條半哩長的小徑盡頭有一平台，便可飽覽240公尺下方的佩托湖風光。

過了米斯塔亞河谷（在印第安克利族語中，米斯塔亞是「大灰熊」之意）繼續走冰原大道往北行，再順著北薩克奇萬河那錯綜複雜的河道來到落磯山脈的頂端：**哥倫比亞冰原**（Columbia Icefield）。它是落磯山脈最大的冰原，面積達326平方公里。這條「河流之母」供應了三大水系：哥倫比亞河、亞大巴斯卡河與薩克奇萬河。**亞大巴斯卡冰河**（Athabasca Glacier）是數十條源於哥倫比亞冰槽的冰河之一，幾乎延伸到冰原大道。

在此處，冰原大道進入落磯山脈最大、最北的國家公園：**傑斯波國家公園**（Jasper National Park）㉙。這時可改走風景如畫的93A公路，沿著亞大巴斯卡河西岸到亞大巴斯卡瀑布。這條瀑布從30公尺高的岩棚轟隆而下，水流再穿過一道狹窄的峽谷。順著一條沿峽谷蜿蜒而行的小徑，便可欣賞到這座雄偉瀑布的特寫鏡頭。

附近的**艾蒂絲卡佛爾山**（Mount Edith Cavell）是一座白雪覆蓋的圓頂岩石山峰，從**安琪兒冰河**（Angel Gracier）中筆直升起，也是國家公園非看不可的景點。1800年代初期，毛皮商稱它為「天國之山」；一次世界大戰時，為了紀念一位英勇救助盟軍的護士，故取名艾蒂絲卡佛爾山。這裡有一條步道爬入綴滿野花的高山草地，還有一條小徑蜿蜒

實用指南

膠輪式雪上巴士（SnoCoach，4-9月9am-5pm，10月10am-4:30pm，每15-30分鐘一班），載客沿著亞大巴斯卡河（傑斯波南方105公里）遊覽。

左下：西艾德蒙吞購物中心。

右下：艾德蒙吞的天際線。

地圖見
270/271
頁

越過布滿巨石的冰河沖積地。

傑斯波（Jasper）比班夫小，也比較寧靜，是通往數十條風景如畫的健行步徑、單車路徑、汽車路線的起點。傑斯波南邊四公里處的空中纜車（5月下旬至10月下旬行駛）將遊客載到布滿岩石的**惠斯勒山**（The Whistlers）山頂，海拔2464公尺。天氣晴朗時，從山頂往西北方約77公里處，可見到卑詩省的落磯山脈最高峰，亦即洛布遜山（Mount Robson， 3954公尺）。

跟班夫溫泉飯店媲美的是更有鄉村味的**傑斯波公園旅舍**（Fairmont Jasper Park Lodge），有50間山間木屋散布於**波瓦特湖**（Lac Beauvert）畔。旅舍的服務是以腳踏車進行，據說有熊長期霸占著草地，也有麋鹿占據高爾夫球場的水塘。此外有一名風笛手在黃昏降旗典禮演奏。

從**馬里格勒谷公路**（Maligne Valley Drive）可看到綺麗的**馬里格勒峽谷**（Maligne Canyon，傑斯波東方11公里），河水注入這處石灰石陡峭的峽谷。東南方16公里處的**藥湖**（Medicine Lake），是由地下河流湧出形成的。續行10公里來到**馬里格勒湖**（Maligne Lake），夏季可划船一遊，冬季則是滑雪中心。

在前往艾德蒙吞途中，遊客可順便去落磯山脈最熱門的**麥特溫泉**（Miette Hot Springs）**30**，就在傑斯波北方60公里處。那些泉水在注入巨大泳池之前已經冷卻至40℃（5月至10月中旬開放，有泳衣、毛巾、置物櫃租用）。寄宿牧場散布在這個地區，其中包括著名的**黑貓寄宿牧場**（Black Cat Guest Ranch），在40號公路旁。

遊客依依不捨告別落磯山脈，往東前行，穿過北亞伯達的公園地與森林地。**多石平原多元文化中心**（Stony Plain Multicultural Centre，艾德蒙吞西方20公里，每日開放，歡迎捐獻）的豐富伙食，如俄式肉湯、烏克蘭甘藍菜捲，也許能紓解那份惆悵。在星期六時，可別錯過了農夫市場，嚐一嚐其他地區的食物。

艾德蒙吞

身為亞伯達省會、加拿大最北的都會，**艾德蒙吞**（Edmonton）**31**以其風景如畫的河谷與諸多藝術節而聞名。**西艾德蒙吞購物中心**（West Edmonton Mall）的規模是北美第一，有八百家商店、餐館、速食店和世界最大的室內遊樂園；加拿大最大的**城堡劇院**（Citadel Theatre）；鐵樂士科學世界（Telus World of Science，每日開放，9-6月週一休館；需購票），內有加拿大最大的天文館和西方世界最大的蔡司－耶拿司塔投射器（Zeiss-Jenastar Projector）。

石油交易是在卡加立的總公司進行，而真正將石油和柴油等黑金變成商品，則是在艾德蒙吞。沿著**煉油廠街**（Refinery Row）一帶，艾德蒙吞展現了它的實力。這裡有無數燦爛奪目的管狀物、巨大的儲油槽和照亮夜空的石油火焰，宛如科幻影片。廠區的煉油產量占加國的十分之一。

但艾德蒙吞絕非是藍領勞工的城鎮。事實上，它在某些方面似乎比南方的煉油市更精緻一些。在南

16號黃頭山公路（Yellowhead Highway 16）從傑斯波往東北行，循著昔日毛皮商的路線。公路沿途不時可見極佳景觀。

下圖：亞伯達遺跡公園的社交活躍份子。

地圖見
270/271
頁

方，大家對背著行李到附近山野走走比對巴哈更有興趣些。艾德蒙吞是亞伯達省府與**亞伯達大學**（University of Alberta）的所在地，人文薈萃，有歌劇團、古典芭蕾舞團、交響樂團及許多職業劇團。甚至，有些地下鐵車站還懸吊著閃閃發亮的水晶吊燈。

夏日節慶

所有的花彩繽紛到了7月都得讓步給**省府展覽會**（Capital EX），這節日近年來已取代了克朗代克節（Klondike Days），後者為期10天，是為了紀念克朗代克淘金熱。艾德蒙吞廣大的**諾斯蘭園**（Northlands Parks）因遊藝場的燈光和夜晚煙火而輝煌燦爛；加國最棒的樂團也在這裡熱力表演；園區擁滿了觀看駕馬車比賽和賽馬的人群。接著登場的是8月的傳統節（Heritage Days），一個道地鄉土的節慶。

位於北薩克奇萬河畔的戶外博物館**艾德蒙吞堡公園**（Fort Edmonton Park，5-9月每日開放；需購票），或許可以讓人們更清楚看到過去。三條小鎮街道上的35座建築，捕捉了1846年、1885年與1920年三個不同時代的風貌。舊史崔斯寇納區（Old Strathcona）是艾德蒙吞最早的商業區，狹窄的街道兩旁仍保存了早期的建築，如**舊消防局**（Old Firehall）、**史崔斯寇納旅館、克朗代克電影院**等。**舊史崔斯寇納基金會**有該區免費的徒步觀光地圖。這裡是舉辦為期10天的**國際藝穗節**（Fringe Theater International Festival）的地點，吸引來自北美與歐洲各地的表演者。街道上，洋溢著默劇、音樂、木偶戲和戲劇的回聲。

加拿大規模最大的牛仔競技在11月舉行，名為**加拿大牛仔競技總決賽**（Canadian Finals Rodeo），全國頂尖的牛仔在場上挑戰最桀驁不馴的牛馬；這些牛仔和牛馬經過一整個夏天的比賽，才取得在加拿大牛仔競技總決賽露面的資格。

北薩克奇萬河岸保存了加拿大最大一片的都市郊區綠地，綿延16公里，供人健行、騎單車、野餐和騎馬。艾德蒙吞堡附近的一家野外中心的導遊，不分季節，都會帶領遊客步行。河谷中的**馬塔特溫室**（Muttart Conservatory，每日開放；需購票）呈金字塔形，四面以玻璃構成，內部的植物從熱帶的到沙漠的都有。

北薩克奇萬河谷還有各種巧奪天工的成就，表現亞伯達進取的精神。1980年，藝術家劉易士（Peter Lewis）沿著**頂級橋**（High Level Bridge）的頂端設計了一系列水管，作為他給亞伯達建省75週年慶的獻禮。現在，每逢夏季節日，某處的水龍頭打開，轉瞬間，橋就變成了瀑布。

與東部的關係

亞伯達與大草原諸省曾經像是一塊與世隔絕的土地，隔著卑詩省的山脈與太平洋沿岸隔絕，也隔著加拿大地盾地與安大略、魁北克工業心臟地帶隔離。但在最近20年，這個地區已經發展出自己的經濟，在政治上也嶄露頭角了。

艾德蒙吞東邊50公里處的烏克蘭文化村（Ukrainian Cultural Heritage Village），重現了1890年代典型的東歐生活面貌。

下圖：克朗代克的鄉間景色。

牛仔競技會：
亞伯達人的熱情

在夏季或秋季的週末假日，在亞伯達的鄉鎮幾乎隨處都可見到牛仔競技。不論規模大小，它都會帶來興奮的一天及加拿大西部文化的片段。在亞伯達各地的競技場地，當地人藉著馴馬、鬥牛、套索等各項競技來表現出敦親睦鄰的一面，而大城市的競技場則吸引北美各地的職業好手來競逐優渥的獎金。

牛仔競技會源自16世紀的墨西哥，人們不斷藉此來展現牛仔的技能。譬如，馴馬參賽者騎在野馬上，必須適應野馬頑抗的步伐，好讓自己不用手就能以靴刺策馬。

一般遊客對騎牛術可能沒什麼印象，但它卻是牛仔競技會最刺激的項目之一。只用單手拉住一條韁繩，參賽者必須騎在大公牛背上八秒鐘。八秒鐘後，騎牛者多半會摔落下來，此時，他必須避開發火公牛的角、蹄攻擊。騎牛者唯一的保護是一隊快腿丑角對牛干擾。為了取悅觀眾，他們有時會躲在放置在競技場周圍的桶子裡。

擠野母牛奶競賽是趣味多於緊張，參賽者至少必須擠些奶汁到桶子裡。給小牛套索需要一些不同的技巧，包括騎馬術。騎馬者給健壯的小牛先套上繩索，然後拉下套緊牛腿，這當中速度是最重要的。馬會使套索一直拉得緊緊的，讓小牛狼狽不堪。

這些就是亞伯達牛仔競技賽的傳統項目。規模較大的競技賽會加入駕馬車比賽。昔日牛仔在大草原夜幕下過夜，就是依賴這種原始的機動廚房來烹飪。

昔日週六下午，牛仔會比賽駕馬車看誰先到家，最後到家者要請最先到家者到鎮內酒吧吃喝一番。現在的比賽有五萬加幣的獎金，預賽時每組有四輛馬車角逐，每輛有四匹馬與一組前導，每組競賽隊伍先繞八圈，最後衝到終線，到了終線，鐵爐必須已經卸下，木柴已生火。馬匹的數目牽涉到場地大小，場地若太小時常會發生意外。

每年7月上旬舉行的「卡加立牛仔競技會」（Calgary Exhibition and Stampede），海報上都會打出「世界最大的表演秀」作為宣傳。這個競技會源自1912年。期間，全市都動了起來：街頭遊行，煙火表演，農產品展，人行道上供應烤餅，各式展覽等等都是慶祝活動的一部分。而且，許多當地人與遊客也會穿上西部服裝。若覺得這種打扮有點招搖，那起碼也買頂寬邊高呢帽，這是牛仔競技會的傳統。

詳情請見〈旅遊指南〉節慶部分的卡加立牛仔競技會。

右圖：參賽的牛仔正在馴服桀驁之馬。

薩克奇萬：大自然的奧祕

加拿大的舊西北就在薩克奇萬的心臟地區。這個省份充滿高地、平原、沙漠與湖泊，曾經是盜匪、軍火走私者與毛皮商的樂園。

當嚴肅的陪審團帶著他們的判決回到法庭時，旁聽觀眾鴉雀無聲。陪審團經過被告席時，席上的被告里爾正跪下來祈禱。里爾因帶領美蒂斯人反叛而被控一級叛亂罪。身著黑衣的他，起身面對他的命運。庭長問陪審長，陪審團是否已經取得一致意見。「你們的判決如何，被告有罪還是無罪？」「有罪。」

陪審長要求法官開恩，但法官還是下了這項判決：里爾判處絞刑。這一幕是出自柯爾特（John Coulter）劇作《里爾的審判》，這齣戲劇每年夏天都會在女王城（Regina）馬肯齊藝術館（MacKenzie Art Gallery）的舒米亞契劇場（Shumiatscher Theater）上演。每次演出，法官都不顧外界質疑，設法判決里爾有罪。

對某些人來說，里爾是叛國者；對另一些人來說，他卻是英雄。母親是印第安人，父親是法國皮毛商，里爾曾兩度試圖挺身維護族人的權益。1869年，他在曼尼托巴建立美蒂斯地方政府，這項宿命的嘗試遭到加拿大的民兵部隊終結。里爾逃到美國蒙大拿，以教書為生。

美蒂斯人的反抗

1884年，聯邦政府開始探勘薩克奇萬河谷美蒂斯人的土地，準備拓荒墾殖。美蒂斯人的領導人再度向里爾求援，於是里爾返回加拿大，領導一支反抗軍抵抗加拿大民兵部隊。1885年5月15日，反抗軍在巴托契（Batoche）戰敗，結束了這場短暫的米蒂斯反抗。里爾被押到女王城接受審判，不久就被絞死。薩克奇萬人對英雄人物很挑剔，尤其是里爾，一個操法語的激進天主教徒，曾自稱為「先知、絕對正確的教主」。這種狂妄的話使薩克奇萬人過了80年後才接受他為真正的民族英雄。薩克奇萬人要求人要謙遜，即使是曲棍球明星也不例外。

薩克奇萬人對里爾的冷漠還有一項因素，就是經濟大蕭條這十年的迷失歲月，大自然的破壞力結合經濟景氣的異常，使大草原居民陷入困境，造成他們對政治人物的不信任。

任何經歷過1930年代慘澹歲月的人，都會加深省籍意識。但是這種經歷也會產生強烈的自立自強意識。就舉薩克奇萬省會、大草原的女王之城──女王城為例。加拿大首任總理麥克唐納在選首都之時，嫌女王城不夠氣派堂皇。他在1886年評說：「如果你們那裡樹木多一點，流水多一點，我想希望會大一點。」

美化女王城

1905年，**女王城**（Regina）❶被選為新成立的薩

左圖：薩克奇萬柏山（Cypress Hills）的牛仔。
下圖：來女王城受訓的皇家騎警隊員。

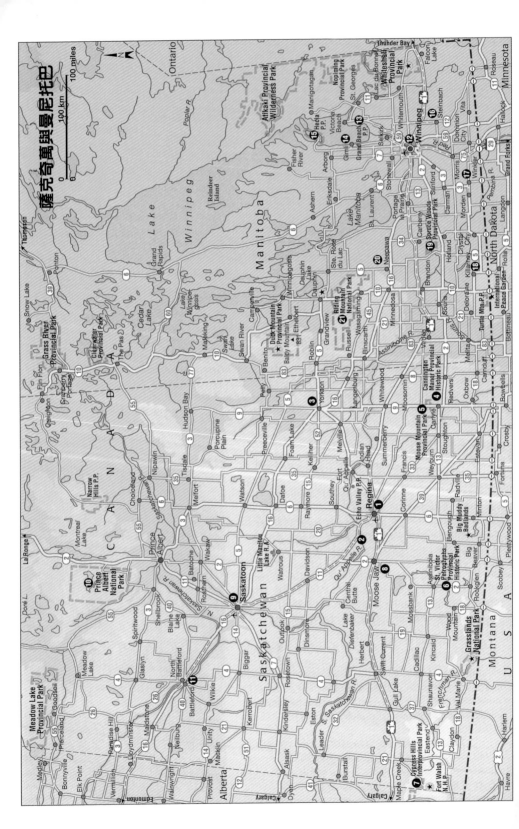

薩克奇萬與曼尼托巴

地圖見 300頁

克奇萬省的省會時，該市的諸領導人時時謹記麥克唐納「樹木多一點」的建議。他們攔阻混濁的華斯嘉納河水，造成一座小湖，在附近蓋起議會大廈、種樹、規畫花園，並在園中遍布噴泉，其中有一座是來自倫敦特拉法加廣場。

他們的成果就是**華斯嘉納中心**（Wascana Center，5-9月開放；免費），一個有林有水的休閒場所。愛騎單車和慢跑者可以環湖而行；遠足野餐者可搭渡輪到蔭涼的**柳島**（Willow Island，5月中旬至9月勞工節週一至週五的中午至4pm開放；收費）；愛鳥者可到水鳥保護區餵食加拿大雁。遊客也可以到**女王城大學**（University of Regina）的藝廊欣賞埃及的雕刻品；或者到**薩克奇萬科學中心**（Saskatchewan Science Centre，每日開放；需購票）了解人體、天文學與地質學的奧祕。**皇家薩克奇萬博物館**（Royal Saskatchewan Museum）是加拿大數一數二的自然史博物館，詳盡介紹該省的動植物。它的第一民族館（First National Gallery）追溯展示一萬年前原住民文化。

開闊的大草原

離開女王城，往西北方行，**卡佩爾河谷**（Qu'Appelle River Valley）❷在地理景觀和生活步調上都是一種宜人的調劑。這個昔日由冰河融化的冰水所蝕刻的綠油油溪壑，將褐色的大草原劃分成南方平坦、開闊的平原與北方起伏的溫帶草木地。

欣賞河谷風景的最佳地點是環繞**釣魚湖群**（Fishing Lakes）的56號公路，釣魚湖群是卡佩爾河四處河道變寬的地方。**回音谷**（Echo Valley）與**卡提瓦**（Katepwa）這兩處省立公園可供露營、游泳，並有天然小徑蜿蜒穿過林木茂盛的峽谷。

女王城8月上旬舉行的野牛節，在40輛花車遊行過後，接下來就是為期一週的賽馬、牛仔騎術、農產家畜展與豐富的餘興節目。

下圖：女王城的議會大廈。

皇家騎警隊

女王城曾經是西北騎警隊的總部（1882-1920），現在是加拿大皇家騎警隊（RCMP）的訓練中心所在地。皇家騎警隊的歷史對薩克奇萬非常重要。1874年，西北騎警隊的分隊被派遣到薩克奇萬，以建立西北的法律秩序，當時，西北的私酒、軍火和毛皮走私日益猖獗。當年西北騎警隊翻山越嶺，長途跋涉1,300公里；如今則已有跨省的紅衣公路（Red Coat Trail）。西北騎警隊在薩克奇萬各地建立驛站，其中有很多現已重修，開放給遊客參觀，包括柏山（Cypress Hills）的瓦爾西堡（Fort Walsh）與北方的巴特福堡（Fort Battleford）。

女王城的西北騎警隊紀念館（RCMP Centennial Museum，每日開放；免費參觀，歡迎捐獻）的陳列品歷歷訴說著傳奇騎警隊的功績，也訴說著諸如鼠河瘋獵漢等大壞蛋的故事。珍貴的收藏品包括有里爾赴死時戴的手銬與十字架（絞刑台就在紀念館外面）。遊客可以去看看警騎隊訓練中心的閱兵儀式和多采多姿的收隊禮（日期與時間請打電話詢問：306 780 5900）。2007年開館的加拿大皇家騎警隊傳統中心（RCMP Heritage Centre），採用互動式陳設來訴說這支部隊未為人知的歷史往事。

卡佩爾河東北方可見許多教堂特有的東正教尖塔，顯示出烏克蘭移民在此占有一席之地。在**約克頓**（Yorkton）❸，到**西部開發博物館**（Western Development Museum，開放時間：5-8月每日，9-4月週一至週三 2-5pm；需購票）走一趟，可看到早期移民的居家生活情景。一間早期烏克蘭移民的廚房，內有色彩繽紛的磁磚與彩飾，與一間簡樸的英國式客廳形成對比。夏季，博物館會舉辦打穀人展（Threshermen's Show），節目有駕馬車、打穀競賽與方塊舞等。

英國奇風

奇風是薩克奇萬古老的傳統，而再也沒有任何行徑比得上那些英國貴族那樣誇張了——他們試圖在童山濯濯的大草原上的**坎寧頓莊園**（Cannington Manor）❹重建他們女王之島的一隅。如今，坎寧頓莊園已成為一個歷史公園（5月中旬至9月勞工節週三至週一；需購票；公園位於女王城東南200公里）。1882年，皮爾斯（Edward Pierce）在這裡建立了一座莊園，飼養血統高貴的賽馬，玩英式橄欖球和板球，雇用移民從事農作。鐵路經過坎寧頓後，這片開墾區便廢棄了。但時至今日，**馬特比府**（Maltby House）、**休立特府**（Hewlett House）、一家木工舖與**萬聖教堂**（All Saints Church）等建築物依然屹立不墜。這座木造教堂旁邊則是皮爾斯的墳墓，遠離他熱愛的英國。往西北行27公里，可達賞鳥人喜愛的**麋鹿山省立公園**（Moose Mountain Provincial Park）❺，這裡有翱翔天空的禿鷹、小鳧、野鴨和其他數十種鳥類。

荒地

20世紀初，女王城南邊的**泥濘大荒地**（Big Muddy Badlands）有一個

薩克屯（Saskatoon）東南120公里處的小曼尼托湖（Little Manitou Lake）是著名的印第安「水療之地」，現已成為設施完善的水療溫泉地。

左下：再會交易站。
右下：瓦爾西堡的騎警隊營房。

跟坎寧頓莊園一樣怪異的聚落。一些像「血匕首」、「腳趾內彎小鬼」之類的亡命之徒藏身在洞穴中，伺機偷襲美國蒙大拿的牧場牛群。7月，巴士之旅從柯樂納（Coronach，女王城南方194公里）出發，蜿蜒穿過荒地，經過當年那些亡命之徒的藏身處。

地圖見300頁

不久之後，如煎餅一般平坦的大草原令人產生一種渴望，想看到比地鼠土堆還高的東西。聖維多岩畫省立歷史公園（St Victor Petroglyphs Provincial Historic Park，女王城東南150公里）❻有一道怪異的蝕刻砂岩礦脈裸露可以滿足這份需求。在園區裡，史前印第安人在柔軟的岩石上雕刻了數十種圖案。此外，從公園也可以遠眺棋盤般的農田、鹹水湖、陡坡與色彩鮮豔的穀倉（這些「平原大教堂」使大草原城鎮具有獨特的地平線）。中南部則是薩克奇萬主要的法語區。

美、加邊界的草原國家公園（Grasslands National Park）是觀賞大草原野生生物的好地方，園區內有大草原黑尾狗、瀕臨絕種的穴鴞等。

1876年小大角河戰役（Battle of Little Big Horn）之後，木山（Wood Mountain，聖維多西南50公里）成為首領「坐牛」（Sitting Bull）及其蘇族人的避難所。這裡有座騎警哨站是為監視蘇族而建的，現已重建為木山哨站歷史公園（Wood Mountain Post Historical Park，6-8月中旬每日開放；自由樂捐）。

西南靠近亞伯達的柏山省際公園（Cypress Hills Interprovincial Park）❼是西部少數在冰河時期未被冰河覆蓋的地區。柏山像是一道長長的綠色楔子在伊斯滕（Eastend）附近升起，向西延伸進入亞伯達。這座由針葉林、涼爽的山谷與環形山巒構成的綠洲，長久以來一向是這片炎熱、多塵的平原上遊客的庇護所。在雷文湖（Loch Leven），露營地、木屋、網球場、高爾夫球場、滑水活動一應俱全。

這裡也有歷史，就在瓦爾西堡（Fort Walsh，5月中旬至9月勞工節每日開放；需購票）。它是1875年西北騎警隊建立的，旨在杜絕威士忌走私

下圖：一望無際的大草原。

販賣給平原區印第安人。為痛飲一杯由一分酒精、三分水，外加菸草汁調色和牙買加薑汁調味混合而成的粗劣飲料，這些印第安人會以野牛皮來交換。這座重修的騎警隊堡壘有警官營房、專員住所與其他建築。數哩外，**再會交易站**（Farewell's Trading Post，5月中旬至9月勞工節開放）有許多穿著1870年代服裝的導遊，還堆著威士忌酒桶和成藥。

值得順道彎進伊斯滕參觀當地的**暴龍發現中心**（T. Rex Discovery Centre，每日開放），這處藝術設施收藏了此一地區驚人的化石出土文物，包括一副完整的暴龍骨架。柏山北方50公里處，「老牛鎮」**楓溪**（Maple Creek）就在白楊林下打盹。楓溪曾為乾牧地的首府，其老西部資格差不多是省境內最資深的。

走1號公路往東312公里，**㜱鹿顎鎮**（Moose Jaw）❽隱蔽在一處寬廣的山谷，是個寧靜的城鎮。它有段過去。1920年代，在**河街**（River Street）一帶私酒店與妓院蓬勃發展，很多芝加哥的亡命之徒都到這裡避風頭。在鎮上的老街區中心，**聖堂花園礦泉療養所**（Temple Gardens Mineral Spa）同時也是一家優雅的老旅館，擁有一天然地熱的礦泉水池。在城鎮的下方，遊客可以在**㜱鹿顎隧道**（Tunnels of Moose Jaw）體驗一下互動式導覽，舊日私酒販子的故事栩栩上演。鎮上的**西部開發博物館**（Western Development Museum，每日開放；需購票場）著重陳列早期的交通工具。

禁酒的薩克屯

私酒販子從來無法染指**薩克屯**（Saskatoon）❾的街頭。該鎮是1884年所建的禁酒殖民地。**禁酒大道**（Temperance Avenue）的路標是僅存的禁酒遺跡。薩克屯最棒的景點是在**北薩克奇萬河**（North Saskatchewan River），它那林木高聳茂密的兩旁沿岸是受到保護的公園綠地。夏天，「薩克屯王子號」遊艇會經過岸邊的顯著地標，例如有角塔的**貝絲堡飯**

位於楓溪的老鐘博物館（Old Timer's Museum，5-9月週一至週六開放；需購票）是該省最老資格的博物館，以印第安手工藝品為特色。

下圖：平原上的堡壘。

地圖見
300頁

店（Bessborough Hotel）、孟德爾美術館與市民溫室（Mendel Art Gallery and Civic Conservatory），以及薩克奇萬大學的灰石校舍等。這座大學給薩克屯帶來文化與大都會的形象。當地有五個劇團和一個交響樂團，還有些放浪不羈的餐廳（以薩克奇萬的標準來說）。

每年夏天，從7月上旬至8月中旬的六週期間，觀眾擠暴莎士比亞在薩克奇萬（Shakespeare on the Saskatchewan）設在河畔的帳篷。這家非營利性質的劇團，其成員緊密合作了數年，他們創新的戲劇讓莎士比亞劇非常適切於今日的觀眾群。當城裡的普西芬尼劇院（Persephone Theater）遷移到藍丁河（River Landing）這處南邊市區河濱帶的新社區之際，戲劇也成為這處河谷終年不墜的特色。

歷史之地

薩克屯北邊的瓦努斯凱文遺跡公園（Wanuskewin Heritage Park，印第安克里族語 Wanuskewin 意思是「心靈的平靜」；開放時間：5月維多利亞節至9月勞工節每日 9am-9pm，秋冬季 9am-5pm；需購票）呈現了北部平原族印第安人六千年的文化。在印第安長者的協助之下，遊客可以看到平原族印第安人紮營生活的面貌；還有相關文物，以及一家供應道地原住民料理的餐廳。

繼續往北向亞伯達王子鎮行，途中在南薩克奇萬河大轉彎處有座高聳峭壁，是1885年西北反抗軍美蒂斯人退到這裡做困獸之鬥的地點。美蒂斯人的「首府」巴托契（Batoche），留下來的建築物是座簡樸的白色教堂，當時作為里爾的指揮總部，以及彈痕累累的牧師住宅。西邊數哩外，矗立著以木柵圍成的卡爾頓堡（Fort Carlton，5月中旬至9月勞工節開放；需購票），它曾經是紅河與落磯山之間最重要的毛皮交易站。

在這戰痕累累的山谷東北方80公里處的亞伯達王子（Prince Albert），是通往本省北部的門戶，在釣客眼中，它以原始湖泊與大鱒魚聞名。亞伯達王子城也是路德野生生物展覽園（Lund Wildlife Exhibit，6-10月每日開放；需購票）的所在地，數百種加拿大獸類與鳥類安置在這重建的天然棲息地。

亞伯達王子國家公園（Prince Albert National Park）⑩跨於公園綠地與北方森林之間。松香彌漫的華凱蘇湖（Waskesiu Lake）是公園管理部、迷人的終年度假小鎮。鎮上也有供應帆船與釣船。

距離國家公園西南方160公里的巴特福（Battleford）⑪，是西北領地的舊首府，其林木蓊鬱之處，是新首府女王城所望塵莫及的。巴特福堡國家歷史公園（Fort Battleford National Historic Park，5月中旬至9月勞工節每日開放；需購票）以前是騎警隊駐站，1885年加拿大最後一次公開執行死刑就在這兒進行。公園內有騎警隊營房與住所，以及其他修復的建築物。里爾當年巴托契戰役用過的加特林機槍就陳列在此。機槍發出的光澤，就像一個世紀前，美蒂斯人的獨立夢在北薩克奇萬河畔一處峭壁上破滅時一樣明亮且光可鑑人。

實用指南

在亞伯達王子國家公園，有一些遊客罕至的湖泊，包括阿亞瓦（Ajawaan）這個昔日英國自然學家奧爾（Grey Owl）的住處所在地，可以划船去瞧瞧。

下圖：楓溪一處的備有起吊設備的穀倉。

曼尼托巴：大草原中的驚奇

遊客從加拿大東部，經過安大略的森林後，會赫然發現曼尼托巴的
空曠、明亮與色彩，以及多樣的城鎮、都市與居民。

地圖見
300頁

遊 客穿過安大略北部崎嶇的林地，向曼尼托巴（Manitoba）接近。
突然，大地綿延伸向遠方的地平線。天空，一度被局限成公路上
方的一道灰色帶，現在擴展成為一片湛藍的蒼穹。啊，遊客想到，終
於來到了大草原。

可說是也可說不是。北方森林逼近了，這片人煙罕至、布滿湖泊的荒
野占了曼尼托巴北部三分之二的面積。而陽光普照的南部則反駁了大草
原一定是平坦的律則。在白貝殼省立公園（Whiteshell Provincial Park）西
邊，大地升起成為岩石和砂礫山脊，在溫尼伯附近平坦下來，到曼尼托
巴湖南邊轉為沼澤地，再浸入朋比納河（Pembina River）和阿夕尼波因
河（Assiniboine River）的河谷，然後再度升起，成為西部丘陵地。

城鎮也像地形這樣起伏變化，這也正是曼尼托巴的魅力所在。來自歐
洲和加拿大東部的移民建造了別具一格的城鎮，這些城鎮不僅成為農
夫的補給中心，本身也添加了濃濃的民族味，譬如聖安妮（Ste Anne）
有法裔加拿大味，吉姆利（Gimli）有冰島味，托爾斯泰鎮（Tolstoi）
有俄羅斯味。以溫尼伯無所不在的影響力而言，這些城鎮算是相當有
活力的了。**溫尼伯**（Winnipeg）**⑫** 是曼尼托巴的省會，人口有70萬，
占該省總人口一半以上。

左圖：冬天的溫尼伯
天際。
下圖：曼尼托巴的議
會大廈。

省會

溫尼伯的綠樹樹冠有時候會讓初訪遊客嚇到，因
為相較的城市周遭是看不到一棵樹的大草原。波提
吉街（Portage Street）與梅因街（Main Street）的交
叉口據說是加拿大最寬敞、最多風且寒冷的街角。
但是市中心的街道順著阿夕尼波因河與紅河的曲線
行進，使得一些建築有引人注目的彎曲角度，並避
免了西方慣常的棋盤式街道。**福克斯**（The Forks）
是溫尼伯約人碰面的地點，也是舉辦許多夏季節慶
的場地。

這裡也擁有美好的綠地，譬如阿夕尼波因公園
（Assiniboine Park）。樓閣（Pavilion）後方有一座
新建的詩歌露天舞台（Lyric Outdoor Stage）作為
表演場地，包括溫尼伯皇家芭蕾舞團一年一度的
公演。公園裡還有一座熱帶棕櫚溫室
（Conservatory，免費），以及一座有1,200多隻動
物的**動物園**（Zoo，每日開放）。

溫尼伯也是這片新大陸的老城市。第一批在此
落腳的歐洲人是法國毛皮商。他們在1738年於紅
河與阿夕尼波因河那容易氾濫的匯流處建立了胭
脂堡（Fort Rouge），淤積的水道為此城博得了

溫尼伯的烏克蘭東正教聖三位一體教堂（Holy Trinity Ukrainian Orthodox Cathedral）的拜占庭式圓頂。烏克蘭人是曼尼托巴第二大族群。

「Win-nipi」（克里族語「多泥水流」之意）一名。繼法國人之後，來的是互搶毛皮生意的兩大對手，倫敦的哈得遜灣公司和蒙特婁的西北公司。在18世紀末、19世紀初，這兩家公司在阿夕尼波因河與紅河附近建造了一連串距離在槍火射程之內的木柵堡壘。

1812年，被高地大清除趕出家園的蘇格蘭小佃農帶著一些農具和一對叫做亞當、夏娃的公牛、母牛來到這裡。而旅費、農具和牲口都是出自一位蘇格蘭塞爾克爵士（Lord Selkirk）的善行。他在北美各地建立了許多農業墾殖地，收容失去家園的蘇格蘭高地人。但是，就像放牛的牧場主人與養羊的農人一樣，毛皮商人與拓荒者也是井水不犯河水。然而在1816年6月19日，兩方爆發了衝突，當時受雇於西北公司的美蒂斯人殺害了20名拓荒者，這即是著名的「七橡樹屠殺事件」（Seven Oaks Incident）。

賽爾克爵士在蒙特婁聽到惡耗，連忙帶著一支私人軍隊趕往西部。他逮捕了毛皮商人與美蒂斯雇工，重建拓荒區，使拓荒區再度繁榮起來。溫尼伯還留有一些毛皮生意時代的遺跡。**格蘭特磨坊**（Grant's Old Mill，6-8月開放；需購票）是墾殖區第一座磨坊的仿製品。那座磨坊是七橡樹事件的美蒂斯領袖格蘭特（Cuthbert Grant）於1829年所建。

七橡樹館（Seven Oaks House，5月下旬至9月勞工節每日開放；需購票）和**羅斯館**（Ross House，6-8月週三至週日開放；免費）是1850年代毛皮商人所建，現已成為博物館，值得一遊。**曼尼托巴博物館**（Manitoba Museum，5月中旬至9月勞工節每日開放，9-5月週一休館；需購票）也很值得一遊。館內最令人印象深刻的毛皮交易展覽品是一艘實體尺寸的「無敵號」（Nonsuch）複製品。無敵號是哈得遜灣公

下圖：溫尼伯阿尼夏貝尼節（Anishabe Days）三張淘氣的面孔。

司所建造，1668 年首次出航，從加拿大載運毛皮前往英國。

在那個充滿冒險刺激的時代，最令人感觸良多的遺跡是**上蓋瑞堡**（Upper Fort Garry）那道孤伶伶的大門。這座堡壘是 1836 年哈得遜灣公司所建，現在被保留在那座附有角塔的**蓋瑞堡飯店**（Fort Garry Hotel）裡面。這裡曾經是墾殖區的社交中心。布蘭（John Blum）博士在 1840 年代曾寫道，「要描述這些舞會，得超越人性弱點去看。在這些舞會當中，有紙牌給意志薄弱與懶惰的人打，有白蘭地給口渴的人喝，還有那源源不斷的殷勤招待。一切都化為打嗝與行樂。」

多元文化的影響

隨著 1885 年加拿大太平洋鐵路的完工與成千上萬的移民循著鐵道而來，溫尼伯的經濟好景也跟著來臨。那些逃避迫害的歐洲人、渴求土地的英國都市居民及發現西部已達飽和的美國人，他們幾乎都會經過溫尼伯，並且有許多人留下來，增加了溫尼伯的人口。

每年 8 月有兩個星期，溫尼伯會以**民俗節**（Folklorama）來回味它那豐富的民族文化。這個節慶在散布於城中 40 座臨時帳篷舉行。到傍晚時分，教堂的地下室和學校的禮堂邊便充滿著波蘭香腸和烏克蘭甘藍菜捲的撲鼻香味，以及德國波卡舞曲與希臘薩塔基舞曲的旋律。每個民族都以食物、歌曲和舞蹈來緬懷他們的傳統。

烏克蘭裔加拿大人在溫尼伯表現特別傑出。好幾座教堂梨形圓頂點綴著天空。**歐瑟瑞達烏克蘭文教中心**（Oseredok Ukrainian Cultural and Educational Center）有座博物館（開放時間：週一至週六 10am-4pm，7-8 月增加週日 1-5pm；需購票），展出諸如 17 世紀教堂祭袍等無價之

地圖見300頁

曼尼托巴博物館有很棒的展覽品，詳盡介紹該省的歷史，其中包括新的哈德遜灣公司藝廊，展出毛皮商繽紛的 300 年歷史。

下圖：週末休閒活動──狗拉雪橇比賽。

一踏入當年里爾的住家里爾館（Riel House，5月中旬至9月勞工節開放），彷彿置身在19世紀。館址：330 River Road, St Vital。

寶，以及在民家找到的一系列手工家具與日常生活常見的手繪陶器。**烏克蘭博物館曼尼托巴分館**（Ukrainian Museum of Canada, Manitoba Branch，7-8月週一至週六開放；需購票）則展出掛毯和復活節彩蛋之類的民俗藝術品。

往東，在紅河對岸的**聖朋尼非斯**（St Boniface）是加拿大西部的法國文化堡壘。在這兒，街道都不用「street」，而用法文的「rue」。而教堂圓頂則改為鐘樓，譬如**聖朋尼非斯教堂**（St Boniface Basillica）就是。這座教堂建於1908年，於1968年發生火災，燒毀了一部分建築。附近的**直布羅陀堡**（Fort Gibraltar）複製西北公司在1809年所建的舊堡，重新捕捉1814年毛皮商在此堡的極致生活。

溫尼伯現在提供了大草原區最好的多樣文化活動。在9月至翌年5月期間，來此度假者可以欣賞到曼尼托巴歌劇團及溫尼伯交響樂團的表演。另外，還有在曼尼托巴劇院中心演出的正統戲劇及在曼尼托巴戲劇中心倉庫劇場（MTC Warehouse Theater）演出的實驗戲劇。如果運氣好的話，或許會碰上著名的溫尼伯皇家芭蕾舞團的演出。

溫尼伯曾被卡加立、艾德蒙呑等大草原新興都市視為富有的老孀婦。現在它將古漬噴沙、剝木磨光，把年齡化為資產。這種利用過去資歷的做法集中在**交易區**（Exchange District），這是由梅因街、公主街（Princess）、威廉大道（William Avenue）、聖母大道（Notre Dame Avenue）所圍成的街區。在這裡，20世紀初西部最大的商業建築被賦予新的生命。

想要追求寧靜的遊客可以搭乘明輪船「公主號」（Princess）或「女王號」（Queen），沿紅河北行，到達**下蓋瑞堡國家歷史公園**（Lower Fort Garry National Historic Park，5月中旬至9月勞工節每日開放；需購票），

下圖：一望無垠的大草原。

這是北美最後一座完整的石造毛皮交易堡壘及大草原上最動人的歷史古蹟，已修復1850年代的原貌。身著古裝的解說員在景觀庭園和河邊地解說，敘述古人如何製作蠟燭，如何將海狸毛皮紮成41公斤的捆包。

地圖見300頁

湖畔僻靜處

溫尼伯湖比安大略湖還大，往北延伸到荒野中。湖南端有成串的度假區：在省府北方87公里的**大沙灘**（Grand Beach）⑬、溫尼伯沙灘與維多利亞沙灘，三者都略具商業色彩，也有點擁擠，但是綿長的白沙灘中還是可以找到僻靜處。

西岸北邊76公里處有冰島裔聚落**吉姆利**（Gimli）⑭，此地的紀念性建築物是一尊維京人雕像與**新冰島傳統博物館**（New Icelandic Heritage Museum，每日開放；需購票），館中解說冰島人在北美平原的經驗，陳述鎮上祖先在溫尼伯湖建立漁業經濟的故事。北邊50公里處的**海克拉島**（Hecla Island）⑮一度是冰島人自治共和國，現在是省立公園的一部分。網球場、高爾夫球場、滑冰場、健行步徑與日出賞鳥之旅吸引了許多遊客前來。

溫尼伯在紅河與阿夕尼波因河的匯流處稱為「福克斯」（The Forks），這個「相會處」有河濱步道、具歷史意義的港口與圓形劇場。

肥美的土地

溫尼伯南方橫亙著一大片黑油油土壤的平坦農地。18世紀的毛皮商亞歷山大·亨利描述這塊土地為「一種像柏油般黏在腳上的灰泥」。在這塊土地中央佇立著**史塔巴**（Steinbach）⑯，整齊的街道和時常粉刷的房屋反映出該鎮門諾教徒創建者刻苦耐勞的美德。**門諾教徒傳統村**（Mennonite Heritage Village，開放時間：5-9月每日，10-4月週一至週

下圖：莫登（Morden）的小孩在享受剝玉蜀黍比賽的樂趣。

曼尼托巴的再洗禮派
教徒聚落鮮少與外界
往來。他們來自莫拉
維亞，1918年起陸陸
續續移居大草原。

五；需購票）以重建的小草屋、打鐵舖與風力磨坊讓遊客回味往日的生活方式。博物館的餐廳供應風味絕佳的肉湯與辣香腸。

紅河西邊與南邊美加邊界橫亙著**潘比那三角洲**（Pembina Triangle）。這裡在和緩的潘比那山庇護下，擁有曼尼托巴境內最長的作物生長季節，也是尼加拉半島與奧卡納干河谷（Okanagan Valley）之間唯一的蘋果產地。

似乎本區每個城鎮都會舉辦各種展覽會，來促銷當地農業特產。**亞托納**（Altona，溫尼伯南邊98公里）這個門諾教徒聚落，遍野的向日葵迎著大草原的和風搖擺，每年7月都會舉辦曼尼托巴向日葵節（Manitoba Sunflower Festival）。往西24公里，附近的再洗禮派教徒聚落**溫克勒**（Winkler）**⑰**，每年8月都會舉辦烤肉、烤餅早餐與土產攤位等活動，來慶祝豐收節。

潘比那河谷在**河流鎮**（La Rivière，溫克勒西邊61公里）部分的坡度頗為陡峭，可作為滑雪下坡道。潘比那河谷是由柳樹夾岸的潘比那鑿刻而成的，過了河谷之後，河道變寬，成為一串湖泊，包括**塘鵝湖**（Pelican）、**洛恩湖**（Lorne）、**露意絲湖**（Louise）、**洛克湖**（Rock）等，這些都是划舟、垂釣的勝地。

往西約64公里，迷人的**啓拉尼**（Killarney）**⑱**有一個小湖，湖背後有一座長滿楓樹與橡樹的山坡。據說，此處是為緬懷愛爾蘭克利郡（Kerry）。啓拉尼充滿了凱爾特的風味，綠色的救火車、伊林公園（Erin Park）中的巧言石（Blarney Stone）複製品。

國際和平花園（International Peace Garden，啓拉尼西南32公里）橫跨於曼尼托巴與美國北科羅拉多之間，接近北美大陸的地理中心。1929年，來自多倫多的園藝造景專家摩爾博士（Dr. Henry Moore），在

下圖：霧氣籠罩著大
草原波提吉（Portage
la Prairie）。

北美園藝協會舉辦的會議上提出建造和平公園的議案。三年後，他的美夢成真。

　　遊客若想要去野外，可前往**史布魯森林公園**（Spruce Woods Provincial Park，溫尼伯西邊145公里）**⑲**的**卡貝利沙丘**（Carberry Sand Hills）一遊。這裡有綠野和阿夕尼波因河沿岸的沙丘。這些沙丘是由一萬兩千年前一條一哩寬的冰河沖積一大片沙土、淤泥與碎石而成的。自然作家塞頓（Ernest Thompson Seton）在1880年代在卡貝利附近經營農場。他就以當地作為《沙丘雄鹿小徑》（*The Trail of the Sandhill Stag*）的場景。他把所有的悠閒時光都消磨在那片「塞頓的王國」，觀察松雞、鹿和狼。遊客務必要遊歷那條自然伸展的**精靈山小徑**（Spirit Hills Trail），它蜿蜒穿過荒涼的沙丘，沙丘裡棲息著豬鼻蛇、鏟足蟾蜍、北大草原蜥蜴等稀有動物。往西50公里處就是**勃蘭敦**（Brandon），它以挺拔的公共建築和優雅的私人住宅聞名，這些建築多半是20世紀初期建造的。

　　10號公路往北穿過小麥和裸麥田，其中點綴著地壺湖泊，在春夏兩季吸引了成千上萬的野鴨、野鵝等候鳥來此棲息。繞個彎到**尼帕瓦**（Neepawa，勃蘭敦東北75公里）**⑳**，遊客可去看看加拿大作家瑪格麗特‧勞倫斯童年故居（5月至10月中旬每日開放；需購票）。然後再回到10號公路，繼續北行往森林茂密的**騎馬山國家公園**（Riding Mountain National Park）**㉑**。

　　遊客從這個方向進入國家公園，通常會有這個反應，山在哪裡？耐心點就會有回報。來到公園邊緣之處，「山」就在一片織錦般的農地上陡升450公尺：黃色的油菜、棕色方塊的燕麥和大麥田、翠綠金黃的小麥田，盡收眼底。遊客不禁想，啊，又看到無盡的大草原了。

地圖見300頁

實用指南

一份商會贈閱的勃蘭敦徒步觀光手冊，可指引遊客一探市內聞名的歷史建築。

下圖：北極熊現身在曼尼托巴的城鎮邱吉爾。

北部地區

在夏季長長的白晝裡，可讓遊客一探
加拿大最後一片的神祕邊境。

北部地區（The North）是加拿大人口最稀少的地區。這裡冬天真的很寒冷，這裡真的是有人住在雪屋裡，這裡駕著拉雪橇狗隊在冰凍的地面上競賽真的是一種娛樂。

儘管地理環境惡劣，又是距離遙遠的邊陲，北部地區仍是伊努特人的自然住地。這些「第一批加拿大人」在這裡生存了幾千年，而且在 1999 年他們終於有了自己的領地：努勒維特（Nunavut）。

雖然加拿大的北大荒或許不是人人喜愛的度假旅遊區，但是對某些人來說，這些獨特的生活環境、風景與野生生物卻提供了刺激的冒險活動。育空（Yukon）、西北領地（Northwest Territories）與努勒維特的平衡生態體系與絕美冰河，是世界任何地區都比不上的。

在接下來的篇章中，我們先要探訪的是育空領地。在此，讀者可以感受到那個已被遺忘的北國淘金熱的重要性，以及領略育空的地理、氣候與壯麗景觀。這一章節還會提供有關育空的觀光景點及適於當地的旅遊方式的資訊。

西北領地這部分也大致以同樣方式處理，但有關當地的地質地形與野生生物的份量會多一些。至於新近開闢的努勒維特地區，則會觸及其政治革新議題，以及等待遊客去探訪的各種不同領域的活動。這三個章節共同呈現了一個截然不同於其他十省的天地。

前頁：傑斯波國家公園的層疊峰巒與陡峭山谷吸引人前往北方一探。
左圖：雪地上的足跡。

育空：寒氣刺人

昔日，淘金客在北方淘金致富；今天，遊客循著他們的足跡，
一探這個北極的前進基地。冰河、曠野與高山，
使得育空變得獨特非凡。

地圖見
320頁

1896年之前，加拿大西北一隅是一片多山的荒野，除了偶至的捕鯨人與毛皮商人之外，鮮少人會冒險來到這裡。除了曾在這裡生活六萬年的印第安第恩族外，大多數人對這片土地是一無所知。但是在1896年，這片被遺忘的土地突然冒出很多人與動物；因為，在克朗代克（Klondike）發現了黃金。

年輕的加拿大自治領就像新繼承的遺產繼承人一樣，在得到橫財之後很快就得頭痛各種伴隨而來的問題。如果政府無法有效管理北方秩序（或者至少對它產生文明的影響力），那可能就會損失好幾百萬的黃金稅收。

女王的大臣們體認到，這塊突然很顯眼的土地，大多數人卻一無所知，於是決定重畫加拿大地圖。他們圈出西北領地的西北隅，成為育空領地（Yukon Territory）。聯邦官員匆匆圍起這塊土地，重申加拿大的主權，這一大片土地比新英格蘭還大，是英倫三島的兩倍，德州的兩倍半。

這片土地的野性之美足以輕易就壓倒新「公民」們的發財野心。概括而言，育空向來被視為西部高地（Western Highlands）的一部分。**馬更些山脈**（Mackenzie Mountains）沿著育空東界延伸進入西北領地，並且趨於和緩直到馬更些河河口。

在這片山脈中，有些河流被古代冰河蝕刻成岩石。譬如，**納哈尼河**（Nahanni River）就是，它包含了維吉尼亞瀑布（Virginia Falls）。這座瀑布無法跟安大略的尼加拉瀑布相提並論，從沒人想過要坐在桶子裡從它上面跳下。

高山之鄉

高山在育空隨處可見。在馬更些山脈的西邊橫亙著**塞爾文山脈**（Selwyn Mountains），另外在它的北方則有非常古老的**奧格維山脈**（Ogilvie Mountains）。

最著名的山峰是位於西南邊界、靠近阿拉斯加的**聖伊利亞斯峰**（St Elias）與**洛干峰**（Mount Logan）。洛干峰高5959公尺，是北美第二高峰，僅次於阿拉斯加的麥金尼峰（Mount McKinley）。

聖伊利亞斯山脈有許多山峰必須穿過冰河，這些冰河之所以還在，部分是由於「寒冷因素」和高度所造成的。

聖伊利亞斯山脈除了提供世界罕見的壯麗景觀外，也阻擋了大量來自太平洋的水氣。正因為如此，育空多數地方降雨量很少。

加拿大
渥太華
美國

左圖：一隻好奇的雪橇狗。
下圖：育空主要幹線阿拉斯加公路（Alaska Highway）的沿途風光。

穿過克魯安（Kluane）
國家公園的步徑，沿
途可見到森林、草
地、高山與冰原，棲
息著老鷹與道爾大角
白羊。

育空首府**白馬市**（Whitehorse）❶一年的平均降雨量才260毫米。在
北極地帶，降雨量就更少了。但是，育空的降雨量比西北領地還多，
而且，因為氣溫偏低、緯度偏高，整個冬季下的雪要到春天才會融
化。這種雪為育空人提供了絕佳的越野路徑。

高原之地

在那些山脈之間是高原，有**佩利高原**（Pelly Plateau）、**豪豬**（Porcupine
Plateau）、**育空高原**等。每個高原都是根據流經的河流來命名的。其中，
育空高原是這三個高原最大的一個。雖然育空領地還有冰河，但是育空
高原多數並未受到冰河末期的影響，因此它在北美的地理區域中顯得相
當特殊。

跟北部其他曾受冰河影響的河流不同，育空河（Yukon River）平緩流
過高原，沒有急流、瀑布與其他使得泛舟成為可怕活動的障礙物。不結
冰的千年福祉使得育空河得以找出它自己的出路。

在這些高原之中，有些圓頂狀的山峰高1800公尺。這些圓頂是百萬
年來堆積在山頂的沉積物所形成的。馬更些、聖伊利亞斯等山脈曾受
冰河沖刷，留下了削尖鉛筆般的山峰，但育空高原的山脈不同，少有
岩石露頭。

育空高原是另一個時期的遺跡，並未遭受到冰河末期的地質侵襲。因
此，這裡的乳齒象、巨象等史前動物生存得更久些。同樣地，育空高原
也為數千年前從白令海峽進入北美的亞洲人提供了庇護所。

育空有豐富的土壤沉積物，得以孕育出各式各樣的動植物。除了荒涼貧
脊的最北端外，育空很多土地都覆蓋著森林與茂密的灌木叢，供應了當地

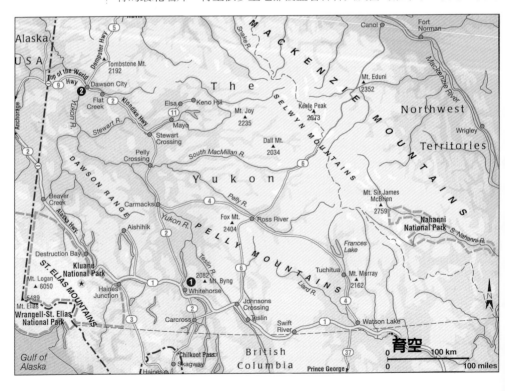

頗具規模的伐木業所需。

由於植物茂盛，這裡有充裕的食物來源供養著許多動物，包括糜鹿、馴鹿、道爾大角白羊、山羊、美洲豹、大灰熊、黑熊等。河流中有成群結隊的鮭魚，遠從數千哩外的太平洋逆流而來。

地圖見
320頁

黃金歲月

曾有一段時期，不只成千上萬的鮭魚從太平洋湧入育空河，還有成千上萬的人蜂擁而來。這些人不是來產卵的，而是來尋找深埋在河床裡的砂金。

砂金形成的過程恰與淘取的方式相反。砂金是經過日積月累的侵蝕作用緩緩形成的。河水流過一塊岩石表面，逐漸磨蝕含有黃金的石英，直到它剝落成碎金，這些碎金的大小從網球到肉眼幾乎看不見的微粒都有。

數千年來，這些珍貴的礦脈靜靜躺在育空河床裡，渾然不知人類想要擁有它們的欲望。終於在1896年8月17日（這一天現已成為育空領地的紀念假日），有兩個印第安人吉姆（Skookum Jim）與查利（Tagish Charley），與一位美國人卡馬克（George Washington Carmack）成了淘金熱的帶頭者。他們在**兔溪**（Rabbit Creek，現已更名為**波納札**〔Bonanza〕）偶然發現了金礦，於是掀起了**克朗代克**（Klondike）的淘金熱。爾後，有將近八萬人趕向北方去追求他們的發財夢。這些人腦中一直縈繞著報業鉅子赫斯特（William Randolph Hearst）旗下報紙所刊載誇張的黃金奇遇。

有些淘金客走的路線相當奇怪。譬如，艾德蒙吞一群商人宣稱，有一條穿過亞伯達和卑詩省崎嶇內陸的路徑。走這條路徑的人不清楚淘金

育空東邊的納哈尼國家公園的峽谷比美國大峽谷還要深。遊客可去辛普森堡（Fort Simpson）安排有關旅遊、飛行與划舟等事宜。

下圖：契庫特臨口，尋金者的「不歸路」。

每年2月白馬市又活了起來，市民一起慶祝採礦節。節慶期間，他們會穿著1898年樣式的服裝，並在冰凍的育空河面上舉行狗拉雪橇比賽。

的中心，道生市（Dawson City）是在幾千哩之外，這條路徑根本是一場騙局。好幾千個走這條路徑的人當中有很多人丟了性命，只有少數人勉強進入育空。

滑頭史密斯與山姆鋼鐵

一條較普通的路線是乘坐汽船到阿拉斯加的史凱威（Skagway），然後取道白色隘口（White Pass）或契庫特隘口（Chilkoot Pass）進入育空。雖然這些路徑比艾德蒙呑路徑要好，但是卻危機重重，因為同行的人不見得都是善類。

在史凱威，有個叫滑頭史密斯（Soapy Smith）的人糾集了一群混混，專門在尋金客往道生市途中把人家的全部家當拐光。野蠻的西部儼然在北方的史凱威死灰復燃。滑頭史密斯的末日在一批荷槍實彈的鎮民要將滑頭和他的手下趕走時來臨了。他的手下一哄而散，滑頭頑強抵抗，終於死於槍下。

加拿大當局對於鎮民私自用武的行為很不以為然。後來派三百名西北騎警隊員來到育空。

騎警隊長的名字不只象徵了他的性格，也象徵了這支騎警隊的性格。他就是山姆鋼鐵（Sam Steele）。山姆鋼鐵負責幾項任務，第一項就是對淘金客重申與執行加拿大的統治權。進入育空的淘金客有90%以上是美國人。

另一項任務是監督進入育空的男男女女都必須準備一整年份的食物與生活用品。山姆鋼鐵在每一條路徑隘口都設置崗哨，凡進入育空者，若食物補給不足453公斤，就得打道回府。這是一項理智的命令，因為你可以期望，但不可以依賴育空的慈善施捨。

然而，攜帶規定的食物裝備，跋涉1,160公尺高或更高的隘口是很困難的。在1898年4月，春天降臨之際，契庫特隘口發生一場雪崩，有63人活埋。在一天之內，這處隘口又重新開放，淘金客繼續艱苦攀登。

暴起暴跌

在淘金熱的頭幾年，**道生市**（Dawson City）**⑫**有一個當地特有的問題，就是通貨膨脹。一個柳橙要賣50分錢，一品脫的香檳叫價40加幣。育空的黃金產量相當驚人。在1896年，育空生產了價值30萬元的黃金；翌年，生產了價值250萬元的黃金；1898年，有價值1,000萬元的黃金被淘取出來；到了1900年高峰期，育空生產了價值2,200萬以上的黃金。但是，有盛就有衰，育空的燦爛歲月在1902年開始褪色。原因是黃金減少了。

此外，大型公司開始宣稱擁有「用過」的礦區，然後重新加以開採。就這樣，大型企業壟斷了採金業，最後取代了傳統的短期淘金客。

隨著最初那些淘金「老前輩」的大批離去，舞

下圖：克朗代克公路旁的金黃秋色。

廳、賭場和酒吧一一關門。那段自由自在、狂熱奔放的歲月消逝了。在淘金熱的顛峰期，克朗代克區有 30,000 萬人口，其中道生市有 16,000 人。到了 1910 年，僅剩下 1,000 人。今天，大約只有 1,800 人住在這裡，而且僅少數人從事採金。

曾有人深思過，育空和加拿大失去了一次發展本土工業的大好機會。如果當時鼓勵那些短期淘金客留下來，那麼第三產業就有機會來維持這個獨特的文化。有趣的是，在大型採金公司離去後許久，仍有兩百組由一兩人組成的淘金團體在育空河工作。

採礦始終是育空的經濟支柱。在採金開始衰退時，大量的鋅、鉛、銀礦被發現與開採。但是，隨著世界市場處於不景氣，育空的採礦業也欲振乏力。

地圖見322頁

育空的現況

近幾年來，育空的觀光業扮演了重要的角色。很自然地，克朗代克的懷舊之旅就成了推動觀光業的號召重點。所以，即使黃金盛景在 80 年前就已經結束了，但它的遺跡在今天還有一些剩餘價值可用。

在道生市這個育空的舊首府及淘金熱的中心，加拿大第一座合法賭場依然健在。在夏季時，這座小賭場及場內克朗代克式的歌舞劇，在在提醒遊客，育空是由三教九流、淘金客、夢想家，而不是由農夫、漁民建立起來的。有些觀光路線將遊客帶到當年明輪航行與淘金者工作的河流。

沿著河畔與健行步道兩旁有昔日採礦者的破舊帳篷與廢鎮的遺跡，遊客可以緬懷克朗代克的「黃金歲月」。諷刺的是，許多旅遊業者希望限制或禁止現今淘金者的淘金活動；因為淘金已經對河床的生態造成巨大傷害。

當眾人著重在育空的「昨日黃花」之際，還有另一項遠景可期。想從「第一批加拿大人」的眼光了解育空，可造訪**當年加久文化中心**（Danoja Zho Cultural Center，又名 Long Time Ago House，5-9 月每日開放，10-4 月需預約），一處 Tr'ondëk Hwëch'in 族的聚落和文化遺蹟中心。

有趣的是，如果問那些對加拿大不大熟悉的人說，你對這個國家有什麼印象，他們都不約而同會提到騎警、高山、冰雪。他們所提到的，可用育空來代表，正如可用蒙娜麗莎來代表微笑的女士。這片原始自然的河流、草地、高山、高原、冰河與野生生物，遠在南方尋金客熱熱鬧鬧前來之前就已存在了。在這些人離去之後，育空又恢復成一位沉靜的淑女。

育空的大城市

自1953 年起成為育空首府的白馬市，占育空總人口的三分之二，但在 1890 年代末期它只是育空河畔一個小鎮。北方邊境採礦人在這裡建造了礦車軌道，以避開白馬急流。白馬市隨著淘金熱興起、衰落，最後隨著 1942 年阿拉斯加公路的興建，又再度復活起來。遊客可去參觀克朗代克汽船（5 月中旬至 9 月中旬開放；需購票），她曾經定期往返於白馬市與道生市，還有南邊九公里的麥爾斯峽谷（Miles Canyon）。

淘金熱的重鎮道生市，現在仍留有邊城的味道。在 19 世紀末，它可是西加拿大最大的城市。劇院、餐廳、酒吧、妓院，連成整條街。其中有些現在還在。

遊客可從前街（Front Street）的遊客接待中心（Visitor Reception Center）玩起，再去道生市立博物館（Dawson City Museum，5 月中旬至 9 月勞工節開放；需購票）吸收克朗代克的精華。

白雪世界裡的生活

這個國家的大多數人，
一年有好幾個月生活在白雪覆蓋的世界裡，
這些人如何度過他們的日常生活？

雪人代表了加拿大人的童年。他們仰天躺著，在鬆軟的雪上用手腳上下拍打，再起身看看造成了什麼效果。這種親近自然的本能往往引發了終生對雪的熱愛。每年冬季，湖面、河面，甚至後院，都變成了溜冰場，年輕人在上面玩起曲棍球，年紀大一點的人就滑冰。無數的加拿大人熱愛戶外活動，從滑雪、穿雪鞋行走到駕雪車、駕狗拉雪橇、冰下捕魚、駕馬拉雪橇都有。

室內休閒

不是所有的加拿大人都這麼熱愛雪。還好，冬天也預示了將會有許許多多的文化活動，從實驗戲劇、交響樂團演奏會、歌劇到文學饗宴、視覺藝術展覽都有。運動迷在週末都會圍在電視機前，觀看曲棍球比賽。1月、2月的陰霾，讓美食和佳釀一掃而空。到了3月，商店都會換上春季的櫥窗設計，裝飾復活節糖果。

在都會中心，要避開雪更容易。從卡加立到聖約翰，加拿大人在地下街尋找慰藉，那兒有商店、餐廳、劇院，甚至滑冰場，這些在在提供了多采多姿的休閒娛樂，避開了冬季的寒苦。

▷ **雪屋**
在秋季，將落雪製成雪塊，就可以建造圓頂冰屋。屋內只有油燈可以增加暖和，所以居住者得依賴動物皮來保暖，以及下更多雪來隔絕寒氣。

▽ **文字遊戲**

對於加拿大北部人來說，雪是一種生活方式。據說，伊努特人有數百個字彙是表示雪的意思。事實上，他們只用「aput」來表示雪。

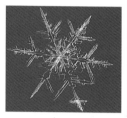

◁ **北極之旅**

北極之旅充滿刺激。遊客可駕狗橇隊，或欣賞北極光，或觀看馴鹿遷移越過冰凍的湖面上，或駕雪車在凍原上逛，或在冰下捕魚，或住在圓頂屋，或者留宿在獵人小屋。

◁ **現代交通工具**

雪車已經取代了大多數的狗拉雪橇隊。在油料缺乏時，拉雪橇的哈士奇狗吃紅點鮭、馴鹿肉或海豹肉，就可以拉上好幾天不用進食。今天，雪車的油料都空運到各偏遠地區。

◁ **雪毯**

育空從 10 月至翌年 4 月，大地都覆蓋在雪毯之下，居民正可利用這個機會從事各種戶外休閒，以及節慶活動，如採礦節。

▽ **季節變化**

到西北領地旅遊的遊客當中，每六個有一個是在冬天去的。西北領地 T 恤流行用「June」(6 月)、「July」(7 月)、「August」(8 月) 與「Winter」(冬季) 來表示一年四季。

數千年來，狩獵與設陷阱捕獸是北極居民的生命線。拉雪橇的哈士奇狗是他們的工作馬。在秋季時，為了一家人有充足的食物，他們必須到遠處獵捕馴鹿，狗可以拉木製雪橇，載他們到好幾百哩外的地方捕獵。他們把木板（qamutiit）堆高，引導受驚的馴鹿跑到獵人持弓箭的埋伏處。去掉馴鹿肉後的皮革，可以拿來製作衣服與毯子。

冬季他們多半待在圓頂冰屋裡。屋內有添加海豹油的油燈來取暖。為了打發無聊，他們會在大型雪屋（qaggiq）舉辦說故事、角力、喉音、擊鼓跳舞等各項比賽。

在 3 月，哈士奇狗可以幫助他們找到海豹的呼吸穴位置，他們就持著魚叉，耐心等待海豹出現。春、夏季時，紅點鮭迴游、候鳥歸來、北極莓再度生長。伊努特人的生存，就是仰賴這一大片富有生機的陸地與海洋。

半狗的生活

月，經過一個月的黑暗之，伊努維克（Inuvik）居民慶祝太陽再度露面。在 3、5 月，有擲冰壺比賽、狗雪橇比賽與其他慶祝活，以示春天再度降臨。2 月辦的育空年度國際千里狗雪橇賽，參賽者從白馬市發，沿著昔日淘金熱路，直至阿拉斯加。

西北領地

遠離都市生活的壓力，西北領地隱藏著閃耀的山川峽谷風光。
遊客來到這裡，可以登山、划舟、釣魚，以及觀看野生生物。

地圖見
328頁

許多人以為西北領地（Northwest Territories）只是一片終年積雪的大
冰塊，從北緯60度線延伸到北極，偶爾有北極熊或伊努特人的冰
屋點綴於這片單調的大地。不過，如果你跳出刻板印象，仔細瞧瞧，
就會發現它是個多樣性的地方，雖然大多數人對它頗感陌生，但是正
因為它的神祕未知，所以每一位到此遊歷的人不像是觀光客，倒像是
探險家。這片荒野之中有一種力量，能喚起人心靈深處某種未探究的
東西。

西北領地占地120萬平方公里。這到底有多大？就以120萬平方英里
來說吧，大約是法國加上科西嘉島、英國、義大利與撒丁尼亞島的總
和。南界始於北緯60度線，延伸3,400公里到達北極，東西橫亙4,260
公里。

也就是說，西北領地的總面積幾乎達美國的一半，但人口卻只有四萬
二千人。

最末冰河時期的遺痕

西北領地似乎缺乏文化歷史，但說起它的地質歷史可長了。上一個冰
河時期從本區大部分地方退去也不過是一萬年前的事。這最後的冰河
時期，也就是更新世，大約始於180萬年前，留下了石堆、乾涸的礫粒
地層與冰丘。

深入北部，越過樹林生長線，進入綠色植物與
森林難以生存的寒冷苔原，數千世紀地質史的遺
痕便出現在眼前。

最末冰河時期的一個遺痕便是涵蓋西北領地大
半土地上那成千上萬的河川湖泊。這些河川湖
泊，尤其是馬更些河三角洲的河川湖泊，有許多
是冰河刻劃地面，留下融化的冰雪造成的。

西北領地有許多部分被地理學家歸類為沙漠。
一般人以為加拿大北地盡是一片冰天雪地，這其
實並不正確。東部和西部北極圈內的地區，年降
雨量才300毫米，相當於蒙特婁一場暴風雪的降
雨量。

但是，在漫長的北極冬季中，太陽若有露臉，
也只有幾個小時而已，所以積雪要到春天才會融
化。但若不是極低的氣溫抑止了水氣蒸發，西北
領地就會缺乏淡水。當地氣溫低得很誇張。在馬
更些河三角洲，冬季平均氣溫零下26℃，夏季平
均氣溫19℃。在西北領地的北極地區，年中最溫
暖的月份每日的平均氣溫不超過10℃。一般來
說，愈往北方、愈趨近北極海中心點，氣溫就變

左圖：現在的伊努特
人接觸到外界文明而
有所改變。

泛舟愛好者的夢想

加拿大西北領地那些奔騰、無污
染的河流，在一望無際的荒野
流動數千哩，提供了世界上最奇特刺
激的獨木舟激流競賽經驗。在北地
（Boreal）的河流包括納哈尼河
（Nahanni River）、納拉－奇雷河
（ Natla-Keele River ）、 山 河
（ Mountain River ） 和斯雷夫河
（Slave River），它們深切山谷，形成
急湍、瀑布，成為划船客、攝影者的
極大挑戰。

北極的河川同樣也有著令人不可置
信的魅力，它們強而有力地蜿蜒在廣
袤的苔原，這裡的植物高度大多不超
過30公分，視野一望無際。到了仲
夏時節，還能看見奇妙的動物遷徙，
包括北美馴鹿、灰熊和苔原狼。

得愈冷。

　　但是，遊客可不要被誤導了。夏季來臨時，一天有20小時的日照，馬更些河三角洲的氣溫可上升到16至24℃，很適合健行或露營。事實上，本區的夏季跟加拿大其他地區差不多，唯一的差別只是日照較長。

鳥類繁殖地

　　雖然西北領地的人類遊客較少，但是據估計，在春、夏季北美有12%的鳥類在此繁殖。西北領地有80種鳥類，幾乎都是候鳥。生物學家說，這些鳥類之所以會被吸引到這裡來，是因為這裡沒有牠們的天敵。

　　有很多種鳥類棲息在樹木生長線以下的針葉林地帶，那兒有針葉樹、茂密的灌木草叢和豐富的食物來源。在那可找到山雀、橿鳥、啄木鳥、交喙鳥等的蹤影。

　　在樹木生長線以下，氣候較不嚴寒，林木提供了庇護，因而棲息著許多麋鹿、海狸、貂鼠、麝香鼠、紅狐、灰狼、黑熊，以及大群的野牛和馴鹿。

　　在東部樹木生長線以上，有披著白毛皮的北極狼，以及北極狐、旅鼠，夏、秋季有馴鹿。海岸線沿岸與島嶼上，可見到北極熊、海豹與海象。極北的**麥維島**（Melville Island）則居住著奇特的麝香牛，全身毛茸茸的。

實用指南

要一覽北極圈內的苔原與高山風光，可從育空的道生市出發，一路上走戴普斯特公路（Dempster Highway），經過730公里後，到達西北領地的伊努維克。

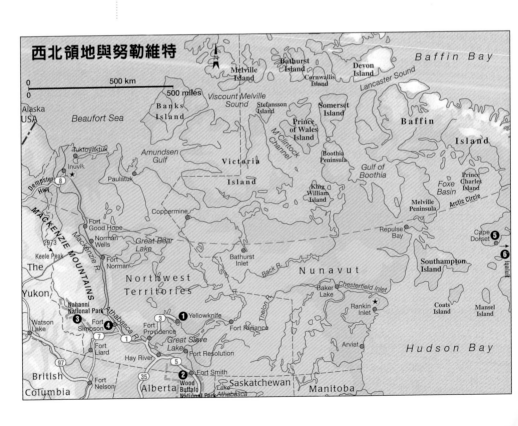

西北領地與努勒維特

苔原的生物

苔原最令人訝異的事實或許是所有的生物都依賴深達 30 至 300 公尺的凍結土壤。這片土壤稱為永久凍土層，真是名副其實。夏天，在永久凍土層，陽光能夠融化上層土壤到 24 公尺深。那些微小的有機生物，例如地衣，就是生長在這一層土壤中。地衣與低地植物是苔原哺乳動物的主要食物來源。

夏季太短，植物來不及生長，所有生物的數量便減少。經過多年後，減少的生物終於回復，自然的秩序就得以維持，但是這種秩序相當脆弱，任何外來力量都可能瓦解這個脆弱的生態體系。這也就是為什麼南部發展的入侵會被視為對當地生態的嚴重威脅。

早期探險

對南部入侵者（或外來者）而言，北部一向帶著一種神祕感。許多人相信，那裡有未知的財富等待發掘。

紀錄上歐洲第一支北極探險隊是由伊麗莎白女王時代的弗羅比歇（Martin Frobisher）所率領。

他在 1576 年出航，尋找黃金與撲朔迷離的西北航道。那次與接下來幾次航海探險，他沒找到黃金，也沒找到西北航道。但是，他還是成功地從巴芬島（現在屬於努勒維特的一部分）帶回了 700 噸的「傻瓜黃金」（黃銅）。

哈得遜（Henry Hudson）是另一位航海尋找西北航道的英國探險家。哈得遜在北方遊歷了很多年，結果不但沒有找到西北航道，還遭到長

北極光從 8 月下旬開始，整個冬季都可見到，這時，夜空會出現炫目的色彩。

下圖：黑熊匆匆越過公路。

黃刀市的存在是因為1934年這裡發現了黃金。它的地名是根據當地印第安人的銅刀來命名的。1967年，黃刀市成為西北領地的首府。

期受苦的船員的反叛。

哈得遜、哈得遜的兒子及七名船員被放到一艘帆船上，漂流到現在以他的名字為名的海灣上。他們從此就失蹤了。由於弗羅比歇、哈得遜與其他人的探險結果不盡人意，英國皇室與其他的財務支持者便放棄尋找通往東方和印度的北方航道。

在加拿大境內，此時毛皮商人正在尋找通往歐洲市場的路線。馬更些（Alexander Mackenzie）就是其中之一。1789年，他順著全長 4,240 公里的馬更些河，希望這條河能通到太平洋。結果，它卻通到北極海。置身 18 世紀的馬更些，不知道自己已經到達一個通往蘊藏大量石油之海的入口。

即使北極地區在 17、18 世紀被證實為沒有多少商業價值，但是 19 世紀時英國仍然有些人基於廣開眼界與科學的好奇心，出航朝向北極。這個時期的北極探險類似 1960 與 70 年代的太空探險。英國議會提供獎賞給任何能找到西北航道和前往北極探險的人。

當時勇敢的探險家還有幾位，包括巴里（William Parry）籌措了 5000英鎊，在 1819 至 21 年間，出航前往北極西部群島（Western Arctic islands）探險。

約翰・富蘭克林（John Franklin）以英國鬥牛犬的姿態，多次冒生命危險前往北極，以繪製北極海岸線地圖。

1845 年，富蘭克林最後一次航海探險，他帶領 129 名船員登上兩艘船，任務是尋找西北航道。他們不幸在維多利亞海峽被冰雪封鎖了兩年之久。

下圖：雪後，高山花綻放。

1848年，搜救隊出發了，終於在往後的八年間陸續發現了散布在冰冷海岸線的衣服、航海日誌與遺物等；但始終都沒發現有生還者。

地圖見328頁

今日的北極旅遊

今天，「外來者」到北極旅遊遠不如富蘭克林那個時代那麼危險。在富蘭克林失敗後，「外來者」開始留意伊努特人，師法他們如何在極端困境下生活；這個民族在北極已經生存好多世紀了。

此外，科技的進步，尤其是通訊方面，還有，1920年代初期飛機的來臨，使西北領地與外界的往來變得更容易。

如今，西北領地的飛機之旅是既方便又安全。要去各聚落，空路已成為真正的快速公路。加拿大各大城市都有班機，飛往西北領地較大的聚落。到了西北領地，也有四十多個班機或包租飛機，往返於城市與偏遠聚落。

西北領地也有一般的快速公路，連結較大的聚落，如**黃刀市**（Yellowknife）❶、**海伊河**（Hay River）、**史密斯堡**（Fort Smith）、**伊努維克**（Inuvik）、**辛普森堡**（Fort Simpson）等。這些公路都是碾得很硬實的碎石路，不是柏油路，因此遊客可能得調整駕駛方式。黃刀市則有一條「黑面」的柏油路連接艾德蒙吞

由於路上車少，對於習慣都市挑釁方式的駕駛人來說，開車旅行可能相當輕鬆自在。一路上碰到越過馬路的麋鹿或馴鹿等野生動物的機會，可能多過碰上其他車輛。

事實上，在春、秋季有成千上萬的馴鹿遷徙，**戴普斯特公路**（Dempster Highway）時常有交通管制。

在住宿方面，較大城市有較現代化的旅館。大致而言，在較小的聚落，住宿設備從現代化的到基本型態的都有。

西北領地的露營區和旅館能讓遊客有機會一覽世界上最後一片野生淨土。

伊葛拉罕公路（Ingraham Trail）全長70公里，從黃刀市向東行，沿途有一連串可划舟、釣魚的湖泊，白頭鷹、鶚、綠櫃鳥也不時可見。

下圖：北極的午夜太陽。

北極區的西部

在北極區的西部，**即大奴湖**（Great Slave Lake）、**大熊湖**（Great Bear Lake）以西到伊努維克的地帶，在較大的聚落都有裝備販賣店。

在樹木生長線以下，5月下旬至9月中旬可安排划舟之旅。

在苔原地帶，多數的旅遊活動都是在6月中旬至8月中旬間進行。最近幾年，為了讓遊客一睹馴鹿群的遷徙，已經推出了春季滑雪越野之旅。遊客由飛機送到營地，然後滑雪到結冰的湖面或河面上，觀看馴鹿遷徙。

野牛之鄉

西北領地的南部有兩座壯觀的國家公園。**野牛國家公園**（Wood Buffalo National Park）❷位於亞伯達與西北領地邊界，建於1922年，以保護野牛。

地圖見
328頁

實用指南

黃刀市有一座西北領地罕有的高爾夫球場,是沙地球場,綠草皮的高爾夫球場只有在海伊河畔才有。

這個目標已經達成了,遊客可以到「野牛徑」去觀看這些動物。占地約為瑞士國土大小的這處國家公園,內有森林、草地、水坑,以及罕見的鹽地美景。

另一座國家公園位於更西邊與育空接壤的邊界。聯合國教科文組織列名為世界遺產的**納哈尼國家公園**(Nahanni Nnational Park)❸,坐落於西北領地西南的戴丘地區(Deh Cho Region),又稱為納哈尼倫(Nahanni-Ram)。

這個地區曾經是神祕的原住民納哈(Nahaa)或稱納哈尼(Nahanni)的居住地。傳說中的山區野人、白人皇后、惡靈、失落地圖、消失黃金與無頭人等神話,至今仍然流傳著。

鳥類愛好者則是不顧一切險阻進入載丘地區的族群。將近280種鳥類已經在本區明文登錄,包括白鵜鶘、遊隼、沙丘鶴和瀕臨絕種的喇叭天鵝。

遊客可見到驚心動魄的河流峽谷、地下洞穴、溫泉等。愛水的遊客可順著加拿大最野性的南納哈尼河蜿蜒而下,直到**維吉尼亞瀑布**(Virginia Falls);這個瀑布從90公尺高處沖洩而下,比尼加拉瀑布高出將近一倍。要到這座國家公園,只能從**辛普森堡**(Fort Simpson)❹坐飛機前往。

黃刀市的文化

遊客若到黃刀市旅遊,**黃刀市文化中心**(Yellowknife Cultural Center)值得去一趟,中心定期有戲劇與音樂的表演活動。

除此之外,市內還有一座可俯視火焰湖(Frame Lake)的**威爾斯王子北方傳統中心**(Prince of Wales Northern Heritage Center,開放時間:6-8月每日10:30am-5:30pm,9-5月週一至週五10:30am-5pm與週末下午;免費),收藏有伊努特人、印第安第恩族與美蒂斯族的史蹟與手工藝品。

特殊的經驗

西北領地之所以與眾不同,在於它有很多部分完全未受文明污染。遊客到這裡旅遊,會發現到人類在它的歷史上所扮演的角色實在微不足道。

高山、荒野、疏稀的森林、彎拱的天空及成千上萬的淡水湖泊、河流,這片廣大的土地給人帶來了一種謙卑的體會。

下圖:黃刀市伊努特人的雕刻作品。
右圖:伊努特人穿著的衣服用馴鹿毛皮與熊革製作。

地圖見 328 頁

努勒維特：新領地

努勒維特是加拿大最新闢建的領地，也是大部分伊努特人
聚落的所在地。它擁有廣大的荒地、高原和山區地形，
是世人難忘的美麗淨土。

北極區東邊包括多島海（Archipelago）的大部分與大奴湖以東，在飛機時代來臨之前，這裡一直是一個隱密的世界。在 1999 年 4 月，西北領地重新劃分為二，分出了新的領地努勒維特（Nunavut，意思是「我們原本在 Inuktitut 的土地」）。將近 85% 的努勒維特人口是伊努特人，而他們始自 1973 年即奮起爭取獨立，期望能由當地原住民自治管理。最後聯邦政府在 1993 年 7 月公告了「努勒維特土地權協定法」（Nunavut Land Claim Agreement），此一法令後來被視為全球原住民問題的制定標竿。在這個法令之下，伊努特人擁有 35 萬 6 千平方公里的土地權、採礦權，一起分享聯邦土地的石油、天然氣與礦藏開發，以及植基於努勒維特新興資源的體育和商業活動的優先選擇權。

廣袤的戶外野地

這片新領地也是占地最廣的，面積達加拿大總面積的五分之一，幾乎全在樹木生長線以北，而且橫跨三個時區，東起巴芬島與埃爾斯米爾島（Ellesmere Island）的東岸，西至加冕灣（Coronation Gulf）的北極海岸，北至極北群島（High Arctic Islands）與北極。這裡有許多前哨站與 28 個社群，其中最大的一個就是首府伊瓜紐特（Iqaluit），人口大約有 6,500 人。

儘管進入此地瞠不便宜也不容易，但是置身在努勒維特廣大遼闊戶外的樂趣仍然吸引著那些有錢有閒的遊客。除了連接北極灣（Arctic Bay）與納尼希維克（Nanisivik）的 21 公里道路之外，努勒維特沒有其他道路，飛機、雪地摩托車、狗拉雪橇是僅有的選擇；而天候的挑戰也代表了不時的行程延誤和改變。他們習慣說，回饋代價就是無窮無盡的。

多數遊客會在夏季的兩、三個月裡造訪，這時節有 24 小時的永晝日照平均溫度 12℃。不過在水銀溫度計指著零下 46℃時，還是有經驗豐富的玩家勇闖北極的冬季低溫，參與傳統的伊努特人獵海豹活動，或者觀賞冬季黑暗天空中的炫麗北極光。

無庸置疑地，努勒維特最大的吸引力就是戶外活動。旅行運動用品店會規畫套裝行程，從疊砌圓頂冰屋，到觀賞北極熊、駕狗雪橇、巧遇一角鯨（這種長著一根長牙的鯨魚曾被認為是神話動物獨角獸的近親）。利用鯨皮和鯨脂可做出伊努特人的佳餚「maqtaak」，這道美食傳統上是生吃的，而且剛取自鯨體還帶著微溫的最好。早期的英國探險家總是鼓起勇氣吃它，它雖然一點也不

下圖：呈現多塞特角文化的面具。

開胃，卻是海灣一帶必需維生素的來源，可預防壞血病。

巴芬島

巴芬島（Baffin Island）是大約四分之一加拿大伊努特人居住的家園，幾處全球最古老的北極聚落也在這裡。位於西南海岸的**多塞特角**（Cape Dorset）❺是現代伊努特藝術的發源地，其藝術蘊含著一種含蓄的單純美，表現了北極伊努特人和諧的人生觀。伊努特藝術是從 1950 年代開啟商業性質的發展，並吸引了國際的注目。**西巴芬愛斯基摩合作社**（West Baffin Eskimo Co-op，電話：867-897-8827）展示著當地的手工藝品，有興趣可以買回去。此外，多塞特角有健行與越野滑雪的路線。舊名弗羅比歇灣（Frobisher Bay）的**伊瓜紐特**（Iqaluit）❻位於東南海岸，不僅是努勒維特的首府，也是巴芬島另一個具有豐富伊努特文化傳統的聚落。當地的伊努特人建造綿延的步徑，途中會經過數世紀前用來作為路標的石堆。這些步徑中有的可從懸崖上俯瞰海洋、海豹，甚至是偶爾才現身的大白鯨。

另一處人人看了都會有所體會的地方是巴芬島的冰河。**潘尼冰帽**（Penny Ice Cap）是冰與雪構成的大冰河，面積達 5,700 平方公里。遊客可登高上**奧育吐克國家公園保護區**（Auyuittuq National Park Reserve），體驗冰河時期的情景。冰河時期的遺跡還有懸崖和峽灣。在巴芬島東岸，懸崖升起 2,100 公尺，比大峽谷的山壁還要高。騎著雪地摩托車或駕馭狗拉雪橇來到冰原邊緣，在這兒冰塊遇上開闊大海，海中的浮游生物吸引了成群的魚蝦，魚蝦引來了賴之維生的海豹和鯨魚；這提供遊客不可思議的方式去體驗觀察巴芬島的野生生物，尤其是在春天動物遷移的季節裡。

北極海岸在夏天景色很是壯觀，這時遍地開滿苔原花卉。遊客前來這裡拍攝麝香牛和馴鹿，釣北極紅點鮭，或者在夏天傍晚的神祕光線中划船。**巴瑟斯特峽灣**（Bathurst Inlet）豐富的野生生物與一處伊努特歷史聚落，成為吸引自然學家、賞鳥者、攝影家和植物學家的天堂。

貝克湖

坐落在**貝克湖**（Baker Lake，伊努特名「Qamani 'tuaq」意指「河流變得開闊處」）岸邊的是同名的小型聚落貝克湖，其所在地是基韋廷（Keewatin）荒野的中心，也是加拿大的地理中心點。此地也是探究北極歷史與伊努特文化的熱門中心。貝克湖以其皂石雕刻、織錦壁飾和細緻印花布著稱。東北邊的塞隆河（Thelon River）在 1893 年第一次有歐洲人來探勘，代表加拿大地理測量局的泰瑞爾兄弟（James and Joseph Tyrrell）沿著塞隆河往下游勘查。在這片伊努特人長期居住之地，可至貝克湖的**伊努特傳統中心**（Inuit Heritage Center，電話：867-793-2598），參觀他們的藝術和傳統文化。

下圖：巴芬島的冰河景觀。
下頁圖：加拿大雁。

INSIGHT GUIDES

旅遊指南

目 次

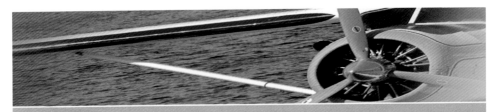

交通資訊

進入加拿大與前往境內各地

進入加拿大

航空

很多人選擇搭機進入加拿大，再以巴士、火車、租車或小型飛機繼續行程。加拿大幾乎所有的大城市都與美國大城市有飛機直航。許多國際航線也有航班從北美洲、南美洲、歐洲和亞洲飛往多倫多、蒙特婁與溫哥華。歐洲與艾德蒙吞、卡加立、哈利法克斯、聖約翰之間的航線則比較有限制。加拿大航空公司（Air Canada）與由聯盟航空運作的幾家地區航空公司，包括西捷航空（WestJet），也經營一些支線。

由台灣前往加拿大，有中華航空和長榮航空的班機，直飛西岸大城溫哥華，非常方便。

搭私人飛機進入加拿大也可以，但在起飛及登陸海關機場之前，必須事先提出入境飛行計畫，還必須有完整的飛機與個人文件。

水路

美國緬因州與加拿大新斯科細亞之間、華盛頓州與卑詩省之間有汽車渡輪。在美加的大西洋與太平洋沿岸有客輪往返。還有許多遊艇巡行在北極水域。許多私人遊艇喜歡開到加拿大的太平洋沿岸、大西洋沿岸及五大湖，不過，夏季時碼頭可能會很擠。外國的私人遊艇得通過加拿大海關指定的港口。

陸路

從美國開車進入加拿大很簡單，只要開到邊界通過海關及移民窗口即可。

美國灰狗巴士及其他客運公司有固定班次駛入加拿大西部與中部。

航空公司

中華航空（China Airline）
電話：(02) 2715-1212
網址：www.china-airlines.com/ch/index.htm

長榮航空（Eva Air）
電話：(02) 25011999
網址：www.evaair.com/html/b2c/chinese/

加拿大航空（Air Canada）
電話：0871-220-3220（英國）
電話：1-888-247-2262（美加免付費）
網址：www.aircanada.ca

Air Canada Jazz
電話：1-888-247-2262（免付費）
網址：www.flyjazz.ca

Air Transat
電話：1-866-847-1112（免付費）
網址：www.airtransat.ca

第一航空（First Air, Airline of the North）
電話：613-688-2635
電話：1-800-267-1247（免付費）
網址：www.firstair.ca

西捷航空（Westjet Airlines）
電話：403-250-5839
電話：1-800-538-5696（免付費）
網址：www.westjet.com

有些路線只到達美加邊界的城市，遊客可再換加拿大的客運，但也有特別的包車從美國的波士頓、紐約、芝加哥、舊金山等城市到達加拿大的溫哥華、溫尼伯、多倫多、蒙特婁及其他城市。灰狗巴士提供7日遊、15日遊、30日遊或60日遊的國際加拿大旅遊券（International Canada Travel Pass），

可以在加拿大境內使用。加拿大灰狗的觀光套裝行程僅適用於加拿大。在安大略、魁北克經營的拓荒者公司（Voyageur Colonial Lines）有便宜的巴士之旅。這些選擇通常由地區或省份巴士公司承接；若需要知道更多詳情，不妨向加拿大灰狗詢問，電話：1-800-661-8787，網址：www.grey hound.ca。

鐵路

Amtrak公司有兩條進入加拿大的直達路線，一條由西雅圖到溫哥華，另一條從華盛頓與紐約到蒙特婁。VIA Rail也有火車路線，一條從紐約經尼加拉瀑布到多倫多，另一條從芝加哥到薩尼亞（Sarnia）、倫敦與多倫多。VIA Rail對團體、家庭、老年乘客有折扣優待；「加鐵旅遊券」（Canrail pass）也一樣有優惠。頭等和普通車廂臥舖都適用，也都有餐車。若想知道更多詳情，可就近詢問各火車站，或者聯絡：

VIA Rail
3 Place Ville Marie, Ste 500, Montréal，PQ H3B 2C9，電話：514-871 6000

或打免費電話：1-888-842-7245（加拿大全境），514-989 2626（從蒙特婁），416-366 8411（從多倫多）；www.viarail.ca。

Amtrak
在美國撥打1-800-USA-RAIL，在加拿大為1-800-872-7245；www.amtrak.com。

前往境內各地

對於那些知道自己要去加拿大哪些地方遊玩的遊客來說，可自由運用一些交通工具。

航空

假如是長途旅行或是目的地是飛機可達的偏遠地區，不妨搭乘國內航線；畢竟開車非常耗時，例如從多倫多到蒙特婁需要開上5小時。加拿大航空（Air Canada）是主要的運輸公司，而自從Canadian Airlines倒閉之後，一些小型的低價航空公司興起，不過其中有些沒有熬過削價競爭，或沒得到旅客的信賴；但存活下來的就與加拿大航空競逐旅遊航線，並提供飛航服務前往較偏僻地區的小型聚落。

加拿大航空（Air Canada）
電話：1-888-247-2262
網址：www.aircanada.ca
Air Transat
電話：1-866-847-1112
網址：www.airtransat.com
第一航空（First Air）
電話：613-688-2635 / 1-800-267-1247
網址：www.firstair.ca
西捷航空（WestJet Airlines）
電話：1-800-538-5696
網址：www.westjet.com
Zoom Airlines
電話：613-235-9666 / 1-866-359-9666
網址：www.flyzoom.com

鐵路

無論距離長短，火車都很適合，雖然說從東部的哈利法克斯到西部的溫哥華（距離6,360公里），搭火車需要五天。VIA Rail是加拿大最大的鐵路運輸公司，提供套裝行程折扣票與旅遊優待券。安大略省和卑詩省也營運一些旅客鐵路行程服務。

欲知有關巴士和火車的路線、票價和時刻表，請聯絡：

Brewster Transtration
Box 1140, 100 Gopher St, Banff, AB TIL IJ3
電話：403-762-6700 / 1-877-791-5500
網址：www.brewster.ca
提供卡加立與加拿大落磯山脈之間的巴士服務。

Greyhound Canada
877 Greyhound Way SW, Calgary, AB T3C 3V8
電話：1-800-661-4747
網址：www.greyhound.ca

Rocky Mountaineer Railtours
1st Floor, 1150 Station St, Vancouver, BC V6A 2X7
電話：604-606-7245 / 1-800-6657245
網址：www.rockymountaineer.com
其二日遊被廣告為「世界上最獨特的火車之旅」。

VIA Rail Canada
3 Place Ville Marie, Ste 500 Montréal, PQ H3B 2C9
電話：514-989-2626 / 1-888-845-7245
網址：www.viarail.ca

陸路

巴士

距離較短或是到沒有火車、飛機場的小鎮，巴士就很適合，而且票價不貴。加拿大主要的巴士公司，灰狗（Greyhound Canada）與拓荒者（Voyageur Colonial），推出了許多巴士旅遊券和套裝行程。

開車

若行程中包含冒險探荒，此處租車容易。外國的駕照可以在加拿大使用，但要有意外保險。加拿大是右側駕駛，開車習慣與在美國非常相近；高速公路的速限通常是時速100公里，但車速限制、安全帶規定與其他交通法令規定，各省稍有差異。各省的規定通常在旅遊指南與道路地圖會有說明。

需要旅遊資料、道路地圖、駕駛規定，那麼找加拿大汽車聯盟（Canadian Automobile Association）準沒錯。歐洲汽車聯盟的會員可以與加拿大汽車聯盟的九家俱樂部聯絡，網址：www.caa.ca。

假如由美國出發，出發前請先與你的保險公司聯絡，確認自己的保險在加拿大境內居留的這段時間有效。務必留意，加拿大大部分地區要求駕駛人擁有有效的20萬元加幣責任險。

汽油價格每公升從80分到1.10元加幣不等（美國每加侖3.8公升，加拿大每加侖4.5公升）。

租車

加拿大境內有數家租車公司，辦事處分布全國，而且在抵達前就可以預約。

蒸汽火車

加拿大是個美麗的國家，旅遊可以成為假期的主要部分或焦點。鐵路在加拿大的發展過程扮演重要的角色，因此，藉由蒸汽火車之旅橫越加國，也許是不需太訝異的。

在渥太華河的魁北克那一邊，**赫爾－切爾西－威克菲爾蒸汽火車**（Hull-Chelsea-Wakefield Steam Trail）是加拿大少數僅存的真正以蒸汽為動力的火車，列車帶著遊客從加提諾（Gatineau）沿著加提諾河岸上行到加提諾山丘的威克菲爾村。這趟美麗的行程讓遊客徜徉在西魁北克的美麗與歷史中。更多資訊請撥電話819-778-7246或1-800-871-7246，網址：www.steamtrain.ca。

在安大略，**亞加瓦峽谷列車**（Agawa Canyon Tour Train）是一獨特的旅程，大約180公里的行程，從蘇聖瑪麗（Sault Ste. Marie）北行，經過一連串高架橋、北方原始的湖泊河流，以及加拿大盾的花崗石岩層和混合林，直到亞加瓦峽谷。秋天是旺季，務必先預約。更多資訊，請撥電話：705-946-7300或1-800-242-9287，或查網址：www.agawacanyontourtrain.com。

曼尼托巴的**土撥鼠中央鐵路**（Prairie Dog Central Railway）是北美洲營運歷史悠久的老式型號定期列車。完全修復的老式列車車廂原建造於1901至13年間。一年中大半運期的這趟行程，從大城溫尼伯開往曼尼托巴的鄉野，途經格羅澤島（Grosse Isle）的鄉村超市，最後來到終點華倫（Warren）。更多資訊請撥電話：204-832-5259，網址：www.pdcrailway.com。

坎盧普斯傳統鐵路（Kamloops Heritage Railway）提供的**坎盧普斯精神**（The Spirit of Kamloops）列車，從卑詩省湯普森河谷（Thompson River Valley）的牧場前往鮭魚河谷（Salmon River Valley）的山區、湖泊和溪流，途經北美一些最壯麗的景觀。營運時間從6月到9月。在11公里長的旅程中，遊客可選擇坐兩側開放式的「乾草架」（Hayrack）車廂，或是再生的1930年傳統車廂。更多資訊請撥電話：250-374-2141，網址：www.kamrail.com。

道路行車規則

除了靠右行駛之外，還有許多安全守則你必須謹記在心。每個省份的交通規則略有不同，有任何疑問時，記得向租車公司詢問清楚。

加拿大擁有綿長和現代化的公路系統，大多有清楚的數字與號誌，能幫忙你認清東西南北。行車速限以公里／每小時為單位，在容易塞車區域的速限通常在30至50公里，高速公路速限在80至100公里。

為了提高高速公路行車安全，有些省份和地區要求車輛在黎明後和日落前的延長時段也必須開頭燈行駛。大部分新型車輛的頭燈，已設計為只要引擎一發動就自動打開。

魁北克除外的其他省份，紅燈時，如果前方沒有車輛阻擋，右轉車可以繼續右轉行駛。

學校的校車在接近停車站牌前150公尺、離開停車站牌後30公尺以內，都必須打閃光燈，這樣其他駕駛人在行經校車時就會提高警覺。如果校車停了下來，同時閃著紅燈，那麼其他駕駛人必須停車在校車後方。記住：在任何十字路口，不管有沒有行人斑馬線、是不是有交通號誌，行人都具有絕對的行路權。

以下所列，可以撥免費電話詢問或預約：

Avis 電話：1-800-331-1212（美加）

網址：www.avis.com

Budget 電話：1-800-527-0700（美加），0870 156 5656（英國）

網址：www.budget.com

Discount Car and Truck Rentals 電話：1-800-263-2355（美加）

網址：www.discountcar.com

Hertz 電話：1-800-263-0600（美加）

網址：www.hertz.com

National 電話：1-800-837-0032（美加），0870 400 4560（英國）

網址：www.nationalcar.ca

Thrifty 電話：1-800-847-4389（美加）

網址：www.thrifty.com

租休旅車

想在7月和8月時租露營車或休旅車，必須提前三、四個月才有可能租到。

Canadream Campers

地址：2508-24th Avenue NE, Calgary, AB T1Y 6R8

電話：403-291-1000

（在溫哥華、白馬市、多倫多也有。）

網址：www.canadream.com

Cruise Canada

地址：2980 26th Ave, Calgary AB T1Y 6R7

電話：1-800-671-8042

（溫哥華、多倫多、蒙特婁也有。）

網址：www.cruisecanada.com

汽車渡輪

加拿大各地都有汽車渡輪載運汽車橫渡大大小小的湖泊和河流。其中最著名的是在西岸經營的卑詩省渡輪（BC Ferries），以及在新斯科細亞、紐芬蘭與新伯倫瑞克經營的Marine Atlantic。

各省交通

亞伯達

飛機 卡加立與艾德蒙吞有國際機場可停靠從加拿大其他地方，以及美國、歐洲、亞洲飛來的航機。主要的航空司有加拿大航空、Delta航空、西北航空、美國航空和聯合航空。

火車 VIA Rail（電話：1-888-842-7245）在艾德蒙吞與傑斯波每週有三班的橫越大陸的車班。Rocky Mountaineer（電話：1-800-665-7245／604-606-7245；www.rockymountaineer.com）推出了兩天的火車賞景之旅，往返於班夫與溫哥華之間，夜晚則停靠在卑詩省的Kamloops，這樣白天才能盡賞美景。

巴士 Greyhound Bus Lines（電話：1-800-661-8747）的加拿大總部設在卡加立，這家公司與Red Arrow Express（電話：1-800-232-1958）的巴士幾乎可到達亞伯達每一城鎮，而Brewster Transportation & Tours（電話：1-800-661-1152）也有班次可達各公園園區和景點。

汽車 加拿大橫貫公路的1號高速公路由西部向東南橫越亞伯達。2號高速公路從美國邊界經過卡加立，至艾德蒙吞後繼續向北。汽車租賃公司到處都有，休旅車、露營車租賃公司也不少。計程車在卡加立、艾德蒙吞、班夫、傑斯波較容易見到。

卡加立（403）

卡加立運輸（Calgary Transit，電話：262-1000），經營57號巴士與輕型鐵路運輸（LRT或C-Train）。卡加立市區巴士之旅可透過遊客諮詢中心（位於中心街的卡加立塔）或旅館安排。

計程車：Yellow Cab（電話：974-1111）

艾德蒙吞（780）

艾德蒙吞運輸（Edmonton Transit，電話：496-1611），經營市區巴士與一條LRT路線。

機場轉機：Skyshuttle（電話：1-888-438-2342）

計程車：Yellow Cab（電話：462-3456）

卑詩省

飛機 溫哥華國際機場位於該市南邊的海島上，是加拿大西部的空運中心，供北美、歐亞各大航空公司飛機起降。許多規模較小的航空公司與包租飛機公司也提供飛往該省北部與育空的服務，主要有Air Transat、加拿大航空、美國航空、英國航空、大陸航空、Delta航空、Horizon航空、西北航空和聯合航空。

機場轉機：Vancouver Airporter Service（電話：1-800-668-3141）與西雅圖的Quick Shuttle（電話：1-800-665-2122）

水路 大約有40艘渡輪往返於維多利亞、溫哥華與其他沿岸地點。其中的「Inside Passage」從溫哥華島的哈地港出發，遠至魯伯特王子港，沿途經過峽灣與狹窄海峽。強烈建議事先預訂行程，有必要時可開車。可詢問卑詩省渡輪公司（BC Ferries），地址：1112 Fort St, Victoria, BC V8V 4V2（電話：1-888-222-3779，網址：www.bcferries.com）。或詢問Tourism BC，電話：1-800-663-6000。

火車 VIA Rail有往返魯伯特王子與亞伯達和其他各地的班次。此外，還有維多利亞與溫哥華島東南沿岸城鎮的班次。

BC Rail有班次從北溫哥華開往喬治王子，並跟VIA Rail連接。Rocky Mountaineer（電話：1-800-665-7245，網址：www.rockymountaineer.com）推出季節性的兩天火車賞景之旅，往返於溫哥華與班

夫，夜宿 Kamloops。

巴士 加拿大灰狗巴士（電話：1-800-661-8747）在卑詩省各地都提供服務。Pacific Coach Lines（電話：1-800-661-1725）的巴士每兩小時一班從溫哥華開往維多利亞。Island Coachlines 經營全溫哥華島巴士班次。此外還有很多地區性客運及 BC Transit 巴士行駛於大一點的城鎮。欲知詳情可詢問 Tourism BC，網址：www.hellobc.com。

汽車 華盛頓州 Interstate 5 號公路來到距離溫哥華南方 48 公里的美國邊界，就成了 99 號公路。溫哥華只距離西雅圖 3 小時車程。1 號公路，即加拿大橫貫公路從東岸而來；3 號公路，即 Crowsnest Highway 則跨越卑詩省南部。始自阿拉斯加的 Fairbanks、途經育空而來的是，時而筆直、時而蜿蜒的阿拉斯加公路。Klondike Highway 起點則在史開威（Skagway）或道生市（Dawson City）。

溫哥華（604）
Translink 提供了大眾運輸系統服務，其中包括巴士、電車、SkyTrain LRT 與 SeaBus 渡輪。欲知詳情，請電詢：953-3333。

許多旅遊公司，包括 Gray Line（電話：1-800-667-0882），提供溫哥華與其周圍包括：Capilano Canyon、 Grouse Mountain 和 Whistler 的巴士之旅。此外還有從溫哥起站的港口巡迴之旅。
計程車 有 Yellow Cabs（電話：681-1111）與 Blacktop（電話：931-1111）。

維多利亞（250）
BC Transit（電話：382-6161）維多利亞大都會提供巴士服務。許多旅遊公司，包括 Gray Line（電話：1-800-667-0882），都推出巴士之旅，有些是英國製的雙層巴士。若要慢慢賞景，可在皇家卑詩省博物館附近的 Belleville 街租馬車。
計程車 有 Blue Bird Cabs（電話：384-1155）和 Empress Taxi（電話：381-2222）。
船隻渡輪 Black Ball Transport（電話：386-2202）有汽車渡輪每天往返維多利亞和美國華盛頓州的 Port Angeles 之間。Victoria Clipper（電話：206-448-5000 / 1-800-888-2535）每天有一客輪往返維多利亞與西雅圖。Washington State Ferries（電話：206-464-6400）每天有船班從維多利亞北邊的 Sidney 開往華盛頓州的 Anacorates。
水路 卑詩省渡輪（BC Ferries，電話：250-386-3431 / 1-8888-223-3779）。

曼尼托巴（204）
飛機 溫尼伯國際機場有加拿大航空、西北航空。此外，還有許多地區性與包租飛機公司。
火車 溫尼伯的大街車站（Main Street Station）有 VIA Rail 橫跨大陸的列車服務，同時也是冬天到邱吉爾觀熊的列車終站。
巴士 Grey Goose Bus Lines（電話：204-784-4512）與 Greyhound Bus Lines（電話：1-800-661-8747）在溫尼伯提供了巴士服務，總站在 487 Portage Ave.。

電話區域號碼

電話區域號碼附在各地名後方的括號內。

汽車 路面鋪設良好的公路網很可靠，分布在該省南部與往北到 Thompson、Flin Flon。許多大型汽車租賃公司在溫尼伯的機場或市區都設有據點。

溫尼伯（204）
溫尼伯運輸系統（Winnipeg Transit System）有個很有效率的巴士運輸系統。欲知詳情，請洽詢 Telebus（電話：986-5700）。

新伯倫瑞克（506）
飛機 加拿大航空（電話：1-888-247-2262）有班機飛往聖約翰與弗雷德里克頓（Fredericton）機場，並且有合作的航機再飛往小一點的城鎮。
水路 Coastal Transport（電話：662-3724）有渡輪往返於黑港（Blacks Harbour）與大馬南島（Grand Manan Island）。鹿島（Deer Island）與 Campobello 之間則由 East Coast Ferries（電話：1-877-747-2159）負責營運。
火車 VIA Rail 在哈利法克斯與蒙特婁之間有兩條行駛路線，一條經由 McAdam、聖約翰（Saint John）、薩西克斯（Sussex）、蒙克頓（Moncton），每週三班；另一條取道 Campellton、巴瑟斯特（Bathurst）、新堡（Newcastle）、蒙克頓、沙克維（Sackville），每週三班。詳情請洽詢電話：1-888-842-7245，網址：www.viarail.ca。
巴士 灰狗與拓荒者都有前往新伯倫瑞克的班次，到了該省之後，境內其他地方可接駁 Acadian Bus Lines（電話：1-800-567-5151）。
汽車 新伯倫瑞克有品質絕佳的公路。自 1980 年，該省著手一項極具野心的公路管制計畫，並將重點鎖定在 Fredericton- Moncton 公路。12.9 公里長的聯邦跨海大橋（Confederation Bridge）設有收費站，由此可前往愛德華王子島和喬里曼角（Cape Jourimain），接駁巴士有必要時會行駛。

紐芬蘭與拉布拉多（709）
飛機 加拿大航空與 Air Canada Jazz 都有班機往返於加拿大本土與

下圖：搭乘客輪是欣賞加拿大海岸線景致的最好方式。

紐芬蘭。Air Labrador則有班機從聖安東尼（St Antony）飛往拉布拉多的許多地點。該省的航空公司還有航班飛往法國的聖皮耶島。Air Transat和Skyservice兩家公司，則有季節性的班機從多倫多和哈利法克斯飛到紐芬蘭。

渡輪 Marine Atlantic的大型渡輪在夏季一天最多有四班從新斯科細亞的北雪梨出發，駛往巴斯克港（Channel-Port aux Basques，航程6小時）與紐芬蘭的Argentia（航程18小時）。Marine Atlantic也經營客運與貨運，往返於聖安東尼、Lewisport與拉布拉多海岸之間。

此外，在聖巴比（St Barbe）與白朗薩布隆（Blanc Sablon）之間、魁北克與拉布拉多之間的航線也有渡輪公司經營。那兒有許多沿海岸線行駛的渡輪載運乘客。可詢問Tourism, Culture and Recreation的紐芬蘭分部（電話：729-2830 / 1-800-563-6353）。

火車 Québec North Shore & Labrador Railway（電話：709-944-8205）經營一條路線，從魁北克的Sept Iles通抵拉布拉多，車程10小時。

巴士 DRL Bus Line（聖約翰電話：263-2171或1-888-263-1854）的巴士往返於巴斯克港渡輪碼頭與聖約翰之間，路程有905公里遠。

汽車 聖約翰與鹿湖有許多大型的汽車租賃公司。主要公路都是柏油路面，有些次級道路則是碎石路面。白朗薩布隆渡船碼頭與拉布拉多紅灣之間的聯絡道路鋪設柏油路面，全長80公里；但是拉布拉多的道路多數仍是碎石路面。

聖約翰

該市的Metrobus System（電話：722-9400）非常有效率且不貴。計程車在聖約翰街上常常會攔不到，最好是在市中心區旅館附近招車，或是直接呼叫Bugden's Taxi（電話：726-4400）。

西北領地

飛機 進入這一廣闊之地只能依賴地區性航空公司，營運中心設在黃刀市（Yellowknife）、伊努維克（Inuvik）、海伊河（Hay River）與史密斯堡（Fort Smith）。加拿大航空（電話：1-800-422-6232）有班機從艾德蒙吞飛往黃刀市。從黃刀市，遊客可搭乘第一航空（First Air，電話：1-800-267-1247）、加拿大北方航空（Canadian North，電話：1-800-661-1505）、野牛航空（Buffalo Airways，電話：867-873-6112）到西北領地其他地方，或育空與努勒維特。此外，亞伯達的Fort McMurray、育空的白馬市、曼尼托巴的溫尼伯（Winnipeg）和渥太華還有定期航班，中途經由努勒維特首府伊瓜紐特（Iqaluit）。

在黃刀市機場，有許多包租飛機可載遊客飛往哈得遜灣西邊的任何地方。

電話區域號碼

電話區域號碼附在各地名後方的括號內。

巴士 灰狗巴士有班次往返於艾德蒙吞與黃刀市。

汽車 西北領地的三條主要公路都是碎石路面。戴普斯特（Dempster）公路從育空的道生市延伸到北極海畔的伊努維克。馬更些公路（Mackenzie Hwy）聯絡亞伯達的艾德蒙吞與黃刀市。新近築成的利亞德（Liard）公路從卑詩省納爾遜堡附近的阿拉斯加公路，延伸到納哈尼國家公園附近的利亞德堡，再往東到黃刀市。

在北極地區駕車要注意的事項，請參閱347頁。注意，在春雪融化與深秋結冰時（通常是5月與11月），這三條公路都難以通行。欲知渡輪班次與最新道路狀況，可撥867-873-7799詢問。遊客如需租車，當地有許多租車公司，但最好是事先預約。

新斯科細亞（902）

The Check-in Reservation and Information Service（電話：1-800-565-0000；網址：www.checkinnovascotia.com）提供交通資訊的服務，包括租車、露營場地、觀光旅遊，以及新斯科細亞大部分的住宿資訊。

下圖：行經安大略省山區的悠閒火車之旅。

飛機 加拿大航空（電話：1-8888-247-2262）的班機從哈利法克斯、雪梨起飛，連接加拿大其他地方與美國東部。西北航空等公司，也在新斯科細亞有航班服務。

渡輪 有許多汽車渡輪可利用，航程有的1至6小時，有的需要過夜，船上有豪華客艙與娛樂設施。

從緬因州的巴商港（Bar Harbor）到新斯科細亞的雅茅斯（Yarmouth），從愛德華王子島的林島到新斯科細亞的卡里布，從新伯倫瑞克的聖約翰到迪格比（Digby），可洽詢 Bay Ferries（電話：1-888-249-7245，網址：www.nfl-bay.com）。紐芬蘭的巴斯克港（Port aux Basques）到新斯科細亞的北雪梨，則請洽 Marine Atlantic（電話：1-800-341-7981）。

火車 VIA Rail 有班次往蒙特婁縣往哈利法克斯，途經阿莫斯特（Amherst）、楚洛（Truro）。欲詢問班次和票價請打電話：1-888-842-7245。

巴士 Acadian Lines Ltd（電話：1-800-567-5151）每天都有班車，行駛路線遍及新斯科細亞。DRL Coachlines（電話：1-800-567-5151，網址：www.drlgroup.com/coachlines）也提供交通服務。哈利法克斯加拿大旅遊（Canada Tours of Halifax，電話：455-8111）是諸多旅遊公司之一，推出當季的新斯科細亞巴士之旅。

汽車 一般來說，新斯科細亞的公路狀況大多良好。新斯科細亞有4條旅遊路線：Marine Drive、Evangeline Trail、Glooscap Trail、Lighthouse Route。在哈利法克斯市區、雅茅斯、雪梨，以及兩座機場可以租到車子。也可利用該省的住宿預約系統（電話：1-800-565-0000）租到休旅車。

哈利法克斯

Metro Transit（電話：902-490-4000）經營的巴士遍及哈利法克斯與達特茅斯地區。該系統經營的渡輪往返哈利法克斯與達特茅斯，可欣賞到哈利法克斯的港灣風光。在上班時間駕駛者在哈利法克斯鬧區可能不容易找到停車位，而且停車費很貴。

有許多旅遊公司，包括 Acadian Lines（電話：1-800-567-5151），都推出巴士之旅，從各大旅館出發。但是，徒步逛逛哈利法克斯也不錯，可跟著團體或自行看地圖走，相關資訊可洽詢哈利法克斯旅遊（Tourism Halifax），它位於巴靈頓街（Barrington Street）的舊市政廳。當地的計程車費不貴，而且有許多計程車招呼站。

機場交通 可利用地鐵往返各大旅館，詳情請洽 Airporter（電話：837-2091）。

努勒維特（867）

飛機 努勒維特航空（Air Nunavut，電話：867-979-4018）、伊努特航空（Air Inuit，電話：514-636-9445 / 1-800-361-5933）、Calm Air（電話：1-800-839-2256）、加拿大北方航空（Canadian North，電話：1-800-661-1505）、第一航空（First Air，電話：1-800-267-1247）、Kenn Borek Air（電話：403-291-3300），以及 Kivalliq Air（電話：867-645-2992 / 1-888-888-5619）等航空公司，分別有班機自黃刀市、艾德蒙吞、溫尼伯、蒙特婁與渥太華等城市飛往努勒維特各點，包括瓜紺特（Iqaluit）、Rankin Inlet、Cambridge Bay、Resolute Bay、Nanisivik 與 Kangerlussuaq。在努勒維特，上述提及的各定期班機，以及六種包機行程服務，都採用雙引擎或單引擎螺旋槳飛機。另外還有五、六種直升機包機行程服務。

陸路 努勒維特沒有道路連接南方各地區，境內只有21公里長的道路連接北極灣各聚落與納尼希維克（Nanisivik）採礦鎮；坐巴士或自行開車並不在選項之內。

安大略（416）

飛機 Lester Pearson 國際機場在多倫多西北30分鐘車程處，提供加拿大幾乎所有大型航空公司及國際航空公司的班機起降。可利用的電話號碼如下：

加拿大航空：1-888-247-2262
美國航空：1-800-433-7300
大陸航空：1-800-784-4444
Delta Airlines：1-800-221-1212

Airport Express 機場巴士（電話：905-564-3232 / 1-800-387-6787）每20分鐘就有車班從三個航站大廈駛往市中心區的旅館，車程約40分鐘。車班在4:45am-12:30am 之間行駛。

渥太華的 MacDonald Cartier 機場（電話：613-248-2000）在該市南邊15分鐘車程處。Ottawa Airport Shuttle 從5am-12:35am、每30分鐘提供班車往返機場與市中心區各家旅館。

上圖：行駛在魁北克的塔伯拉拉。

安大略省北部許多打獵、釣魚的勝地，只能搭飛機才可以到達。通常，包租飛機的票價已經包括在整個費用裡。欲知詳情，可跟 Ontario Travel（見395頁）索取《安大略北方旅遊計畫》（*Ontario Northern Trip Planner*）這本冊子。

火車 多倫多前街（Front Street）著名的聯邦車站（Union Station）是該市主要的火車停靠站，可直接通往地下鐵。多倫多的 VIA Rail（電話：416-366-8411〔多倫多〕或1-888-842-7245〔美加〕）列車駛往加拿大各地，在溫莎與尼加拉瀑布轉接往返美國。VIA Rail 有班次從多倫多、蒙特婁駛往渥太華；車站位於 Queensway 附近的200 Tremblay Rd.。

巴士 多倫多巴士車站位於610 Bay Street，靠近市政廳與伊頓中心。主要的巴士公司有二：行駛路線及該省的 Greyhound Lines of Canada（電話：1-800-661-8747），以及在溫莎、多倫多、蒙特婁之間行駛於401號公路的 Coach Canada（電話：1-800-461-7661）。

汽車 安大略公路的速限是時速一百公里，除非另有標示。記住：成人和體重40磅以上的孩童必須繫好安全帶。在安大略，如果交通順暢的話，一般是允許紅燈右轉。安大略的道路在北美是維護得最好的，所以當你離開該省時，車況應該和進入該省時維持得一樣，除非你行駛的是北安大略多泥且佈滿碎石的道路。若是如此，在度假完後，最好將車底盤清洗一番。租車公司的免費電話請查閱342頁。

多倫多（416和647）

多倫多有優良的大眾運輸系統，包

上圖：大都會多倫多的地鐵車廂。

括乾淨、效率、安全的地下鐵，以及接駁的公車、電車。欲知詳情，可詢問 Toronto Transit Commission（TTC，電話：416-393-4636）。路線圖通常在旅館可以拿到。

計程車在路上很容易就能攔到。或者，也可呼叫 Diamond（電話：416-366-6868）、Metro Cab（電話：416-504-8294）、Beck Taxi（電話：416-751-5555）等計程車行。

就像在其他大城市一樣，在多倫多開車會使人失去耐性，尤其是在交通尖峰時段。當然，多倫多的停車費用並不便宜，停車場以大大的綠字「P」標誌。街上電車靠站時，記得停在它後方，讓車上乘客安全地從右側門下車到人行道。若可能的話，盡量走路或搭地下鐵。

渡輪每 30 分鐘一班，從 Bay Street 街底駛往中心島（Centre Island），夏季週末假期是每 15 分鐘一班。詳情請電詢：416-392-8193。

Gray Line Sightseeing（電話：416-594-3310）推出的觀光巴士之旅，通常會包括加拿大國家塔、安大略皇家博物館、Casa Loma。此外，它也推出了尼加拉瀑布之旅。

若想享受港灣巡航的樂趣，可洽詢 Toronto Harbour Tours（電話：416-868-0400）；或者，也可以在港灣區走走，當地有許多小一點的船隻與私人遊艇經營水上之旅。

渥太華（613）

渥太華有 OC Transpo（電話：613-741-4390）提供服務，想遊覽渥太華請洽詢 Grayline Tours（電話：613-565-5463 / 1-800-297-

6422）。若想呼叫計程車，請聯絡 Blue Taxi 計程車行（電話：238-1111）。

愛德華王子島（902）

飛機 加拿大航空（電話：1-888-247-2262）與幾家小型航空公司每天都有班機從加拿大各大城市飛往夏洛特鎮。

渡輪 夏季時，Northumberland Ferries（電話：1-888-249-7245）每小時都有渡輪從新斯科細亞的卡里布駛往愛德華王子島的林恩，航程約 75 分鐘。渡輪班班都很擁擠，清早與晚上等待隊伍則較短。

巴士 灰狗巴士在 Acadian Bus Lines 的援助下，為愛德華王子島提供了便捷的巴士服務。欲知詳情，洽詢電話：1-800-567-5151。當地也有一些巴士公司，還有很多計程車行，包括 City Cab（電話：892-6567）、Co-op Taxi（電話：628-8200）等。

Abegweit Sightseeing Tours（電話：894-9966）這家公司專門經營夏洛特鎮（Charlottetown）、北海岸及其他景點的旅遊行程。

汽車 新近完成的聯邦大橋連接新伯倫瑞克的 Cape Tormentine 與愛德華王子島。愛德華王子島的速限多在時速 90 公里。租車公司的免費電話請見 342 頁。

自行車 愛騎自行車的人喜歡愛德華王子島的鄉野路徑。遊客可向當地自行車出租店，租輛自行車一天或一週。MacQueen's Bike Shop and Travel（電話：368-2453 / 1-800-969-2822，網址：www.macqueens.com）自行車出租公司位於夏洛特鎮的 430 Queen

Street，它會為遊客設計一套旅程，安排住宿，甚至提供緊急道路救援服務。

魁北克

飛機 Montréal-Pierre Elliott Trudeau 國際機場（電話：514-394-7377 / 1-800-465-1213）位於市郊，提供國內、美國與國際班機服務。Montréal-Mirabel 國際機場（電話：514-394-7377 / 1-800-465-1213）位於蒙特婁東北，主要提供租用飛機與貨機服務。加拿大所有重要的航空公司與許多國際航空公司，都有班機飛往蒙特婁，其中包括加拿大航空（電話：1-888-247-2262）。

駕駛私人飛機得先通過交通部（位於渥太華）的審核。

火車 詳情請洽 VIA Rail（電話：1-888-842-7245，網址：www.viarail.ca）。

巴士 灰狗巴士（電話：514-844-4040 或 1-800-661-8747）的車班路線遍及魁北克各地。

渡輪 聖羅倫斯河與其他重要河流，終年都有許多渡輪公司提供服務。馬達連群島（Iles de la Madeleine）與愛德華王子島之間的渡輪交通由 CTMA（電話：1-888-986-3278，網址：www.ctma.ca）提供服務；在聖皮耶港（Harve-St-Pierre）、安提科斯提島（Ile d'Anticosti）與白朗薩布隆（Blanc-Sablon）之間的下北海岸，有 Relais Nordik（電話：1-800-463-0680，網址：www.relaisnordik.com）提供客輪與貨輪服務。在旅遊旺季，最好事先預定船票。

汽車 到魁北克旅遊最好的方式是開車，這樣比較有彈性，愛在哪兒停下來就在哪兒停下來，能享受當地美食，或者到省立公園逛逛。大多數的服務站都可以取得很好的地圖，但是北部道路可能很顛簸，冬季更是難以通行。公路速限在時速 100 公里，駕駛者與乘客都必須繫上安全帶。魁北克嚴格禁止紅燈右轉，除非另有綠色箭頭標誌閃爍。

蒙特婁（514）

蒙特婁大眾運輸系統 STMC（電話：786-4636）包括公車與地下鐵系統。你可以利用公車轉運到地下鐵，反之亦然。

如果你開車，可事先讓旅館安排過夜停車。一天停車費大約 20 元加幣。蒙特婁的計程車很多。基本費大約是 4 元加幣。若想租車，可

洽詢 Avis（電話：800-331-1212）、Hertz（電話：800-263-0600）或 Budget（電話：800-527-0700）等汽車租賃公司。

魁北克市（418）

要遊歷這個座老城市，走路是最自在、最方便的方式。開車的人就苦惱了，停車位不好找，停車費又貴（費用可詢問投宿旅館）。要避開交通混亂，不如向 Cyclo Services（電話：692-4052）租自行車來騎。

薩克奇萬（306）

飛機 薩克奇萬在女王城（Regina）與薩克屯（Saskatoon）各有大型機場，供各大航空公司的班機起降，包括加拿大航空（電話：1-888-247-2262）、西北航空（電話：1-800-225-2525），以及一些地區性與租賃飛航公司。

火車 薩克屯是 VIA Rail（電話：1-888-842-7733）橫越大陸路線上的大站，有巴士轉運到女王城。

巴士 薩克奇萬運輸公司與灰狗巴士在女王城的 2041 Hamilton Street，與薩克屯的 50 23rd Street 設有據點。欲知詳情，可電詢：787-3340。

汽車 薩克奇萬的車輛速限是時速100公里。薩克奇萬旅遊（Tourism Saskatchewan）及其他旅遊機構有免費地圖。Budget、Dollar、Hertz 等租車公司在機場與市中心區設有據點，免費電話請見342頁。

女王城與薩克屯（306）

女王運輸（Regina Transit，電話：777-7433）經營市區及機場的巴士路線。在女王城，計程車在市中心區很容易就可以攔到。此外，Capital Cab（電話：781-7777）的叫車服務也頗受歡迎。Saskatoon Transit System 也有市區巴士服務。計程車很容易就可以攔到，不然就呼叫 United 車行（電話：652-2222）。

育空

飛機 加拿大航空（電話：1-888-247-2262）有班機從溫哥華直航白馬市。北方航空（Air North，電話：1-800-661-0407）提供飛往阿拉斯加的服務。Alkan Air（電話：1-900-643-1800 ／ 1-867-668-2107）經營育空與卑詩省、西北領地之間的飛航路線。

渡輪 很多遊客會搭乘客輪來到育空，是因為把這當成旅遊的一部分。自助旅行的遊客會發現鄰近的阿拉斯加港口 Skagway 有渡輪往返於卑詩省的魯伯特王子。詳情請洽詢 Holland American Line Cruises（電話：1-800-355-3016）或 BC Ferries（電話：1-888-223-3779）。

火車 Skagway 與 Lake Bennett 之間有火車實景之旅，中途到白馬市，以轉接巴士來完成整個旅程。但是，這是季節性的安排，遊客可能會希望歸途是利用直達巴士。欲知詳情，可詢問 White Pass and Yukon Railway（電話：1-800-343-7373）。

巴士 灰狗巴士（電話：1-800-661-8747）有車班從艾德蒙吞走阿拉斯加公路駛往白馬市。另外，有地區性的巴士公司經營育空境內與連接阿拉斯加的路線。

汽車 白馬市有 Budget、Tilden 等全國性的租車公司，此外，還有一些當地的汽車與休旅車租賃公司。車速限制是時速90公里。育空的道路維護得很好，主要的公路都是柏油路面。阿拉斯加公路從卑詩省的道生溪（Dawson Creek）出發，經過育空的白馬市、Haines Junction，延伸進入阿拉斯加。克朗代克（Klondike）公路從 Skagway 開始，北向白馬市，到達道生市。在那兒，分出戴普斯特（Dempster）公路，向北往西北領地的伊努維克，還有 The Top of the World 公路，向西往阿拉斯加。

雖然這些公路是終年開放，但是建議最好在5月中旬至9月中旬前去會比較好。每隔一定的距離都會找到遊客服務站與露營地。任何旅行應該都要事先審慎計畫與進行。以下是一些建議：

• 車頭燈一定要保持亮著。

• 若旅程安排在10月至4月之間，車輛一定要經過冬季保養。

• 在出發前，要確認車輛狀況保持良好。至少要帶兩個備胎和足夠的水。

• 注意油料。

計程車 在白馬市要叫計程車，可聯絡 Yellow Cab 車行（電話：668-4811）。

下圖：一架水上飛機優雅地降落在卑詩省維多利亞市的 Fairmont Empress Hotel 前方的水域。

住宿資訊

飯店、青年旅館、民宿

加拿大的住宿情況和美國差不多，不過加拿大有些更個人化、更服務取向。在夏日旺季，預訂是必要的。旅館通常會為客人保留預約客房到傍晚6點，不過若你可能會更晚才入住，請務必事先通知旅館。如果沒有事先預訂客房，可在下午早一點的時段找宿點，尤其是夏季，公路沿線的旅館總是一床難求。幾乎所有的旅館、汽車旅館和度假村都接受信用卡，不過事先再確認總是萬無一失，特別是在偏遠的地區。民宿和青年旅館全加拿大都有，其住宿費較便宜、待客更親

切，因此愈來愈受歡迎。另一種選擇是加拿大總數2,000處的露營地，可容納休旅車和帳篷。

本書所列的客房價格，隨時會因匯率、物價等因素而改變，請事先向欲投宿的旅館聯絡確認，並詢問可有較低的優惠價或促銷價；所列的客房價格是以雙人房為準。

大草原農場

農場之旅能捕捉大草原的真實感覺。一天到一星期，或者更多天的旅行，活動種類甚多，可滿足各類興趣。

曼尼托巴農場假期

更多的相關資訊可寫信詢問曼尼托巴國家度假協會（Manitoba Country Vacation Association）的Jim Irwin。地址：Box 11, Lake Andy, MB RDJ 020，電話：204-848-2265 / 1-866-517-9501，網址：www.countryvacations.mb.ca。

若遊客想享受同等的親切與好客，卻又希望置身在城市中，可洽詢 Bed and Breakfast of Manitoba，網址：www.bedandbreakfast.mb.ca。

亞伯達的農牧場

亞伯達的「鄉村度假」之旅可體驗亞伯達農牧場的生活。就像其他同類型的套裝旅遊一樣，它好玩、不貴，可親身體驗那種粗重工作。跟其他旅遊不同之處在遊客可選擇住處，從大型牧牛場到小小的家庭農場都有。詳情可詢問網址：www.albertacountryvacation.com。

魁北克農場之旅

魁北克農業觀光協會與魁北克農業局合辦農場民宿之旅，價錢不貴。對於喜愛露營的人來說，不妨藉這個機會換換口味。

魁北克農業觀光協會（Fédération des Agricotours du Québec）地址：4545 ave Pierre de-Coubertin, Montréal, PQ H1V 3R2 電話：514-252-3138。

協會出版的雙語小冊子《魁北克的旅館和民宿》（Inns and Bed & Breakfast in Québec）很好用，可上網購買，網址：www.agritours.qc.ca。

薩克奇萬農場之旅

有農場之旅就有薩克奇萬農場之旅。一次又一次，遊客回去後總是興高采烈地訴說他們在薩克奇萬農場的回憶：豐盛的家常飯，清新的空氣，甚至一起幹活兒的事，全都被津津樂道地訴說著。你也可以安排在農場露營。薩克奇萬旅遊（Tourism Saskatchewan）每年更新出版的《住宿、度假與露營地指南》（Accommodation Resort & Campground Guide）詳列了這些度假農場。更詳細的資訊可洽詢薩克奇萬民宿協會（Saskatchewan Bed and Breakfast Association），其會員包括許多農場，地址：Box 694, Lumsden, SK SOG 3C0，電話：306-731-2646，網址：www.bbsask.ca。

青年旅館

預算有限的旅客若對青年旅館有興趣，可寫信到：

Backpackers Hostels Canada
Auberges Backpackerss Canada Longhouse Village, RR 13, Thunder Bay, ON P7B 5E4.
電話：807-983-2042 / 1-888-920-0044
網址：www.backpackers.ca

Hostelling International
Ontario E, 205 Catherine St, Ste 400, Ottawa, ON K2P 1C3.
電話：613-237-7884
網址：www.hihostels.ca

Hostelling International-Great Lakes
76 Church St, Toronto, ON M5C 2G1.
電話：416-917-4440/1-877-848-8737
電話：613-531-8237（Kingston）
電話：1-888-749-0058（尼加拉瀑布）
電話：807-475-6381（Thunder Bay）

分區住宿名錄

亞伯達（Alberta）

相對於旅館，供應早餐的民宿是很受歡迎的選擇，價錢也不貴。亞伯達民宿協會（Alberta Bed And Breastfast Association，網址：www.bbalberta.com）提供預約免付費的訂房服務，入會的民宿全都必須接受協會檢定認可才行，旗下民宿分布全亞伯達各處。

亞伯達露營地的相關資訊，可向亞伯達旅遊（Travel Alberta，見394頁）索取《亞伯達露營指南》（Alberta Campground Guide）。擁有五座國家公園、300多座省立公園及休閒區，以及600多處私人或市立露營地的亞伯達，露營地的選擇非常多樣，而且全都經過亞伯達旅遊審核認可。建議先行預約。

亞伯達旅遊也提供其他住宿類型指南。我們羅列一些住宿地點於下。

班夫 (403)

Banff Alpine Center
地址：801 Coyote Dr (在 Tunnel Mountain Rd)
電話：670-7580 / 1-866-762-4122
有四人房到六人房提供給預算有限的遊客，另外，還有私人套房與幾間小木屋。**$**

Banff International Hotel
地址：333 Banff Ave
電話：762-5666 / 1-800-665-5666
網址：www.banffinternational.com
這家旅館在班夫市中心區，走路就可以到了。傍晚提供免費的市區巡迴巴士。**$$$**

Fairmont Banff Springs Hotel
地址：405 Spray Ave
電話：762-2211 / 1-800-441-1414
網址：www.fairmont.com
這個度假勝地自成一小鎮。高爾夫球場風景優美，打球也很有挑戰性。**$$$**

Irwin's Mountain Inn
地址：429 Banff Ave
電話：762-4566 / 1-800-661-1721
網址：www.irwinsmountaininn.com
離班夫市中心1公里。有些客房可以自己下廚簡易烹調。**$$**

Tunnel Mountain Resort
地址：Tunnel Mountain Dr
電話：762-4515 / 1-800-661-1859
網址：www.tunnelmountain.com
距離班夫市中心2.5公里。共有95間木屋和套房；木屋適合家庭住宿，每間都有完善的廚房。**$$-$$$**

卡加立 (403)

Calgary International Hostel
地址：520-7th Ave
電話：269-8239
網址：www.hihostels.ca/alberta
離市中心區1公里，位於LRT線上。有單人房和通舖。**$**

Fairmont Palliser Hotel
地址：133-9th Ave SW
電話：262-1234 / 1-800-441-1414
網址：www.fairmont.com
這家1914年愛德華風格的旅館，裡裡外外無一不見氣派，客房也不例外，備有豪華套房。**$$-$$$**

Glenmore Inn
地址：2720 Glenmore Trail SE
電話：279-8611 / 1-800-661-3163
現代化、寬敞的客房，有健身與三溫暖設備。**$$-$$$**

Holiday Inn Macleod Trail
地址：4206 Macleod Trail
電話：287-2700 / 1-800-465-4329
網址：www.holidayinn.com
多數客房禁菸。19歲以下的青少年兒童與父母同房不收費。位置居中。**$$-$$$**

Hotel Arts
地址：119-12th Ave SW
電話：403-266-4611 / 1-800-661-9378
新近才剛修整過的精緻風格旅館，位於卡加立中心區，有185間風格客房和套間。**$$-$$$**

International Hotel Suites Calgary
地址：220-4th Ave SW
電話：265-9600 / 1-800-661-8627
網址：www.internationalhotel.ca
位於市中心區，旅館高聳，豪華套房超過250間。對家庭客人提供好房價。**$$-$$$**

University of Calgary Housing
地址：3456-24th Ave NW
電話：220-3210
E-mail：confserv@ucalgary.ca
寒暑假時，可以在這個遼闊的大學校區找尋住宿處。**$-$$**

The Westin Calgary
地址：320-4th Ave SW
電話：266-1611 / 1-800-228-3000
網址：www.westin.com
這家規模龐大的旅館坐落於商業區，以商業套房為訴求。據稱是卡加立最好

下圖：夏天的 Fairmont Banff Springs Hotel。

價格標示

以下的價格分級是以標準雙人房一晚、不供早餐為準：
$$$＝每間房200元加幣以上
$$＝每間房100~200元加幣
$＝每間房100元加幣以下

的旅館。**$$-$$$**

德蘭赫勒 (403)

Best Western Jurassic Inn
地址：1103 Hwy 9 S
電話：823-7700 / 1-888-823-3466
寬敞的客房有冰箱和微波爐。有室內泳池和熱水浴盆。**$$$**

Newcastle Country Inn
地址：1130 Newcastle Trail
電話：823-8356 / 1-888-262-4665
網址：www.virtuallydrumheller.com/nci
這家小客棧禁菸，供應素食餐點。靠近市中心區。**$$**

艾德蒙吞 (780)

Alberta Place Suite Hotel
地址：10049-103 St
電話：423-1565 / 1-800-661-3982
網址：www.albertaplace.com
套房舒適，有小廚房。**$-$$**

Delta Edmonton Centre Suite Hotel
地址：10222-102 St
電話：429-3900 / 1-800-268-1133
網址：www.deltahotels.com

獨特的市中心區旅館，是City Center West購物中心的一部分。**$$-$$$**

Fairmont Hotel Macdonald
地址：10065-100 St
電話：424-5181 / 1-800-441-8336
網址：www.fairmont.com
修復美麗的古蹟旅館。**$$-$$$**

Hostelling International-Edmonton Hostel
地址：10647-81st Ave
電話：988-6836 / 1-877-467-8336
重新粉刷過的迷人修道院，位於活力充沛的Old Strathcona一帶。有通鋪和雙人房。**$**

Union Bank Inn
地址：10053 Jasper Ave
電話：423-3600 / 1-888-423-3601
網址：www.unionbankinn.com
迷人的小客棧，有34間個別設計的客房。**$$**

傑斯波 (780)

Fairmont Jasper Park Lodge
地址：1 Old Lodge Rd
電話：852-3301 / 1-800-441-1414
網址：www.jasperparklodge.com

菁英的度假旅館，有高爾夫球場，還有很多超人一等的享受，可說是落磯山脈同類旅館中最優美的一個。**$$$**

Jasper Inn Alpine Resort
地址：98 Geikie St
電話：852-4461 / 1-800-661-1933
網址：www.jasperinn.com
這個分戶出租的旅館很適合自己開伙的遊客，內有許多設備。**$$-$$$**

Pine Bungalows
地址：位於傑斯波東方2公里處
電話：852-3491
網址：www.pinebungalows.com
5月至10月中旬開放營業，小屋傍著Athabasca河而立，其中有許多間有壁爐。還有雜貨店、洗衣店和商店。**$$**

Wapiti Campground
地址：位於傑斯波南方5公里的93號公路上
電話：852-6176 / 1-877-737-3783
共有366個紮營處，40個配備電力。全年開放。**$$**

路易斯湖 (Lake Louise, 403)

Fairmont Château Lake Louise
地址：111 Lake Louise Drive

電話：522-3511 / 1-800-441-1414
網址：www.fairmont.com
這ँ城堡狀的著名度假旅館雄踞落磯山脈，依傍著蔚藍的湖泊，提供了豪華舒適的設備。**$$$**

Lake Louise Inn
地址：210 Village Rd
電話：522-3791 / 1-800-661-9237
網址：www.lakelouiseinn.com
占地廣闊，可選擇不同的住宿型態：客房、附廚房的大房間、客棧形式的宿處。有些較貴，有些則屬中等價位。**$$-$$$**

Mountaineer Lodge
地址：101 Village Rd，距路易斯湖3公里
電話：522-3844
5月至10月開放營業，有一臥室或兩臥室的房間，有些房間可看山景。有漩渦式浴池和蒸汽房。**$$-$$$**

Paradise Lodge and Bungalows
地址：105 Lake Louise Drive
電話：522-3595
網址：www.paradiselodge.com
田園小屋和套房，離湖只有一小段車路，冬季不營業。**$$$**

卑詩省（British Columbia）

Tourism BC出版了《卑詩省住宿指南》（*British Columbia Accommodations Guide*），這本指南列出了該省風評不錯的汽車旅館、旅館、度假村與露營地。這些住宿點可以在網址www.hellobc.com，或打電話1-800-HELLO BC訂房。

下圖：待客和善殷勤的The Pan Pacific Hotel。

Western Bed And Breakfast Innkeepers Association
網址：www.wcbbia.com
協會有160家經檢定認可的民宿會員，分布在卑詩省和亞伯達。

百里鋪 (100 Mile House, 250)

Red Coach Inn
地址：170 Hwy 97 N
電話：395-2266 / 1-800-663-8422
E-mail：redcoach@shawcable.com
坐落在市中心區。有游泳池、漩渦式浴池和三溫暖。**$**

基洛納 (Kelowna, 250)

Manteo Beach Club & Resort
地址：3762 Lakeshore Rd
電話：860-1031 / 1-888-445-5255
網址：www.manteo.com
終年開放的複合式度假旅館，位於Okanagan湖岸；有大小不等、價格各異的房間。**$$-$$$**

朋提克頓 (Penticton, 250)

Best Western Inn at Penticton
地址：3180 Skaha Lake Rd
電話：493-0311 / 1-800-

668-6746
E-mail：bestwest@bestwe
stern.bc.ca
這家現代化的旅館距離湖
岸三個街區，有戶外游泳
池和令人舒適的各種設
備。**$$**

費爾蒙溫泉（Fairmont Hot Springs, 250）

Fairmont Hot Springs Resort
地址：Hwy 93 與 Hwy 95
電話：345-6311 / 1-800-663-4979
網址：www.fairmonthot
springs.com
終年開放的度假小屋，適
宜滑雪、打高爾夫球。
$$-$$$

喬治王子 (Prince George, 250)

Coast Inn of the North
地址：770 Brunswick St
電話：563-0121 / 1-800-716-6199
這家現代化旅館靠近市中
心區，有室內游泳池。**$$**

Connaught Motor Inn
地址：1550 Victoria St
電話：562-4441 / 1-800-663-6620
E-mail：karel@telus.net
舒適的汽車旅館，有室內
游泳池、熱水浴盆和三溫
暖。**$**

Ramada Hotel Downtown
地址：444 George St
電話：563-0055 / 1-800-830-8833
網址：www.ramadaprince
george.com
市中心的旅館，設備俱
全。**$$**

魯伯特王子 (Prince Rupert, 250)

Coast Prince Rupert Hotel

價格標示

以下的價格分級是以
標準雙人房一晚、不
供早餐為準：
$$$= 每間房 200 元加
幣以上
$$= 每間房 100~200
元加幣
$= 每間房 100 元加幣
以下

地址：118 6th St
電話：624-6711 / 1-800-716-6199
網址：www.coasthotels.
com
舒適宜人的旅館，可俯瞰
港口。**$$**

The Hills Health and Guest Ranch
地址：Hwy 97, 108 Mile Ranch
電話：791-5225 / 1-800-668-2233
網址：www.spabc.com
這家旅館有 21 間客房與獨
立小屋，可騎馬。**$$$**

Totem Lodge Motel
地址：1335 Park Ave
電話：624-676 / 1-800-550-0178
網址：www.totemlodge.
com
宜人的汽車旅館，接近渡
輪碼頭。**$**

灰熊鎮 (Revelstoke, 250)

Daniel's Hostel Guesthouse
地址：313 1th St E
電話：624-6711 / 1-800-716-6199
網址：www.coasthotels.
com
舒適宜人的旅館，可俯瞰
港口。**$**

The Peaks Lodge
地址：Hwy 1, 2 km（灰熊
鎮西方 1 公里）
電話：837-2176 / 1-800-668-0330
網址：www.peakslodge.
com
位於山區的高山型旅館，
有些房間附設廚房。有戶
外熱水浴盆。**$**

奎斯內爾 (Quesnel, 250)

Billy Barker Casino Hotel
地址：308 McLean St
電話：992-5533 / 1-888-992-4255
網址：www.billybarker
casino.com
位於市中心區的旅館，有
精緻風格的客房。**$-$$**

Cascade Inn
地址：383 St-Laurent Ave
電話：992-5575 / 1-800-663-1581
網址：www.peakslodge.

com
位於市中心區的安靜旅
館，擁有許多設備。**$**

溫哥華（604）

Bosman's Hotel
地址：1060 Howe St
電話：682-3171 / 1-888-267-6267
網址：www.bosmanshotel.
com
靠近市中心區，可免費停
車。**$-$$**

The Fairmont Hotel Vancouver
地址：900 W Georgia St
電話：684-3131 / 1-800-441-1414
網址：www.fairmont.com/
hotelvancouver
有寬敞優雅的老式客房。
在古色古香的建築內有精
緻的交誼廳與餐廳。**$$$**

The Fairmont Waterfront
地址：900 Canada Place Way
電話：691-1991 / 1-800-441-1414
網址：www.fairmont.com/
waterfront
現代化的玻璃帷幕大樓，
美妙風景盡收眼底。**$$$**

Four Seasons Hotel
地址：791 W Georgia St
電話：689-9333 / 1-800-819-5053
網址：www.fourseasons.
com/vancouver
位於市中心區，是溫哥華
最豪華的旅館之一，附設
太平洋購物中心。**$$$**

Granville Island Hotel
地址：1253 Johnston St
電話：683-7373 / 1-800-663-1840
網址：www.granvilleisland
hotel.com
這家優雅的旅館坐落於格
蘭佛島壯觀的背景中。
$$$

Howard Hohnson Hotel Downtown
地址：1176 Granville St
電話：1-800-359-6689
重新整修過的這家旅館位
於市中心區，鄰近史坦利
公園。**$-$$**

Hyatt Regency
地址：Royal Centre, 655 Burrard St
電話：683-1234 / 1-800-

233-1234
國際性的高貴風格旅館，
坐落在流行購物中心之
上。**$$$**

Pan Pacific Hotel Vancouver
地址：300-999 Canada Place
電話：662-8111
網址：www.vancouver.pan
pacific.com
豪華的水岸旅館，客房可
俯瞰港口全景和史坦利公
園。**$$$**

Sandman Hotel Vancouver City Centre
地址：180 W Georgia St
電話：681-2211 或 1-800-726-3626
網址：www.sandman
hotels.com
這家旅館的設備包括健身
房、游泳池和保安停車
場。**$$**

Sylvia Hotel
地址：1154 Gilford St
電話：681-9321
網址：www.sylviahotel.
com
這座迷人的老旅館俯瞰英
國灣，靠近史坦利公園；
出人意料的價格並不貴，
因此頗受歡迎，特別是在
夏季。**$-$$**

UBC Conference Centre
地址：5961 Student Union Blvd
電話：822-1010
網址：www.conferences.
ubc.ca/accommodations
美麗校園中的便宜學舍，
有單人房和雙人房，全年
開放。可使用校園的各項
設備。**$-$$**

Wedgewood Hotel
地址：845 Hornby St
電話：689-7777 / 1-800-663-0666
網址：www.wedgewood
hotel.com
這家迷人的精緻旅館位於
溫哥華市中心區，裝潢的
古董風格家具洋溢著一股
歐洲氛圍。**$$$**

Westin Bayshore
地址：1601 Bayshore Dr
電話 682-3377 / 1-888-219-2157
網址：www.westinbay
shore.com
房間通風良好，俯眺港口
與史坦利公園。有度假的

氣氛。**$$$**

YWCA Hotel / Residence
地址：733 Beatty St
電話：895-5830 / 1-800-663-1424
網址：www.ywcahotel.com
靠近 BC Place Stadium，房間舒適，有單人房、雙人房和家庭房。**$-$$**

維多利亞 (250)

Abigail's Hotel
地址：906 McClure St
電話：388-5363 / 1-866-347-5054
網址：www.abigailshotel.com
這家精緻旅館位於市中心區，距離内港只有三個街區。**$-$$$**

Bedford Regency Hotel
地址：1140 Government St
電話：384-6835 / 1-800-665-6500
網址：www.bedfordregency.com
小巧、舒適的古蹟旅館。**$$**

Château Victoria Hotel
地址：740 Burdett Ave
電話：382-4221 / 1-800-

663-5891
房間舒服、寬敞，位於市中心區。**$$**

The Fairmont Empress
地址：721 Government St
電話：384-8111 / 1-800-441-1414
古蹟旅館，房間寬敞、精心裝飾，能滿足有品味的旅客。它的下午茶很有名。**$$$**

Harbour Tower Hotel & Suites
地址：345 Québec St
電話：385-2405 / 1-800-663-5896
網址：www.harbourtowers.com
房間寬大，每間都能看到市區或内港的獨特景觀。**$-$$$**

Royal Scot Suite Hotel
地址：425 Québec St
電話：388-5463 / 1-800-663-7515
有舒適的套房與公寓供長期遊客留宿。**$$**

惠斯勒山 (Whistler, 604)

Whistler Rental

Accommodations
電話：425-486-2635 / 1-866-396-2635
網址：www.whistler-condo-rentals.com
有數量頗多的出租房間，價格不等。

Delta Whistler Village Suites
地址：4050 Whistler Way
電話：905-3987 / 1-888-299-3987
網址：www.deltahotels.com
這度假旅館深受滑雪人士的喜愛，在夏季時價格比較便宜。**$$$**

Durlacher Hof Alpine Country Inn
地址：705 Nesters Rd
電話：932-1924 / 1-877-932-1924
網址：www.durlacherhof.com
在道地的松木公寓中享受主人的奧地利式待客之道。有美麗山景、按摩浴缸和芬蘭浴。**$$**

The Fairmont Château Whistler
地址：4599 Château Blvd

電話：938-8000 / 1-800-441-1414
網址：www.fairmont.com/whistler
人人期待的費爾蒙旅館，在度假村内，靠近惠斯勒村與滑雪吊車。**$$$**

Four Seasons Resort Whistler
地址：4951 Blackcomb Way
電話：953-3400 / 1-800-819-5053
網址：www.fourseasons.com/whistler
豪華的山腰度假村，由此可進入惠斯勒－黑梳山（Whistler-Blackcomb）。**$$$**

Hostelling International Whistler
地址：5678 Alta Lake Rd
電話：932-5492
網址：www.hihotels.ca/whistler
坐落在 Alta Lake 湖畔的鄉間小屋，有經濟型的分攤式房間和個人房。

曼尼托巴（Manitoba）

溫尼伯有各式各樣的宿處，從古典雄偉到嶄新摩登都有。遊客可詢問週末套裝優惠行程。在曼尼托巴的每個小鎮，旅館的裝潢和價格都比較陽春。曼尼托巴旅遊（Travel Manitoba）每年編有《住宿與露營指南》（ *Accommodations and Campground Guide*），内容詳列該省的住宿點，需要者可向 www.travelmanitoba.com 索取。

勃蘭敦 (Brandon, 204)

Canadian Inn
地址：150-5th St
電話：727-6404 / 1-800-852-2712
網址：www.canadianinnbrandon.com
有游泳池、餐廳等設施。**$**

The Royal Oak Inn

地址：3130 Victoria Ave
電話：728-5775 / 1-800-852-270
網址：www.royaloaksinn.com
是勃蘭敦最好的旅館，有游泳池、蒸汽浴、交誼廳、餐廳。**$$**

夫林夫倫 (Flin Flon, 204)

Victoria Inn North
地址：160 Hwy 10-A North
電話：687-7555 / 1-877-842-4667
網址：www.cicinn.com/FlinFlon
這家現代化旅館有游泳池及其他設施。**$$**

波堤普雷里 (Portage la Prairie, 204)

Days Inn
地址：No. 1 Hwy 和 Yellow Quill Trail

電話：857-9791 / 1-800-329-7466
網址：www.daysinn.com
這家汽車旅館有很受歡迎的餐廳。**$**

溫尼伯 (Winnipeg, 204)

The Charterhouse
地址：330 York Ave
電話：942-0101 / 1-800-782-0715
網址：www.bwcharterhouse.com
在市中心良好的地點，有大房間、餐廳、戶外游泳池。**$$**

Delta Winnipeg
地址：350 St Mary Ave
電話：942-0551 / 1-800-311-4990
網址：www.deltahotels.com
第一流的旅館，設備完善，房間迷人，大部分房

間都有陽台，靠近議會中心（Convention Center）。**$$$**

The Fairmont Winnipeg
地址：2 Lombard Place
電話：957-1350 / 1-800-257-7544
網址：www.fairmont.com/winnipeg
豪華的大型旅館，擁有完善的設備及一流的餐廳。**$$**

The Fort Garry Hotel
地址：222 Broadway
電話：942-8251 / 1-800-

價格標示

以下的價格分級是以標準雙人房一晚、不供早餐為準：
$$$= 每間房 200 元加幣以上
$$= 每間房 100~200 元加幣
$= 每間房 100 元加幣以下

665-8088
網址：www.fortgarryhotel.
com
19世紀末的法式城堡風
格，房間優雅高尚。 $$-
$$$
**Guest House
International Hotel**

地址：168 Maryland St
電話：772-1272 / 1-800-
743-4423
位於溫尼伯寧靜街區，是
一家整修過的維多利亞式
住宅。$
**Ivey House International
Hostel**

地址：210 Maryland St
電話：772-3022 / 1-866-
762-4122
網址：www.hihostels.com
有廚房和洗衣設備，也出
租自行車。$
**Winnipeg Downtown
Holiday Inn**

地址：360 Colony St
電話：786-7011 / 1-888-
465-4329
網址：www.ichotelsgroup.
com
地點便利，收費低廉。
$$

新伯倫瑞克（New Brunswick）

新伯倫瑞克旅遊局
（Tourism New Brunswick）
在該省七處省立旅客服務
中心提供住宿預約服務，
這七處中心的設置地點和
服務電話如下：
Woodstock 506-325-
4427，St Stephen
506-466-7390，Aulac
506-364-4090，
Campbellton 506-789-
2367，Saint-Jacques
56-735-2747，River Valley
in Prince Williams 506-363-
4994，Cape Jourimain
506-538-2133。住宿和露
營地的資訊也可上網查
得，網址：www.touris
mnew brunswick.ca。

巴瑟斯特 (Bathurst, 506)

L'Auberge de la Vallée
地址：1810 Vallée Loures
Dr
電話：549-4100
網址：www.laubergedela
vallee.ca
在巴瑟斯特市中心，這家
旅舍有10間客房、精緻
的餐廳，以及水療設施，
包括室內鹹水游泳池。$$

坎貝爾頓 (Campellton, 506)

Howard Johnson Hotel
地址：157 Water St
電話：753-4133 / 1-800-
395-6689
北美標準的汽車旅館，乾
淨、有效率。$

坎波貝洛 (Campobello, 506)

Lupine Lodge
電話：752-2555 / 1-888-
912-8800

網址：www.lupinelodge.
com
6月下旬至10月中旬營
業。在這處海邊住宿點可
享受海邊用餐的經驗。$$
Owen House
電話：752-2977
網址：www.owenhouse.ca
這家頗有歷史的海邊房舍
裝飾著古董和壁爐，有些
房間需使用公用衛浴。打
高爾夫球、賞鯨、健行都
很便利。$$

艾蒙斯頓 (Edmunston, 506)

Auberge Les Jardins
地址：60 Principal St
電話：739-5514 / 1-800-
630-8011
網址：www.auberge-
lesjardins-inn.com
舒適而現代化的度假村。
$$

弗雷德里克頓 (Fredericton, 506)

Carriage House Inn
地址：230 University Ave
電話：452-9924 / 1-800-
267-6068
網址：www.carriagehous
einn.net
1865年為市長而建的宅
邸，隔壁是The Green。
$$

Delta Fredericton
地址：225 Woodstock Rd
電話：457-7000 / 1-888-
462-8800
網址：www.delta
hotels.com
豪華的現代化旅館，可俯
視聖約翰河景觀，到市中
心區十分便利。有室內與
室外游泳池。$$-$$$

Lord Beaverbrook Hotel
地址：659 Queen St
電話 455-3371 / 1-800-
561-7666
網址：www.lordbeaver
brookhotel.com
鄰近美麗的聖約翰河、數
條步道和有歷史意義的景
點。$$

大馬南 (Grand Manan, 506)

Shorecrest Lodge
地址：North Head
電話：662-3216
網址：www.shorecrestlo
dge.com
5月中旬至10月中旬營
業。這家迷人的鄉村小客
棧有著美食餐廳，從陽台
可看見海景。$-$$
Swallowtail Inn
地址：50 Lighthouse Rd,
North Head
電話：662-1100 / 1-866-
563-1100
網址：www.swallowtailinn.
com
5月至10月營業。原是燈
塔管理人的住處，可欣賞
海景。有室內與室外游泳
池。$-$$

蒙克頓 (Moncton, 506)

Auberge Wild Rose Inn
地址：17 Baseline Rd
電話：383-9751 / 1-888-
389-7673
殖民風格的鄉村客棧，可
俯視湖邊的高爾夫球場。
$$-$$$
Delta Beauséjour
地址：750 Main St
電話：854-4344 / 1-888-
351-7666
網址：www.deltahotels.

com
是蒙克頓最好的旅館。
$$

聖安德魯斯 (St Andrews, 506)

The Fairmont Algonquin
地址：184 Adolphus
電話：529-8823 / 1-800-
441-1414
網址：www.fairmont.com
古色古香的豪華度假旅
館，有無數的休閒設施，
從高爾夫球到槌球都有。
$$-$$$
Kingsbrae Arms
地址：219 King St
電話：529-1897
網址：www.kingsbraea
rms.com
這家頗具歷史的鄉村房舍
四周環繞著大型花園，可
見壯麗的聖安德魯斯景
觀。$$$
Rossmount Inn
地址：Hwy 127
電話：529-3351 / 1-877-
529-3351
網址：www.rossmountinn.
com
這家維多利亞風格的小旅
館在具歷史意義的
Rossmount Estate內，可俯
望Passamaquoddy海灣。
可健行、水療、游泳和汽
車練習。$$
Treadwell Inn
地址：129 Water St
電話：529-1011 / 1-888-
529-1011
網址：www.treadwellinn.
com
5月至10月營業。這處水
邊客棧大約建於1820
年。$$$

聖約翰 (506)

Coastal Inn Fort Howe
地址：Main St和Portland St
電話：657-7320 / 1-800-
943-0033
網址：www.coastalinns.
com
地點良好，同時可見城市
和港口景觀，有室內溫水

游泳池。**$**

**Homeport Historic Bed &
Breadfast Inn**
地址：80 Douglas Ave
電話：672-7255 / 1-888-
678-7678
網址：www.homeport.nb.
com
修復的美麗莊園建於1860
年代，可制高望見芬地灣

和歷史古城聖約翰。**$**

Inn on the Cove
地址：1370 Sand Cove
Rd
電話：672-7799 / 1-877-
257-8080
網址：www.innonthecove.
com
曾獲得最佳傳統客棧獎。
可望見芬地灣、Irving自

然公園和迪格比（Digby）
渡輪碼頭。**$-$$$**

Saint John Hilton
地址：One Market Square
電話：693-848 / 1-800-
561-8282
網址：www.hilton.com
豪華氣派，可俯瞰港灣。
$$$

紐芬蘭與拉布拉多（Newfoundland and Labrador）

要找到好的投宿處並不
難，雖然只有少數幾家小
鎮旅館及汽車旅館有現代
化設備，但遊客總會找到
舒適的房間及親切的主
人。同時，有許多民宿提
供和當地人接觸的機會。
隨著聖約翰愈來愈國際
化，當地旅館也愈來愈現
代化，價格也比紐芬蘭內
地貴。旅遊、文化與休閒
部門出版了一本旅遊指
南，其中也詳列露營地
點。可上網：
www.newfound landandl
abradortourism.com 或撥電
話：1-800-563-6353 訂
房。
　注意：住宿費用包含
12%的地方稅與7%的聯
邦貨物暨服務稅。

巴斯克港（Channel-Port-aux-Basques, 709）

St Christopher's Hotel
地址：146 High St

電話：695-7034 / 1-800-
563-4779
網址：www.stchrishotel.
com
十分舒適，是認識紐芬蘭
很好的引介。**$-$$**

郎索克雷爾（L'Anse au Clair, 709）

Northern Light Inn
電話：931-2332 / 1-800-
563-3188
網址：www.northernlig
htinn.com
這裡是探索拉布拉多海峽
的舒適基地；有大型餐
廳、洗衣設備，靠近渡輪
碼頭。**$$**

雷克頓港（Port Rexton, 709）

Fishers' Loft Inn
地址：Mill Road
電話：1-877-464-3240
網址：www.fishersloft.com
該省最好的客棧之一；俯

望港口的景致美麗迷人。
$$-$$$

聖約翰 (709)

**The Battery Hotel and
Suites**
地址：100 Signal Hill
電話：756-0040 / 1-800-
563-8181
網址：www.batteryhotel.
com
坐落於歷史區，俯瞰港口
與市區，設施完善。**$-
$$$**

**The Fairmont
Newfoundland**
地址：Cavendish Square
電話：726-4980 / 1-800-
441-1414
傳統風格，常被視為市中
心區最好的旅館之一。
$$-$$$

**Quality Hotel
Harbourview**
地址：2 Hill O'Chips
電話：754-7788 / 1-800-

228-5151
網址：www.choicehotels.
ca
位於港口好地點，有160
間舒適的中型客房，設施
現代化，有餐廳。**$$**

**The Roses Bed and
Breadfast**
地址：9 Military Rd
電話：726-3336 / 1-877-
767-3722
網址：www.theroses
bandb.com
多家毗鄰 Fairmont
Newfoundland 旅館的優質
民宿之一，修復的古宅裡
有迷人的客房。**$**

三一灣（Trinity Bight, 709）

Peace Cove Inn
電話：464-3738 / 1-866-
464-3738
網址：www.peacecove.
com
海邊的船長舊宅，全部是
現代化設備。**$-$$**

西北領地（Northwest Territories）

差不多每個社區至少都有
一家客店或旅館，通常是
和伊努特人合作經營的。
大多數設有餐室或小廚房
等設備，伙食費大多包括
在住宿費用內。周邊設施
則有個別差異，專屬浴
室、收音機、電視都不算
稀奇，客房服務則很罕
見，旅館侍者更是沒聽
過。雙人房大約要80至
250元。雖然這裡住宿不
用付營業稅，但還是要付
聯邦 6%的貨物暨服務
稅。夏天要來這裡旅遊，

必須在春季就先訂房。
想要一份完整的住宿目
錄，可洽 NWT Tourism，
電話：1-800-661-0788 /
1-867-873-7000，網址：
www.explorenwt.com，索
取最新出版的《探索指南》
（Explores' Guide），書中詳
介當地的旅館、民宿、露
營地。以下列出的是較有
代表性的。

伊努維克（Inuvik, 867）

Capital Suites

地址：198 Mackenzie Rd
電話：678-6300 / 1-877-
669-9444
網址：www.capitalsuites.
ca
嶄新的建築，距離市中心
一個街區，有各式設備齊
全的套房。**$$**

黃刀市（Yellowknife, 867）

**Back Bay Boat Bed &
Breadfast**
地址：3530 Ingraham Dr
電話：873-4080

E-mail：info@backbay
boat.com
寬敞的住家位於大奴湖
（Great Slave Lake）的
Back Bay，坐落在舊城
區。**$**

Château Nova
地址：4401-50th Ave
電話：873-9700 / 1-877-
839-1236
網址：www.novahotels.ca
注入西北領地精神的市中
心新旅館，有60間客房
和套間。**$$**

The Explorer Hotel

地址：4825 49th Ave
電話：873-3531 / 1-800-661-0892
現代化的都市旅館，有餐廳及其他設施。**$$**

Yellowknife Inn
地址：5010-49th St
電話：873-2601 / 1-800-661-0580

黃刀市最大的旅館，在主街上，連接購物中心，都市大旅館該有的設施它都有。**$$**

海伊河 (Hay River, 867)

Ptarmigan Inn
地址：10J Gagnier St

電話：874-6781 / 1-800-661-0842
網址：www.ptarmiganinn.com
舒適的客房和套間，有方便休閒和商務旅客的良好設備。**$$**

史密斯堡 (Fort Smith, 867)

Pelican Rapids Inn
地址：152 McDougal Rd
電話：872-2789
小型的現代化旅館，有標準到豪華的各式套間。**$$**

新斯科細亞（Nova Scotia）

新斯科細亞旅遊局每年更新出版《夢想實踐家完全指南》（*Doer's and Dreamer's Complete Guide*），詳盡介紹該省的住宿旅館與露營地。該省70處遊客諮詢中心都可代客訂房，或解答問題，免費電話：1-800-565-0000。若需要旅館相關資訊，可洽詢 Hostelling International，網址：www.hihostels.ca，電話902-422-3863。

巴代克 (Baddeck, 902)

巴代克這個度假小鎮是前往世界知名的卡伯特徑的起點。

Inverary Resort
地址：Hwy 205
電話：295-3500 / 1-800-565-5660
網址：www.capebretonresorts.com
寧靜安詳，有很不錯的餐廳、游泳池，以及私人海灘。**$$-$$$**

Telegraph House
地址：Chebucto St
電話：295-1100 / 1-888-263-9840
網址：www.baddeck.com/telegraph
這座維多利亞風格的房子，是布雷頓角很受遊客歡迎的住宿處。**$-$$**

謝地康 (Cheticamp, 902)

Parkview Motel
地址：Route 15，鎮北5公里處
電話：224-3232 / 1-877-224-3232
網址：www.parkviewresorts.com
位於謝地康河岸的一處美麗地點，就在進入布雷頓角高地國家公園的入口。**$**

大牧野 (Grand Pré, 902)

Evangeline Inn and Motel
地址：11668 Hwy 1
電話：542-2703 / 1-888-542-2703
網址：www.evangeline.ns.ca
這處頗有歷史的房屋有5間客房，附近另有新修整繕的汽車旅館。有石頭花園和瀑布。**$**

哈利法克斯 (Halifax, 902)

Delta Barrington
地址：1875 Barrington St
電話：429-7410 / 1-877-814-7706
這家豪華旅館設有游泳池和健身中心。**$$**

Garden Inn
地址：1263 South St
電話：492-8577 / 1-877-414-8577
網址：www.gardeninn.ns.ca
靠近市中心的1875年傳統住宅，已經修復，內部滿是古董。**$$**

Halliburton House Inn
地址：5184 Morris St
電話：420-0658 / 1-888-512-3314
網址：www.halliburton.ns.ca
1820年至今的傳統宅邸，有迷人的中庭花園和備受喝采的餐廳。**$$**

Prince George Hotel
地址：1725 Market St
電話：425-1986 / 1-800-565-1567
網址：www.princegeorgehotel.com
這家優雅的旅館藉由地下人行道連接世界貿易會議中心。**$$$**

英勾尼許海岸 (Ingonish Beach, 902)

Keltic Lodge
地址：Middle Head Peninsula
電話：285-2880 / 1-800-565-0444
網址：www.signatureresorts.com
位於懸崖之上，距離卡伯特徑不遠。主建築物有舒適的客房，也有讓人放鬆的獨棟房舍。以高爾夫球和賞鯨聞名。**$$-$$$**

利物浦 (Liverpool, 902)

Whitepoint Beach Resort
電話：421-1569 / 1-800-565-5068
網址：www.whitepoint.com
這處豪華的海濱假村位於南岸，提供客房和獨棟房舍，設備齊全。**$$**

盧嫩堡 (Lunenburg, 902)

Kaulbach House Historic Inn
地址：75 Pelham St
電話：634-8818 / 1-800-568-8818
網址：www.kaulbachhouse.com
寬敞的維利亞式房屋，靠近海邊。**$$**

雪伯林 (Shelburne, 902)

The Cooper's Inn
地址：36 Dock St
電話：875-4656 / 1-800-688-2011
網址：www.thecoopersinn.com
位於歷史味濃厚的 Dock 街上的18世紀房屋，在這令人放鬆的環境下可品嚐美食。**$$**

雅茅斯 (Yarmouth, 902)

Rodd Grand Hotel
地址：417 Main St
電話：742-2446 / 1-800-565-RODD
網址：www.roddhotelandresorts.com
有138間客房、健身中心以及美食劇院。**$$**

努勒維特（Nunavut）

在努勒維特旅遊局的網址 www.nunavuttourism.com 可找到該地區各種不同的住宿方式，包括現代化旅館、民宿、旅遊者之家，甚至租住當地人家，親身體驗伊努維人的家庭生活。

劍橋灣 (Cambridge Bay, 867)

Elu Lodge
電話：445-8774
網址：www.elulodge.com
這是一家由因努特人經營的旅館，有主屋和三間小木屋；位於美麗的 Elu 峽灣岸邊，周遭是大草原荒野。3 至 7 天的套裝行程包含劍橋灣至此的飛機票價。**$$$**

維多利亞島 (Victoria Island, 250)

High Arctic Lodge
電話：497-2000 / 1-800-661-3880

網址：www.higharctic.com
7 月上旬至 8 月中旬營業，有主屋和私人小木屋；位於北極圈以北 480 公里處。一週的套裝行程可釣到紅點鮭和鱒魚，旅費包含劍橋灣至此的飛機票價。**$$$**

多塞特角 (Cape Dorset, 867)

Kingnait Inn
地址：PO Box 89
電話：897-8863
共有 17 間客房，其中 8 間有個人衛浴。提供洗衣設備和付費電話。**$$**
Polar Lodge
地址：Polar Supplies Ltd,

PO Box 150
電話：897-8335
共有 8 間客房，內附電視和電話；可協調當地嚮導帶領文化和體育活動。**$$**

伊瓜紐特 (Iqaluit, 867)

Discovery Lodge Hotel
地址：1056 Apex Rd
電話：979-4433
網址：www.discoverylodge.com
旅館位於市中心，歷史悠久；可提供 100 人以上的會議設施。**$$$**
Frobisher Inn
地址：PO Box 4209

電話：979-2222 / 1-877-422-9422
網址：www.frobisherinn.com
共有 50 間客房，團體組織、政府機構和旅行團是常客。提供舒適客房和會議設施；也為釣客冷藏他們的漁獲。**$$$**

價格標示

以下的價格分級是以標準雙人房一晚、不供早餐為準：
$$$= 每間房 200 元加幣以上
$$= 每間房 100~200 元加幣
$= 每間房 100 元加幣以下

安大略（Ontario）

安大略旅遊（Ontario travel，見 398 頁）出版的《安大略探索指南》（Ontario Discovery Guide），介紹四千多處旅館、汽車旅館、度假中心與露營地。遊客可詢問套裝的週末假期之旅。許多旅館在週五、週六夜晚有折扣優待，最多打五折。
　夏季度假至少要在一個月前預訂旅館。安大略度假村（Resorts of Ontario）提供 200 多處湖畔小屋景點更，詳盡的資訊及指南手冊可洽詢其地址：PO Box 2148, Orillia, 29 Albert St, ON L3V 6S1，電話：705-325-9115 或 1-800-363-7227，網址：www.resortsofontario.com。

阿岡昆公園 (Algonquin Park, 705)

Arowhon Pines
地址：Little Joe Lake
電話：633-5661（夏季）/ 416-483-4393（冬季）
網址：www.arowhonpines.ca
很受歡迎的度假山莊。有划船、游泳、健行與其他戶外休閒設施。是 Relais & Château 的連鎖旅館。**$$$**

布雷斯布里治 (Bracebridge, 705)

Chevelands House
地址：Minett
電話：765-3171 / 1-888-567-1177
網址：www.chevelandshouse.com
這座在盧梭湖畔的歷史性旅舍有現代化的設備，及完整的夏季休閒設施，包括網球、高爾夫球與水上運動。**$$$**

柯林塢 (Collingwood, 705)

Blue Mountain Inn
地址：RR3, Collingwood
電話：445-0231
網址：www.bluemountain.ca
坐落在藍山山麓，有完整的夏季休閒設施，但較受歡迎的是滑雪設施。**$$-$$$**

亨次維 (Huntsville, 705)

Deerhurst Resort
地址：1235 Deerhurst Dr
電話：789-6411 / 1-800-461-4393
網址：www.deerhurstresort.com

大型豪華的湖邊度假旅館，其「美國計畫」（American Plan）供應三餐；為年輕顧客服務。**$$$**

京斯頓 (Kingston, 613)

Hochelaga Inn
地址：24 Sydenham St S
電話：549-5534 / 1-877-933-9433
網址：www.hochelagainn.com
可愛的老式建築，提供民宿；靠近市中心區。**$$**
Holiday Inn
地址：1 Princess St
電話：549-8400 / 1-800-465-4329
網址：www.kingstonwaterfront.com
坐落在濱水區，有游泳池、交誼與餐廳。**$$**

基奇納－滑鐵盧 (Kitchener-Waterloo, 519)

Delta Kitchener-Waterloo
地址：105 King St E
電話：744-4141 / 1-877-814-7706
網址：www.deltahotels.com
有很受歡迎的餐廳與交誼廳，靠近農夫市場。**$$**

Hillcrest House
地址：73 George St
電話：744-3534
網址：www.hillcresthouse.ca
這家優雅的義大利民宿位於滑鐵盧市中心，有三間私人套間。**$$**
Knights Inn
地址：2808 King St E
電話：893-6641
網址：www.knightsinn.com
現代化的大型汽車旅館。**$**

尼加拉瀑布 (Niagara Falls, 905)

住宿費用隨著季節有大幅的差異。6 月下旬至 9 月下旬最貴，尤其是在週末假日。
Brock Plaza Hotel
地址：5685 Falls Ave
電話：357-3090 / 1-800-263-7135
網址：www.niagarafallshotels.com/brock
靠近賭場而且極受歡迎，有 3/4 的客房能俯瞰瀑布。**$$**
Old Stone Inn
地址：5425 Robison St
電話：357-1234 / 1-800-263-6208
網址：www.oldstoneinn.

on.ca
相當大的現代化旅館,但
仍保留鄉村田園風味。
$$$

Renaissance Fallsview Hotel
地址: 6455 Fallsview Blvd
電話: 357-5200 / 1-800-363-3255
網址: www.renaissancefallsview.com
步行前往瀑布不遠;有玻璃帷幕的步道連接Fallsview賭場。**$$**

Travelodge Clifton Motel
地址: 4943 Clifton Hill
電話: 357-4330 / 1-866-656-0310
網址: www.falls.com
對浪漫情侶而言是愉快的宿點,有戶外游泳池。**$$**

湖畔尼加拉 (Niagara-on-the-Lake, 905)

Niagara-on-the-Lake Bed & Breadfast Association
電話: 68-0123 / 1-866-855-0123
E-mail: admin@bba.notl.on.ca

Oban Inn
地址: 160 Front St
電話: 468-2165 / 1-866-359-6226
網址: www.obaninn.ca

充滿老式風味的舒適小旅舍。**$$**

Prince of Wales Hotel
地址: 6 Picton St
電話: 468-3246 / 1-888-669-5566
網址: www.vintage-hotels.com
湖畔尼加拉的壯景都可見到,有全套的室內休閒設施、高級的餐廳、低調的舞廳與精緻的交誼廳。
$$$

渥太華 (Ottawa, 613)

Arc The Hotel
地址: 140 Slater St
電話: 238-2888 / 1-800-699-2516
網址: www.arcthehotel.com
位於市中心區,是渥太華最新的一家由設計師設計的旅館。**$$$**

The Bostonian
地址: 341 MacLaren St
電話: 594-5757 / 1-866-320-4567
網址: www.thebostonian.ca
位於古老的Somerset West區,有工作室型和單臥室型的豪華套房旅館。**$$$**

Capital Hill Hotel
地址: 88 Albert St

電話: 235-1413 / 1-800-463-7705
網址: www.capitalhill.com
由家族經營的旅館,有客房和套間;步行即可到達議會坡(Parliament Hill)。
$$

Carleton University Tour and Conference Center
地址: 261 Stormont House, Carleton University
電話: 520-5611 / 1-888-278-8687
網址: www.carleton.ca/housing/tourandconf/overnights
夏天到渥太華的便宜住宿。**$**

Crown Plaza Hotel Ottawa
地址: 101 Lyon St
電話: 237-3600 / 1-800-567-3600
這座高聳的旅館經過整修,設施完善,屋頂有交誼廳。**$$**

Delta Ottawa Hotel & Suites
地址: 361 Queen St
電話: 238-6000 / 1-877-814-7706
網址: www.deltahotels.com
有優美的客房和健身俱樂部,俱樂部設有35公尺的滑水道。**$$**

Fairmont Château Laurier
地址: 1 Rideau St
電話: 241-1414 / 1-800-441-1414
網址: www.fairmont.com
渥太華的地標,氣派豪華,匹配其城堡式外觀;房間寬敞。**$$$**

Holiday Inn Hotel and Suites
地址: 111 Cooper St
電話: 238-1331 / 1-800-267-8378
網址: www.hiottawa.ca
這家旅館設施現代化,商務套房有廚房設備。**$$**

Hostelling Internatinal Ottawa
地址: 75 Nicholas St
電話: 235-2595
網址: www.hihostels.ca
地點極佳,位在市中心區,收費便宜;1862至1972年曾經是卡爾頓(Carleton)郡立監獄所在地。**$**

Lord Elgin
地址: 100 Elgin St
電話: 235-3333 / 1-800-267-4298
網址: www.lordelginhotel.ca
有貴族般的氣氛。房間雖小,卻很現代化。物超所值,靠近議會坡,就在國家藝術中心對面。**$$**

Novotel Ottawa Hotel
地址: 33 Nicholas St
電話: 230-3033 / 1-800-668-6835
網址: www.novotelottawa.com
舒適,地點佳,在里多中心(Rideau Centre)旁邊。**$$$**

卡林港 (Port Carling, 705)

Delta Sherwood Inn
地址: 1090 Sherwood Rd
電話: 765-3131 / 1-866-844-2228
網址: www.deltahotels.com
位於小小的約瑟夫湖岸邊,四周是高聳的松林,這幅完美的明信片風景和浪漫背景就如同取自安大略的「老木屋鄉村」。這裡

下圖:多倫多一家旅館Sutton Place Hotel的住房櫃台。

上圖：多倫多 Fairmont Royal York 飯店的獨特正立面。

也是戶外探險的豪華基地。**$$$**

斯特拉福 (Stratford, 519)

在斯特拉福戲劇節期間，可向劇院售票處（見 372 頁）查詢住宿詳情。

Albert Street Inn
地址：23 Albert Place
電話：272-2581
網址：www.albertinn.com
房間寬敞、舒適的民宿。
$$

Victorian Inn on the Park
地址：10 Romeo St N
電話：271-4650 / 1-800-741-2135
網址：www.victorian-inn.on.ca
寬敞、雅緻，在戲劇節期間請務必預先訂房。**$$**

撒伯利 (Sudbury, 705)

The Parker House Inn
地址：259 Elm St
電話：674-2442 / 1-888-250-4453
網址：www.parkerhouseinns.com
位於市中心，為一休閒優雅的旅館。**$-$$**

Travelway Inn
地址：1200 Paris St
電話：522-1122 / 1-800-461-4883
房間寬敞，窗外都有景觀；離撒伯利的熱門景點北方科學（Science North）只有一分鐘步行路程。**$$**

多倫多 (Toronto, 416)

旅遊和商務會議讓多倫多的旅館總是供不應求，各類型住宿預算都有，但住宿費用通常偏高，旅館一般水準也較高。多倫多旅遊（Tourism Toronto）與大多倫多旅館協會（Greater Toronto Hotel Association）終年提供免費的訂房服務，電話 203-2500。

Bond Place Hotel
地址：65 Dunda St E
電話：362-6061 / 1-800-268-9390
網址：www.bondplacehoteltoronto.com
房間雖小，但服務與設備卻頗受讚譽。**$-$$**

Delta Chelsea
地址：33 Gerrard St W（Yonge Street 與 Bay Street 之間）
電話：595-1975 / 1-800-243-5732
網址：www.deltahotela.com
便利的市中心地點，規模大，住宿高檔。為兒童安排好行程。**$$**

Fairmont Royal York
地址：100 Front St W
電話：368-2511 / 1-800-257-7544
網址：www.fairmont.com
多倫多市中心的地標，就在聯合車站對面。**$$$**

Four Seasons Hotel
地址：21 Avenue Rd
電話：964-0411 / 1-800-819-5053
網址：www.fourseasons.com/toronto
低調的優雅氣氛，搭飛機而至的精英顧客。房間寬敞，視野極佳。**$$$**

Hillton Toronto
地址：145 Richmond St W
電話：869-3456 / 1-800-267-2281
網址：www.hillton.com
華麗的大廳；房間有多項額外設備，如鬧鐘、浴室體重計等。**$$-$$$**

Holiday Inn on King
地址：370 King St W
電話：599-4000 / 1-800-263-6354
網址：www.hiok.com
坐落位置良好，就在劇院娛樂區域。**$$**

Le Royal Meridien King Edward
地址：37 King St E
電話：863-3131 / 1-800-543-4300
網址：www.lemeridien-kingedward.com
在多倫多屬年代久遠、深受喜愛的旅館。大廳有大理石柱。房間寬敞，布置雅緻。**$$-$$$**

Madison Manor Boutique Hotel
地址：20 Madison Ave
電話：922-5579 / 1-877-561-7048
網址：www.madisonavenuepub.com
在 Annex 區的優雅旅館，拜訪學者經常來此，有個非常受歡迎的酒吧。**$$**

Park Hyatt Hotel
地址：4 Avenue Rd（在 Bloor 街）
電話：925-1234 / 1-800-977-4197
網址：www.parktoronto.hyatt.com
位於引領潮流的 Yorkville，其屋頂交誼廳受文人學者喜愛。**$$$**

Renaissance Toronto Hotel Downtown
地址：1 Blue Jays Way
電話：34-7100 / 1-800-237-1512
網址：www.merriot.com
羅傑中心球場（Rogers Center）的一部分，世界唯一結合運動和娛樂的旅館，是棒球迷的夢想。**$$$**

Sheraton Centre Toronto Hotel
地址：123 Queen St W（在市政廳對面）
電話：361-1000 / 1-800-325-3535
網址：www.sheraton.com
將近 1,400 個房間，步行即可達鬧區各景點，坐落在地下購物中心、餐廳、電影院之上。**$$-$$$**

Sutton Place Hotel
地址：955 Bay St

電話：924-9211 / 1-800-268-3790
網址：www.suttonplace.com
優雅、低調的旅館，17層的高樓屹立在 Bay St街上。一切向歐洲大旅館看齊，深受娛樂圈人士喜愛，房間格調高雅。$$$

Westin Harbour Castle
地址：1 Harbour Square
電話：869-1600 / 1-800-228-3000
網址：www.westin.com/harbourcastle
裝潢豪華，雙塔的所有房間都可眺望港口，尤其是第37層的燈塔餐廳視野最棒。$$$

溫莎 (Winsor, 519)

Cadillac Motel
地址：2498 Dougall Ave
電話：969-9340 / 1-888-541-3333
網址：www.cadillacmotel.com
設施齊全的大型汽車旅館。$

Hilton Windsor
地址：277 Riverside Dr W
電話：973-5555 / 1-800-HILTONS
網址：www.hilton.com
氣派豪華，可眺望底特律河。$$$

愛德華王子島 (Prince Edward Island)

愛德華王子島的旅館、汽車旅館、度假山莊在夏季時很快就會客滿，所以盡可能提早訂房。洽詢 Tourism P.E.I. (見399頁)索取它編印的《旅客指南》(Visitors Guide)，或代為訂房。抵達當地之後，任何一處旅客資訊中心都可代為安排住宿。除了旅館、汽車旅館、露營地、度假山莊，它甚至還可以安排遊客到農場、民宿旅舍。每人一天花費60加幣，便可以和農場主人一起分享餐食、各項活動，有時甚至一起幹活。曾去過的人都說這是認識愛德華王子島與當地居民最好 (與最便宜) 的方式。

私營和公立的露營地遍布全島，費用大約一晚15至25元加幣，全憑所提供的設備服務而定。切記：在非指定的地點露營是非法的。

凱芬迪希 (Cavendish, 902)

Kindred Spirits Country Inn and Cottages
地址：Route 6, Memory Lane
電話：963-2434 / 1-800-461-1755
網址：www.kindredspirits.ca
裝飾古董的旅館，距離《清秀佳人》的綠山牆屋和高爾夫球場不遠。5月中旬至10月下旬營業。$$

夏洛特鎮 (Charlottetown, 902)

Delta Prince Edward
地址：18 queen St
電話：566-2222 / 1-877-814-7706
網址：www.delthotels.com
豪華的水岸旅館，可見港口和夏洛特鎮舊區。$$-$$$

Quality Inn on the Hill
地址：150 Euston St
電話：894-8572 / 1-800-466-4734
網址：www.innonthehill.com
價位中等，靠近市中心區。$$

The Rodd Charlottetown
地址：75 Kent St
電話：894-7371 / 1-800-565-7633
網址：www.rodd-hotels.ca
外觀傳統典雅，但內部房間已重新裝修，設施齊全。$$

大特拉卡迪 (Grand Tracadie, 902)

Dalvay-By-The-Sea
電話：672-2048 / 1-888-366-2955
網址：www.dalvaybythesea.com
豪華的維多利亞風格度假旅館，有客房和獨棟木屋；位於愛德華王子島國家公園園區。$$$

蘇勒斯 (Souris, 902)

A Place To Stay Inn
電話：687-4626 / 1-800-655-STAY
網址：peislandconnections.com/stayinn/
讓人放鬆的旅館，附近有島上最好的海灘、前往馬達連群島 (Iles de la Madeleine) 的渡輪碼頭，可見鄉野和港口美景。$

夏邊市 (Summerside, 902)

Cairns Motel
地址：721 Water St E
電話：436-4984 / 1-877-433-2267
網址：www.cairnsmotel.pe.ca
價格低廉，房間舒適。$

Quality Inn Garden of the Gulf
地址：618 Water St E
電話：436-2295 / 1-800-265-5551
網址：www.qualityinnpei.com
夏邊市最別出心裁的旅館，有游泳池、海灘游泳設施、餐廳與餐廳表演。$$

Silver Fox Inn
地址：61 Granville St
電話：436-1664 / 1-800-565-40333
網址：www.silverfoxinn.net
雅致的民宿原是19世紀的別墅，有六間客房、一間溫馨的茶室。$$

Sunny Isle Motel
地址：720 Water St E
電話：436-5665 / 1-877-682-6824
網址：www.sunnyislemotel.com
房間舒適，價格低廉。$

林島 (Woods Island, 902)

Meadow Lodge Motel
電話：962-2022 / 1-800-461-2022
網址：www.peisland.com/meadowlodge
靠近渡輪碼頭的鄉間旅館，附近有餐廳。$

魁北克 (Québec)

盡早預先訂房。較大旅館通常在週末假日夜晚會折扣優待，但休閒度假區在週末假期因為遊客較多，反而會貴些。訂雙人床房間，小孩通常也可免費和大人一起過夜。也可以租摺疊式的床，花費不多。蒙特婁的旅館房不便宜，甚至很貴，尤其是在市中心區：各類型住宿都有，而且大部分旅館附設很不錯的餐廳。

舊市區可找到各式各樣的住宿，但魁北克市著稱的是富麗堂皇的舊式旅館與歐式民宿之家。若想找較大或較現代化的住宿處，可能要在新市區找。

旅館協會 Hôtellerie Champêtre-Québec Resorts & Country Inns 提供迷人的鄉村旅館的相關資訊，電話：514-861-4024 或 1-800-861-4024，網址：www.hotelleriecham petre.com。

蒙特婁和魁北克都是歐洲民宿系統，請洽詢蒙特婁的 Bed & Breakfast Downtown Network，電話：514-287-9635 或 1-800-363-9635，網址：www.martha -pearson.com。Tourism Québec 出版的《住宿指南》（Accommodations Guide），介紹民宿、旅遊者之家（限五人以下）、青年旅館、文教機構與度假村的資訊。

馬哥 (Magog, 819)

Auberge L'Etoile-sur-le-Lac
地址：1150 Principale Ouest
電話：1-800-567-2727
網址：www.etoil esurlelac.com
位於曼夫里馬哥湖（Lake Memphremagog）的好地點，幾分鐘即可前往歐福德山（Mont Orford）健行和滑雪。**$$**

塔伯拉山 (Mont Tremblant, 819)

Château Beauvallon
電話：681-6611 / 1-888-245-4030

網址：www.chateaubeau vallon.com
當地許多舒適、新英格蘭風格的小型度假旅館之一。有興趣者，可詢問他們的滑雪行程。**$$$**

Hôtel Quintessence
地址：3004 chemin de la Chapelle
電話：425-3400 / 1-866-425-3400
網址：www.hotelquintess ence.com
小型、豪華的精緻風格旅館，位於塔伯拉湖岸邊。**$$$**

Tremblant
電話：514-876-7273 / 1-888-738-1777
網址：www.tremblant.com
東加拿大終年開放的最大度假村，提供各式住宿類型。**$$-$$$$**

蒙特婁 (Montréal, 514)

Auberge de la Fontaine
地址：1301 rue Rachel Est
電話：597-0166 / 1-800-597-0597
網址：www.aubergedelafon taine.com
在皇家山高地的 Lafontaine 公園附近。**$$**

Fairmont The Queen Elizabeth
地址：900 René-Lévesque Ouest
電話：861-3511 / 1-800-441-1414
網址：www.fairmont.com
舒適且地點絕佳。**$$-$$$$**

Hilton Montréal Bonaventure
地址：900 de la Gauchetière Ouest
電話：878-2332 / 1-800-445-8667
網址：www.hiltonmontreal. com
位於市中心，提供第一流的設備和服務，有美麗靜謐的屋頂花園。**$$$**

Holiday Inn Montréal-Midtown
地址：420 rue Sherbrooke Ouest
電話：842-6111 / 1-888-465-4329
網址：www.ichotelsgroup. com
蒙特婁五座假日旅館之一，房間大小和價格皆不同；有健康俱樂部和室內游泳池。**$$$**

Hôtel Le Germain
地址：2050 rue Mansfield
電話：849-2050 / 1-877-333-2050
網址：www.hotelgermain. com
這家時髦的精緻旅館原本是一辦公大樓，位於蒙特婁市中心。**$$$**

Hôtel Nelligan
地址：106 rue St-Paul Ouest
電話：788-2040 / 1-8877-788-2040
網址：www.hotelnelligan. com
整修過的美麗石磚建築，其歷史可上溯至 1830 年

價格標示

以下的價格分級是以標準雙人房一晚、不供早餐為準：
$$$= 每間房 200 元加幣以上
$$= 每間房 100~200 元加幣
$= 每間房 100 元加幣以下

代。坐落在舊蒙特婁中心地帶，有 63 間舒適寬敞的客房，出色的 Verses 餐廳。**$$$**

McGill University Residence
地址：3425 rue University
電話：398-5200
網址：www.mcgill.ca/ residence/summer
在市中心，夏季的經濟型住宿點。**$**

Ritz Carlton Montréal
地址：1228 rue Sherbrooke Ouest
電話：842-4212 / 1-800-241-3333
網址：www.ritzcarlton.com/ hotels/montreal
坐落在市中心購物區。顧客多為菁英人士。**$$$**

北哈特利 (North Hatley, 819)

Auberge La Rose des Vents
地址：312 chemin de la

下圖：度假勝地塔伯拉山（Mont Tremblant）的美麗旅館。

Rivière
電話：842-4530
網址：www.rosedesvents.
qu.ca/rosea.htm
旅館在迷人村莊的中央，
俯視 Lac Massawipi 大湖和
河流，有12間客房、酒吧
與小餐室。**$$**

Manoir Hovey
地址：375 chemin Hovey
電話：842-2421 / 1-800-
661-2421
網址：www.manoirhovey.
com
這處湖邊莊園受喬治華盛
頓故居 Mount Vernon 所啟
發。舒適的英國鄉村風
格，別緻的餐室。**$$$**

歐福德 (Orford, 819)

Auberge de la Tour
地址：1837 chemin Alfred-
Desrochers
電話：868-0736 / 1-877-
668-0763
網址：www.aubergedelafon
taine.com
在歐福德山省立公園園區
邊緣的新殖民風格旅館，
旁邊就是滑雪地坡道。有
舒適房間、美麗的陽台和
溫水泳池。**$**

皮爾斯 (Percé, 418)

**Hôtel-Motel Rocher
Percé**
地址：111 route 132
Ouest, CP 34
電話：782-2330 / 1-888-
467-3723
E-mail：info@hotelperce.
com
面對皮爾斯山岩的樸實旅
館，退潮時可沿沙灘到山
岩處。它擁有加斯佩最美
麗的景色，是前往福利隆
國家公園（Parc National de
Forillon）的方便基地。**$**

Hôtel La Normandie
地址：221 route 132
Ouest, CP 129
電話：782-2112 / 1-800-
463-0820
網址：www.normandie
perce.com
旅館可眺望皮爾斯山岩，
有氣氛愉快的餐廳和健身
房。**$$**

魁北克市 (Québec City, 418)

**Auberge de la Place
d'Armes**
地址：24 rue Ste-Anne
電話：694-9485 / 1-866-
333-9485
網址：www.quebecweb.
com/placedarme
房間簡單但典雅，地點極
佳，靠近市政廳。**$$**

**Centre International de
Séjour de Québec**
地址：19 rue Ste-Ursule
電話：694-0755
網址：
www.hjhostels.ca/Quebec
是頗有規模的青年旅館，
標榜民宿。**$**

**Fairmont Le Château
Frontenac**
地址：1 rue des Carri(res
電話：692-3861 / 1-800-
257-7544
網址：www.fairmont.com
擁有 600 間房間，雄踞在
懸崖上，俯瞰聖羅倫斯
河。即使不在當地過夜，
也值得一看。**$$$**

Hôtel Château Bellevue
地址：16 rue de la Porte
電話：692-2573 / 1-800-
463-2617
網址：www.vieux-
quebec.com
位於舊城區，外觀雖然老
式，但內部卻相當現代
化；免費停車。**$-$$$**

Hôtel Château Laurier
地址：1220 Place George
V Ouest
電話：522-8108 / 1-800-
463-4453
舊式建築，但維護良好。
是參加冬季嘉年華會的好
宿處。**$$**

Hôtel Clarendon
地址：57 rue Ste-Anne
電話：266-2165 / 1-888-
554-6001
網址：www.quebecweb.
com/clarendon/introang.as
p
全市最老的旅館，地點居
中心，風評不錯。**$$-$$$**

**Hôtel Manoir Ste-
Geneviève**
地址：13 ave Ste-
Geneviève
電話：694-1666
網址：www.quebecweb.

上圖：在魁北克市街上閒逛。

com/msg/introang.html
就像魁北克很多小旅館一
樣，它也提供了各式各樣
的舒適房間。**$-$$**

Hôtel Manoir Victoria
地址：44 côte du Palais
電話：1-800-463-6283
網址：www.manoir-
victoria.com
在舊魁北克市中心，重新
整修過，有歐洲氛圍。
$$-$$$

Québec Hilton
地址：1100 blvd René-
Lévesque Est
電話：647-2411 / 1-800-
447-2411
網址：www.hilton.com
最近剛整修，客房寬敞，
兒童通常可得到免費優
待。**$$$**

聖阿黛拉 (Ste-Adéle, 450)

Hôtel Le Chantecler
地址：1474 chemin du
Chantecler
電話：229-3555 / 1-800-
916-1616
網址：www.lechantecler.
com
很受歡迎的湖濱度假旅
館，有現代風格和田園風
格的房間。旅館和附近都
有各類冬夏活動可參加。
$$

聖阿加莎山 (Ste-Agathe-des-Monts, 819)

Auberge de la Tour du Lac
地址：173 chemin Tour du
Lac
電話：326-4202 / 1-800-
622-1735
網址：www.aubergedel
atourdulac.com
是 Lac des Sables 湖上的迷
人旅舍；公共空間裝飾古
董，客房寬敞。**$$**

大衛谷 (Val David, 819)

Hôtel La Sapinière
地址：1244 chemin de la
Sapinière
電話：322-2020 / 1-800-
567-6635
網址：www.sapiniere.com
它或許是魁北克最豪華的
度假旅館，有著優雅的客
房，靠近湖邊的美麗花園
擺著桌椅；有游泳池、網
球場和高爾夫球場。雖貴
但這包括伙食費。也有度
假別墅。**$$$**

薩克奇萬（Saskatchewan）

麋鹿顎鎮 (Moose Jaw, 306)

Temple Gardens Mineral Spa Hotel/Resort
地址：24 Fairford St E
電話：694-5055 / 1-800-718-7727
網址：www.templegardens.sk.ca
坐落在歷史街區，有一自然的地熱礦泉水療，設備完善。**$$-$$$**

女王城 (Regina, 306)

Delta Regina
地址：1919 Saskatchewan Drive
電話：525-5255 / 1-877-814-7706
網址：www.deltahotels.com
位於市中心的現代高樓，有天橋通達女王城賭場和Cronwall Center的100多家商城。**$$$**

Plains Hotel
地址：1965 Albert St
電話：757-8661 / 1-800-665-1000
網址：www.plainshotel.ca
有品質的市中心區旅館，以週日早午餐知名。**$**

Radisson Plaza Hotel
地址：2125 Victoria Ave
電話：522-7691 / 1-800-333-3333
網址：www.hotelsask.com
有現代化設備的老式旅館，整修得相當優雅。**$$$**

Regina Inn & Convention Centre
地址：1975 Broad St
電話：525-6767 / 1-800-667-8162
網址：www.regina.com
客房與套間俱佳，有鋼琴酒吧、餐廳與表演餐廳。**$$**

薩克屯 (Saskatoon, 306)

Delta Bessborough
地址：601 Spadina Cres E
電話：244-5521 / 1-800-814-7706
網址：www.deltahotels.com
優雅的城堡式旅館，位於河邊，每個房間都不一樣，有休閒設施、酒吧與餐廳。**$$$**

Park Town Hotel
地址：924 Spadina Cres E
電話：244-5564 / 1-800-667-3999
網址：www.parktownhotel.com
位於市中心，舒適現代的旅館坐擁薩克奇萬河的好景觀。**$$**

Saskatoon Inn
地址：2002 Airport Dr
電話：242-1440 / 1-800-667-8789
網址：www.saskatooninn.com
靠近機場的大型旅館。有游泳池、常態性的主題之夜娛樂、兒童活動等。

$$
Sheraton Cavalier
地址：612 Spadina Cres E
電話：652-6770 / 1-800-325-3535
網址：www.sheratoncavalier.com
豪華的市中心區旅館，有頂樓交誼廳。**$$-$$$**

亞伯特王子 (Prince Albert, 306)

Marlboro Inn
地址：67 13th St E
電話：763-2643 / 1-800-661-7666
網址：www.marlboropa.com
客房乾淨舒適；靠近機場、巴士車站和購物中心。**$$**

育空（The Yukon）

育空有多樣的住宿類型。在夏天旺季，尤其是7月，一定要提早預約訂房。一般而言，這裡的旅館和加拿大南方的差不多，但價錢要貴上許多。育空旅遊局（Tourism Yukon，見399頁）出版的《官方度假指南》（Official Vacation Guide）提供完整的住宿資訊。

道生市 (Dawson City, 867)

Dawson City River Hostel
電話：993-6823 (限夏季)
網址：www.yukonhostels.com/new_location.htm
E-mail：dawsoncityhostel@yahoo.ca
5月中旬至10月1日營業，確切日期依輪船有無航行而定。旅舍位於道生市的育空河畔，田園風格的住宿環境可欣賞該市最佳的風景。距離西道生的渡輪碼頭只要步行幾分鐘即達。**$**

Westmark Inn Dawson City
地址：5th & Harper Streets
電話：993-5542 / 1-800-544-0970
網址：www.westmarkhotels.com/dawsoncity
E-mail：dawsoncityhostel@yahoo.ca
知名的連鎖旅館，在市中心區。有一間好餐廳，供應克朗代克（Klondike）式烤肉。**$$**

白馬市 (Whitehorse, 867)

Hawkins House B&B
地址：303 Hawkins St
電話：668-7638
網址：www.hawkinshouse.yk.ca
豪華的維多利亞風格，是備受推薦的民宿。**$$**

River View Hotel
地址：102 Wood St
電話：667-7801
在育空一帶很早就經營旅館了，房間可俯視育空河。**$$**

Westmark Klondike Inn
地址：2288 2nd Ave
電話：668-4747 / 1-800-544-0970
網址：www.westmarkhotels.com/klondike
現代化旅館，有壯麗的山景。有雞尾酒交誼廳、餐廳和酒館。**$$**

The Yukon Inn
地址：4220 4th Ave
電話：667-2527 / 1-800-661-0454
網址：www.yukon.yk.ca
現代化旅館，有寬敞的客房、交誼廳、餐廳和髮型沙龍。**$$**

露營地

育空公路附近散布許多多的露營地，其中很多都有現代化設施。愛露營的遊客可攜帶帳篷，自開或租賃露營車。欲知詳情，可洽詢Tourism Yukon（見399頁）。

價格標示

以下的價格分級是以標準雙人房一晚、不供早餐為準：
$$$=每間房200元加幣以上
$$=每間房100~200元加幣
$=每間房100元加幣以下

餐飲資訊

推薦餐廳、咖啡店與酒吧

吃些什麼

加拿大菜是由許多元素組成的，而每一省份、地方都有自身獨特的菜餚與烹飪法。濱大西洋省份端出美味的海產，而法國廚藝結合原住民料理法創造出獨特的魁北克美食。安大略的蔬菜、水果、酒，遠近馳名；大草原區各省的小麥、牛肉也很有名。卑詩省盛產鮭魚，鮭魚幾乎就是該省的同義詞；而紅點鮭幾乎就是西北領地的同義詞。

就像世界各大城市一樣，加拿大城市也有各式各樣的外食。對於吃比較隨便的人來說，速食店、餐車式簡便餐廳、咖啡店，到處都是；有的還是 24 小時營業。凡是外食，都要負擔地方營業稅（西北領地除外）與聯邦 7% 的貨物暨服務稅。

喝些什麼

加拿大傳統上是愛飲啤酒的國家，而且本身也生產優質的啤酒。加國國內的小型啤酒廠生產了許多 lager、ale、pilsner、bock 等種類的啤酒。此外，從歐洲、澳洲與墨西哥進口的啤酒也很受歡迎。加拿大的酒，大多產自安大略與卑詩省，非常有競爭力，有些還贏得國際的肯定。但是，餐廳還是偏愛法國、義大利與美國加州的酒。各省對酒類的法令差異頗大，販賣受到嚴格規定。酒類只能在政府公賣局與某些特定商店（通常是加拿大酒）販賣；但在魁北克，私人自營便利商店（稱為 depanneurs）也可以販賣酒類。大多數餐廳經過許可也可供應酒類，但最好先查看看。法定的飲酒年齡是 18 或 19 歲以上。

分區餐廳名錄

亞伯達

亞伯達是在那一片肥沃農地裡的牛仔之鄉，生產北美最好的牛肉，因為牠們都吃穀物。那裡是牛排愛好者的天堂。此外，法國、義大利、歐陸與亞洲美食也有一席之地。

班夫 (403)

Cafe Soleil
地址：208 Caribou St
電話：762-2090
休閒而有風格，供應地中海式美食，有各種裝盤小菜（tapas）。**$$**

Caramba! Restaurante
地址：337 Banff Ave
電話：762-3667
開放式的廚房瀰漫著有趣輕鬆的氛圍，以地中海菜為基調，搭配卑詩省的海鮮、亞伯達的牛肉，以及亞洲的特色料理。**$-$$**

Giorgio's Trattoria
地址：219 Banff Avenue
電話：762-5114
義大利式的裝潢與菜單，披薩是用柴火爐子烤出來的。**$$**

Le Beaujolais
地址：Banff Ave 與 Buffalo St 街口
電話：762-2712
法國四星餐廳，用餐環境令人愉悅。**$$$**

卡加立 (403)

Cafe Metro
地址：7400 Macleod Trail S
電話：255-6537
裝飾古怪的壁畫。有燻肉、poutine、貝果、薯餅、披薩與漢堡。**$**

El Sombrero Restaurante
地址：520-17th Ave SW
電話：228-0332
愉快的餐廳，有品質良好的墨西哥菜。**$$**

La Brezz Ristorante
地址：990 1st Ave NE
電話：262-6230
精緻的義大利美食，當地名人常去的地方；是一間修繕過的老房子。**$$**

Newport Grill
地址：747 Lake Bonavista Dr. SE
電話：271-6711
湖畔一家有中庭的建築，長形窗戶從天花板落到地面；歐陸式健康菜單，也有兒童菜單。**$$**

Owl's Nest Restaurant
地址：320-4th Ave SW
電話：266-1611
歐陸菜，迷人的菜單，酒類眾多；附設於 Westin Calgary 旅館。**$$$**

The Panorama Dining Room
地址：Calgary Tower, 101-9th Ave SW
電話：508-5822
寬敞，位於高樓樓頂的旋轉式餐廳，特色在有各國菜餚。可欣賞到美麗的卡加立和落磯山脈風光。**$$$**

Santorini Greek Taverna
地址：1502 Centre St N
電話：276-8363
希臘式裝潢與菜餚，以海鮮盤聞名。**$**

Towa Sushi
地址：2116 4th St SW
電話：245-8585
各式壽司甚受歡迎，盛盤美麗，份量大方。**$$**

艾德蒙呑 (780)

Asian Hut
地址：4620-99th St
電話：463-8267
供應印度咖哩，辣味分各種層級。素食選擇很多，週二有素食自助餐。$

Bistro Praha Gourmet Cafe

地址：10168-100A St
電話：424-4218
樸實的裝潢，厚實的陳設，古董燈具；中歐的氣氛與菜餚。$$

Blue Plate Diner
地址：10145-104 St
電話：429-0740
Warehouse區的舒適餐館，裝飾當地畫家的作品。舒適、富創意、不矯飾；素食者與非素食者同樣供餐豐富。

Cafe Select
地址：10180-106th St
電話：423-0419
亮度較低的優雅，出色的牛羊肉料理，讓人吃了頗滿罪惡的餐後甜點。$$$

The Créperie

地址：10220-103rd St
電話：420-6656
在舒緩的燭光中享受法式薄烤餅。$$

Jack's Grill
地址：5842-11th St
電話：434-1113
厚實的肉片啪一聲在火上炙烤，還得留點胃口給自製的麵包布丁。$$$

卑詩省

太平洋鮭魚、帝王蟹、貝類享有至尊地位，但羊肉在該省也極受歡迎，英式烘烤之後配下午茶、巧克力奶油，反映出英國遺風。近年來，別的民族美食也占有一席之地。蒼翠的奧卡納干谷（Okanagan Valley）盛產蘋果、櫻桃、桃、杏，以及上等葡萄酒。

溫哥華是加拿大的國際城市，不但受到南方加州美食的影響，也體現太平洋西北岸盛頓州西雅圖的美食廚藝。結果，這個美食城市有不少加國最頂尖的廚師與餐廳。

基洛納 (250)

The Chinese Laundry
地址：2090 Harvey Ave
電話：860-8777
使用炒菜鍋和燒烤手法端出廣東菜和四川菜。$$

Fresco
地址：1560 Water St
電話：868-8805
有90年歷史的磚造建築，是優雅、具當代風格的餐廳。自2001年開業以來，富創意的菜單和最佳的奧卡納干谷酒單引起一股瘋狂的美食評論。$$$

喬治王子 (250)

Da Moreno
地址：1493 3rd Ave
電話：564-7922
位在購物街上，裝潢擺設簡單，但它的義大利托斯卡尼菜十分道地。$$

The Log House Restaurant
地址：Highway 16a，在此鎮南方10公里
電話：963-9515
眺望Tabor湖的絕佳地點，裝潢動人，食物美味。$$

溫哥華 (604)

The Cannery Seafood
地址：2205 Commissioner St
電話：254-9606
西岸風味的海產，極佳的服務；是加拿大頂尖的餐廳。$$$

Chartwell
地址：Four Seasons Hotel, 791 W Georgia St
電話：844-6715
主要以法國菜為主，服務極佳。$$$

Diva at the Met
地址：Metropolitan Hotel, 645 Howe St
電話：602-7788
完美的國際菜色呈現，有特別的酒窖。$$$

Go Fish
地址：1505 W 1st Ave
電話：730-5040
戶外咖啡座，供應現捕的新鮮魚類、烤鮭魚，然後做成poyboys、三明治，以及炸魚薯條。$

Le Crocodile

地址：909 Burrard St
電話：669-4298
法國亞爾薩斯菜，服務極佳。$$$

Liliget Feast House
地址：1724 Davie St
電話：681-7044
小型的原住民長屋，以赤楊木炙烤的料理時常更新。$$

The Observatory
地址：6400 Nancy Green Way, North Vancouver
電話：984-0661
高據城市之上，需搭免費的Skyride上去。西岸菜餚。$$

Salmon House on the Hill
地址：2229 Folkstone Way, West Vancouver
電話：962-3212
高度評價的烤鮭魚料理，可一覽四周全景。$$

Seasons Ihill Top Bistro
地址：伊麗莎白女王公園
電話：874-8008
供應太平洋西北岸美食，服務很好，視野極佳，可一覽公園。$$

維多利亞 (250)

The Empress Room
地址：Empress Hotel, 721 Government St
電話：389-2727
主要是以歐陸餐館為主，

下圖：溫哥華式的傳統早餐。

價格標示

以下的價格分級是以一人份餐點為準，不含酒、稅和小費在內：
$$$=40元加幣以上
$$=20~40元加幣
$=20元加幣以下

外加一些太平洋西北岸的地方美食，配得上優雅高尚的美名。**$$$**

Herald Street Cafe
地址：546 Herald St
電話：381-1441
裝潢簡單，但菜餚與葡萄酒極佳。**$$**

Rebar
地址：50 Bastion Square
電話：361-9223

素食餐廳，飲品從果汁吧、西太平洋葡萄酒到精釀啤酒都有。

Sooke Harbour House
地址：1528 Whiffen Spit Rd, Sooke
電話：642-3421
離市區雖有 40 公里之遠，但值得走一趟。主要是以當地新鮮海產為主，葡萄酒種類多。**$$$**

Spinnakers Brew Pub and Restaurant
地址：308 Catherine St
電話：386-2739
西岸酒吧式的餐廳，可俯視內港景致；供應自釀啤酒。**$**

惠斯勒 (604)

La Brasserie des Artistes

地址：4232 Village Stroll
電話：932-3569
又名「The Brass」，讓人放鬆的小酒館，同觀光客和當地人喜愛。**$$**

La Rua
地址：Chamois Hotel, 4557 Blackcomb Way
電話：932-5011
惠斯勒最好的餐館之一，富創意的西岸菜餚。**$$$**

曼尼托巴 （204）

塞爾克（Selkirk）白魚與溫尼伯金目魚（gold-eye）是曼尼托巴這個盛產牛肉省份的名菜。就跟大草原區其他省份一樣，曼尼托巴的烏克蘭裔也有一席之地。他們的餃形餡餅（pierogi，用乳酪、甘藍菜、馬鈴薯等做內餡）、甘藍菜捲和辣味醃腸也為當地美食注入一股活力。

夫林夫倫

Bakers Narrows Lodge
地址：Po Box 337
電話：681-3250
釣魚的宿處，是獵人與漁夫喜愛去的地方。（遊客也可呆在這兒）。**$$**

波提普雷里

Bill's Sticky Fingers
地址：210 Saskatchewan Ave
電話：857-9999
家常菜，有兒童菜單。**$**

溫尼伯

Bistro Dansk
地址：63 Sherbrook St
電話：775-5662
出色的中歐餐廳，價格合理。**$$**

Cafe Carlo
地址：243 Lilac St
電話：477-5544
複雜微妙的多種族菜餚，用手抓食，環境悠閒。**$$**

Ivory Restaurant
地址：200 Main St
電話：944-1600
坐落在金融區的印度餐廳，以令人驚訝的好價錢供應精緻的蒙兀兒辣味菜餚，環境悠閒。**$$**

Pasta La Vista
地址：Eaton Place and St Mary Ave
電話：956-2229
雖然這家加州式義大利菜

餐廳位在購物中心裡，但絕對物超所值。**$$**

Restaurant Dubrovnik
地址：390 Assiniboine Ave
電話：944-0594
特色是巴爾幹菜，餐廳是一棟整修一新的磚造市內樓房。**$$**

Sydney's At The Forks
地址：1 Forks Market Rd
電話：942-6075
位於一歷史悠久的建築內；雪梨的創意新菜有著亞洲、法國和義大利的影子。**$$$**

新伯倫瑞克 （506）

就像其他沿海省份一樣，該省也盛產龍蝦、大西洋鮭魚、蠔、蛤，但這裡最盛名的卻是蕨芽。這道名菜通常是用蒸的。

坎波貝洛島

Family Fisheries
地址：Wilson's Beach
電話：752-2470
很受歡迎的家庭餐廳，外帶也多，鮮魚料理是招牌菜。

弗雷德里克頓

Brew-Bakers Cafe-Bistro Bar & Grill
地址：546 King St
電話：459-0067
熱鬧的小酒館，有加拿大大西洋岸最美味的披薩。**$**

Bruno's Seafood and Chophouse
地址：Delta Fredericton, 225 Woodstock Rd
電話：451-7935
有各國名菜，可眺望聖約翰河。**$$**

The Palate
地址：462 Queen St
電話：450-7911
悠閒精緻的餐廳，在舒適的環境中享用創意菜。**$$**

Schade's Restaurant
地址：536 Queen St
電話：450-3340
道地德國美食，氣氛舒適。**$$**

蒙克頓

Le Château à Pape
地址：2 Steadman St
電話：855-7273
這棟老房子可眺望潮汐漲退的峽灣，阿卡迪亞菜單搭配種類甚多的酒。**$$**

Pastalli Pasta House
地址：611 Main St
電話：383-1050
傳統義大利麵、小牛肉和雞肉菜色，是當地人的最愛。**$$**

The Windjammer Dining Room
地址：Hôtel Beauséjour, 750 Main St
電話：854-4344
傳統菜，酒類眾多，裝潢高尚。**$$$**

羅勃維

Auberge Les Amis de la Nature
地址：2112 Cormier Rd
電話：783-4797
這家鄉村餐廳位於Bathurst 和 Campbellton 之間，菜單種類多，許多蔬菜就種在自家的有機菜園內。**$$**

沙克維

Marshlands Inn
地址：55 Bridge St
電話：536-0170
歷史悠久的鄉村旅舍，翻看其來賓簽名簿有如閱讀加拿大歷史。有美味的海鮮總匯和出色的甜點。

$$

Billy's Seafood Company
地址： 49-51 Charlotte
St, City Market
電話：672-3474
新鮮海產，環境輕鬆。
$$

**Grannan's Seafood
Restaurant**
地址：Market Square
電話：672-3463
當地人和遊客都很喜歡的
一家海鮮餐廳。$$

Inn on the Cove
地址：1371 Sand Cove
Rd
電話：672-7799 / 877-
257-8080
頗具歷史的旅舍，溫馨和
爐邊餐點就在美食節目
「Tide's Table」的拍攝場

景享用；俯視芬地灣美
景。$$

Lemon Grass
地址： 42 Princess St
電話：657-8424
在含蓄的裝潢中享用美味
的泰國料理。$$

San Martello Dining Room
地址：Dufferin Inn, 357
Dufferin Rd
電話： 635-5968 / 1-
866-383-3466
許多人評讚這座老屋餐廳
是該省最好的，招牌菜是
當地生產的新鮮小羊肉。
$$$

Taco Pica
地址： 96 Germain St
電話：633-8492
主要是瓜地馬拉料理，外
加一些墨西哥菜；週末有
佛朗明哥吉他現場演奏。
$

The Green House on Main
地址： 406A Main St
電話：533-7097
餐廳是一有百年歷史的房
子，供應新鮮、健康的創
意菜。$$

**Lighthouse Restaurant
and Beverge Room**
地址： 342 Main St
電話：532-6010
位於 Centreville 購物中心
裡，其阿卡迪亞菜很受喜
愛。$

The Gables
地址： 143 Water St
電話：529-3440
位於水岸邊，隨意的當代
菜餚。三層的後方陽台遮
蔽在一棵栗子樹下。$$

L'Europe
地址： 48 King St W
電話：529-3818
位於重新改造的舞廳內，
餐廳人員親切，菜單種類
甚多，美味佳餚份量十
足。$$

Rossmount Inn
地址： 4599 Hwy 127
電話：529-3351
名聞加國大西洋岸的餐
廳。除了市場新鮮採購的
食材創意菜之外，還向當
地漁民買進當日漁獲，向
農人採購有機蔬菜和香
料。最好先預約。$$$

The Windsoe House
地址： 132 Water St
電話：529-3330
餐廳原為1798年一位船
長的住家。傳統的法國
菜，新鮮烘焙，採用當地
食材。$$$

紐芬蘭與拉布拉多（709）

漁業向來是當地的主要產
業，鱈魚是大宗，有各種
料理法，如炸魚、焗烤
等。當地的名菜有很特別
的名稱，如 brewis、
scrunchions、seal flipper
pie 等。
　在聖約翰以外，去旅館
的餐廳與汽車旅館的咖啡
屋用餐，比較穩當。通
常，那兒的服務會比較
好，但出菜速度較慢。

Bianca's
地址：171 Water St
電話：726-9016
保加利亞裔的餐廳主人本
身就是大廚，每道菜都有
異國創意。開放式廚房，
眾多的酒類，甚至有雪茄
抽菸室。$$

The Cabot Club
地 址： H o t e l
Newfoundland
電話：726-4977
聖約翰首屈一指的餐廳，
眺望港口景觀。$$$

Chucky's Fish 'n' Ships
地址： 10 King Rd
電話：579-7888

受歡迎的炸魚薯條餐廳，
裝潢富魅力。菜單有鱈魚
舌開胃菜、北美馴鹿漢堡
和馴鹿肉排。$$

Django's Bar and Grill
地址： 190 Duckworth St
電話：738-4115
位於19世紀的建築內，
俯視港口。多樣的菜單兼
容並蓄，烹調受地中海菜
所影響。$

Duck Street Bistro
地址： 252 Duckworth St
電話：753-0400
特色菜是自家料理的魚
餅、法式薄烤餅等，氣氛

良好。$$

Hungry Fisherman
地 址： The Murray
Premises, Water St
電話：726-5791
餐廳建築頗具歷史，供應
新鮮的海鮮。$$

**Velma's Restaurant &
Lounge**
地址： 264 Water St
電話：576-2264
其城中宅邸的建築非常知
名，菜單包括紐芬蘭碗豆
湯、鱈魚舌配（scrunchions）
煎至金黃的小塊豬油渣。
$

西北領地

西北領地的食物都是空運
運來的，大多數是裝成罐
頭或密封包裝。伊努特人
與印第安第恩族傳統的料
理法大多已失傳，紅點鮭
（類似鮭魚，但肉質較軟）
是當地名產。

Green Briar Dining Room

地址：Mackenzie Hotel,
185 Mackenzie Rd
電話：777-2861
麝香牛、北美馴鹿和紅點
鮭是夏季特產，還有自家
做的甜點。$$$

Bullock's Bistro
地 址： 3534 Weaver

Drive
電話：873-3474
北方的所有魚類都可在這
兒嚐到。$

**The Prospector Bar and
Grill**
地址： 3506 Wiley Rd
電話：920-7639
供應北方魚類和野味，包
括麝香牛、北美馴鹿和紅
點鮭。$$

The Wildcat Cafe
地址： 3904 Wiley Road
電話：873-8850
這座木屋可追溯到1930
年代，呈現出拓荒時期的
邊境風味，常會有陌生人
跟你共桌。菜單包括有馴
鹿、麝香牛與當地捉來的
白魚。$$

新斯科細亞（902）

蛤燴（clam chowder）、龍蝦、迪格比扇貝、盧嫩堡香腸都是新斯科細亞菜的一部分，尤其是蛤燴，新斯科細亞人堅信這是他們優於南方新英格蘭人的地方。在這裡你也可以發現源自阿卡迪亞的烘培水果布丁。

在這裡，食物或餐廳用餐不用負擔營業稅，但是後者需負擔聯邦 7% 的貨物暨服務稅。這裡的價格通常比南部要高出20%。

英勾尼許海岸

Keltic Lodge
地址：PO Box 70
電話： 285-2880 / 1-800-565-0444
這家旅館知名的紫薊餐廳

有布雷頓角島上最好的菜單，當然也最貴。有美麗的海岸風景。**$$$**

哈利法克斯

旅館附屬的餐廳很受歡迎，但下列獨立的餐廳與咖啡廳也很有代表性。

Cheelin
地址： Brewery Market, 1496 Lower Market St
電話： 422-2252
家族經營的中菜餐廳，100 多道的創意菜讓人不斷迎接挑戰，北京烤鴨務必提前兩天預定；當地人的最愛。**$$**

Chives Bistro
地址： 1537 Barrington St
電話： 420-9626
新鮮的當地食材，盛盤富

創意。**$$**

De Maurizio
地址： Old Brewery complex, 1496 Lower Water St
電話： 423-0859
絕佳的北義大利菜。**$$$**

Five Fishmen
地址： 1740 Argyle St
電話： 422-4421
這家海鮮餐廳坐落在一座歷史性的建築，有全市最大的酒窖。**$$**

Onyx
地址： 5680 Spring Garden Rd
電話： 428-5680
該市新開幕的時尚餐廳。菜單備受稱讚，以分享盤sharing platters 和每週更新的兩道式或三道式套餐為特色。**$$$**

Opa

地址： 1565 Argyle St
電話： 492-7999
這家大型希臘餐廳坐落在一有中庭的建築內，採光良好；出色的食物，愉快的氣氛。**$$$**

雪伯林

Charlotte Lane Café
地址： 13 Charlotte Lane
電話： 875-3314
採用當地食材，包括海鮮和蔬菜；但也揉合亞洲、凱真（Cajun）和義大利的優雅風味。**$$**

雅茅斯

Little Lebanon
地址： 100 Main St
電話：742-1042
美味的各式中東菜。**$**

努勒維特

努勒維特當地的食物消費非常高，遊客通常在投宿旅館用餐，或由代辦旅遊行程的旅行社安排。

伊瓜紐特（867）

The Granite Room
地址： Discovery Lodge Hotel

電話：979-4433
伊瓜紐特最好的餐廳，特色菜有鮮魚、肉品和全年空運到貨的蔬果，還有品質特優的紅點鮭、馴鹿、

A 級亞伯達牛肉。必須預約。**$$$**

安大略

最近幾十年來，該省的飲食文化從濃膩的肉與馬鈴薯傳統轉為爽朗的口味。

當地盛產穀物玉米、桃、葡萄，造就了上等的葡萄酒類、乳酪製造業（安大略的 cheddar 很有名）與獵鳥場。

各國美食或烹飪材料，在多倫多幾乎都可找得到，這要歸功於大量移民。在最近幾十年來，多倫多成為美食天堂，這不只是因為它有五千家的餐廳，也是因為它有無數的各民族市場。

京斯頓（613）

Chez Piggy
地址： 68 Princess St
電話： 549-7673
創意菜包括出色湯品，原址本是馬房，後面有中庭。**$$**

下圖：加拿大海鮮料理的盛盤變化多端。

基奇納－滑鐵盧

Twenty King
地址： 45 King St
電話： 745-8939
寬敞的空間原本是古老的銀行建築，菜單融合凱真、摩洛哥和南美口味，開胃菜和甜點非常出色。**$$$**

價格標示

以下的價格分級是以一人份餐點為準，不含酒、稅和小費在內：
$$$＝40 元加幣以上
$$＝20~40 元加幣
$＝20 元加幣以下

湖畔尼加拉（905）

Epicurean
地址：80 Queen St
電話：468-3408
小酒館式的菜單，份量慷慨。在此午餐最理想。$

Hilderbrand Vineyard Cafe
地址：Hwy55
電話：468-7123 / 1-800-582-8412
可眺望葡萄園。採用當地特產的蔬果，有各種美味湯品，可口的主菜，自家製作的冰淇淋和當地農家乳酪。$$$

Ristorante Giardino
地址：The Gate House, 142 Queen St
電話：468-3263
在豪華旅館內，環境優雅而現代；北義大利菜，豐富的酒類。$$$

尼加拉瀑布（905）

Carpaccio
地址：6840 Lundy's Lane
電話：371-2063
空氣流通的風格餐廳，遠離 the strip。備受推薦的義大利菜，搭配來自尼加拉半島和義大利的美酒。$$$

渥太華（613）

ARC
地址：140 Slater St
電話：238-2888
坐落於設計師設計之旅館，格局略小，有著俐落的白上加白（white-on-white）裝潢；菜單內容不多但富創意，是出乎意外的好食物。$$$

Blue Cactus
地址：2 Byward Market
電話：241-7061
西南部的當代料理和裝飾，氣氛活潑。$$

Claire de Lune
地址：81B Clareence St
電話：241-2200
令人意外的融合創意菜，每晚有不同的今日菜單。$$

Kinki
地址：41 York St
電話：789-7559
日本當代料理和裝潢，讓人垂涎的壽司和其他美食。$$

Le Cafe
地址：National Arts Centre
電話：594-5127
坐落在里多運河畔，標榜加拿大出產的食材與美酒。$$$

Mamma Teresa's
地址：300 Somerset St
W
電話：236-3023
道地的義大利菜。$$

Nate's Deli
地址：316 Rideau St
電話：789-9191
渥太華的地標，燻肉是其招牌菜。$$

Romano's
地址：309 Richmond Rd
電話：722-6772
坐落在義大利裔聚居區，托斯卡尼口味。$$

Savana Cafe
地址：431 Gilmour St
電話：233-9159
用餐環境友善，美味的混合式菜餚融合加勒比和南亞的口味和辣勁。$$

The Black Cat
地址：93 Murray St
電話：241-2999
菜單不斷創新改變。使用許多當地食材烹調新美洲菜色。建議先訂位。$$$

斯特拉福（519）

The Church Restaurant and Belfry
地址：70 Brunswick St
電話：273-3424
這家傑出的餐廳曾經是一座大教堂，內有聖壇與管風琴。菜單不定期會有小羊肉、小牛肉、鱒魚與龍蝦等。樓上的 Belfry，菜色較隨興，價格較低。$$$

The Old Prune
地址：151 Albert St
電話：271-5052
晚餐菜單有美味套餐。$$$

Rundles
地址：9 Coburg St
電話：271-6442
位於維多利亞湖畔，在當代裝潢的環境享用美食。$$$

The Sun Room
地址：55 George St W
電話：273-0331
創新的烹調和適宜的價格使它備受歡迎。如果打算在餐後看表演，務必先預約。$$

珊德灣

Bistro One
地址：555 Dunlop St
電話：622-2478
備受讚譽的餐廳，多樣的創意北美菜色。$$

Good News Cafe
地址：116 S Syndicate Ave
電話：623-5001
最佳午餐地點，美味的創意湯品、三明治和甜點。$

多倫多（416）

Allen's Restaurant Bar
地址：143 Danforth Ave (在 Broadview)
電話：463-3086
備受喜愛的鄰近餐廳，其愛爾蘭菜受到各國美食所影響。$

Amadeu's
地址：184 Augusta Ave
電話：591-1245
坐落在 Kensington Market 中心，是一家很受歡迎的葡萄牙菜餐廳。$$

Boulevard Cafe
地址：161 Harbord Ave
電話：961-7676
坐落在 Annex 很長一段時間的餐廳，祕魯菜餚和裝潢。酒類甚多，大多來自南美和西班牙。戶外陽台火熱。$$

下圖：在風格化餐廳中休息片刻。

Bright Pearl Seafood Restaurant
地址：346 Spadina Ave, 2nd Floor
電話：979-3988
繁忙的大型餐廳，午餐有出色中式點心，甚至有「新手點心」餐車幫你挑點心。晚上可以好整以暇地品嚐廣東菜。**$**

Bymark
地址：Toronto-Dominion Tower, 66 Wellington St W
電話：777-1144
許多強勢經紀人愛在這裡午餐，食物調配與盛盤俱皆美麗；以巧克力為材料的成品特別精緻。**$$$**

Canoe
地址：66 Wellington St W
電話：364-0054
從第54層樓可眺望安大略湖與市中心區。加拿大式的裝潢與美食。**$$$**

Centro
地址：2472 Yonge St
電話：483-2211
廚房結合了法式料理手法與加拿大當地材料，場地具裝飾派的風格。**$$$**

George
地址：111 Queen St E
電話：863-6006
屬於女人真理俱樂部（Verity Club for Women），對外開放。西班牙小菜式的誘人菜單，價格合理得令人意外。**$$**

Grappa
地址：797 College St
電話：535-3337
坐落在 Little Italy 的心臟地方，不講求虛華的裝飾。酒類出色，價錢合理。**$$**

Jacques' Bistro du Parc
地址：126A Cumberland St
電話：961-1893
加州式烹調法加上魁北克口味，位於狹窄的二樓空間。**$$**

Jamine Kennedy Wine Bar
地址：9 Church St
電話：362-5586
多倫多最受推崇的主廚，烹飪出如開胃菜份量的美味，食材皆取自當地。**$$**

Lai Wah Heen（麗華軒）
地址：Metropolitan Hotel, 108 Chester St
電話：977-9899
豪華中餐廳，服務正式。許多人中午來飲茶品嚐點心。**$$$**

Lee
地址：603 King St W
電話：504-7867
許多饕客是為了明星主廚李國緯（Susur Lee）的「小份量」而不貴的菜餚而來。怪異的裝潢包括粉紅塑化餐桌和大型鸚鵡。**$$$**

Le Paradis
地址：166 Bedford Rd
電話：921-0095
很受歡迎的法國菜小餐館。**$$**

Pony
地址：488 College St
電話：923-7665
招待親切的餐廳，甚富創意的美食以相當合理的價格供應。**$$**

Queen Mother Cafe
地址：208 Queen St W
電話：598-4719
融合泰國料理與素食，與皇室無關，店名只是好玩。**$$**

Quigley's
地址：2232 Queen St E
電話：699-9998
這處海灘會館為三層樓，寬闊的中庭繞著一棵老楓樹。出色的酒吧供應各種好啤酒，以及特別的進口酒。**$**

Rashnaa
地址：307 Wellesley St E
電話：929-2099
位於小社區；供應出色、口味較溫和的泰米爾－斯里蘭卡菜。親切、價錢便宜。**$**

Rodney's Oyster House
地址：469 King St W
電話：363-8105
多倫多第一家蚵蠔專賣餐廳，長久以來一直維持高水準，以及一股樂趣。除了蚵蠔的各式吃法外，鮮魚和其他海鮮菜餚同時手藝出眾。**$$$**

Southern Accent
地址：595 Markham St
電話：536-3211
法裔路易斯安納口味，餐廳是一座經過整修的維多利亞式雙層建築。**$$**

Truffles
地址：Four Seasons Hotel, 21 Avenue Rd
電話：928-7331
備受稱讚，也是最貴的餐廳。享受其貼心合意的服務，以及當代法國菜，可能是掛保證的名菜，或搭配輕淡松露醬汁的佩里格黑松露義大利麵。**$$$**

愛德華王子島（902）

愛德華王子島最著名的是優質的馬鈴薯，生蠔居次，這兩者都受到全國的讚譽。

夏洛特鎮

Cedar's Eatery
地址：81 University Ave
電話：892-7377
裝潢簡單，供應美味的黎巴嫩菜，很受歡迎。**$**

Claddagh Oyster House
地址：131 Sydney St
電話：892-9661
位於舊夏洛特鎮的海鮮餐廳，建築悠久。除了生蠔，也供應牛排和雞肉菜餚。**$$$**

The Pilot House
地址：70 Grafton St
電話：894-4800
坐落在該市最美麗的一棟傳統建築；吧檯的菜單內容很多，如海鮮、嫩肋排和牛排等。**$$**

The Selkirk
地址：Delta Prince Edward, 18 Queen St
電話：566-2222
消費很貴，但的確是豪華享受。**$$$**

夏邊市

Flex Mussels
地址：Spinnaker's Landing, 175 Harbour Dr
23種絕對新鮮的貝類都可在這兒找到，全都以磅為秤重單位接受訂貨購買；每年從6月上旬到12月中旬開放營業。**$**

龍蝦大餐

每年7、8月，該島都有民間團體舉辦傳統的「龍蝦大餐」（Lobster Suppers）。一人大概要付20至25元加幣，但這是「吃到飽」晚餐。以下是一些很受歡迎的龍蝦大餐活動，可洽詢相關資訊。

New Glasgow Lobster Suppers
地址：228, New Glasgow
電話：964-2870
電話：936-2669

St Ann's Church Lobster Suppers
地址：224, Hope River
電話：621-0635
St Margaret's Lobster Suppers
電話：687-3105

價格標示

以下的價格分級是以一人份餐點為準，不含酒、稅和小費在內：
$$$＝40元加幣以上
$$＝20~40元加幣
$＝20元加幣以下

魁北克

魁北克的法國遺風包括了對美食、美酒的熱愛。魁北克人把外出吃飯看成是一件重要的事，無論是去精緻餐廳或是去小酒館。在魁北克，法國菜是主流，但餐廳也提供了當地自己發展出來的美食，如肉餡餅（tourtière）、野味馬鈴薯餡餅、豌豆湯、楓蜜甜點。魁北克是加拿大楓蜜的主要生產地，楓蜜與楓糖隨處都有。

魁北克市是美食的天堂，就算是速食也在水準之上。魁北克市居民很重視服務與氣氛，因此，只有最好的餐廳才得以生存。即使是小餐館也反映出這種追求卓越的精神。

蒙特婁的現成美食可媲美紐約市：蒙特婁的燻肉很有名，它的貝果也備受推崇。五千家以上的餐廳、小酒館提供了法國菜與各國美食。

魁北克鄉村地區的烹調法，充分利用了當地新鮮的草本植物、蔬菜、魚、兔、羊肉，以及其他豐富肉類。

蒙特婁 (514)

Ben's Delicatessen
地址：990 blvd de Maisonneuve
電話：844-1000
深夜熟食店；杜魯道總理曾來光顧。**$**

Cluny
地址：257 rue Prince
電話：866-1213
在舊蒙特婁的自助式餐館，自譽為「藝術吧」，供應非常新鮮、夾餡份量飽滿的三明治。**$**

L'Express
地址：3927 rue St-Denis
電話：845-5333
婁特婁的精華餐廳，大理石桌面的長形窄吧檯，真材實料的法式酒館美食。**$$**

Laloux
地址：250 ave des Pins
電話：287-9127
1890 年代同志（Gay Nineties）裝潢，供應美味的法國菜，且忽略價錢，嚐試一下鵝肝的滋味。**$$**

Le Caveau
地址：2063 rue Victoria
電話：844-1624
供應精緻的法國菜，有該市最好的酒單。坐落在寧靜的城中區。**$$**

Les Filles du Roy
地址：Hostellerie Pierre du Calvert, 405 rue Bonsecours
電話：849-3535
17 世紀魁北克的裝潢情調，供應法裔加拿大菜。建議事先訂位。**$$$**

Toqué
地址：900 place Jean-Paul Riopelle
電話：499-2084
該市（甚至可能是加拿大）頂極餐廳，大廚兼營經者 Normand Laprise 的目的在於藉由美食展示魁北克的特產。**$$$**

Verses
地址：Hotel Nelligan, 100 St-Paul Ouest
電話：788-4000
四周的磚壁滿是魁北克詩人 Emile Nelligan 的詩句，以新鮮的魁北克食材烹調當代法國菜。**$$$**

魁北克市 (418)

Apsara
地址：71 rue d'Auteuil
電話：694-0323
越南菜、柬埔寨菜和泰國料理。**$$**

Aux Anciens Canadiens
地址：34 rue St-Louis
電話：692-1627
坐落在魁北克最老的一棟屋子裡，這家甚受歡迎的餐廳提供份量十足的魁北克菜。**$$**

L'Échaudé
地址：73 rue Sault-au-Matelot
電話：692-1299
這家忙碌、機靈的小酒館坐落在城市的舊港區，當地食材烹煮的菜色盛盤有魅力。**$$**

Laurie Raphaël
地址：117 rue Dalhousie
電話：692-4555
這家明亮、空氣流通的餐廳坐落在舊港區，菜單都以當地食材設計，調配與烹煮富輕觸創意。**$$$**

L'Omelette
地址：66 rue St-Louis
電話：694-9626
煎蛋捲（omelet）、薄煎餅（pancake）與法式鹹派（quiche）有口皆碑。**$**

La Marie Clarisse
地址：12 Petit-Champlain
電話：692-0857
該市最好的餐廳之一，在下城區（Lower Tower）**$$$**。

Le Commensal
地址：860 St-Jean
電話：647-3733
在城牆之外，這家素食餐廳總是客滿，每週七天天天如此。**$**

Le St-Amour
地址：48 rue Ste-Ursule
電話：694-0667
法國菜；寧靜、有氣氛。**$$$**

Voodoo Grill
地址：575 Grande-Allée
電話：647-2000
具吸引力的融合式菜色，用餐空間裝飾熱帶非洲主題（以敲擊手鼓的 tom-tom players 作結）。**$$**

魁北克鄉間

聖保羅灣 (Baie St

下圖：讓人輕鬆用餐的典型餐廳。

Paul, 418)

Le Mouton Noir
地址：43 rue Ste-Anne
電話：240-3030
大部分食材取自魁北克，從野豬肉香腸到夏利華蝸牛，稀奇古怪的都有。**$$**

加斯佩 (418)

La Maison du Pêcheur
地址：155 Place du Quai (Precé)

電話：782-5331
在碼頭附近，喜愛海產的食客愛去的店，可一覽港口風光（6月至10月中旬）。**$$$**

赫爾 (819)

Laurier sur Montcalm
地址：199 rue Montcalm
電話：775-5030
渥太華地區最好的餐廳之一，坐落在舊火車站內。創意料理，務必先訂位。

$$$

奧爾良島 (418)

Auberge le Canard Huppé
地址：2198 chemin Royal
電話：828-2292
優雅的旅舍，眺望聖羅倫斯河，標榜地方菜。**$$**
Le Moulin de St-Laurent
地址：754 chemin Royal
電話：418-829-3888 / 1-888-629-3888

改建自一座1720年的麵粉磨坊，精緻的餐廳提供傳統魁北克菜。**$$**

大衛谷 (819)

La Sapinière
地址：1244 chemin de la Sapinière
電話 322-2020
奢侈的晚餐有得獎的開胃菜與美酒，坐落於安靜的湖畔。**$$$**

薩克奇萬

薩克奇萬是加拿大主要的小麥生產地，用穀物去飼養肉牛和家禽，難怪牛肉和雞鴨等家禽肉這麼好吃。本地的特產是薩克奇萬莓，很像藍莓。

女王城 (Regina, 306)

Bart's on Broad
地址：1920 Broad St
電話：565-0040
酒吧式風格，充滿懷舊幽古的氣氛。菜餚很受歡迎，有兒童餐。晚上有時有卡拉OK。**$$**

薩克屯 (Saskatoon, 306)

The Diplomat Steak House
地址：2032 Broad St
電話：359-3366
菜單種類多，崇尚健康的菜色，有好酒。**$$$**
Neo Japonica
地址：2167 Hamilton St
電話：359-7669
位於住宅區的日式餐廳，經常增加種類的菜單有23種壽司。**$$**

據稱薩克屯的 Broadway Avenue 有許多很好的小餐廳，加拿大其他城市的美食街都比不上。
Boomtown Cafe
地址：Western Development Museum, 2610 Lorne Ave S
電話：931-1910
供應薩克奇萬家常菜，但無營業執照。**$**
Calories Bakery & Restaurant
地址：721 Broadway Ave
電話：665-7991
以深獲老主顧忠誠光顧而

知名的小酒館，精選綜合式法國菜。**$$**
Gotta Hava Java
地址：112 Second Ave N
電話：665-3336
菜單供應健康菜色，含各種包餡捲餅（wrap）和鬆餅。有鎮上最好的自家烹煮湯品和咖啡。**$**
Taj Mahal
地址：1013 Broadway Ave
電話：987-2227
家族經營的餐廳，採用上好的牛羊、新鮮的魚貝，香料料理非常美味。**$**

育空

育空的食物消費高昂。北極鱒、北極鮭與麋鹿肉排給漢堡、披薩等這些加拿大平淡的食物增添了一些奇味。出了白馬市，最好的餐館通常是下榻的旅館

或度假村的餐廳。

白馬市 (867)

Alpine Bakery
地址：411 Alexander St

下圖：富創意的加拿大特色菜。

電話：668-6871
烘焙與烹調都採用有益健康的有機食材。專精探索之旅食用的包裝食物。**$**
The Cellar Steakhouse and Wine Bar
地址：Edgewater Hote, 101 Main St（在 White Pass Rail Depot 對面）
電話：667-2572
供應美味肉排、蠔、大比目魚與帝王蟹。供應美酒。**$$$**
Chocolate Claim Bakery & Cafe
地址：305 Strickland St
電話：667-2202
歐式咖啡吧。供應湯、沙拉、點心。**$**
Klondike Rib & Salmon BBQ
地址：2116 2nd Ave

電話：667-7554
白馬市最古老的建築，有麝香牛、馴鹿、野牛等特色菜。**$$-$$$**
Sam 'n' Andy's Tex Mex Bar
地址：506 Main St
電話：668-6994
墨西哥式酒吧與燒烤店，戶外有一中庭。**$$**

價格標示

以下的價格分級是以一人一餐為準，不含酒、稅和小費在內：
$$$=40元加幣以上
$$=20~40元加幣
$=20元加幣以下

文化休閒活動

藝術、夜生活、節慶、購物、運動與兒童活動

藝術

戲劇與表演藝術

亞伯達

班夫 (403)
Banff Centre for Fine Arts
地址：107 Tunnel Mountain Drive
電話：762-6100 / 1-800+884-7574
網址：www.banffcentre.ca
國際知名的表演藝術綜合中心。兩座劇院提供舞蹈、戲劇、電影與音樂表演的場地。8月舉行的藝術季是夏季的精采好戲。在《Banff》這本發行很廣的定期刊物可找到節目活動的最新資訊。

卡加立 (403)
想了解卡加立蓬勃發展的表演藝術的現況，可閱讀當地報紙或詢問旅遊諮詢中心。
EPCOR Centre for the Performing Arts
地址：205 8th Ave SE
電話：294-7455
網址：www.epcorcentre.org
內有一個音效完美的音樂廳：Jack Singer Concert Hall。這座中心也是卡加立愛樂交響樂團、**Max Bell Theater**、**Theater Calgary**、**Engineered Air Theatre**、**Martha Cohen Theater**與**Big Secret Theater**的據點。
Southern Alberta Jubilee Auditourium
地址：1415-14th Ave NW
電話：297-8000
網址：www.jubileeauditourium.com
卡加立的文化中心，也是卡加立歌劇團與亞伯達芭蕾舞團的據點。
Pumphouse Theater
地址：1240 Pumphouse Ave SW
電話：263-0079

網址：www.pumphousetheater.ca
這個都市泵房改建而成的劇院有各藝術表演團體演出。

艾德蒙吞 (780)
Citadel Theater
地址：3rd Floor, 9828-101A Ave
電話：425-1820 / 1-888-425-1820
網址：www.citadeltheater.com
本市最大的劇院綜合中心。
Northern Alberta Jubilee Auditorium
地址：11455-87 Ave
電話：427-2760
網址：www.jubileeauditourium.com/northern
亞伯達芭蕾舞團與艾德蒙吞歌劇團的據點。
The Winspear Centre
地址：99 St和102 Ave
電話：428-1414 / 1-800-563-5081
網址：www.winspearcentre.com

如何購票

在Ticketmaster網站（www.ticketmaster.ca）購票非常容易，不過在相關表演場地購票比較不貴。
在多倫多，折扣優惠票可在表演當天上T.O.TIX網站（www.totix.ca）買到，或是週二至週六中午至6:30pm，到位於Yonge-Dundas廣場的票亭購買。
在溫哥華，Tickets Tonight是該市唯一當天購票半價的地方，位於溫哥華旅遊局的Touristino Center，地址：200 Burrard St，電話：604-684-2787，週二至週六11am-6pm，網址：www.ticketstonight.ca。

艾德蒙吞交響樂團的據點。

卑詩省

溫哥華 (604)
從夏天夜晚，戶外美麗背景的莎士比亞戲劇表演，到強勁的音樂舞台布景和藝廊，溫哥華是個常有事情發生的地方。詳情洽詢 Arts Hotline，電話：684-ARTS，網址：www.ticketstonight.ca。

Arts Club Theater
地址：1585 Johnson St, Granville Island
電話：687-1644
網址：www.artsclub.com
共有兩個舞台，以加拿大現代戲劇為號召，輕鬆的與嚴謹的都有。
Bard on the Beach
地址：Vanier Park
電話：739-0559
網址：www.bardonthebeach.org
溫暖的夏夜，在戶外演出莎士比亞戲劇。
Centre in Vancouver for Performing Arts
地址：777 Homer St
電話：602-0616
網址：www.centreinvancouver.com
百老匯音樂會，以及國際知名人物演出。
Chan Centre of the Performing Arts
地址：卑詩大學校園
電話：822-9197
劇院由花園環繞，有全景視野；以獨唱或獨會為演出特色。
Orpheum Theater
地址：601 Smythe St
電話：684-9100
建築雄偉氣派，是溫哥華交響樂團的永久團本。
Pacific Cinémathéque
地址：1131 Howe St
電話：688-8202
網址：www.cinematheque.bc.ca

放映國外的藝術電影。

Queen Elizabeth Theater
地址：600 Block, Hamilton St
電話：665-3050
這個寬敞的劇院經常舉辦音樂、戲劇與其他文化表演活動。

Vancouver East Cultural Centre
地址：1895 Venables St
電話：254-9578
網址：www.vecc.bc.ca
範圍廣而多樣的剪輯影片。

維多利亞 (250)

The Belfry
地址：1291 Gladstone Avenue
電話：385-6815
網址：www.belfry.bc.ca
經常有喜劇與音樂的職業演出。

McPherson Playhouse
地址：3 Centennial Square
電話：386-6121
這個經過整修的舊劇院是溫哥華島地區性與職業性演出的中心，包括有音樂喜劇、歌劇與戲劇。

The Royal Theater
地址：805 Broughton St
電話：386-6121
網址：www.rmts.bc.ca
維多利亞交響樂團的據點，經常有古典音樂、流行音樂與戲劇演出。

曼尼托巴

溫尼伯 (204)

想了解當地表演活動的相關資訊與演出目錄，可查閱《溫尼伯太陽報》（*Winnipeg Sun*）或《溫尼伯自由時報》（*Winnipeg Free Press*）。

Centennial Concert Hall
地址：Centennial Center, 555 Main St
電話：780-3333
溫尼伯文化活動的焦點。除了Manitoba Museum 外，Centennial Center 還以下幾個藝術團體的據點：

The Royal Winnipeg Ballet
地址：380 Graham Ave
電話：253-2787
網址：www.rwb.org
溫尼伯皇家芭蕾舞團是加拿大最早成立的芭蕾舞團，同時也是世界知名的芭蕾舞團。它定期在 10、12、3 與 5 月在國內演出。

Manitoba Opera
電話：942-7479
網址：www.manitobaopera.mb.ca
曼尼托巴歌劇團從 11 至 4 月演出三齣歌劇和一場獨唱會。

The Winnipeg Symphony Orchestra
地址：101-555 Main St
電話：949-3950

網址：www.wso.mb.ca
溫尼伯交響樂團從 9 至 5 月演出古典、當代與流行音樂。

Manitoba Theater Centre Mainstage
地址：174 Market Ave
電話：942-6537
每年從 10 月到 5 月，這個表演中心推出一系列的古典戲劇、喜劇與現代戲劇。該中心的第二舞台則偏重實驗劇場。

Le Centre Culturel Franco-Manitobain
地址：340 blvd Provencher（位於 St-Boniface's 法語區心臟地帶）
電話：233-8792
經常有 Le Cercle Molière（加拿大現存最悠久的戲劇團體）與合唱、舞蹈團體的演出。

新伯倫瑞克

弗雷德里克頓 (506)

The Playhouse
地址：686 Queen St
電話：458-8344
網址：www.theplayhouse.nb.ca
該省最悠久的劇團 Theatre New Brunswick（www.tnb.nb.ca）的據點。

紐芬蘭與拉布拉多

聖約翰 (709)

St John's Arts and Culture Center
地址：95 Allandale Rd
電話：729-3650 /729-3900
網址：www.stjohnsartsandculturecenter.ca
該省的文化中心，經常有戲劇、交響樂與爵士樂的演出。裡面還有一座圖書館。

The Rooms
地址：9 Bonavista Ave
電話：757-8080
網址：www.therooms.ca
紐芬蘭和拉布拉多最新的公立藝術空間，內有省立博物館、省立藝廊和省立檔案室。

新斯科細亞

哈利法克斯 (902)

夏季時，Historic Properties 區的街頭有免費的音樂會與表演。此外，當地的日報都會詳細刊載這裡與其他地方的文化活動。

Neptune Theater
地址：1593 Argyle St
電話：429-7070 / 1-800-565-7345
網址：www.neptunetheater.com
新斯科細亞唯一一輪演保留劇目的劇院。

Atlantic Theater Festival
地址：386 Main St
電話：1-800-337-6661
網址：www.atf.ns.ca
E-mail：atf@atf.ns.ca
好戲碼定期更換演出的典型劇場，從 6 月中旬至 8 月底。

安大略

米瑟索格 (905)

Living Arts Centre
地址：4141 Living Arts Dr
電話：306-6000 / 1-888-805-8888
網址：www.livingartscentre.ca
E-mail：lac.boxoffice@livingarts.on.ca
從多倫多往西車程僅 20 分鐘，表演、視覺藝術和數位藝術都展現在這充滿動能的中心。

下圖：多倫多 Elgin and Winter Garden Centre 金碧輝煌的內部。

湖畔尼加拉 (905)

蕭伯納節在加拿大保存最好的19世紀小鎮上演出蕭伯納及當代劇作家的作品。專業的製作與知名的演員吸引了大批人潮來到這個小鎮，尤其是在週末。若有興趣，記得盡早安排與訂位。

蕭伯納節是從4月到11月。欲知詳情，請洽詢蕭伯納節的主辦單位，地址 Box 774, Niagara-on-the-Lake, ON L0S 1J0，電話：905-468-2127 或 1-800-511-7429，網址：www.shawfest.com。

渥太華 (613)

National Arts Center
地址：53 Elgin St
電話：947-7000 / 1-866-850-arts
網址：www.nac-can.ca
E-mail：info@nac-can.ca
渥太華最重要的表演藝術場地，包括三座廳：歌劇廳有2,300個座位，是國家藝術中心附屬交響樂團與來訪樂團的演出場地；劇院有950個座位，乃法語與英語戲劇演出的場地；實驗廳可容納300人，是實驗戲劇的表演場地。

Ottawa Little Theater
地址：400 King Edward Ave
電話：233-8948
網址：www.o-l-t.com
E-mail：olt@on.aibn.com
有一流的常駐劇團。

斯特拉福 (519)

每年5月上旬至11月的**斯特拉福戲劇節**（Stratford Festival）都吸引近50萬世界各地的劇迷來到這個亞芬河（Avon River）畔的小鎮。鎮上的三座劇院演出莎士比亞、古典與現代的戲劇。

入場票在2月下旬就開始販售。請洽詢 Festival Theater Box Office，地址 Box 520, Stratford, ON N5A 6V2，美加免費電話：1-800-567-1600，網址：www.stratfordfestival.on.ca，E-mail：order@stratfordfestival.ca。

多倫多 (416)

要進一步了解多倫多的文化活動，可查閱《環球郵報》（Globe and Mail）、《多倫多星報》（Toronto Star）、《現在週刊》（Now）或《目光週刊》（Eye）。多倫多終年都有世界一流的藝術表演。注意：週末一早就有購票人龍，可以的話，還是先預購。

Air Canada Centre
地址：40 Bay St
電話：815-5500
網址：www.aircanadacentre.com
該市最新的表演場所，有各種不同的音樂會、冰上表演，以及職業運動如多倫多楓葉曲棍球隊與多倫多暴龍籃球隊。

Can Stage
地址：St Lawrence Center, 27 Front St E
電話：416/368-3110

Berkeley Street Theater
地址：26 Berkeley St
電話：367-8243
網址：www.canstage.com
較通俗的戲劇在 Front St 的場地上演，較危險的作品在 Berkeley St 的場地演出。

Elgin and Winter Garden Centre
地址：189 Yonge St
電話：314-2901
網址：www.heritagefdn.on.ca
整修回復到原來輕鬆歌舞劇的輝煌面貌，現在演出各種音樂表演和戲劇。

Factory Theater Lab
地址：125 Bathurst St
電話：504-9971
網址：www.factorytheater.ca
E-mail：info@factorytheater.ca
著重實驗戲劇。

Four Seasons Centre for the Performing Arts
地址：145 Queen St W
電話：363-6671
網址：www.fourseasonscentre.ca
加拿大歌劇團與加拿大國家芭蕾舞團的新家，花費數百萬元建造，2006年6月開幕。這是加拿大第一個專為歌劇和芭蕾舞而設的表演場地。

Toronto Center for the Arts
地址：5040 Yonge St
電話：733-9388
網址：www.tocentre.com
最新式的表演藝術中心，1,800席的主劇場演出國際性音樂，另有1,000個座位的 Recital Hall，以及250個座位的實驗廳。

Hummingbird Center for the Performing Arts
地址：1 Front St E (在 Yonge St)
電話：393-7469
網址：www.hummingbirdcenter.com
除了提供來訪的表演者與表演團體場地外，也曾作為表現優異的加拿大歌劇團與國際知名的加拿大國家芭蕾舞團的據點，直到2006年搬遷到 Four Seasons Centre for the Performing Arts。Hummingbird Center 野心勃勃，計畫由 Daniel Libeskond 設計改造高科技的多元文化中心，上頭有50層公寓大廈。

Lorraine Kimsa Theatre for Young People
地址：165 Front St E
電話：862-2222
網址：www.lktyp.ca
提供兒童好的戲劇。

Massey Hall
地址：178 Victoria St, Shuter
電話872-4255
網址：www.roythomson.com/masseyhall
它現在可說是多倫多的老貴婦，只有 Roy Thomson Hall 場地不足時，才輪到她，但仍吸引許多國際知名

最新藝文活動哪裡找

除了當地的報紙之外，多數城市都有免費刊物，提供最新的戲劇、音樂會、俱樂部、節日慶典和任何活動的相關資訊，給有興趣的當地人或觀光客。可索取實體刊物或電子刊物的有：

- *Where Magazine*：在哈利法克斯、渥太華、多倫多、木斯科卡（Muskoka）、溫尼伯、卡加立、艾德蒙吞、加拿大落磯山脈、溫哥華、維多利亞和育空等地的旅館可拿得到。
- *www.dose.ca*：提供多倫多、溫哥華、艾德蒙吞、卡加立、渥太華的資訊。
- *Eye Weekly* 和 *Now Magazine*：多倫多地區一週的資訊，網址分別為 www.eyeweekly.com 和 www.nowtoronto.com。
- *Montreal Mirrow* 和 *Hour Magazine*：蒙特婁地區的資訊，網址分別為 www.montrealmirrow.com 和 www.hour.ca。
- *The Coast*：哈利法克斯的資訊。
- *Updown Magazine*：溫尼伯的資訊，網址為 www.updown.com/whatsup.htm。
- *Prairie Dog Magazine*：女王城（Regina）唯一的新聞、藝術、娛樂雜誌，免費提供。
- *Vancouver Magazine*：溫哥華的月刊雜誌，網址 www.vanmag.com。

表演者與音樂團體來此。

Molson Amphitheatre
地址：Ontario Place
電話：260-5600
網址：www.hob.com/venues/concerts/molsonamp
共有16,000個座位，其中9,000個座位在天篷狀屋頂下。夏日的搖滾、爵士和舞蹈都在這兒表演。

Canon Theatre
地址：244 Victoria St (舊的Pantages)
電話：872-1212
網址：www.mirvish.com
共有2,000個座位，已修復成1920年代的富裕榮景，知名音樂劇「Chicago」和「The Producers」曾在這兒上演。

Buddies in Bad Times Theatre
地址：12 Alexander St
電話：975-8555
網址：www.buddiesinbadtimestheatre.com
深具影響力的專業團體，提升了同志社群的戲劇。

Princess of Wales Theater
地址：300 King St W
電話：872-1212 / 1-800-461-3333
網址：www.mirvish.com
壯觀的現代劇場，其設計主要作為國際作品演出。

Distillery Historic District
地址：55 Mill St
電話：364-1177
網址：www.thedidtillerydistrict.com
E-mail：jb@thedidtillerydistrict.com
多倫多最新的藝術、文化和娛樂中心，由19世紀加拿大最大的蒸餾酒製造廠改建而成，現代是藝坊、咖啡屋，以及六個舞蹈、戲劇和歌劇團體的家。

Royal Alexandra Theater
地址：260 King St W
電話：872-1212
網址：www.mirvish.com
巴洛克式裝潢風格，經常推出百老匯與倫敦最新的戲劇及當地作品。

Roy Thomson Hall
地址：60 Simcoe St
電話：872-4255
網址：www.roythomson.com
音樂廳在1982年落成，可容納2,800名聽眾在34公尺的劇場。它也是多倫多交響樂團與孟德爾頌合唱團的冬季據點。

St Lawrence Center for the Arts
地址：27 Front St E
電話：366-7723 / 1-800-708-6754
網址：www.stlc.com
就在蜂鳥中心(Hummingbird Center)

的東邊，它那現代化的舞台經常上演古典與當代劇作，強調加拿大本土的劇作家與戲劇人才。它也是加拿大劇團的據點。

Second City
地址：51 Mercer St
電話：343-0011
網址：www.secondcity.com
多倫多知名諷刺喜劇團體在娛樂區的新家。

Soulpepper Theater
地址：55 Mill St, Building 49 (The Young Centre)
電話：866-8666
網址：www.soulpepper.ca
以Distillery Historic District為基地，是該市最知名的輪演古典保留劇目的劇場。

Tarragon Theatre
地址：30 Bridgman Ave
電話：531-1827
網址：www.tarrontheatre.com
E-mail：info@tarrontheatre.com
經常上演一流劇作，著重在加拿大本土戲劇。

Theatre Passe Muraille
地址：16 Ryerson Ave
電話：504-7529
網址：www.passemuraille.on.ca
E-mail：info@passemuraille.on.ca
著重在創作性或實驗性的戲劇。

愛德華王子島 (Prince Edward Island)

夏季戲劇輪演是愛德華王子島的傳統，尤其是在維多利亞的Victoria Playhouse（電話：658-2025，網址：www.victoriaplayhouse.com）與喬治城的King's Playhouse（電話：652-2053 / 1-877-262-5599）。

夏洛特鎮 (902)

The Confederation Centre for the Arts
地址：145 Richmond St, Charlottetown
電話：566-1267 / 1-800-565-0278
網址：www.confederationcentre.om
中心內包括博物館、美術館與劇院。夏季時，劇院都會同時上演兩部戲劇，其中一部就是歷久不衰的《清秀佳人》。

魁北克

魁北克有許許多多的文化休閒活動。詳情請問問當地的旅遊諮詢中心，查閱報紙也很有幫助。通常，必需打電話洽詢節目活動的相關資訊，尤其是電影與戲劇，大部分都

是法語發音，也有些是英語發音。

蒙特婁 (514)

「公報」(Gazette) 與「新聞報」(La Presse) 這兩份報紙的週末版提供當地的最新新聞。若想要知道更詳盡的藝文休閒資訊，可查閱 Mirror 與 Hour （這兩者是英語報刊）或 Voir （法語）。

Centaur Theater
地址：453 rue St-François-Xavier
電話：288-3161
網址：www.centaurtheater.com
英語劇，只有10月至6月才開放。

Saidye Bronfman Centre
地址：5170 Côte Ste-Catherine
電話：739-2301
英語劇。

Place des Arts
地址：rue Ste-Catherine 與 rue Jeanne-Mance 交接處
電話：1-866-842-2112
網址：www.pda.qc.ca
E-mail：billets@pda.qc.ca
包含五座表演藝術場地：**Salle Wilfrid-Pelletier**，蒙特婁交響樂團、蒙特婁歌劇團與加拿大芭蕾舞團的據點；**Théâtre Maisonneuve**，著重在室內樂與戲劇；**Studio-théâtre**，著重在法語歌曲；**Cinquième salle**，最新的表演廳，上演聲樂、音樂劇、舞蹈和戲劇等各種類型；**Théâtre Jean-Duceppe**，魁北克一著名劇團的據點。

魁北克市 (418)

Grand Théâtre du Québec
地址：269 blvd René-Lévesque E
電話：643-8131
網址：www.grandtheatre.qc.ca
兩個音樂廳用來舉辦古典音樂會、各類表演秀、舞蹈與戲劇。

Théâtre Capitole
地址：972 rue St-Jean
電話：418-694-4444
網址：www.lecapitole.com
魁北克市最大的劇院。

Théâtre Petit-Champlain
地址：68 rue du Petit-Champlain
電話：692-4744
獨特的劇院，觀衆在許可經營的咖啡座上欣賞法語劇。

勞倫欽山區

夏季時，這個滑雪度假勝地有許多戲劇表演，其中很多是在戶外舉行。欲知詳情，可洽詢 Association Touristique des Laurentides，地址：14142 rue de La Chapelle, RR1, Mirabel, PQ J7J 2L8，電話：450-224-7007 / 1-800-561-6673，網址：www.laurentians.com。

薩克奇萬

女王城 (306)
Globe Theatre
地址：1801 Scarth St
電話：525-6400
網址：www.globetheatrelive.com
由舊市政廳改建而成，當地職業劇團的據點，每年9至4月會演出八部劇作。

Saskatchewan Center of the Arts
地址：200 Lakeshore Dr（在 Wascana Centre 內）
電話：525-9999
網址：www.saskcenterofthearts.com
女王城交響樂團的據點，當地重要的舞蹈、戲劇與交響樂表演經常在這裡舉行。

博物館與美術館

加拿大的博物館和美術館，多數在一週中有一兩個晚上延長參觀時間，有時在特定時間還免費入場，不過最好事先一一確定。下列是幾家藏館的情況：
多倫多的**安大略皇家博物館**（Royal Ontario Museum）每週五 4:30-9:30pm 免費。
Montréal Museum Pass 可以在蒙特婁地區的 32 處博物館和景點免費入場，還搭配連續三天的大眾運輸。詳情請見網址：www.museummontreal.org/site/museumspass.htm。
在西岸，持 **See Vancouver Card** 使用的範圍包括溫哥華與維多利亞兩座城市及其郊區，大約有 50 個地點可參觀，如大維多利亞區美術館（Art Gallery of Greater Victoria）、卑詩省海事博物館（Maritime Museum of British Columbia）、愛蜜莉·卡爾紀念館（Emily Carr Gallery）、人類學博物館（Museum of Anthropology）與溫哥華美術館（Vancouver Art Gallery）。更多的資訊在網址：www.seevancouvercard.com。
魁北克市的 **Museum Card** 提供三日遊套裝行程，提供無限制進入全市 24 家博物館、兩天的巴士路線交通，各項服務和景點優惠折扣，如魁北克海洋公園（Parc Aquarium du Québec）、各郵輪航線、部分餐廳和咖啡館，以及一些博物館精品店。
多倫多的 **CityPass** 涵蓋 6 個景點，包括安大略皇家博物館（Royal Ontario Museum）、安大略美術館（Art Gallery of Ontario）、安大略科學中心（Ontario Science Centre）。更多的資訊在網址 www.citypass.

com/city/toronto.html。

喜劇表演

由於某些原因，喜劇俱樂部在加拿大非常興盛，盛況一直持續了數十年。其中兩個名聲響亮的是 Yuk Yuks Comedy Club 和 The Second City，此外，全國還有無數的喜劇俱樂部，在每座城市的媒體藝文版都可以找到。

Yuk Yuks Comedy Club
地址：70 Pacific Blvd S, Vancouver
電話：604-687-5233
網址：www.yukyuks.com
非常受歡迎的單人口秀表演，多倫多也有。

The Second City
地址：51 Mercer St, Toronto
電話：416-343-0011
網址：www.secondcity.com
連鎖喜劇俱樂部，遍布北美洲。對「系列」喜劇迷來說，有不少頂尖的喜劇節慶：

Jeut for Laughs Comedy Festival Juste Pour Rire：蒙特婁，www.hahaha.com。
We're Funny That Way：加拿大國際同志喜劇節，每年5月在多倫多舉行。網址：www.werefunnythatway.com。
FunnyFest Calgary Comedy Festival：5月舉行，www.funnyfest.com。
The CBC Winnipeg Comedy Festival：每年4月舉行，參與的諧星多過國內任何同性質的節慶。網址：www.winnipegcomedyfestival.com。
The Canadian Comedy Awards and Festival：每年10月在安大略的倫敦舉行，讚揚加國最出色的脫口秀、電視和電影諧星。網址：www.canadiancomedyawards.ca。

電影

有幾個主要的連鎖院線遍布加國，放映首輪電影，包括 A M C Theatres、Alliance Atlantis Cinemas、Cineplex、Famous Players 和 Rainbow Cinemas。較大的城市（以及一些小城市）也有小型的獨立電影院，放映二輪影片、另類電影、地下影片、實驗電影和非主流電影。當地的娛樂指南都會列出這些電影院，不過也有一些電影同好需注意的：

Fifth Avenue Cinemas
地址：2110 Burrard St, Vancouver
電話：604-734-7469
Pacific Cinematheque

地址：1131 Howe St, Vancouver
電話：604-688-3456
Cinematheque
地址：304-100 Arthur St, Winnipeg
電話：204-925-3457
Cinematheque Ontario
地址：Art Gallery of Ontario, 317 Dundas St W, Toronto
電話：416-968-3456
Bloor Cinema
地址：506 Bloor St W, Toronto
電話：416-516-2331
Cinémathèque Québecoise
地址：335 blvd de Maisonneuve Est, Montréal
電話：514-842-9763
Ex-Centris
地址：3536 blvd de Saint-Laurent, Montréal
電話：514-847-2206

夜生活

亞伯達

在亞伯達的度假地區（以及在卡加立及艾德蒙吞），飯店旅館通常會有很受歡迎的夜店。不過，遊客也可以出去探一下，到以當地人為主客群的地方去。有些酒吧與啤酒店（beer parlour）很輕鬆悠閒，不過很多都有熱鬧有趣、自由活潑（有時很刺耳）的西部氣氛。

卡加立 (403)
除了劇院和一些有意思的酒吧，卡加立還以活潑的兩步舞和西部舞蹈俱樂部著名。
Beat Niq Jazz & Social Club
地址：811-1 St SW
電話：263-1650
紐約風格的爵士現場，不同的樂團夜間在此演奏。
The Conga Room
地址：109-8 Ave SW
電話：262-7248
週四有 Salsa 課程和舞蹈，週五和週六有舞蹈和 DJ。強力的震撼，出色的舞蹈，高價的雞尾酒。
Cowboy's
地址：826-5th St SW
電話：265-0699
鄉村音樂電視台（CMT）票選為加國最好的鄉村酒吧。
Jimmy Dean's
地址：1316-33 St NE
電話：248-8888
1950 年代和 1960 年代的最愛，城市中唯一可以盡情搖滾的地方。
Vintage Chophouse & Tavern

地址：322-11 Ave SW
電話：262-7262
週末在這個高檔的酒吧有現場藍調與爵士演奏，有舒適的隔間和皮質座椅。

Wildwood
地址：2417-4 St SW
電話：228-9113
這間啤酒酒吧供應新鮮、手工釀製的啤酒，從淡的到濃的都有。二樓是高價餐廳，一樓是酒吧。

艾德蒙吞 (780)

艾德蒙吞的夜生活大都依賴節慶、歌劇和劇院，還有一些知名的夜店和受歡迎的爵士樂團。到任何一家旅館翻翻《比利指南》(Billy's Guide)雙月刊，即可知道該市的玩樂地方，以下所列是較有代表性的：

Blues on Whyte
地址：10329 Whyte Ave
電話：439-5058
這是一家R&B俱樂部。

Druid
地址：10616 Jasper Ave
電話：454-9928
愛爾蘭酒吧。有一古代北歐文字銘碑（runic stone），18種生啤酒，30種麥芽啤酒，以及各種愛爾蘭威士忌。提供樂團現場演奏、DJ、舞蹈等娛樂。

Yardbird Suite
地址：11 Tommy Banks Way
電話：432-0428
艾德蒙吞最好、經營最久的爵士俱樂部。

卑詩省

該省的法定飲酒年齡是19歲以上。夜生活場所包括酒吧、咖啡館、賭場、喜劇俱樂部、舞廳、音樂俱樂部，以及諸多藝術饗宴。酒吧與酒館可營業至清晨4點。

溫哥華 (604)

在本市無數的咖啡屋當中，可拿到免費的報紙《Georgia Straight》，刊登相關訊息。

Backstage Lounge
地址：1585 Johnson St
電話：687-1354
格蘭佛島（Granville Island）甚受歡迎的場所，週末有樂團現場演奏。水岸中庭。

The Cellar Restaurant/Jazz Club
地址：3611 W Broadway
電話：738-159
溫哥華最好的爵士音樂家的溫馨聚所。週二至週日。

Commodore Ballroom
地址：868 Granville St
電話：739-7469
1929年的舞廳重新整修，恢復昔日裝飾藝術的輝煌，有巨大舞池。

Dover Arms
地址：961 Denman St
電話：683-1929
英式酒吧。

Irish Heather
地址：217 Carral St
電話：688-9779
英式啤酒屋風格恰當搭配地下酒吧或威士忌屋風貌，供應約100種威士忌。

Steamworks Brewery
地址：375 Water St
電話：689-2739
供應一些本市最好的啤酒，歡樂的樓下酒吧，可眺望港口景色。

維多利亞 (250)

可能是由於退休人口很多，維多利亞的夜生活比較平靜。遊客不妨去飯店的酒吧碰碰運氣。終年運作的爵士熱線（Jazz Hotline）電話658-5255，提供俱樂部和餐廳的最新訊息。

Boom Boom Room
地址：1208 Wharf St
電話：381-2331
精力充沛的舞曲，擁擠的年輕人。

Herman's Jazz Club
地址：753 View St
電話：388-9166
從南方爵士樂到大型樂團舞曲，響徹這建立許久的酒吧式樂部。

Hugo's Lounge & Brewpub
地址：625 Courtney St
電話：920-4842
每晚最熱的音樂響徹內港的街區，從R&B、tech-house、deep house、funk、hip-hop、靈魂樂，到各種最新流行音樂。

Spinnakers Brew Pub
地址：308 Catherine St
電話：386-2739
有維多利亞酒單最多的精釀啤酒，以及水岸中庭。

Sticky Wicket
地址：919 Douglas St
電話：383-7137
超人氣的夜店，有屋頂排球場。

The Upstairs Lounge
地址：15 Bastion Square
電話：385-5483
有爵士、搖滾和藍調。

惠斯勒

惠斯勒被認為是一座著名的派對城，而且持續朝爭取2010年冬季奧運方向邁進。

Garfinkel's
地址：Unit 1, 4038 Main St
電話：932-2323
對當地人來說，是最好的一家。

曼尼托巴

法定飲酒年齡是18歲以上。

溫尼伯 (204)

表演藝術或許是溫尼伯夜生活的重點，最近更引爆了跳舞俱樂部。有些夜生活在市中心區的飯店旅館可以找到，甚至在某些旅舍也有飲酒作樂處。

Ampersand
地址：114 Market Ave
電話：942-6274
大型夜店，有聲光秀、週四的1980年代裝扮、週六的排行榜前40

下圖：在多倫多的一間酒吧中小酌一下。

首。

The Empire
地址：436 Main St
電話：493-3979
獨特的熱門地點，位於一傳統遺產建築中。內有一氧氣吧、兩間交誼廳，以及跳舞酒館。

Finn McCue's
地址：210-25 Forks Market Rd
電話：944-8118
寬敞的愛爾蘭酒吧，可望見The Forks的美麗景觀。

Kokonuts
地址：114 Market Ave
電話：944-1117
現場樂團演奏，有巨大的水族箱。

Palomino Club
地址：1133 Portage Ave
電話：722-0454
土風舞、牛仔靴排排舞。

Toad-in-the Hole
地址：108 Osbourne St
電話：284-7201
Osbourne村熱門的英式酒館；樓下的Cavern是溫尼伯現場音樂演奏的最新場所。

Vertigo
地址：291 Bannatyne Ave
電話：943-3979
在交易區（Exchange District）的高科技當代俱樂部，有伸展台和hip-hop DJ。

新伯倫瑞克

該省的法定飲酒年齡是19歲以上。多數旅館飯店附設有酒吧，有些還有夜店。

弗雷德里克頓 (506)

Dolan's Pub
地址：349 King St
電話：454-7474
歡樂的愛爾蘭酒館，週四至週六有現場音樂，來自東岸最好的音樂人才。

James Joyce Irish Pub
地址：The Lord Beaverbrook Hotel, 659 Queen St
電話：450-9820
酒館內滿是James Joyce的紀念品，如書本、照片等，是當地人小酌一杯的好去處。

Lunar Rouge
地址：625 King St
電話：450-2065
當地人的最愛，供應50多種威士忌與14種生啤酒。

Rockin' Rodeo
地址：546 King St
電話：444-0122
有活力的鄉村影像視頻跳舞俱樂部。

Snooty Fox
地址：66 Regent St
電話：474-1199
道地英式酒吧，有種類眾多的進口啤酒。

Sweetwaters
地址：339 King St
電話：444-0121
弗雷德里克頓最熱門的夜店，有四面大型螢幕、五座吧檯和兩個舞池。

蒙克頓 (506)

Oxygen Night Club
地址：125 Westmorland St
電話：854-0265
加拿大大西洋岸最火熱的舞廳，有現場演奏。

Saint James' Gate
地址：13 Church St
電話：388-4283
現場爵士和藍調演奏。

Sasha's
地址：196 Robinson Court
電話：854-8748
西班牙式小菜搭馬丁尼的小酒館，週六夜有爵士樂。

聖約翰

可去市場廣場區的酒吧看看，或者去：

Callahan's Sports Bar
地址：122 Prince William St
電話：634-0366
運動愛好者的去處。

O'Leary's Pub
地址：46 Prince St
電話：634-7135
傳統與東岸藝術家愛去的場所。

Shuckers Bar
地址：Delta Brunswick Hotel, 39 King St
電話：648-1981
在休閒安適的交誼廳啜飲雞尾酒。

Studio 54
地址：9 Sydney St
電話：693-5454
隨著1970、1980年代與流行的音樂舞動。

紐芬蘭與拉布拉多

紐芬蘭的法定飲酒年齡是19歲以上。在聖約翰，夜生活集中在Water街與Duckworth街一帶，以及大型飯店旅館的酒吧。在首府之外，通常夜生活集中在飯店旅館。

聖約翰 (709)

Bridie Molloy's
地址：5 George St
電話：576-5990
傳統的紐芬蘭音樂、美味的酒吧食物。

Erin's Pub
地址：184 Water St
電話：722-1916
極受歡迎，有很不錯的愛爾蘭民間音樂。

The Fat Cat
地址：7 George St
電話：739-5554
很好的當代藍調俱樂部。

The Ship Inn
地址：265 Duckworth St
電話：753-3870
吸引波希米亞客群，朗讀詩文，聽爵士、藍調和雷鬼音樂。

Trapper John's
地址：2 George Street
電話：579-9687
美國南方的氣氛，加上一些現場音樂。

西北領地 (867)

西北領地的法定飲酒年齡是19歲以上，酒吧的營業時間只到凌晨一點。很多原住民社區是完全禁酒的（所以如果帶了酒，不管飛到哪裡，請事先查問清楚），但在領地的其他地方則可以彌補過來。簡單來說，可以讓你高唱「杯底不可飼金魚」的地方大多在荒郊野外。獲准許可的飯店旅館一般是將飲酒作樂的地方設在交誼廳。

新斯科細亞

飲酒取樂的場所營業至午夜或凌晨兩點不等，視分類而定；法定飲酒年齡是19歲以上。許多小鎮的酒館都歡迎遊客，但有一點要注意，就是很多酒店狂放粗野的氣氛不適合靜靜飲酒的人。

哈利法克斯 (902)

夜生活集中在市中心區，尤其是在Argyle Street一帶。平常日晚上可能會擁擠，週末鐵定客滿。以下所列是較有代表性的：

Bearly's House of Blues & Ribs
地址：1269 Barrington St
電話：423-2526
市內第一家藍調俱樂部。

Economy Shoe Shop Cafe & Bar
地址：1663 Argyle St
電話：423-7463
小小的咖啡館擴充到有The Backstag、The Diamond和the Belgium三個酒吧。該市創意人口的最佳去處。週一夜有爵士樂。

Granite Brewery
地址：1222 Barrington Street
電話：423-5660
受歡迎的啤酒館。

Lower Deck Good Time Pub
地址：Upper Water St（私梟倉庫，歷史保護區）
電話：425-1501
傳統的海洋音樂。

Reflections Cabaret
地址：5184 Sackville St
電話：422-2957
同志酒吧，城中最受歡迎的一家。

安大略

該省有一系列的酒類相關的法令，其中一部分是過去禁酒時代留下的。很多法令已經放鬆，但要注意下列幾點：

• 所有購買外帶的酒都是經由省營的經銷處行銷到市面上：The Beer Store 是供應啤酒，Liquor Control Board of Ontario 則是供應烈酒、葡萄酒與特殊啤酒。營業時間大都是一週七天，詳情請查閱就近的電話簿。

• 外出時不可攜帶已經開瓶或開罐的酒。

• 領有執照的商家從每天早上 11 點到凌晨 2 點可以供應酒。

• 法定飲酒年齡是 19 歲以上。

雖然舊的法令依在，但安大略早已擺脫夜生活沉悶的名聲，以下的介紹就是證據。

渥太華 (613)

渥太華的夜生活一年比一年熱鬧，尤其是在 Byward Market 這一區，吸引了年輕族群。

Barrymore's Music Hall

地址：323 Bank St
電話：233-0307
位於一舊歌舞劇院中。這裡很早就成立，成為市內頂尖的現場音樂演奏地點。週四有 1990 年代復古風，1980 年代復古風在週六。

Blue Cactus Bar & Grill
地址：2 Byward Market
電話：241-7061
獲獎的瑪格莉特酒和滋滋作響的墨西哥捲（fajita），融合成美國西南部的冷調裝飾風味。

Irish Village
地址：67 Clarence St
電話：562-0647
四座酒吧分享同一廚房和大型中庭，創意菜單，啤酒種類多。

Lieutenant's Pump
地址：361 Elgin St
電話：238-2949
受歡迎的英式酒吧，有 16 種啤酒。

Rainbow Bistro
地址：76 Murray St
電話：241-5123
夜間有現場音樂演奏，大都是藍調，但並非只有藍調。

Zaphod Beeblebrox
地址：27 York St
電話：562-1010
渥太華現場音樂演奏場所中的另類夜店。

多倫多 (416)

若真要詳細介紹多倫多的夜生活，整本書也寫不完。在約克城（Yorkville）與附近的布魯爾街（Bloor St）一帶，俱樂部吸引了較年輕、時髦的階層。東西女王街（Queen Street E & W）與劇院區，近年來各式酒吧和俱樂部快速成長。央街/聖克萊爾（St Clair）與央

街/艾靈頓（Eglinton）區的酒吧，主要顧客是單身、年輕的專業人員。在布魯爾街以南的央街是同性戀酒吧的大本營，也是重金屬搖滾的中心。市中心區的飯店附設交誼廳吸引了年輕和中年的顧客，而逐漸上流社會化的 Annex 區（就在多倫多大學的西面與北面）已經開了六家英式酒吧。詳情請參閱《現在週刊》或《目光週刊》。以下所列是較有代表性的。

酒吧與庭院

Duke of York
地址：39 Prince Arthur Ave
電話：964-2441
就在布魯爾街北面，三層樓，包括豪華的地下室至交誼廳，廣受「下班族」喜愛；還有一非吸菸區樓層。

Granite Brewery
地址：245 Eglinton Ave E (在 Mount Pleasant)
電話：322-0723
啤酒行家的釀酒廠，前後都有庭院，在輕鬆的環境中暢飲 8 種啤酒，享受高檔食物。

Ye Olde Brunswick House
地址：481 Bloor St W (在 Brunswick)
電話：964-2242
歷史頗久的派對場所，以生啤酒聞名。有現場演奏，也有 DJ 播放唱盤。學生最愛。

安靜的交誼廳

Panorama
地址：55 Bloor St W (在 Manulife Center 頂樓)
電話：967-0000
市內最高的交誼廳，俯臨最美麗的市容。

Library Bar
地址：Fairmont Royal York Hotel, 100 Front St W
電話：368-2511
能讓人鎮靜緩和的氣氛，舒適的皮質扶手椅，從天花板到地皮的長條木窗格，書架排列的牆壁。

爵士與藍調酒吧

Gate 403
地址：403 roncesvalles
電話：588-2930
社區的咖啡屋，每晚播放好聽的爵士樂。

Healey's
地址：178 Bathurst St
電話：703-5882
位於女王街與巴瑟斯特（Bathurst）街口，由爵士藍調音樂家 Jeff Healey 所擁有，這裡是聽藍調、爵士和搖滾樂的好地方。

下圖：溫哥華酒吧裡的現場爵士演唱。

The Pilot
地址：22 Cuberland St
電話：368-2511
能讓人鎮靜緩和的氣氛，舒適的皮質扶手椅，從天花板到地皮的長條木窗格，書架排列的牆壁。

Rex hotel Jazz and Blue Bar
地址：194 Queen St W
電話：598-2475
舉辦音樂活動的場所，每週呈現17場加拿大頂尖音樂家的表演。

Silver Dollar Room
地址：486 Spadina
電話：763-9139
可能是該市最卓越的藍調俱樂部。

酒吧、俱樂部與迪斯可舞廳
Bauhaus
地址：31 Mercer St
電話：977-9813
從狂野舞動的拉丁，到funk、迷幻爵士樂（acid jazz）、house及R&B等音樂，在兩層樓空間的五座酒吧和一座舞池裡播放。

Cameron House
地址：408 Queen St W
電話：703-0811
充滿波希米亞藝術氣息，邀請當地音樂家來此。

Hugh's Room
地址：2261 Dundas St W
電話：531-6604
舒適寬敞，計有240個座位，民俗風格；邀請遠近的藍調、民俗、爵士和bluegrass音樂家。

Joker
地址：318 Richmond St W
電話：598-1313
這家大型俱樂部位於多倫多夜店區的中心，各樓層播放不同類型的音樂。

Lula Lounge
地址：1585 Dundas St W
電話：588-0307
位於拉丁和巴西社區的文化基石，深受藝術家、音樂會愛好者、salse迷、熟食小菜迷的喜愛。

Rivival
地址：783 College
電話：535-7888
原為浸信會，後改為波龐軍團。提供亞洲各國美食，加上現場爵士、靈魂、拉丁和藍調音樂。

The Docks
地址：11 Polson St
電話：469-5655
占地8.4公頃的複合式建築，包括三家夜店：The Deep End、Tide和Aqua Lounge。夏季夜間營業，週末則只從秋天直到5月維多利亞節。

The Feathers

地址：962 Kingston Rd
電話：694-0443
英式酒吧，有絕佳的威士忌和一些自釀啤酒。

Wide Open
地址：139A Spadina Ave
電話：727-5411
內部狹長的酒吧，後方有氣氛輕鬆的交誼廳。當地藝術作品優雅地展現在牆上。有各類型音樂。

同志酒吧
Fly Nightclub
地址：8 Gloucester St
電話：410-5426
經常大排長龍等候入場的熱門夜店。一樓有兩座溫暖的交誼廳；二樓是一洞穴狀的舞廳，DJ播放house、部族和circuit音樂。

Woody's
地址：465-7 Church St
電話：4972-0887
在同志村的中心點。趣味的活動有人妖秀、社團基金募集以及最佳胸肌比賽。在這兒可以看人，也秀給人看。

愛德華王子島
該省的法定飲酒年齡是19歲以上。

夏洛特鎮 (902)
The Gahan House Pub and Brewery
地址：126 Sydney St
電話：626-2337
島上唯一的啤酒吧，供應麥酒和氣氛。建築物原本是一修道院。
The Merchantman Pub
地址：23 Queen St
電話：892-9150
位於歷史保護區內，菜單有泰國菜、凱真（Cajun）菜，供應當地與進口啤酒。

Olde Dublin Pub
地址：131 Sydney St
電話：892-6992
有蘇格蘭、愛爾蘭進口生啤酒，有時有現場娛樂節目。

夏邊市
Crown & Anchor Tavern
地址：195 Harbor St
電話：436-3333
菜色豐富，週末娛樂節目精采。

魁北克
該省的法定飲酒年齡是18歲以上。酒吧營業至凌晨三點。

蒙特婁 (514)

大飯店附設的豪華夜店，有迪斯可舞廳、歌舞秀、喜劇與其他娛樂節目。隨著小型啤酒釀造廠生產的精釀啤酒日益受到歡迎，雪布魯克與皇家山間的聖勞倫欽區以及聖丹尼斯街一帶羅列許多酒吧。多數俱樂部與酒吧都位於市中心區，遊客可以去看看Crescent街時髦高雅的街景、Ste-Catherine街的紅燈區或Bishop街的流行風。遊客可從以下列地點逛起：

Altitude 737
地址：1 Place Ville Marie, 43rd Floor
電話：514/844-9458
時尚的迪斯可舞廳與餐廳，從屋頂陽台可望見令人屏息的美景。

Billy Kun
地址：354 ave du Mont-Royal E
電話：845-5392
甚受爵士和藍調愛好者青睞的好去處。

Buona Notte
地址：3518 St-Laurent
電話：848-0644
蒙特婁的熱門夜店，一整個禮拜的氣氛從冰凍逐漸到狂熱。

Else's
地址：156 rue Roy E
電話：286-6689
社區的最愛，有一種居家、真誠、歡樂的氣氛，各種ales啤酒和蘇格蘭佳釀。

Foufounes Electriques
地址：87 rue St-Catherine
電話：844-5539
厚實的三層樓企業空間，電子數位氣氛和重搖滾脈動徹夜不停。

House of Jazz
地址：2060 Aylmer
電話：842-8656
可享受各季節邀請來的音樂家表演，豪奢的裝潢，還有著名的薩克斯風型啤酒杯。

Jello Bar
地址：151 Ontario E
電話：285-2621
歷久不衰的最愛酒吧，有51種馬丁尼酒，在新工藝（neo-kitsch）裝潢中享受現場演奏。

Newtown
地址：1476 rue Crescent
電話：284-9119
賽車選手Jacques Villeneuve是股東之一，有俱樂部、餐廳和酒吧。

Sofa Lounge
地址：451 Rachel
電話：285-1011
裝潢風格化，講法語的人經常造訪。

魁北克市 (418)

魁北克市的夜店不多，但有很多的小咖啡屋與酒吧。到 St Jean 街逛逛，可以找到路邊咖啡座。Ste-Anne 街一帶的休閒娛樂場所，消費額較高。

Bar St-Laurent
地址：1 rue des Carrières
電話：692-3861
在 Château Frontenac；柔和的燈光和廣角視野風光，讓這裡成為全市最羅曼蒂克的酒吧。

Chez Maurice
地址：575 Grande Allée E
電話：647-2000
前衛的裝潢風格、熱門的音樂，經常吸引名流登門造訪。

Chez Son Père
地址：24 rue St-Stanislas
電話：692-5308
拉丁區的二樓酒吧，在吞雲吐霧的環境中聆聽爵士、藍調和鄉土音樂。

L'Inox
地址：37 quai St-Antoine
電話：692-2877
下城區很受歡迎的釀酒廠。

薩克奇萬

該省有不少夜生活場所，特別是在女王城與薩克屯。大多數的狀況下，餐點與娛樂同樣出色。在較小的城鎮，夜生活多半集中在飯店旅館與度假中心。該省的法定飲酒年齡是 19 歲以上。

女王城 (306)

Applause Feast and Folly Theatre
地址：Regina Inn, 1975 Broad St
電話：525-7268
氣氛輕鬆，晚餐後有表演。

Bushwakker Pub and Brewing Company
地址：2206 Dewdney Ave
電話：359-7276
自釀的 31 種啤酒和麥酒，搭配美味的酒館菜餚。

Elephant & Castle
地址：Cornwall Center, 11th Ave 與 Scarth St
電話：757-4405
英式酒吧和小食館。

Soho Restaurant and Club
地址：2300 Dewdney St
電話：359-7772
週五和週六樓上是跳舞俱樂部。

薩克屯 (306)

Amigos Centina
地址：632 10th St
電話：652-4912

墨西哥情調與美食，一週有好幾次的現場各類型音樂。

The Bassment
地址：245-3rd Ave S
電話：683-2277
市內最早的爵士俱樂部，有最好的當地和巡迴爵士演奏。

Black Duck Freehouse
地址：154 2nd Ave S
電話：244-8850
類似酒館般的情調。

育空 (867)

育空的法定飲酒年齡是 19 歲以上。酒吧營業至凌晨 2 點。多數旅館飯店都有餐廳與交誼廳供顧客休閒娛樂。夏季旅遊旺季時，育空的夜生活喧嘩而熱鬧。

道生市 (867)

Bombay Peggy's Inn and Pub
地址：2nd Ave at Princess St
電話：993-6969
受歡迎的酒吧，淘金熱時期的建築物重新整修安置。

Diamond Tooth Gertie's
地址：4th and Queen St
電話：993-5575
加拿大第一家合法賭場，有歌舞鋼琴師和康康舞女郎。

Palace Grand Theatre
地址：King St
電話：993-6217
音樂娛樂喜劇，從 6 月中旬到 9 月中旬。

白馬市 (867)

Frantic Follies
地址：Westmark Whitehorse Hotel, 201 Wood St
電話：668-2042
夜間有歡樂的淘金熱諷刺喜劇酒吧。

節慶

亞伯達

7-8 月 (班夫)
班夫藝術節 (Banff Arts Festival)
來自世界各地的專業藝術家表演舞蹈、歌劇、音樂，以及視覺藝術。
網址：www.banffcentre.ca。

7 月第一個週末 (Vegreville)
烏克蘭節 (Ukrainian Pysanka Festival)
烏克蘭裔社區的民俗盛事。居民在世界最大的復活節蛋的下面搭帳

篷，大蛋有 10 公尺高。網址：www.vegrevillefestival.ca。

7 月第二週 (卡加立)
卡加立牛仔競技會 (Calgary Stampede and Exhibition)
加拿大最著名的年度盛事，在這十天當中，會舉行各種西部特技表演、流動炊事馬車比賽等等。盡早預先訂房，因為到時當地人口會突然多出一倍，也要盡早預訂重要項目的門票。電話 403-269-9822 或 1-800-661-1767，網址：www.calgarystampede.com。

7 月下旬 (艾德蒙吞)
省府展覽會 (Capital Ex)
原稱克朗代克節 (Klondike Days)，主要在慶祝省府艾德蒙吞的今貌，包括全球網路和西北部原色。網址：www.capitalex.ca。

7 月 (Drumheller)
加拿大荒地基督受難劇 (The Canadian Badlands Passion Play)
場地設在音響效果絕佳的天然劇場，與聖地相似的特色強化了戲劇。甚受歡迎的節慶，每年吸引北美民眾前往觀賞。網址：www.canadianpassionplay.com。

8 月中旬 (艾德蒙吞)
艾德蒙吞國際藝穗節 (Edmonton's International Fringe Theatre Festival)
全球規模居次的藝穗節。網址：www.fringetheatreadventures.ca。

卑詩省

1 月 (Squamish)
布萊克谷冬季白頭鷹節 (Brackendale Winter Bald Eagle Festival and Count)
整個 1 月計算白頭鷹的數量，鼓勵志工參與，組織良好的行程，也包括泛舟之行。網址：www.brackendaleartgallery.com/featival.html。

7 月第一週 (威廉士湖)
威廉士湖牛仔競技會 (Williams Lake Stampede)
吸引五千人觀賞頂尖牛仔賽會，這可能是加拿大素質最好的。網址：www.williamslakestampede.com。

7 月 1 日
溫哥華民俗音樂節 (Vancouver Folk Music Festival)

在溫哥華舉行多元文化的舞蹈、美食與展覽。網址：www.thefestival.bc.ca。

7月中旬 (Kimberley)
7月節 (Julyfest)
在 Kimberley 這個「加拿大最高的城市」舉辦慶祝活動，包括加拿大 bocce 球比賽與滑板競賽。網址：www.kimberleyjulyfest.com。

7月最後兩週 (朋提克頓)
桃子節 (Peach Festival)
五天的活動包括放煙火、花車遊行、樂儀隊遊行，以及桃子節廣場舞蹈節。

7-8月 (溫哥華)
匯豐銀行燈火節 (The HSBC Celebration of Light)
號稱是全球規模最大的煙火秀，每年在溫華的英國灣舉行。網址：www.hsbccelebrationoflight.com。

8月下旬(溫哥華)
太平洋國家展覽會 (Pacific National Exhibition)
有遊行、展覽、運動、娛樂與伐木競賽等各項活動，值回票價。網址：www.pne.ca。

9月下旬到10上旬 (奧卡納干谷)
奧卡納干酒節 (Okanagan Wine Festival)
在葡萄採收期舉行10天，活動有葡萄園之旅、午餐、晚餐，以及各種有關酒、食物、知識和藝術的活動。網址：www.owfs.com。

曼尼托巴

2月 (聖朋尼菲斯)
毛皮商節 (Festival du Voyageur)
聖朋尼非斯這個充滿活力的法語社區，在毛皮商節時會紀念早期的毛皮商人。網址：www.festivalvoyageur.mb.ca。

6月中旬 (溫尼伯)
溫尼伯酷爵士節 (Cool Jazz Winnipeg Festival)
為期11天的節慶，溫尼伯市中心響徹許多最好的爵士、藍調、funk 和都會音樂，吸引成群結隊的當地人。網址：www.jazzwinnipeg.com。

7月中旬 (溫尼伯)
溫尼伯民俗音樂節 (Winnipeg Folk Festival)
此一國際知名的民俗音樂慶典，在溫尼伯郊外34公里處的省立公園連續舉行4天以上。bluerass 與福音音樂是其特色。網址：www.winnipegfolkfestival.ca。

7月下旬 (Austin)
曼尼托巴打殺人競技會 (Manitoba Threshermen's Reunion and Stampede)
舉行老式牽引機大賽、綑綁綿羊與打殺競賽，吸引了許多北美大草原的好手參賽。網址：www.ag-museum.mb.ca。

8月 (Dauphin)
加拿大國家烏克蘭節 (Canada's National Ukrainian Festival)
有豐富的音樂、娛樂與遊戲。網址：www.cnuf.ca。

8月第一週 (Gimli)
曼尼托巴冰島節 (The Icelandic Festival of Manitoba)
Gimli 的居民以節慶緬懷他們的傳承，該鎮是冰島以外最大的冰島人聚居區。網址：www.icelandicfestival.com。

8月 (溫尼伯)
民俗節 (Folklorama)
為期兩週的全市慶典活動，活動特色是展現40多個不同種族的食物、舞蹈、技藝與文化。網址：www.folklorama.ca。

新伯倫瑞克

7月中旬 (聖約翰)
保皇黨傳統節 (Loyalist Heritage Festival)
有遊行、舞蹈與路邊慶典等活動，來慶祝昔日保皇黨的登陸。網址：www.loyalistheritagefestival.ca。

7月中旬 (雪迪亞克)
雪迪亞克龍蝦節 (Shediac Lobster Festival)
網址：www.lobsterfestival.nb.ca。

7月下旬至8月上旬 (艾德蒙吞)
布雷翁市集 (La Foire Brayonne)
新伯倫瑞克 (神話中的馬達瓦斯卡共和國) 最熱鬧的節慶。當地的法語人口會在這三天當中熱烈慶祝。遊客可享受當地美食，見識到編織與其他技藝。網址：www.foirebrayonne.com。

7月下旬至8月上旬 (Newcastle)
米拉米契民謠節 (Miramichi Folk-Song Festival)
可以聽到當地充滿活力的民謠。網址：www.miramichifolksongfestival.com。

8月第一個週一
新伯倫瑞克節 (New Brunswick Day)
烤肉、打獵，以及現場娛樂活動。

8月中旬 (卡拉基特)
卡拉基特阿卡迪亞節 (Festival Acadian de Caraquet)
為期兩週的大型阿卡迪亞文化慶典，隨著漁船隊祈福活動之後展開，參與的數百位法裔阿卡迪亞人有歌唱家、音樂家、演員、舞者、藝術家和作家等。網址：www.festivalacadiancaraquet.com。

9月上旬 (Sussex)
大西洋熱氣球節 (Atlantic Balloon Festival)
大約180個熱氣球在國王郡 (Kings County) 蔥蔚的谷地飛行，活動內容也包括古董車展示、直升機與各種娛樂。網址：www.atlanticballoonfiesta.ca。

9月中旬 (弗雷德里克頓)
爵士音樂節 (Harvest Jazz and Blues Festival)
加拿大各地的音樂家將弗雷德里克頓變成北方的紐奧爾良，演奏爵士、藍調與南方爵士。網址：www.harvestjazzandblues.com。

紐芬蘭與拉布拉多

6月至感恩節 (Trinity)
漲潮劇院 (Rising Tide Theatre)
這個節慶在 Trinity Bight 一帶的露天場地舉行，內容包括戲劇、餐後表演、音樂會和各種特別的活動，為地方和生活帶來色彩和沒有距離的過往。網址：www.risingtidetheatre.com。

7月1日 (聖約翰)
紐芬蘭與拉布拉多民俗音樂節 (Newfoundland and Labrado Folk Festival)
來自該省各地的民俗音樂團體、舞者、說書者齊聚在 Bannerman Park，展現出傳統紐芬蘭的生活風情。網址：www.nlfolk.com。

7月下旬 (Twillingate)
鮮魚、趣味與民俗節（Fish, Fun, and Folk Festival）
該省最大的民俗節慶之一，在風景如畫的東北海岸舉行，以家庭為單位的參與者旨在讚揚紐芬蘭的文化和食物。網址：www.fishfunfolkfestival.com。

7月下旬至8月上旬 (Gander)
航空節（Festival of Flight）
頌揚該省在航空史上所扮演的角色，活動範圍很廣，如撞車的毀壞震撼、人人喜愛的空中分列式航行，以及紐芬蘭最大的廚房派對。網址：www.gandercanada.com。

8月第一個週三 (聖約翰)
皇家聖約翰賽船會（Royal St. John's Regatta）
在 Quidi Vidi Lake 舉行，是北美最悠久的運動賽事，不過得早起，因為早餐前划船賽就結束了。但之後的一整天還有其他慶祝活動。若天雨，划船賽與慶祝活動會延到下週。網址：www.stjohnsregatta.org。

新斯科細亞

5-6月 (安納波利斯谷地)
蘋果花節（Apple Blossom Festival）
有舞蹈、遊行與各項娛樂活動來慶祝蘋果花盛開。網址：www.appleblossom.com。

6月下旬至7月上旬 (哈利法克斯)
皇家新斯科細亞國際軍樂節（The Royal Nova Scotia International Tattoo）
一年一度的軍樂隊競賽，兩千多名國內外最好的軍民樂隊一展高下。網址：www.nstattoo.ca。

7月中旬 (安提哥尼什)
安提哥尼什高地遊藝會（Antigonish Highland Games）
重頭戲有擲竿賽，接連不斷的蘇格蘭高地舞蹈，伴隨著數百位踏步的風笛吹奏者。網址：www.antigonishhighlandgames.com。

8月中旬 (哈利法克斯)
哈利法克斯國際街頭藝人節（Halifax International Busker Festival）
來自全球各地的街頭藝人，在古老的哈利法克斯市中心的水岸邊展開為期11天的音樂表演。網址：www.buskers.ca。

8月下旬 (盧嫩堡)
盧嫩堡民俗港口節（Lunenburg Folk Harbor Festival）
這個受歡迎的節慶演奏各類音樂，由加拿大最好的藝人、舞者和工作室表演，表演場地包括帳篷、維多利亞露天音樂台、老歌劇院和碼頭。網址：www.folkharbor.com。

10月上旬 (布雷頓角)
凱爾特色彩國際節（Celtic Colours International Festival）
在布雷頓角島舉行的凱爾特文化節慶，一連9天。來自全球和加拿大各地的藝術家，以及布雷頓角島最好的歌者、戲劇演員、舞者和傳統技藝保存者共襄盛舉。網址：www.celtic-colours.com。

西北領地

2月中旬至3月 (黃刀市)
黃刀市北極光節（Yellowknife Aurora Festival）
這個節慶是為慶祝北極光，重頭戲包括爵士、民俗、搖滾和藍調音樂會，當然一定要欣賞極光。網址：www.aurorafestival.com。

3月下旬 (黃刀市)
馴鹿嘉年華（Caribou Carnival）
這個為期3天的節慶是為慶祝春天降臨北極地區，重頭戲包括伊努特人和第恩族的北方遊藝賽、冰雕，以及全長143公里的三日狗拉雪橇賽等。網址 www.cariboucarnival.com。

6月中旬至下旬 (伊努維克)
大北方藝術節（Great Northern Arts Festival）
藝術家齊聚發揚伊努特文化。網址：www.gnaf.ca。

6月20日 (黃刀市)
狂歡日（Raven Mad Daze）
慶祝夏天的到來，街上有各項娛樂活動。網址：www.gnaf.ca。

6月20日 (伊努維克)
白夜狂歡（Midnight Madness）
以傳統音樂與舞蹈慶祝夏至的到來。網址：www.inuvik.ca/event.html。

7月1日
加拿大國慶日（Canada Day）
傳統國際假日。

7月上旬 (黃刀市)
白夜經典高爾夫球錦標賽（Midnight Classic Golf Tournament）
有趣的錦標賽開拔到黃刀市高爾夫球俱樂部，球友趁著北極特有的白夜揮桿見真章。網址：www.ykgolf.com/tournament/midnight.html。

7月中旬 (各地輪流)
北極遊藝賽（Northern Games）
來自育空、阿拉斯加的印第安第恩族與伊努特人，齊聚參與運動、舞蹈與技能競賽。其中特色是女人剝海豹皮、縫紉等技藝。

下圖：多倫多同志遊行的火焰太陽表演者。

努勒維特

4月最後兩週 (各地輪流)

北極遊藝賽 (Toolik Tyme Festival)
這個受歡迎的節慶吸引各種年齡層,內容有北方遊藝、雪上摩托車競賽,以及讓人難以忘記的嘉年華。電話 1-867-979-6617。

安大略

2月中旬 (渥太華)

冬節 (Winterlude)
有冰雕、雪鞋競走、冰上划船與其他冬季慶祝活動。網址:www.capcan.ca/winterlude。

4-11月(斯特拉福)

斯特拉福節 (Stratford Festival)
輪演各種劇目的劇院節,嘗試各種不同戲劇,古典的和當代的,特別加重莎士比亞戲劇為特點。網址:www.stratford-festival.on.ca。

5月 (渥太華)

加拿大鬱金香節 (Canadian Tulip Festival)
三百萬盛開的鬱金香將加拿大鬱金香嘉年華會推向高潮,節慶期間也有遊行、賽舟、技藝展等活動。網址:www.tulipfestival.ca。

5月中旬 (多倫多)

國際兒童嘉年華 (Milk International Chrildren's Festival)
有一百項以上的慶祝活動,包括街頭默劇、魔術等。網址:www.harbourfrontcentre.com/milk。

下圖:渥太華鬱金香節一景。

5-10月 (湖畔尼加拉)

蕭伯納節 (Shaw Festival)
請參見374頁「湖畔尼加拉」藝術與表演章節。網址:www.shawfestival.com。

6月中旬 (多倫多)

同志自豪週 (Pride Week)
世界最大的同志自豪節慶之一,7天期間頌揚加拿大之包容精神(inclusiveness),包括一個藝文計畫。網址:www.pridetoronto.com。

7月下旬至8月上旬 (多倫多)

多倫多加勒比嘉年華 (Toronto Caribbean Carnival)
該市的西部印第安人會在多倫多島以唱歌、跳舞與遊行來慶祝,創造出狂歡的氣氛。網址:www.caribana.com。

8月第一週 (多倫多)

公民日。省定假日。

8月上旬 (麥克斯維)

格倫加立高地遊藝會 (Glengarry Highland Games)
加拿大規模第二大的高地遊藝會。網址:www.glengarryhighlandgames.com。

8月上旬 (St Catharines)

加拿大皇家亨里划船賽 (Royal Canadian Henley Regatta)
加拿大規模最大的划船賽,吸引了很多各地好手與觀眾。網址:www.henleyregatta.ca。

8月上旬 (Manitoulin Island)

威奎米康文化節和帕瓦儀式 (Wikwemikong Annual Cultural Festival and Pow Wow)
超過40年的歷史,帕瓦儀式修補安大略的傳統舞蹈和擊鼓。在8月的市民假日與週末,舞者和鼓者橫越北美來參加威奎米康的帕瓦儀式。網址:www.manitoulin.ca。

8月中旬至9月勞動節 (多倫多)

加拿大全國展 (Canadian National Exhibition)
全球同類展覽中最大、最悠久的一個。重頭戲是飛行表演、名人娛樂與各項展覽。這些活動都在LakeShore Blvd的展覽廣場(Exhibition Place)舉行,為期三週。網址:www.theex.com。

9月上旬 (多倫多)

多倫多國際影展 (Toronto International Film Festival)

為期10天的影展中,放映全球最佳的影片。網址:www.bell.ca/filmfest。

9月上旬 (圭爾夫)

圭爾夫爵士節 (Guelph Jazz Festival)
可能是北美最早的爵士樂節慶。網址:www.guelphjazzfestival.com。

9月 (Oakville)

加拿大高爾夫球公開賽 (Canadian Open Golf Championship)
是由 Glen Abbey 高爾夫球俱樂部主辦,為五大高爾夫球錦標賽之一。網址:www.rcga.open/cdnopen/。

10月中旬 (Kitchener/Waterloo)

十月啤酒節 (Oktoberfest)
這個著名的巴伐利亞節慶每年都吸引了數十萬以上的喜愛者,來到當地三十個臨時搭建的啤酒屋和帳篷。網址:www.oktoberfest.ca。

10月下旬 (多倫多)

加拿大原住民節 (Canadian Aboriginal Festival)
這個加拿大規模最大的原住民慶典在 SkyDome 的天幕下舉行,多達1,000名的舞者、歌者、藝術家和工藝家齊聚一堂,也頒發原住民音樂獎。網址:www.cnab.com。

愛德華王子島

6月中旬至9月勞動節 (夏洛特鎮)

夏洛特鎮節 (Charlottetown Festival)
在聯邦藝術中心會舉辦一系列的音樂會、戲劇表演與電影。網址:www.confederationcentre.com/festival。

7月上旬 (多洛特鎮)

愛德華王子島爵士藍調節 (P.E.I. Jazz and Blues Festival)
為期4天的活動,來自國內外的音樂家參與盛會。網址:www.jazzandblues.ca。

7月中旬 (夏邊市)

夏邊市龍蝦嘉年華 (Summerside Lobster Carnival)
為期五天,有市集、遊行與龍蝦盛宴等活動。網址:www.exhibitions-festivalspeiae.com/summersidelobstercarnival。

8月上旬 (泰國谷)

泰因谷生蠔嘉年華會（Tyne Valley Oyster Festival）
有提琴、跳舞與剝生蠔等競賽。在鮮蠔大餐中有各種烹調法的鮮蠔上桌。網址：www.exhibitions-festivalspeiae.com/tynevalleyoysterfestival。

魁北克

1月下旬 (魁北克市)

魁北克國際冰上滾石比賽（Québec International Bonspiel）
世界級冰上滾石遊戲的舉行地點。網址：www.quebecinternationalbonspiel.com。

2月上旬 (魁北克市)

魁北克嘉年華（Carnaval de Québec）
魁北克人沉浸於長達 11 天的狂歡享樂中，到處都見得到的 Cariboo（一種由威士忌、甜紅酒及其他讓你意想不到的成分調製而成的飲料），更是提高了整個氣氛。其他的慶祝活動還有遊行、冰雕競賽以及在結冰的聖羅倫斯河上划舟競賽。網址：www.carnaval.qu.ca

1月中旬至 2月上旬 (蒙特婁)

冬季嘉年華（La Fête des Neiges）
慶祝活動包括有化裝舞會、冰雕與戶外運動等，都在河上的島舉行。網址：www.fetedesneiges.com。

4月上旬 (全省)

煉糖完工派對（Sugaring-off Parties）
在採集楓樹液汁完成的慶祝活動。網址：www.bonjourquebec.com，再輸入搜尋關鍵字「Sugaring off」。

6月中旬 (布魯蒙)

布魯蒙國際馬術賽（International Bromont）
在 1976 年殘障奧運舉行的地點，這項世界盃馬術競賽在東城（Eastern Townships）舉辦。網址：www.internationalbromont.org。

6-8月 (歐福德山)

歐福德節（Festival Orford）
在 Jeunesses Musicales du Canada 演出，聚集了國際才氣洋溢的藝術家，整個夏天在歐福德山公園內的音樂中心舉行。網址：www.arts-orford.org。

6月中旬至 10月上旬 (蒙特婁)

蒙特婁國際花卉節（International Flora Montréal）
園藝愛好者齊聚在舊港碼頭，拜訪 45 座花園，學習園藝和造景的最新流行。網址：www.floramontreal.ca。

6月 24日

國家節日（Fête Nationale）
省定假日。網址：www.fetenationale.qc.ca

7月上旬至下旬 (魁北克市)

魁北克市夏季嘉年華（Québec City Summer Festival）
全市有免費的音樂會和生動的表演。網址：www.finfofestival.com。

6月下旬至 7月上旬 (蒙特婁)

蒙特婁國際爵士節（Montréal International Jazz Festival）
參加者眾多，除了需買票的活動外，另有 300 多項免費的表演。網址：www.montrealjazzfest.com。

7月中旬 (蒙特婁)

哈哈喜劇節（Just for Laughs Festival）
全球規模最大的喜劇節，2000 多個表演中有 1300 項是免費的。網址：www.hahaha.com。

7月中旬至 8月中旬 (Val-David)

1001 瓶瓶罐罐節（1001 Pots）
大型的陶瓷展覽會，100 多位陶藝家展出共 25,000 件原創作品。網址：www.1001pots.com。

8月中旬 (St-Jean-sur-Richelieu)

St-Jean-sur-Richelieu 國際熱氣球節（St-Jean-sur-Richelieu International Balloon Festival）
以家庭為主的夏日節慶，是加拿大規模最大的熱氣球聚會。網址：www.montgolfieres.com。

8月下旬 (蒙特婁)

18 世紀公有市場（18th-century Public Market）
回到舊特蒙第一座公有市場的往日時光之旅。無論晴雨，市集都在皇家廣場（Place Royale）和 Pointe-à-Callière 考古與歷史博物館周圍舉辦；大家扮成農夫、工藝匠和演藝人員，重建 18 世紀的市場風情。網址：www.pacmuseum.qc.ca

8月下旬至 9月上旬 (蒙特婁)

蒙特婁國際影展（Montréal Film Festival）
每年都吸引了 35 萬以上的人潮參與盛會。網址：www.film-montreal.org。

9月9至 10月下旬 (蒙特婁)

花燈節（The Magic of Lanterns Festival, Montréal Botanical Gardens）
每年秋天，數百盞不同造型和色彩的花燈，點亮了中國花園（Chinese Garden），花燈全數由中國上海的藝匠以手工製作。網址：www2.ville.montreal.qc.ca/jardin/en/chinese/chine.htm。

10月上旬 (蒙特婁)

蒙特婁藍與黑同志節（Black and Blue Festival, Montréal）
同志盛會，內容有有各式表演節目、藝術展覽、體育活動和遊行。網址：www.film-montreal.org。

薩克奇萬

2月 (亞伯特王子)

亞伯特王子冬之節（Prince Albert Winter Festival）
歡樂的冬季節日，各項活動諸如陷阱王（King Trapper）、狗拉雪橇競賽、小提琴決賽、當代鄉村音樂會，以及兒童嘉年華。網址：www.princealbertwinterfestival.com。

7月中旬 (薩克屯)

薩克屯展覽會（Saskatoon Exhibition）
為期一週，有各項競賽、歷史展覽、馬賽與家禽展。網址：www.saskatoonex.com。

7-8月 (女王城)

加拿大皇家騎警隊日落歸營典禮（RCMP Sunset Retreat Ceremonies）
有軍隊操演、發射大砲等。網址：www.rcmp-grc.gc.ca/depot/visit/sunset_e.htm。

8月第一個週末 (女王城)

野牛節展（Buffalo Days Exhibition）
為期七天，回溯「拓荒時期」野牛漫遊於大草原上。蓄鬚比賽、家禽評比、賽馬與娛樂表演等等活動。網址：www.ipscoplace.com。

9月前兩週 (卡佩爾)

四號條約集會（Treaty Four

Gathering）

帕瓦儀式（pow wow）以文化活動方式紀念大草原的原住民生活。網址：www.sicc.sk.ca。

育空

2月最後一週 (白馬市)

育空冬季狂歡節（Yukon Sourdough Rendezvous）

土生土長的育空人自稱「Sourdough」，一種著名的發酵餅乾。不過現在要當個「Sourdough」，已經不需要是土生土長的了，只要在育空住上一整個冬天即可。這個為期一週的節慶是為緬懷克朗代克時代。活動包括狗拉雪橇競賽、穿著1898年的服裝以及在夜店狂飲等等。網址：www.yukonrendezvous.com。

6月上旬 (Haines Junction)

阿薩克音樂節與克魯安山 Bluegrass 音樂節（Alsek Music Festival and Kluane Mountain Bluegrass Festival）

美麗的地點就在知名的克魯安國家公園（Kluane National Park）外圍，來自育空和北方其他地區的音樂家演奏原始北方音樂，包括民俗、爵士、古典到鄉村、bluegrass到搖滾樂等。網址：www.alsekfest.com。

8月第三週 (道生市)

發現日（Discovery Days）

以遊行、跳舞、競技與一般娛樂等活動，紀念當年在道生市附近發現

金礦。網址：www.dawsoncity.ca。

育空河畔藝術節（Yukon Riverside Arts Festival）

這是「發現日」的一部分，自育空和西北領地的藝術家，在氣勢磅礴的育空河畔展示他們的作品。網址：www.kiac.org。

購物

亞伯達

艾德蒙吞、卡加立、班夫、傑斯波與其他旅遊中心的手工藝店有賣各式各樣的西部與北部的特產，包括毛皮、原住民木雕或石雕作品。該省很多旅遊諮詢中心都有提供該省設計、製造的服裝資訊。

在卡加立，值得一去的店家有**鄉舍手工藝禮品店**（Cottage Craft Gifts），地址：8330 Macleod Trail SE，電話：252-3797，內有許多印第安與伊努特人手工藝品；要不然，也可去第八街上的三處大型購物中心找找看。班夫的**拉馬西部服飾店**（Lommle's Western Wear & Tack）位於：Cascade Plaza, 317 Bannf Ave，電話：403-760-5460，展售許多牛仔裝及配件。

卑詩省

溫哥華

要找別緻的畫廊、精品店與舶來品店，可前往蓋嬉鎮（Gastown）或Robson街。蓋嬉鎮有許多紀念品

店，Robson街有高級服飾店，以及紀念禮品店，包括印第安圖騰柱、太平洋岸西北原住民面具和藝術品等。華埠（Chinatown）本身就是個購物驚奇地點，市區不斷冒出購物中心，內有無數的專賣店。下列這幾家店值得一看：

Richard Kidd
地址：65 Water St
電話：604-677-1880
男女高級服飾的大商場。

Dutil
地址：303 W Cordova St
電話：604-681-7654
單寧布精品服飾，有來自全世界各地的各類商品。

Macleods
地址：455 W Pender St
電話：604-681-7654
加拿大最好的書店之一，有稀罕的二手舊書和初版書。

維多利亞 (250)

這裡有許多加拿大手工藝專賣店及英國、東方舶來品店。市府街（Government Street）沿街有許多吸引力的商店，順這條街走，可達Trounce Alley、Market Square與Bastion Square，那些地方聚集了很多藝術品店與手工藝品店。溫哥華島木製面具的價錢不是人人都付得起，不過當地原住民織的厚毛衣倒是還可以負擔。**海灣百貨公司**（The Bay，地址：1150 Douglas St，電話：250-385-1311）原是昔日的維多利亞堡交易站，現在有賣印第安厚毛衣，也賣昔日的哈得遜灣毛毯。

曼尼托巴

曼尼托巴有賣的東西，在溫尼伯都可以買到。到奧斯本村（Osborne Village，在議會後面）逛逛，可以找到藝品店與專賣店。紅河與阿夕尼波因河匯流處的**民間市場**（The Folks Market，電話：888-942-6302，網址：www.thefloks.com）有賣各民族的食物、特產與熟食，那裡也有賣手工藝品與珠寶裝飾品。

新伯倫瑞克

弗雷德里克頓（Fredericton）的新伯倫瑞克大學藝術設計科系，是該省品質一流的手工藝的一項保證，包括衣服彩繪、玻璃熔塑、木雕、製陶、錫鑞加工等。這些手工藝品在聖約翰、蒙克頓很容易就可以找到，而弗雷德里克頓則以錫鑞金屬加工藝品商店聞名，尤其是

下圖：加拿大流行的休閒服飾。

Aitkens Pewter（地址：408 Queen St，電話：506-453-9474，網址：www.aitkenspewter.com）與 Petwer Originals（580 Reid St，電話：506-454-6986）這兩家。Tourism New Brunswick（www.tourismnewbrunswick.ca，見398頁）可提供完整的手工藝品店目錄。

紐芬蘭與拉布拉多

除了一般的手工藝品之外，紐芬蘭的名產尚有拉布拉多珠寶、海豹皮製品與Grenfell毛皮厚衣。聖約翰的Duckworth街與Water街有各式各樣的商店。

西北領地

西北領地是加拿大高級北極熊鑽石和原始鈾金的主要生產地。第恩族與伊努特人經營的合作社販賣滑石雕刻、象牙雕、掛毯、版印、珠飾、海豹皮靴等手工藝品。這些東西在這裡的價格比加拿大其他地方便宜很多，因為少了運輸成本，而且稅率較低；當然，真品的價格本來就不便宜。

　　銷售店在黃刀市的購物中心可以找到，位於Bryson Drive的**Gallery of the Midnight Sun**有精選的原住民藝品與手工藝品。

黃刀市

Gallery of the Midnight Sun
地址：5005 Bryson Dr
電話：867-873-8064
網址：www.gallerymidnightsun.com
Trapper's Cabin
地址：4 essard Dr, Latham Island
電話：867-873-3020
最靠近昔日開拓邊界的商店，貨物由黃刀市供應。

新斯科細亞

新斯科細亞以手工藝品聞名，Tourism Nova Scotia（見398頁）有編印一本指南小冊供索取，內有當地手工藝品店的店名與地址。

哈利法克斯

哈利法克斯是蒙特婁以東最大的零售中心。Scotia Square與其他購物中心內有很多加拿大零售連鎖店的分店與當地人經營的商店。Historic Properties 區有無數的手工藝品店，Spring Garden Road 一帶的商店販售各式各樣的本地精品與舶來品。

努勒維特

伊努特人歷史悠久的藝術和工藝文獻早有記載，他們的雕刻品、版畫、珠寶和陶器全加拿大的博物館或美術館都能看到。**多塞特角**（Cape Dorset）是這些藝品的主要中心，在**West Baffin Eskimo Co-operative Store**大都有販賣。滑石雕刻、繪畫和其他工藝品在伊瓜紐特（Iqaluit）的多家商店也能找到，如在 Baker Lane 的 **Jessie Oonark Crafts**（電話：867-793-2428）、**DJ Sensations**（地址：626 Tumitt Plaza Building，電話：867-979-0650），以及 **Northern Country Arts**（地址：1555 Federal Rd，電話：819-979-0067）。

安大略

若要購買手工藝品，可以下幾家看看：尼加拉半島 Jordan Village 的 **Ninavik-Native Arts**（地址：3845 Main St，905-562-8888／1-800-646-2848），渥太華的 **Canada's Four Corners**（地址：93 Sparks St，電話：613-233-1322），京斯頓的藝術家合作社 **Cornerstone**（地址：255 Ontario St，電話：613-546-7967，網址：www.cornerstonefinecrafts.ca）或者 Camden East 的 **Bookstore Cafe**（在 County Road 1 和 County Road 4 交叉口，電話：613-378-1102，網址：www.bookstorecafe.ca）有當地藝術家的原創作品，多倫多的 **Eskimo／Inuit Art Gallery**（地址：12 Queen's Quay W，電話：416-366-3000）有伊努特人的藝術品與手工製品。

　　若要找尋古董古玩，可去多倫多的 Queen St（東西兩條街）、Markham Villege、Yorkville，或者 **Toronto Antique Centre**（地址：276 King St W，電話：416-345-9941）逛逛。

　　Burlinton 與 Hamilton 的假日跳蚤市場也可找到一些不錯的古董古玩。去 Hamilton，記得要去 Hess Village 的藝品店逛逛，那兒有一些稀有品。

渥太華

這裡可找到一些很高級的藝品店，它們訴求的對象可能是國際收藏家與觀光客。**Canadian Geographic**（電話：613-745-4629）這家悠久的公司在 39 McArthur Ave 總公司開了一家店，內有無數藝品，吸引崇尚自然的顧客上門。**The Snow Goose**（地址：83 sparks St Mall，電話：613-232-2213，網址：www.snowgoose.on.ca）這家店專賣伊努特人與印第安人的藝術品與手工藝品。

　　渥太華有三處購物區值得推薦。**Spark Street Mall**（電話：613-230-0984，網址：www.sparkstreetmall.com）位居中心，周圍環繞行人徒步區，人行道兩旁有許多專賣店與商店。**Rideau Centre**（電話：613-230-0984，網址：www.rideaucentre.net）也位於市中心區，三層樓，有180家以上的商店，包括百貨公司。越過人行道，可達 **ByWard Market**（地址：55 ByWard Market Sq，電話：613-562-3325，網址：www.byward-market.com），裡面有很多迷人的藝品店，值得一看。

多倫多

據說有許多遊客為了逛逛本市的商店、百貨公司、服飾店、攤位等，而來多倫多待上幾個月。給聰明人一個良心的建議：記得帶一雙舒適耐穿的鞋。

　　Yorkville Village 與布魯爾西街（Bloor St W）有歐洲與北美最新的流行風尚，那裡的咖啡屋與精品服飾點雖價錢昂貴，但親和力十足。從布魯爾街沿著央街往南走，可找到很多書店、軍備品店、視聽音響店、珠寶店等；其中包括知名的**伊頓中心**（Eaton Centre，電話：416-598-8560），從丹打士街（Dundas）到女王街（Queen），有三百家各式各樣的商店。

　　從女王街往南走，便是市中心的摩天大樓區，地底下是一個地下購物迷宮，其間各購物中心互通。這裡從實用的（花店、酒店、日用品店）到風尚的（美容沙龍、流行服飾店），應有盡有。從女王西街延伸到Bathurst，有許多家具店、古董店、咖啡屋與二手服飾店。

　　再往南走，到了Jarvis St和Front St，就是**St Lawrence Market**（電話：416-392-7120），這個市場被視為該市最好的新鮮產品市場。再往北走，轉向西，經過熱鬧的**中國城**，可抵達**肯辛頓市場**（Kensington Market）。這是一個很有活力的地區，窄窄的街道兩旁羅列著農產品攤、歐洲肉攤、西部印第安音樂行與二手貨商。往北可抵**Honest Ed's**（在 Bathurst 的 Bloor St，電話：416-537-1574，網址：honesteds.sites.toronto.com），這是一個會折扣的百貨公司，三層裝飾華麗的賣場及明耀的招牌，彷

佛向世界宣稱它的存在。這家公司的擁有人 Ed Mirvish 在 Bloor St 南邊的 Markham St 創造了另一個比較安靜的購物社區，即 **米維西社區**（Mirvish Village），這是一個經過整修的維多利亞式社區建築，街旁有許多書店、畫廊與餐廳。

值得注意的是市中心區以外也有許多不錯的購物中心，如 **Yorkdale**（地址：3401 Dufferin St，電話：416-789-3261）、**Scarborough Tower Centre**（401 號公路，在 Brimley 和 McCowan 之間，電話：416-296-0296，網址：www.scarboroughtowercentre.com）、**Fairview Mall**（地址：1800 Sheppard Ave E，電話：416-491-0151，網址：www.fairviewmall.ca），以及 **Sherway Gardens**（地址：25 The West Mall，電話：416-621-1070，網址：www.sherwaygardens.ca）等。這些都可利用捷運系統到達。到 Scarborough Tower Center 先搭地鐵，再轉 LRT 捷運系統。

愛德華王子島

時髦品在愛德華王子島並不多見。但是，當地的手工藝品，包括皮製品、木雕、編織品、陶瓷品等，卻非常優秀。Prince Edward Island

Crafts Council（電話：902-892-5152，網址：www.peicraftscouncil.com）有提供當地手工藝品的相關資訊。當地兩家較大的手工藝品店是 **Islands Craft Shop**（地址：133 Queen St, Charlottetown，電話：902-566-5850），以及 **The Dunes Studio Gallery**（位於 Brackley Beach，電話：902-672-2586，3 月中旬至 10 月中旬營業），這家附設有一間不錯的餐廳。

魁北克

魁北克的手工藝品，像小塊布縫製的布被、伊努特雕刻品與畫作向來深受大眾喜愛。不過別忘了多逛幾家，確定你要的東西不是假貨。價格通常就是很好的指標。真品總是比大量製造的仿品要貴些。

蒙特婁與魁北克市的大型百貨公司都會配合最新的歐洲流行。較小的商店與服飾店會提供各式各樣的商品給忠誠的顧客。營業時間依季節或地點而有所不同。

蒙特婁

The Underground City 是一個地下商業綜合中心，有劇院、戲院、旅館、餐廳、商店等等，這些全都在地下，並且跟地鐵相連。Rue Ste-Catherine 一帶有幾家百貨公司，而

Sherbrooke 街則有流行商店聚集。較小或較專門的服飾店散布在市中心區（無論地上或地下）。遊客若要找手工藝品，可到 **Le Rouet** 精品店或 **Canadian Guild of Crafts**（地址：1460 Sherbrooke St W，電話：514-849-6091）逛逛。值得一看的還有 Astwater Market（電話：514-937-7754），一攤接著一攤，賣著蔬果、乳酪、肉類、麵包和各式派餅等。

魁北克市

雖然蒙特婁有較多的購物商店，但是本市新近重建的 Basse-ville、沿聖保羅街一帶形成了一個頗具規模的古董市集。如果價錢鉤的話，古董商就會賣出手邊的維多利亞式家具、魁北克家具與各種殖民時期風格的物品。

薩克奇萬

大草原原住民的諸多藝術和工藝品中，樺樹皮齒咬藝術（birchbark-biting art）以牙齒囓咬製作，是世界獨一無二的。薩克屯（Saskatoon）最好的商店在 **The Trading Post**（地址：226-2nd Ave，電話：306-653-1769），有各類珠飾。**The Handmade House**（地址：710 Broadway Ave，電話：306-665-5542），專精於各類手工藝品。在女王城，**Mackenzie Art Gallery**（地址：3475 Albert St，電話：306-584-4250），有一間小型的精品商店。

育空

在飯店大廳藝品店可買到獨特的原住民藝術品與手工藝品，包括麋鹿毛束、金飾等等。除了聯邦的貨物與服務稅外，在育空是不用負擔營業稅。

The Yukon Gallery（地址：201B Main St，電話：867-667-2391），是白馬市最精緻的視覺藝品專賣店；**North End Gallery**（地址：118-1116 First Ave，電話：867-393-3590），有很好的伊努特人藝術品。

觀眾型運動

曲棍球是加拿大的熱門運動。加拿大小孩在學會滑冰時，就開始玩曲棍球。因此，加國有很多曲棍球聯盟。加拿大人密切注意國家冰上曲棍球聯盟的球隊，包括溫哥華法裔隊（Vancouver Canucks）、卡加立火焰隊（Calgary Flames）、溫尼伯噴射隊（Winnipeg Jets）、艾德蒙吞油人隊（Edmonton Oilers）、多倫多楓葉隊（Toronto Maple Leafs）、蒙特婁加拿大人隊等（Montréal Canadiens）。球季是從 10 月一直到 5 月底。相關資訊請見加拿大冰上曲棍球協會（Canadian Hockey Association），電話：403-777-3636 或 613-5632-5677，網址：www.hockeycanada.ca。

加拿大式足球跟美式足球很類似，十分熱門。遊客可向飯店服務台或當地觀光局詢問如何購買門票，有時票很難買到。相關資訊請見加拿大足球聯盟（Canadian Football League），

電話：416-322-9560，網址：www.baseball.ca。

在夏季，你會發現職業**棒球**也很熱門。蒙特婁博覽會隊是一支悠久的隊伍，但財務問題可能使它轉往其他北美城市。多倫多藍鳥隊人氣一直很旺，雖然只在 1992 年贏得世界盃冠軍。在蒙特婁與多倫多，球賽是相當令人興奮的事件。相關資訊請見加拿大棒球（Baseball Canada），電話：613-748-5606，網址：www.cfl.ca。

其他的運動也很流行。加拿大的國家運動是**長曲棍球**（lacrosse），這是一種源於北美原住民的遊戲。另一個可見到加拿大文化的是**冰壺**（curling），這種運動類似在冰上投保齡球。**籃球**與**排球**一年比一年流行。**板球**與**英式足球**有不少的支持者。英式**橄欖球**在某些地方很熱門。在夏季時，卑詩省中部與亞伯達成了**馬術**競技之鄉。

體育運動

亞伯達

滑雪

亞伯達以加拿大落磯山脈絕佳的的高山滑雪場地而聞名於世。滑雪季

上圖：在魁北克的塔伯拉山（Mont Tremblant）果嶺上推球進洞。

從 11 月開始，一直持續到 5 月，其中，最佳的滑雪月份是 1 月及 2 月。雖然路易斯湖隨處都有滑雪斜坡，但還有下列五處場地：卡那納斯基鄉的納奇斯卡（Nakiska in Kananaskis）、傑斯波國家公園的撥鼠盆地（Marmot Basin）、日光村（Sunshine Village）、諾魁峰（Mount Norquay）、班夫國家公園的神祕山（Mystic Ridge）。

滑雪和雪地滑板的課程，或者想乘坐雪車，可至卡加立的 Canada Olympic Park（電話：403-247-5452，網址：www.canadaolympicpark.ca），卡加立是 1988 年冬季奧運場地。到了夏季，公園園區搖身一變成為登山健行等活動的場地。

水上運動

水上運動在這裡大受歡迎。在省立與國家公園裡，有很多地方可以划獨木舟與泛舟。Canadian Rockies Rafting（電話：1-877-226-7625，網址：www.rafting.ca）替那些喜歡泛舟的人設計了河流之旅。

釣魚

亞伯達是垂釣人的夢土。某些魚類終年都可以釣，但需要有執照（國家公園有自己的規定）。欲知詳情及索取釣魚指南，可洽詢：Alberta Information Center，電話：1-877-944-0313 或 780-944-0313，或至 Alberta Government Sustainable Resource Development 的網址：www.srd.gov.ab.ca。在各國家公園漁獵應遵守的規則，可在網址：www.pc.gc.ca 找到，或電話 1-888-733-8888 詢問特定公園的規則。

打獵

在亞伯達省立與國家公園裡，禁止各種打獵活動；在其他特定區域，鵝、水禽及某些大型獵物，倒是不禁獵，但最好事先詢問 Alberta Information Center，電話：780-944-0313 或 1-877-944-0313，或至 Alberta Government Sustainable Resource Development 的網址：www.srd.gov.ab.ca。

卑詩省

高爾夫球

夏季時，球場應該不難找。不過，溫哥華和維多利亞溫和的氣候使得當地全年都可打高爾夫球。

登山與健行

卑詩省的山脈，不分季節，終年都是登山者的挑戰。登山者出發前應該向省立與國家公園查詢細節。省立與國家公園當局的路徑維護工作做得不錯，路標清楚，這對越野滑雪者與穿雪鞋行走者很有幫助。可上 Tourism B.C.的網址：www.hellobc.com 查詢登山健行的資訊，在健行項目下可瀏覽卑詩省受歡迎的步道路徑。

水上運動

卑詩省不論是在內陸或是海岸，水上運動的機會多得是。若要深水釣魚或駕船，詳情可詢問維多利亞或溫哥華旅遊當局，或者向當地遊艇俱樂部詢問租艇細節。划獨木舟、海上划皮筏（sea-kayaking）也很流行，可向 Tourism B.C.（網址：www.hellobc.com）詢問租用與路線相關細節。北溫哥華與波威河（Powell River）之間的日光海岸，及溫哥華島東岸，自詡有加拿大最溫暖的海泳與水肺潛水。奧卡納干河谷度假區可以找到比較多的機會游泳與划船。

釣魚與打獵

卑詩省的湖泊溪流有很多紅點鮭、河鱸與鱒魚。該省的鮭魚很著名。在河流裡就可捉到，或者租船在近海捕釣。魯伯特王子的大比目魚場難有對手。該省很多河流盛產著名的硬頭鱒，而內陸湖泊也可以找到巨鱒的蹤跡。

許多獵手來卑詩省尋找馴鹿、麋鹿、山羊、灰熊、黑熊與水禽。若開車到喬治王子附近的僻靜度假營地，可以找到絕佳的釣魚與打獵地點。更往北，漁獵機會更好。

非當地居民的打獵與釣魚執照在當地運動休閒用品店可以取得，或者向公園巡邏警拿取。細節請詢問 B.C. Fishing Resources，網址：www.bcfishing.com/regulations。

滑雪

從海岸山脈到落磯山脈，隨處都有很好的滑雪坡。主要的滑雪度假勝地包括有：奧卡納干谷的大白（Big While）與銀星（Silver Star）、庫特內（Kootenays）的紅山、落磯山脈的 Panorama 和 Fernie Alpine、溫哥華島的禁忌高地（Forbidden Plateau），還有溫哥華附近的絲柏盆地（Cypress Bowl）、松雞山（Grouse Mountain）、鐵杉谷（Hemlock Valley）、西摩爾山

（Mount Seymour），加里巴迪（Garibaldi）省立公園的惠斯勒山與黑梳山（Blackcomb Mountain）。

曼尼托巴

夏季運動

高爾夫球與騎馬盛行於夏季，就像水上運動一樣。省府當局已開拓出數條具挑戰性的健行步徑，包括白貝殼省立公園（Whiteshell Provincial Park）的 Amisk 小徑。

釣魚與打獵

該省夏冬都是垂釣季，魚類包括有鱒魚、北方梭魚、鼓眼魚與北極鱒等。獵人可找到黑熊、鹿與馴鹿等。如果想取得執照及了解其他規定與機會，請洽詢 Department of Natural Resource，地址：Box 22, 200 Salteaux Crescent, Winnipeg, MB R3J 3W3，電話：204-633-HUNT 或 1-800-214-6497。

冬季運動

該省正逐漸加強冬季運動休閒設施。許多省立公園的步徑可供越野滑雪利用。度假勝地的數量越來越多，提供乘平底雪橇、摩托雪車及滑雪的場地。

新伯倫瑞克

有關運動休閒活動的細節，可詢問新伯倫瑞克旅遊（Tourism New Brunswick）。

高爾夫球與駕船

夏季時，該省的 40 多處高爾夫球

下圖：加拿大水域非常適合駕駛帆船。

場很少會客滿。當然，駕船也很盛行，可以到外海去，或是到雖然平緩卻很秀麗的聖約翰河上。

釣魚與打獵

在該省北部偏僻地方，只要有執照，就可以獵取鹿與小型動物。海釣船通常從卡拉基特（Caraquet）出發；至於內陸，米拉米契（Miramichi）的河流與雷斯提哥契（Restigouche）的河谷都是有名的大西洋鮭魚釣場。詳情請詢問新伯倫瑞克旅遊（見398頁）。

冬季運動

對於冬季運動的愛好者，該省的省立與國家公園有高山與越野滑雪路徑；駕摩托雪車也相當流行。

紐芬蘭與拉布拉多

該省為戶外活動愛好者規畫了許多挑戰，從划獨木舟、划皮筏、滑雪等無所不包。

紐芬蘭是釣客的天堂，這是東岸加拿大無法匹敵的，雖然該省有嚴格的規定與數量限制。內陸河川湖泊有很多梭魚、鱸魚、鮭魚與鱒魚，近海則有金鎗魚。在紐芬蘭的馴鹿與麋鹿獵季時，有經驗的獵手可雇用一名有執照的嚮導前往打獵。預知詳情，可詢問觀光局（The Tourism Department）。

西北領地

水上運動

划獨木舟與泛舟在西北領地可說是一項壯舉，因為只有划獨木舟的頂尖高手才膽敢向杜本特河（Dubawnt R.）或南納哈尼河（South Nahanni R.）挑戰。然而，該省多數的湖泊與較平緩的河流都適合初學者或半路子來這裡划舟操樂一番。不過，請留意北方的天氣、黑蠅與蚊子。請攜帶充足的驅蟲劑、蚊帳及防水、保暖的衣物。很多度假山莊與營地提供划舟假期的行程安排與包辦一切食宿、裝備、器材補給等服務。如果不找他們，旅客也可以自行打點上路，在當地租艘獨木舟。

釣魚與打獵

雖然這裡打獵的風氣算是很普遍，但是釣魚還是西北領地最喜愛的休閒活動。北方梭魚、北極鱒魚、鱒與美味的紅點鮭都是釣客的主要對象。儘管就在路邊或獨木舟上釣起來也無不可，但是認真的釣家還是會跑到釣魚營地或山莊，或是找專

人承辦，坐包機去釣。即使如此，在這些寒冷的北方水域中，魚成長很慢，所以很多垂釣承辦業者就採行「捉放」原則，魚釣起來之後，經過秤重與照相，就立即釋放。
獵季來到西北領地尋找馴鹿、麋鹿、黑熊、棕熊、灰熊、北極熊等大型獵物（對這些動物很幸運的是，多數獵手幫獵物照個相就放生）。非居住當地的獵者必須由領有執照的嚮導作陪。有關狩獵季節、規定限制、代辦業者與嚮導等事宜，可查詢《探險家指南》（Explorer's Guide，網址：www.explorenwt.com）。

水上運動

晚春與初秋時節，各種冬季運動就可大顯身手了。冰釣、雪鞋步行、滑雪與駕狗隊划雪（dog-mushing）尤其熱門。所需裝備可向當地店家租用。很多山莊與度假勝地終年開放。欣賞北極光，西北領地是最棒的地方，9月至4月欣賞北極光也給本來地從事冬季運動休閒的遊客帶來額外的收穫。

新斯科細亞

一般而言，該省比不上鄰近幾省有豐富的冬季運動機會。但是，一到夏天，就不是這樣了。新斯科細亞旅遊局出版的《夢想實踐家旅遊指南》（Doer's and Dreamer's Travel Guide，網址：www.novascotia.com）提供詳盡資料。
該省的河流，不論平緩或洶湧，都得到愛好**划獨木舟**人士的看重。受保護的海岸也受到**海上划皮筏**愛好人士的喜愛。

釣魚與打獵

釣魚與打獵設限很多，但花這番功夫還是值得。垂釣鮭魚與鱒魚的人在河畔享受樂趣，而野心更大的則出海釣魚，特別是藍鰭鮪魚。獵手在該省可獵到的獵物，種類很多，包括熊、白尾鹿、兔、雉、野鴨、松雞等。

努勒維特

冬季在該地區從10月延續至6月，使得雪季冒險活動異常豐富。狗駕雪橇無論是成一團隊或單純個人享受駕乘樂趣，都是體驗努勒維特的一種方式。行經野生物地點之旅的駕摩托雪車也甚受歡迎。
春天時節，在努勒維特的公園**越野滑雪**，會有機會看到馴鹿、北極野兔等野生物的蹤跡。

參與型運動

加拿大廣大的野外或許是它最迷人之處。想更了解下列的戶外運動，可詢問各省相關單位。

健行在加拿大非常普遍，尤其是在省立與國家公園的步道。更多的步道資訊可至 Canada Trails（網址：www.canadatrails.ca），或 Trans Canada Trails（電話：514-485-3959，網址：www.tctrail.ca）查詢。

泛舟與划獨木舟在每一省都有，安大略、卑詩省、育空、西北領地尤其盛行。更多的划獨木舟資訊可至 Paddle Canada（電話：1-888-252-6292，網址：www.paddlingcanada.com）查詢。

駕船遍及全加拿大，在海岸與五大湖區尤其盛行。請洽 Canadian Yachting Association（電話：613-545-3044，網址：www.sailing.ca）查詢。

潛水主要集中在卑詩省的碎群島（Broken Group Islands）與日光海岸（Sunshine Coast）、新斯科細亞海岸與安大略的喬治亞灣。

高爾夫球每一省都有，卑詩省南部與安大略尤其盛行。查詢高爾夫球場地、各省與全國性高爾夫球協會的相關資訊，請至網址：www.canadatrails.ca。

網球遍及全加拿大，但在度假勝地特別盛行。請洽 Tennis Canada（電話：416-665-9777 / 514-273-1515，網址：www.tenniscanada.ca）查詢各省網球協會名錄。

釣魚與打獵遍及全加拿大，但各省的規定、發照與季節都有所差異。多數的省立與國家公園都允許釣魚，但禁止打獵。

爬山亞伯達、卑詩省與育空比較盛行。可聯絡 Alpine Club of Canada（電話：403-678-3200，網址：www.alpineclubof canada.ca）。

高山滑雪盛行於亞伯達、卑詩省、魁北克、安大略。相關資訊可聯絡 Canadian Ski and Snowboard Association（電話：403-265-8615，網址：www.canadaskiandsnowboard.net）。

越野滑雪普及加拿大全國，在省立與國家公園尤其盛行。查詢各省相關組織可聯絡 Cross Country Canada（電話：403-678-6791，網址：www.cccski.com）。

駕摩托雪車普及全加拿大，在安大略、魁北克、育空、西北領地與努勒維特尤其盛行。各省相關資訊和協會組織可聯絡 Canadian Council of Snowmobil Organizations（電話：506-387-8960，網址：www.ccso-ccom.ca）。

其他的休閒活動還包括有溜冰、雪鞋行走、冰釣、滑翔翼、特技跳傘、騎馬、風浪板、滑水、自然觀察與攝影等等。

任何一項**水上運動**都必須由當地代辦業者規畫。可以在巴芬島峽灣的冰山周遭海上**划皮筏**，在巴芬島的 Soper 河或 Coppermine 河划獨木舟或泛舟，同時進行野生生物、魚類和考古地點的探索等。

在這裡**釣魚**是一項美夢，因為魚源豐沛，魚兒碩大，完全不需要魚餌。努勒維特的水域含氧量高，這代表大魚是在相對較淺的水面捕食。對老練的釣魚者，這裡提供山莊和帳篷營區；對於初學者則規畫數日套裝行程。據說這裡也有獵熊行程。

健行者在努勒維特各公園園區有綿長的步道可探索，例如奧育吐克國家公園（Auyuittuq National Park）、卡塔尼利克公園（Katannilik Park）的柳樹林等。另一選擇是追隨富蘭克林（John Franklin）的足跡，尋找西北航道。

過去幾年來，吸引**登山者**群集努勒維特的兩大魅力，一是索爾山（Mount Thor）高 1,000 公尺的西面垂直峭壁，二是阿斯加爾德山（Mount Asgard）高 800 公尺的西面垂直峭壁，這兩座山位於奧育吐克國家公園，雖然園區內還有更多山脈可挑戰；努勒維特其他地方也有山脈可挑戰，例如巴芬島北邊的山姆福特峽灣（Sam Ford Fiord）和克萊德河（Clyde River）周邊。

安大略

安大略旅遊出版了各種休閒活動指南，《冒險指南》（Adventure Guide）詳列划獨木舟、健行、騎自行車、駕摩擦雪車等套裝行程。《安大略巡航》（Cruise Ontario）概述駕船、帆船和遊艇的資訊；《安大略垂釣》（Fishing Ontario）介紹各種釣場；《雪鄉指南》（Snow Country Guide）以駕摩托雪車愛好者為對象，並旁及滑雪、冰釣和各類冬季戶外活動。以下是相關單位的實用資訊：

Ontario Tourism Marketing Partnership Corporation
地址：10 Floor, Hearst Block, 900 Bay St, Toronto, ON M7A 2E1
電話：1-800-668-2746
網址：www.ontariotravel.net

Ministery of Natural Resource
電話：1-800-667-1940

Ontario Sports & Recreation Center Inc
地址：1185 Eglinton Ave E, North York, ON M3C 3C6
電話：416-426-7000

Resorts Ontario
地址：29 Albert St, Orillia, ON L3V 5JP
電話：705-325-9115 / 1-800-363-7227
網址：www.resorts-ontario.com

健行

安大略有十幾條穿越全省的壯麗小徑。其中最著名的是布魯斯小徑（Bruce Trail），從尼加拉瀑布附近開始，蜿蜒於尼加拉懸崖，終抵布魯斯半島，全長 740 公里。詳情請詢問 Bruce Trail Association，地址：Box 857, Hamilton, ON L8N 3N9，電話：905-529-6821 或 1-800-665-HIKE。

阿岡昆國家公園也有多條野地小徑，其中風景最美麗的是西部丘陵小徑（Western Upland Trail），分成數段，從 32 公里到 82 公里，還有高地小徑（Highland Trail），分成兩段，分別是 19 公里、35 公里。詳情請詢問阿岡昆國家公園，地址：Box 219, Whitney, ON K0J 2M0，電話：705-633-5572，網址：www.algonquinpark.on.ca，E-mail：info@algonquinpark.on.ca。

里多小徑沿著里多運河從京斯頓到渥太華，全長 300 公里。詳情請詢問 Rideau Trail Association，地址：Box 15, Kingston, ON K7L 4V6，電話：613-545-0823，網址：www.rideautrail. org，E-mail：info@rideautrail.org。

安大略多數的省立公園都有各種長度的小徑通過。位於蘇必略湖北岸的普克斯科瓦國家公園（Pukaskwa National Park）有數條崎嶇的小徑，較不適合生手。

釣魚與打獵

在安大略釣魚與打獵雖然必須遵守一大堆規定，但會有豐碩的收穫。雖然安大略也有北美常見的淡水魚，但該省出名的卻是北美狗魚、鱸魚、鼓眼魚、梭魚、鱒魚。獵手則來該省尋找鹿、麋鹿、雉與黑熊。

打獵與釣魚有季節性，需要取得地圖以及有關執照及當地代辦業者相關資訊，請洽詢 Ministry of Natural Resource Information Center，地址：300 Water St, PO Box 7000, Peterborough, ON K9J 8M5，電話：1–800-667-1940。網址：www.mnr.gov.on.ca/mnr。

真正癡迷的釣客與獵手會包租飛機到北部，這個地區是釣魚與打獵的樂園。可向安大略旅遊（Travel Ontario）索取飛行服務的資訊。Resorts Ontario 也提供釣魚之旅包辦服務的資訊。

水上運動

該省的淡水區域占世界淡水區域總面積的三分之一，包括 40 萬個湖泊與無數的河川溪流。所以，安大略實在是水上運動的樂園。划獨木舟還可從 5 月中旬到 10 月盡情享受安大略的河川湖泊。其中，最有名的是在阿岡昆與魁提可（Quetico）省立公園，雖然遠了些。渥太華河與某些省立公園有極佳的激流泛舟，知名度年年提高。關於代辦業者，可詢問 Paddling Ontario，網址：www.paddlingontario.com。

休倫湖區的喬治亞灣、木斯科卡湖、千島群島與特倫特－塞弗恩運河（Trent-Severn Waterway）都是極佳的駕船區。很多碼頭都可租到摩托船、帆船與滑水設備。

下圖：惠斯勒的山區自行車越野。

安大略的沙灘有很棒的游泳場地。其中較有名的是中部的「cottage country」湖區與喬治亞灣（特別是 Wasaga Beach）。安大略湖邊的 Sandbanks 省立公園有三處安大略範圍最大、沙子最柔軟的沙灘，都是游泳、衝浪、駕船和划船的好地方。

潛水人士愛去喬治亞灣（裝備可在 Tobermony 的店家租用），那是一個沉船的墳場。

其他夏季休閒運動

安大略有將近四百座高爾夫球場，其中有許多開放給大眾利用。騎馬也是廣受喜愛的休閒運動。而了解安大略最好的方式之一就是騎自行車。

滑雪

該省南部有一處下坡滑雪勝地是在靠近柯林烏（Collingwood）的藍山山脈。若不去那裡，可試試蘇聖瑪麗（Sault Ste Marie）與珊德灣（Thunder Bay）周圍的北部山坡，尤其後者是著名的跳台滑雪勝地。

渥太華得天獨厚有三處**高山與越野滑雪勝地**，離魁北克不到 32 公里。卡斯卡迪山（Mont Cascades，電話：819-827-0301）、加提諾公園（Gatineau Park）的命運營地（Camp Fortune，電話：819-827-1717）與艾德威思谷（Edelweiss Valley，電話：819-459-2328）。北邊 100 公里外的聖瑪麗山（Mont Ste-Marie，電話：819-467-5200 / 1-800-567-1256）的滑雪坡更有挑戰性。別忘了，渥太華離勞倫欽山區（Laurentians）不遠。

Ontario Snow Resorts Association（地址：125 Napier St, Collingwood, ON L9Y 4E8，電話：705-443-5450，網址：www.skiontario.on ca，E-mail：osra@skiontario.on. ca）與安大略旅遊可提供住宿與旅遊行程的資訊。要查詢最新的下雪狀況，可撥電話：1-800-ONT-ARIO 或電話語音：416-314-0998。要查詢越野滑雪，可撥電話：1-800-ONT-ARIO 或電話語音：416-314-0960。

越野滑雪在全省幾乎都可找到極佳的路徑。相關資訊可撥電話：1-800-461-7677。

其他冬季休閒運動

駕摩托雪車發源於此，在此地也一直普受喜愛。主要的路徑穿越喬治亞灣與木斯科卡／阿岡昆公園，但該省其他地區也都可以找到合適的路線。查詢雪況可撥電話：1-800-ONT-ARI。

對等不及天氣轉暖的釣客來說，

安大略還有**冰釣**季節。該省的健行路徑通常也可作為**雪鞋行走**的路徑。

魁北克

魁北克旅遊（Tourisme Québec）有目錄詳盡介紹該省 20 個旅遊地區的運動休閒活動，包括划雪、駕船、打獵與釣魚等。可寫信至魁北克旅遊（見 399 頁），網址：www.tourisme.gouv.qc.ca。

夏季/冬季運動

划獨木舟與健行是夏季風行的運動，特別是在加拿大盾地那些湖泊遍佈的森林區。愛好人士會發現省立公園是划獨木舟最理想的地方。魁北克人也清出了 1200 多條的路徑作為越野滑雪、雪鞋行走之用，以及 3 萬公里的路徑作為駕摩托雪車之用。

釣魚與打獵

該省的河流湖泊一向以適宜垂釣而聞名。事實上，省府當局宣稱魁北克的魚比世界上任何地方還多。租飛機到該省北部營地探遊也相當流行。有關釣魚與打獵的執照、季節、規定與代辦事宜的細節，可詢問魁北克旅遊（網址：www.tourisme.gouv.qc.ca）。

滑雪

魁北克下坡滑雪區從 10 月至 4 月的平均下雪量是 200 公分，使得該省成為滑雪的天堂。在夏洛瓦區（Charlevoix）的 Le Massif，有東加拿大最垂直的落差，而以以每季平均落雪量 7 公尺而聞名。在各滑雪勝地可詢問包辦週末或一週的事宜，通常包括住宿、三餐、上坡票價、滑雪課程等等。

東部鎮區

滑雪

東部鎮區
歐福德山是個滑雪勝地。詳情請洽詢 Magog-Orford Tourist Information（地址：55 Cabana, Magog, PQ J1X 2C4，電話：819-8432744 或 1-800-267-2744），它會提供一個高度組織化的服務網，為你安排住宿與行程包辦事宜。

魁北克市區
從魁北克市搭巴士或開車，到 1000 尺高的聖安娜山滑雪，一天就可玩得很盡興。可打電話給聖安娜山公園（Parc du Mont Anne，電話：418-827-4651 或 1-800-463-1568，網址：www.mont-anne.

com），詢問下坡滑雪與越野滑雪的細節。這些路徑維護良好，向四處延伸，離舊市區城牆只有 40 公里。

勞倫欽區

這個地區就在蒙特婁的西北方，有數不完的飯店與度假中心。夏季時，這裡也是**高爾夫球**與**網球**的熱門地。

塔伯拉山

塔伯拉（Tremblant，電話：514-876-1445 或 1-866-836-3030，網址：www.tremblant.ca）是這裡最大的度假綜合中心。欲知塔伯拉山整個地區的詳盡資訊，可詢問 Bureau touristique de Mont Tremblant，網址：www.mt-tremblant.com）。

聖阿黛拉

詳情請詢問 Bureau Touristiques des Pays-d'en Haut，電話：1-800-898-2127。或是撥打「旅遊諮詢」辦公室電話：450-227-3417。區內的 Le Chantecler 是很受歡迎的滑雪勝地，電話：450-229-3555 或 1-888-916-1616。

薩克奇萬

薩克奇萬人喜愛冰上**石壺**遊戲，幾乎每一個小鎮在 1 或 2 月時都會舉辦一場比賽。**健行**與**越野滑雪**十分風行，尤其是穿越公園的行程。

水上運動

該省有十萬個以上的湖泊，所以水上運動很受喜愛。其中，**划獨木舟**可能是最受喜愛的一種。該省規畫了 50 個以上的划舟路線，生手和老手一樣。划舟假期包辦業者可隨個人需要，安排住宿、食物與租用裝備。

釣魚與打獵

獵手在該省可發現到大型獵物與許多種類的鳥。對釣客來說，該省北部湖泊與河流有很多魚，包括鱒魚、北方梭魚、鼓眼魚與北極鱒。關於坐飛機或開車進入營地、代辦業者、執照與划船等，以及其他休閒活動的詳盡資訊，請洽詢薩克奇萬 Environment and Resource Management，地址：3211 Albert St, Regina, SK S4S 5W6，電話：306-953-3750 或 1-800-567-4224。

育空

划獨木舟

育空是程度中上的划舟者的天堂。司徒華河（Stewart River）與育空河都十分和緩。而克朗代克河與大鮭河（Big Salmon River）就比較有挑戰性。基於安全理由，外地划客必須先到加拿大皇家騎警隊登記，並且證明帶了充足的裝備與補給。

健行

健行十分流行，而這意味育空崎嶇的地形常常使得健行者必須附帶攀岩爬山。克魯安國家公園（Kluane National Park）是健行者最愛去的地方。育空旅遊（Tourism Yukon）可提供更多育空健行與攀爬的資訊。

釣魚與打獵

由於育空基本上是一塊原始處女地，因此特別適合釣魚、打獵等活動。向代辦業者取得准許證件，找尋合適地點，你就可以盡情釣鱒魚、北極鱒、鮭魚與北方梭魚。有些很好的釣魚區就在公路主幹線旁，不過有些人還是喜歡搭飛機到非常僻靜的營地去垂釣和露營。

《育空假期指南》（*Yukon Vacation Guide*）手冊有關於釣魚與垂釣宿處的詳盡資訊。在規定季節（通常是秋季），可狩獵大型動物與鳥類。非當地的獵手必須有領有執照的嚮導作陪。關於規定、限制、季節與代辦業者的問題，可詢問環境部的育空漁獵協會（Yukon Fish and Game Association），地址：Box 2703, Whitehorse, YK, Y1A 2C6，電話：867-667-5652 或 1-800-661-0408。

兒童休閒活動

從東岸到西岸，加拿大都有對各年齡層孩童友善親切的地方，這裡列舉一些行程。

在紐芬蘭，嘗試搭乘由當地人經營的旅遊船，從若愚灣（Witless Bay）的漁村出發前往**若愚灣生態保護區**（Witless Bay Ecological Reserve），保護區由四座小島組成，從陸地飛來的百萬隻海鳥在這裡築巢，撫育下一代。數百頭座頭鯨在夏季出現覓食，使這裡成為最好的賞鯨地區。更多資訊可聯絡 Park and Natural Areas Division，電話：709-635-4520，網址：www.env.nl.ca。

就在新斯科細亞的安納波利斯皇家（Annapolis Royal）之外，**上克雷蒙公園**（Upper Clements Park，位於 Upper Clements，電話：902-532-7557，網址：www.uppercle mentspark.com）是大西洋岸最大的遊樂園，其中一座野生動物園區有 20 多種鳥類和哺乳類動物。

在魁北克市，遊客到**魁北克水族公園**（Parc Aquarium du Québec，地址：1675 Ave des Hôtel，電話：418-659-5264，網址：www.sepaq.com/paq/en/）探索聖羅倫斯河、加拿大水域直到北極的生態系統。順著這個方法，可觀察一萬多種淡水魚和海水魚，以及海洋哺乳動物如海象、海豹與北極熊。

在多倫多，**Riverdale Farm**（地址：201 Winchester St，電話：416-962-8787）同受到當地人和遊客的喜愛，它是 Cabbagetown 中心區的一座工作農場，每天擠奶、製作乳酪、紡羊毛線，加上不同季節特有的活動事項，1858 年的穀倉；在這座典型農場，你會期待到各種農場動物。

在漢彌頓（Hamilton），**Parks Canada Marine Discovery Centre**（地址：57 Discovery Dr，電話：905-526-0911）藉由互動式展示（如在五大湖航行測驗）與生動導引，介紹加拿大的國家海洋保護區，讓所有年齡層的孩子都能吸收國家海洋遺產的重要性。

曼尼托巴兒童博物館（Manitoba Children's Museum，地址：45 Forks Market Rd，電話：204-924-4000，網址：www.childrens museum.com）不是傳統博物館，館內沒有「請勿碰觸」的警告標誌，六座陳列館從高科技祕密的 Live Wire Gallery，到 The Tree and Me 的奇蹟森林，全都設計為動手找樂趣的模式。

深刻省視最早的原住民歷史文化的**瓦努斯凱遺跡公園**（Wanuskewin Heritage Park，地址：Warman Rd，電話：306-931-6767，網址：www.wanuskewin.com），就在薩克屯（Saskatoon）市郊。博物館裝置互動的手觸式螢幕電腦，來圖解諸如野牛跳躍、野牛欄圈、兒童遊戲，以及樹木植物等知識。甚至可以坐在大型原住民圓錐帳篷內，聆聽錄音的古老種族神話。

開車走亞伯達的冰原大道，從路易斯湖到傑斯波，別忘了停一下坐趟**雪巴士**（Snocoach）。在亞大巴斯（Athabasca）冰河上；當然也可以步行。這種經驗沒人能忘。

在溫哥華，**故事館**（Storyeum）是一大型多媒體表演，呈現在蓋嬉鎮（Gastown）的歷史街區。當你從世界最大的旅客升降梯下來之後，導覽之旅會帶領你穿越七大特殊區，故事從史前省的過往神奇地進入生活：從最早的原住民長屋傳說，再到哈德遜灣公司的貿易船「忍耐號」抵達登陸、淘金熱的興奮刺激，直到今日世界。

其餘的請參見第 8 頁的「全家出遊好去處」。

實用資訊

查詢便利、按字母順序排列的實用資訊

機場稅

加拿大有好幾座機場會對出境的旅客徵收機場稅（AIF）。大部分情況下，個人機場稅是在機場支付；有時候也會根據目的地而有所改變。

在卡加立國際機場，所有航班的旅客都要收取 12 元加幣的機場稅，直接內含於飛機票價。在艾德蒙吞國際機場，機場稅為 10 元加幣外加「商品和服務稅」（GST）。蒙特婁的杜魯道國際機場每個從這裡展開飛行旅程的遊客徵收 15 元加幣機場稅。（舉例說明，如果遊客是從溫哥華或渥太華展開旅程，接著從蒙特婁繼續另一段飛行旅程，那就不再收取機場稅，因為前一段飛行旅程的登機證或機票上已收取。）渥太華和溫尼伯機場向每人徵收 15 元加幣。溫哥華國際機場向飛機行程在卑詩省境內的旅客收取 5 元加幣，其他航線都是 15 元加幣。

旅遊預算

每名遊客在加拿大旅遊的每日平均費用隨地區而不同。在大城市，像溫哥華、多倫多、蒙特婁等，合理的每日旅費預算大約 200 元加幣（住宿費 125 元加幣、早餐 10 元加幣、午餐 20 元加幣、晚餐 35 元加幣、交通費 10 元加幣）。一離開主要市中心區，住宿費和餐飲費通常會逐漸減少，但遙遠的北方例外。離開大城市，汽油的售價節節升高。在城市省吃省用的遊客，以及大部分在鄉間遊玩的一般旅客，一天費用大約 80 到 115 元加幣（住宿費 50-75 元加幣、餐廳餐費 30 元加幣，或自行開伙 20 元加幣以及其他費用 10 元加幣）。至於城市中的豪華行，以及熱門景點如班夫、惠斯勒和塔伯拉山，每天的花費可以用到 700 到 800 元加幣（住宿費 300-500 元加幣、早餐 25 元加幣、午餐 75 元加幣、晚餐 200 元加幣、計程車費 100 元加幣）。

營業時間

商店的標準營業時間是上午 10 點到下午 6 點，在一些大城市會延後到夜間 9 點。在週日，商店的營業時間較有限制。藥房和便利商店通常在夜間 11 點關門，有些則是 24 小時營業。各家銀行的營業時間很不一致，主要銀行營業時間非常長，週六也可能營業，有些甚至連週日都會開門。

銀行、學校、政府機關、啤酒店和賣酒商家在國定假日全部關門休息，旅館、餐廳和大部分零售商店則維持營業。請參考「節慶」章節（見 381-386 頁）獲取更多資訊，以及各省份的假日和節慶。

兒童

一般而言，北美，包括加拿大都傾向全家出遊過夜的型態。許多旅館飯店推出很好的兒童行程，而且一定年紀以下的兒童免費。餐廳則推出兒童餐，提供紙張和蠟筆，讓孩子快樂塗鴉。大型購物中心與公園通常設有兒童遊樂區。餐廳和電影院會準備輔助高腳椅給較小的孩童。全加拿大各地有數以百計的好去處，都配合兒童需求，不管是搖搖晃晃學走路的小寶寶，或十來歲的青少年。

氣候

很難將加拿大的氣候籠統地一概而論。多數遊客在夏天前來，這時候的平均氣溫是 24°C。然而，到了 7、8 月，大草原區和安大略南部可以竄升到 90°F。在加拿大北方，夏季的白天溫度保持在 15°C，一旦入夜，又陸降臨近冰點。別忘了準備一些保護措施，好抵抗蚊子和其他叮人的昆蟲，尤其旅遊季節是在盛夏時。

加拿大的冬天氣溫有些言過其實。從沿海各省到安大略南部，冬

季平均氣溫介於－5℃度到10℃之間。從魁北克北部越過落磯山脈，天氣變得更冷、風勢更大，氣溫從18℃到5℃。到了育空、西北領地和努勒維特，氣溫降低到只有40℃。在卑詩省進和的南部海岸，溫暖的太平洋潮流讓冬天的氣溫維持在冰點之上。

加拿大各地降雪的情況不一。11月下旬，滑雪者有時可以在山坡或步徑滑雪。山區的積雪一般可以維持到4月，甚至是5月。

領事館與大使館

外國人在加拿大境內旅遊，在緊急狀況時可能需要和祖國連繫，這時領事館或大使館就很有幫助，例如，護照遺失、需要轉傳訊息回家等。下列是設立在大城市的領事館或大使館。

卑詩省

台灣 駐溫哥華臺北經濟文化辦事處
地址：2008, Cathedral Place, 925 West Georgia Street, Vancouver
電話：604-689-4111
澳洲
地址：888 Dunsmuir St, Ste 1225, Vancouver
電話：604-684-1177
法國
地址：1130 West Pender St, Ste 1100, Vancouver
電話：604-681-4345
英國
地址：1111 Melville St, Ste 800, Vancouver
電話：604-683-4421
美國
地址：1095 West Pender St, 21 Floor, Vancouver
電話：604-685-4311 轉 247

安大略

台灣 駐加拿大臺北經濟文化代表處
地址：45 O'Connor St., Suite 1960, Ottawa
電話：613-231-5080
台灣 駐多倫多臺北經濟文化辦事處
地址：151 Yonge St, Suite 501, Toronto
電話：416-369-9030
英國
地址：College Park, 777 Bay St, Ste 2800, Toronto
電話：416-366-9300
美國
地址：360 University Ave, Toronto
電話：416-595-1700

魁北克

法國

地址：1 Place Ville Marie, Ste 2601, Montréal
電話：514-878-4385
英國
地址：100 de la Gauchetiere Ouest, Ste 4200, Montréal
電話：514-866-5863
美國
地址：1155 rue Alexander, Montréal
電話：514-398-9695

犯罪與治安

一般來說，在加拿大旅遊是非常安全的。不過大城市的某些區域最好不要進入，這條放諸其他國家皆準。看見流浪漢、遊民是常有的事，不過他們並不構成安全威脅。永遠注意周身安全是不變定律。

發生緊危狀況時，請撥打911，接線生會依實際情況將線路接往警察局、消防隊或救護車。

假如你的證件被偷了，最好事前先準備護照、機票、駕照和信用卡的影本兩份，其中一份留在家裡，另一份隨身攜帶，與其他貴重物品分開放好。

扒手並非不常聽到，尤其是在人潮洶湧的地方，如忙碌的地下鐵車站；不過扒手在加拿大不是大問題，只需要小心隨身皮夾或貴重物品，如相機等。

加拿大政府設置豐富的官方網站（網址：www.safecanada.ca），提供旅遊安全訊息，還有各種內容的小提醒，例如開車使用手機、報導衝突事件、兒童安全座椅、健康注意事項等。

海關

加拿大海關對旅客的要求非常簡單。停留期間個人使用的物品可以帶進這個國家。從美國開著租來的

車入境，這完全沒有問題，不過駕駛要隨身帶著租車的合約（這點非常重要，如果車子被警察攔下來）。遊客可以攜帶打獵用的來福槍或散彈槍（外加兩百發子彈）入境，但手槍和自動步槍則在絕對禁止之列。對於酒與賤贈禮物的限制跟其他國家類似。如須知道有關海關條例與允許攜帶入境物品的進一步細節，請聯絡 Canada Customs and Border Services，從國外打電話：204-983-3500 或 506-636-5064，從境內打電話：1-800-461-9999，網址：www.canadaonline.about.com/od/customs。

寵物須經獸醫證明健康良好，無傳染性疾病。食物、植物和動物製品須有加拿大農業局接受的證明書才能攜帶入境。進一步細節，可詢問 Canada Border Services Agency，網址：www.cbsa-asfc.gc.ca。

英國公民可帶回家的免稅品有：200 條菸或 50 枝雪茄、2 公升葡萄酒和 1 公升酒、60 克香水，加上其他物品，總值不能超過 145 英鎊。一名美國公民停留加國超過 48 小時，可以帶回價值約 400 元的免稅品。有些機場、邊境關口設有免稅商店，以實惠價格供應酒類、其他物品。美國旅客可直接詢問他們的美國海關，網址：www.customs.ustreas.gov。其他國家的旅客則詢問自己的海關，看看可以帶回什麼。

其餘請見 394 頁的「機場稅」。

身障旅客

The Canadian Transportation Agency 為旅遊加拿大的身障旅客，提供了線上航空服務，網址：www.cta-otc.gc.ca/access/g/index。另一個服務行動不便者的線上網址為 www.pwd-online.ca。

下圖：加拿大 13 個省份色彩繽紛的省旗。

搭便車

加拿大多數地區是允許搭便車的，但高流量公路例外，因瞬間停車可能危及安全。有些當局禁止搭便車，應先向當地旅遊單位確認。

飛機、巴士和火車全都提供輪椅，只是身障旅客要展開行程前，務必放寬彈性時間。在火車上使用輪椅要事先通知，建議提早48小時聯絡 VIA Rail（電話：1-888-842-7245，網址：www.viarail.ca）。

身障者專用道，尤其是輪椅專用道，幾乎全加拿大的公共建築都有。而大部分博物館、旅遊服務中心、旅遊景點，也都採取措施讓身障通行更容易。至於旅館飯店，特別是加入連鎖集團的，客房和衛浴設備通常都是無障礙設施。多數的國家公園與省立公園，也開闢專供身障遊客通行的步道。專供身障駕駛使用的指定停車空間，在城市裡的停車場、購物中心和大型商店的停車場都可找到。

急難救助

遊客到加拿大旅遊之前，必須在自己的國家內買好健康保險。如正在服用藥物，記得帶上足夠藥品，備用處方箋也要帶著，萬一需要補充藥品時才用得上。需要看病時並不需要擔心，加國的醫學水準是舉世知名的。

緊急狀況發生時，撥打911請求警方、救護車和消防隊的援助。緊急電話號碼在公共電話簿前首都有詳細標列。外國旅客捲入法律事件時，請聯絡自己國家的駐外單位，這些駐加國單位的電話標列在公共電話簿的「領事館與大使館」部分。

入境規定

美國公民搭飛機至加拿大旅遊必須出示有效護照，一份出生證明、有貼照片的身份證已經不再足夠。其他國家的國民必須攜帶護照，有些還要取得簽證。更多相關資訊可撥電話：1-800-992-7037（從加國境外）、1-888-242-2100（在加國境內），或上網址：www.cic.gc.ca 找到。搭火車往來美加，也必須出示有效護照。

同志旅客

加拿大是全世界對同志相當友善的國家。2005年7月繼比利時、西班牙、荷蘭之後，成為全球第四個承認同志婚姻有效的國家。多倫多和蒙特婁的「同志自豪週」雖然吸引了最大的同志族群，但其他主要城市每年仍然舉辦同志週；加拿大旅遊局也在網站上增加同志的相關網頁內容。

醫療服務

遊客不適合在需要醫療照顧的情況下到加拿大任何省份或地區旅遊。停留加拿大期間，健康保險單有包含醫療照顧是非常重要的。最好也確認你的保險單有緊急醫療護送回國的內容。

入境加拿大時，若健康緣故需要服藥或使用注射器，請務必讓這些用品維持原來的藥物治療狀況、並標示內容物，以避免不必要的麻煩。注射器要有醫療證明，證明其醫學用途，也務必向海關申報。請向你的醫生要一份處方箋備份，萬一用藥遺失或被偷了，才能證明自己確實有此藥品需求。

網路

想在加拿大找網咖，請上網址：www.world66.com/netcafeguide。另外，多數飯店旅館和機場都設有商務中心，其設備讓你可以收發e-mail和上網，通常會收點費用。免費上網的設備可到公立圖書館，不過館內的電腦通常有使用時間限制。

媒體

報章雜誌

《國家郵報》（The National Post）和《環球郵報》（The Global and Mail）是全國性的報紙。《日報》（La Presse）是魁北克首屈一指的報紙。在報亭可以買到美國、英國與法國的報紙。加拿大最大的新聞雜誌《麥克林》（Maclean's），每週出刊一次。

廣播電視

加拿大廣播公司（CBC）是國營機構，經營兩個全國性電視廣播網（英語與法語）；加拿大環球電視台（CTV）則經營另外兩個全國廣播網。剩下來的是地區或各省的廣播網、獨立電視台及美國廣播網。

加拿大很多地區除了加拿大節目，也都可接收到美國電視廣播網，而且隨著有線電視的發展，可使觀眾欣賞到英國、澳洲、法國等國家製作的節目。大多數大城市至少都有一個多語或少數民族語言的頻道。

加拿大廣播公司（CBC）經營唯一的全國性電台廣播網，有AM及FM頻道，英語與法語發音。私人電台有數百家之多，播送新聞與包羅萬象的音樂。

貨幣

加拿大幣和美元有不同的匯率。本書所使用的都是以加拿大幣計價。

遊客帶多少錢進來，或在加拿大境內兌換多少錢，都沒有限制。想換得最好的匯率，在出國前換錢比較划得來。加拿大銀行與外幣兌換公司可以兌現金，不過會收取手續費。許多百貨公司、旅館等接受美元支付，但兌換率可能不是最高的。

信用卡與旅行支票

主要的信用卡可以在加拿大廣泛使用。去汽車租賃公司租車，信用卡比現金更受歡迎。

旅行支票比現金安全方便。只要簽名符合，出示證明文件，就可以當現金使用。買加幣支票可以省去抵達時才兌換加幣的費用。「美國運通」、「Thomas Cook」及「Visa」旅行支票均被廣泛接受。

銀行簽帳卡可以連線到全球各主要銀行系統，現在使用相當廣泛。詢問來往銀行關於海外收費情形。

郵政服務

郵票可在郵局（每天於營業時間開放）或者便利商店、藥房購得。

加拿大郵局與許多國際快遞公司都提供國際快遞服務，將信件送至國外收信地址。加拿大郵局及私人經營公司有傳真服務，從這岸到另一岸或到國外。加拿大各郵局地點在公共電話簿的商業部分可以找到。

國定假日

除了國定假日之外，各省還有省定假日（詳情請洽各地區旅遊局）。

元旦 1月1日
耶穌受難節 復活節前的星期五
維多利亞節 （女王誕辰）5月24日之前的星期一
國慶日 7月1日
勞動節 9月第一個星期一
感恩節 10月第二個星期一
聖誕節 12月25日
節禮日 12月26日（魁北克除外）

學生旅客

學生身分的遊客在加拿大許多地區都有折扣優惠。VIA鐵路和灰狗巴士會提供學生折扣票價，讓他們遊玩各地。多數城市的旅館和大學宿舍提供學生有較便宜的住宿。

國際學生證（ISIC）聯盟的網址：www.isic.org，提供線上資訊，內容包括加拿大各地和服務。

電話電信

加拿大的電信系統與美國類似。公共電話投 25 分錢。至於透過接線生傳話，則先撥 0，再撥電話號碼。長途付費電話：撥 1（渥太華 +613，蒙特婁 +514，溫哥華 +604，維多利亞 +250，溫尼伯 +204，多倫多 +416 或 647，魁北克市 +418）。

公共電話簿的前幾頁會列出你可能需要的電話號碼，包括緊急電話、北美各區域號碼與國際電話國碼。

免費電話

任何 1-800、1-877 或 1-888 開頭的電話號碼，在北美境內表示是免費電話。

旅遊服務中心

到加拿大旅遊，最好是先到就近的旅遊服務中心。除了回答問題外，他們也會給你旅遊指南和觀光地圖。每個省份和領地都有當地旅遊服務中心的免費電話（參見下文）。若是想知道整個加拿大的旅遊資訊，可詢問 Canadian Tourism Commission，地址：Suite 1055 Dunsmuir Street, Box 49230, Vancouver, British Columbia V7X 1L2，電話：604-638-8300，網址：www.canadatourism.com。

加拿大駐外領事館也提供了一些觀光資訊，請參見 399 頁的「加拿大駐外使館」。有些省份在國外城市也設有旅遊服務中心。

亞伯達

Travel Alberta 編印了住宿與露營指南分送，每年更新資料，裡面詳列受到認可的飯店、旅館、營地與度假村。若需要指南手冊或者更詳盡的資訊，請聯絡：

Travel Alberta
地址：Box 2500, Edmonton, AB T5J 2Z4
電話：780-427-4321 / 1-800-252-3782
網址：www.travelalberta.com

Calgary Convention and Visitor Bureau
地址：200-238-11th Ave, Calgary, AB T2G 0X8
電話：403-263-8510 / 1-800-661-1678
網址：www.tourismcalgary.com
需要該省首府旅遊資訊，可聯絡：

Edmonton Tourism
地址：9797 Jasper Ave, Ste 104, Edmonton, AB T5J 1N9
電話：780-426-4715 / 1-800-463-4667
網址：www.edmonton.com/tourism

卑詩省

若想知道該省完整的旅遊資訊，可詢問：

Tourism British Columbia
地址：Box 9830, Station Provincial Government, 3rd Floor, 1117 Wharf St, Victoria, BC V8W 9W5
電話：250-387-1642 / 1-800-663-6000

網址：www.hellobc.com
大部分地區的旅遊服務中心在旅遊季都有運作。在大城市的有：

Tourism Vancouver
地址：Plaza Level, 200 Burrard St, Vancouver, BC V6C 3L6
電話：604-682-2000 / 1-800-667-3306
網址：www.tourismvancouver.com

Tourism Victoria
地址：812 Wharf St, Victoria, BC V8W 1T3
電話：250-414-6999
網址：www.tourismvictoria.com

曼尼托巴

省府編印了《曼尼托巴度假計畫》（Manitoba Vacation Planner）這本冊子，供人免費索取。裡面介紹了住宿與露營地點，以及釣魚、打獵的指南。這本冊子在省設的旅遊服務中心可以拿到，或者在：

Travel Manitoba
地址：155 Carlton St, Winnipeg, MB R3C 3H8
電話：204-945-3777 / 1-800-665-0040
網址：www.travelmanitoba.com

新伯倫瑞克

若想要道路地圖、建議住宿處及路線行程，可詢問：

Tourism New Brunswick
地址：Box 12345, Cambellton, NB E3N 3T6
電話：506-457-6701 / 1-800-561-0213
網址：www.tourismnewbrunswick.ca

各省概況

● 亞伯達（Alta）
首府：艾德蒙吞
面積：661,190 平方公里
區碼：卡加立和亞伯達南部 403，艾德蒙吞和亞伯達北部 780
郵址：AB

● 卑詩省（B.C.）
首府：維多利亞
面積：947,800 平方公里
區碼：溫哥華及西南部 604，包括溫哥華島的其餘地方 250
郵址：BC

● 曼尼托巴（Man）
首府：溫尼伯
面積：649,950 平方公里
區碼：204，除非另有指明
郵址：MB

● 新伯倫瑞克（N.B.）
首府：弗雷德里克頓
面積：73,440 平方公里
區碼：506，除非另有指明
郵址：NB

● 紐芬蘭與拉布拉多（Nfld）
首府：聖約翰
面積：405,720 平方公里
區碼：709，除非另有指明
郵址：NF

● 西北領地（N.W.T.）
首府：黃刀市
面積：1,526,320 平方公里
區碼：867
郵址：NT

● 新斯科細亞（N.S.）
首府：哈利法克斯
面積：55,490 平方公里
區碼：902，除非另有指明
郵址：NS

· 努勒維特
首府：伊瓜紐特
面積：1,900,000 平方公里
區碼：867
郵址：NU

● 安大略（Ont）
首府：渥太華
面積：1,068,580 平方公里
區碼：多倫多 416 或 647，渥太華 613
郵址：ON

● 愛德華王子島（P.E.I.）
首府：夏洛特鎮
面積：5,660 平方公里
區碼：902
郵址：PE

● 魁北克（P.Q.）
首府：魁北克市
面積：1,540,680 平方公里
區碼：蒙特婁 514，魁北克市和魁北克東部 418，魁北克南部 450，其餘地方 819
郵址：PQ

● 薩克奇萬（Sask）
首府：女王城
面積：652,330 平方公里
區碼：306
郵址：SK

● 育空
首府：白馬市
面積：483,450 平方公里
區碼：867
郵址：YK

時區

加拿大橫跨六個時區。夏令時間從4月最後一個星期日開始，到10月最後一個星期日，但薩克奇萬並不採行。

太平洋標準時間
（晚格林威治標準時間8小時）育空、卑詩省。（阿拉斯加比育空晚1小時）

山區標準時間
（晚格林威治標準時間7小時）亞伯達、西北領地西部。

中央標準時間
（晚格林威治標準時間6小時）薩克奇萬、曼尼托巴、西北領地中部和努勒維特西部。

東部標準時間
（晚格林威治標準時間5小時）安大略、魁北克、西北領地東部和努勒維特東部。

大西洋標準時間
（晚格林威治標準時間4小時）新伯倫瑞克、愛德華王子島、新斯科細亞、拉布拉多大部分。

紐芬蘭標準時間
（晚格林威治標準時間3.5小時，早大西洋標準時間0.5小時）紐芬蘭（包括部分拉布拉多）。

紐芬蘭與拉布拉多

當地詳盡的旅遊資訊可詢問：
Newfoundland and Labrador Tourism Marketing
地址：Box 8730, St John's, NF, A1B 4K2
電話：709-729-2830 / 1-800-563-6353
網址：www.newfoundlandandlabradortourism.com

西北領地

西北領地編印有《探險家指南》（Explores' Guide），介紹了當地的飯店、度假小屋、餐廳與旅遊活動。若要索取及詢問更詳盡的資訊，可聯絡：
NWT Tourism
地址：Box 610, Yellowknife, NWT X1A 2N5
電話：867-873-7200 / 1-800-661-0788
網址：www.explorennwt.com

新斯科細亞

詳細的相關資訊可洽詢：
Tourism Nova Scotia
地址：Box 130, Halifax, NS B3J 2M7
電話：902-425-44646 / 1-800-565-0000
網址：www.novascotia.com

努勒維特

加拿大最新成立的領地，編印有《北極旅行家》（Arctic Traveller），索取及詢問更詳盡資料，可聯絡：
Nunavut Tourism
地址：Box 1450 Iqaluit, NWT X0A 0H0
電話：867-97996551 / 1-866-686-2888
網址：www.nunavuttourism.com

安大略

Travel Ontario 是有理解包容力的旅遊單位，推廣解說省境的旅遊不遺餘力，聯絡方式：在加拿大和北美大陸撥免費電話 1-800-668-2746（英語），在多倫多可撥電話 905-282-1721（英語）或 905-612-8776（法語）。也可以寫信到：
Ontario Tourism Marketing Partnership Corp.
地址：10th Floor, Hearst Block, 900 Bay St, Toronto, ON M7A 2E1
網址：www.tourismontariotravel.net
Ontario Travel 編印有許多當地旅遊的指南和手冊，內容包括有：

● 道路路線圖
● 《NOTO Ontario Outdoor Adventure Guide》涵蓋了安大略12個旅遊地區，內容包括多樣的戶外探險，如划獨木舟、健行、騎自行車、駕摩擦雪車等。
● 《The Ontario Travel Discovery Guides》的特色在於介紹可以遊玩與留宿的最冷、最酷的地方，包括冬天景點和活動的訊息。
● 春夏特有的行事項目指南，介紹其日期、地點以及簡短的描述。
● 春夏特有的活動指南，描述該省會在年中這個時節所提供的活動服務。

Travel Ontario 也運作許多旅遊服務中心，全年開放，其中有很多提供外幣兌換服務。以下所列的五處是在較偏遠的地點：St Catharines、Fort Erie、Fort Frances、Sarnia以及Barrie。
● Cornwall, 903 Brookdale Ave，位在 Seaway International Bridge 附近。
● Niagara Falls, 5355 Stanley Ave, Hwy 420，在彩虹大橋（Rainbow Bridge）西邊。
● Sault Ste Marie, 261 Queen St W.，在國際大橋（International Bridge）附近。
● Windsor, 1235 Huron Church Rd，在使節大橋（Ambassador Bridge）東邊。
● 110 Park St East，在 Windsor／Detroit Tunnel。

除了 Travel Ontario 外，還有：
Algoma Kinniwabi Travel Association
地址：485 Queen St E, Ste 204, Sault Ste Marie, ON P6A 1Z9
電話：705-254-4293 / 1-800-263-2546
網址：www.algomacountry.com

Almaguin Nipissing Travel Association
地址：1375 Seymour St, Box 351, North Bay, ON P1B 8H5
電話：705-474-6634 / 1-800-387-0516
網址：www.ontariosnearnorth.on.ca

Cochrane Témiskaming Travel Association
地址：PO Box 920, 76 McIntyre Rd, Schumacher, ON P0N 1G0
電話：705-360-1989 / 1-800-461-3766
網址：www.jamesbayfrontier.com

Georgian Triangle Tourist Association
地址：300 Mountain Rd, Collingwood, ON L9Y 5H7
電話：705-445-7722 / 1-888-227-8667
網址：www.georgiantriangle.org

Muskoka Tourism
地址：Hwy 11, Kilworthy, ON P0P 1G0
電話：1-800-267-9700
網址：www.muskoka-tourism.on.ca

Niagara Falls Tourism
地址：5515 Stanley Ave, Niagara Falls, ON L2G 3X4
電話：1-800-563-2241
網址：www.niagarafalls.com

Niagara Parks Commission
地址：Queen Victoria Parkway, Box 150, Niagara Falls, ON L2E 6T2
電話：905-356-2241
網址：www.niagaraparks.com

North of Superior Tourism Association
地址：1119 Victoria Ave, Thunder Bay, ON P7C 1B7
電話：807-626-9420 / 1-800-265-3951
網址：www.nosta.on.ca

realontario.ca
地址：Aaron Merrick Block, Ste 200, 104 St Lawrence St, Po Box 730, Merrickville, ON K0G 1S0
電話：613-269-2277
網址：www.realontario.ca

Ottawa Tourism
地址：130 Albert St, Ste 1800, Ottawa, ON K1P 5G4
電話：613-237-5150 / 1-800-3633-4465
網址：www.ottawatourism.ca

加拿大駐外使館

想事先計畫加拿大觀光旅程的遊客，可寫信給在他們國家的加國駐外使館或領事館索取資料。以下列出加拿大駐外單位的旅遊服務中心的地址和電話。

台灣：加拿大駐台北貿易辦事處，地址：105 台北市復興北路 365 號 13 樓，電話：2544-3000，傳真：2544-3592，網址：www.canada.org.tw/。

法國：加拿大大使館，地址：First Secretary for Tourism, 35 ave Montaigne, 75008 Paris，電話：+33 1 44 43 29 00，網址：www.international.gc.ca/canada-europe/france。

英國：Canadian High Commission Consular and Passport Section，地址：Canada House, Trafalgar Square, Pall Mall E, London SW1Y 5BJ，電話：+44-207-258-6600，網址：www.dfait-maeci.gc.ca/canadaeuropa/unitedkingdom/。

美國：加拿大大使館，地址：501 Pennsylvania Ave NW, Washington, DC 20001，電話：202-682-1740，網址：www.geo.international.gc.ca/can-am/washington/。

以下所列是位在美國各大城市的加拿大領事館：

• 1251 Avenue of the Americans, New York 10020-1175，電話：212-596-1628。

• 2 Prudential Plaza, Ste 2400, 180 North Stetson Ave, Chicago, IL 60601，電話：312-616-1860。

• Plaza 600, 5th Floor, Sixth Ave and Stewart St, Seattle, WA，電話：206-443-1777。

Tourism Kingston
地址：209 Ontario St, Kingston, ON K7L 2Z1
電話：613-548-4415 / 1-888-855-4555
網址：www.kingstoncanada.com

Tourism Toronto
地址：207 Queen's Quay W, Ste 590, Toronto, ON M5J 1A7
電話：416-203-2500 / 1-800-499-2514
網址：www.torontotourism.com

Convention and Visitor Bureau of Windsor, Essex County, and Pelee Island
地址：333 Riverside Dr. W, Ste 1103, Windsor, ON N9A 5K4
電話：519-255-6530 / 1-800-265-3633
網址：www.visitwindsor.com/main.htm

愛德華王子島

在聯邦大橋（Confederation Bridge）與林島（Woods Island）渡輪碼頭的觀光客中心（Visitor Information Center）是可以好好利用的地方。若想知道更詳盡的資料，可聯絡：
Tourism PEI
地址：Box 200, Charlottetown, PE C1A 7N8
電話：902-368-4444 / 1-800-463-4734
網址：www.gov.pe.ca/visitorsguide/

魁北克

魁北克有 17 個地區觀光協會，每個協會都熱心提供旅遊資訊。請洽詢：
Tourism Québec
地址：Box 979, Montréal, QC, H3C 2W3
電話：877-266-5687 / 或 1-877-266-5687
網址：www.bonjourquebec.com
需要蒙特婁的旅遊資訊，請洽詢：
Montréal Infotouriste Centre
地址：174 Notre-Dame St E
電話：514-873-2015 / 1-877-266-5687
網址：www.tourism-monreal.org
Québec City Tourism
地址：399 Saint-Joseph E, Québec, QC G1k 8E2
電話：418-641-6654
網址：www.quebecregion.com

薩克奇萬

《薩克奇萬度假與住宿指南》（*The Saskatchewan Vacation and Accommodation Guide*）有介紹住宿處、露營地、公園、度假村、旅遊用品店等。詳情請詢問：
Tourism Saskatchewan
地址：1922 Park St, Regina, SK S4N 7M4
電話：306-787-9600 / 1-877-237-2273
網址：www.sasktourism.com

育空

Tourism Yukon 編印有《育空度假指南》（*Yukon Vacation Guide*），詳列各度假小屋、餐廳、服務站、露營地等。還有道路路線圖與手冊，欲索取請聯絡：
Tourism Yukon
地址：Box 2703, Whitehorse, Yukon, Y1A 2C6
電話：1-800-789-8566（索取指南），1-800-661-0494（詢問顧問）
網址：www.travelyukon.com

旅行社

美國

美國有許多家旅行社代辦加拿大旅遊套裝行程，「USA Travel Industry Guide to Canada」詳列旅行社名錄，需要更多資訊或索取手冊，請上 www.canadatravelguides.ca。或至 Canadian Tourist Board 的網址：www.explore.canada.travel。

下列的旅行社能規畫情趣十足的加拿大旅遊活動行程：
Arctic Odysseys
地址：3409 E Madison, Seattle, WA 98112
電話：206-325-1977
網址：www.arcticodysseys.com
Travel America
地址：8719 West Greenfield Ave, Milwaukee, WI 53214
電話：800-754-7402 / 360-734-6334
網址：www.travelamericatours.com
World on Skis
地址：250 Moonachie Rd, 4th Floor, Moonachie, NJ 07074
電話：866-678-5858 / 201-228-5300
網址：www.worldonskis.com
下列旅行社規畫的假期，以對加國環境影響有限的行程為特色：
Black Spruce Tours
行程目的地為大西洋沿海諸省、魁北克、紐芬蘭與拉布拉多。
地址：Fred Vidito, 58 Woodland Drive, Sag Harbor, New York 11963
電話：631-725-1493
網址：www.blacksprucetours.com
若計畫到落磯山脈、加拿大西部、紐芬蘭和北極等地去健行、騎自行車、划皮筏，可聯絡：
Gap Adventures
地址：225 Franklin St, 26th Floor, Boston MA 02110

下圖：卑詩省的惠斯勒度假村照顧到所有旅客的需要。

電話：1-800-676-4941
網址：www.gapadventures.com

英國

想知道更多代辦加拿大旅遊的英國旅行社，請查詢《加拿大旅遊計畫》（Canadian Travel Planner）一書，可向 Visit Canada Centre（電話：0906-871-5000，E-mail：visitcanada@dial.pipex.com）索取。
若要前往加拿大北方旅行，可聯絡：

Arctic Experience/Discover the World
地址：29 Nork Way, Banstead, Surrey SM7 1PB
電話：01737-214214
網址：www.arcticexperience.co.uk/DTW/choosearctic.htm
18歲至35歲的青年若要前往卑詩省與亞伯達旅行，可聯絡：

Contiki Holidays
地址：Wells House, 15 Elmfield Rd, Bromley, Kent BR1 1LS
電話：020-8290 6422
網址：www.contiki.com
欲前往魁北克、安大略、曼尼托巴、亞伯達、卑詩省及育空等地滑雪，可聯絡：

Frontier Ski/Frontier Adventures
地址：6 Sydenham Ave, London SE26 6UH
電話：020-8776 8709
網址：www.frontier-ski.co.uk

Travelpack
地址：Clarendon House, Clarendon Rd, Eccles, Manchester M30 9TR
電話：0870-128 8000
網址：www.travelpack.co.uk
這家旅行社規畫護衛之旅、客車與列車之旅、自行開車之旅、冒險之旅與橫越加拿大的城市之旅。
若是前往紐芬蘭、新伯倫瑞克、魁北克、曼尼托巴、卑詩省、育空、西北領地與新斯科細亞進行生

態之旅，可聯絡：
Windows on the Wild
地址：2 Oxford House, 24 Oxford Rd North, London W4 4DH
電話：020-874201556
網址：www.windowsonthewild.com
委託安排釣魚之旅，可聯絡：

Anglers World Holiday
地址：46 Knifesmithgate, Chesterfield, Derbyshire S40 1RQ
電話：01246-221717
網址：www.anglers-world.co.uk

簽證與護照

幾年前，越過美加邊界比較簡單。美國籍遊客不管是入境加國或出境加國，都不需要護照或簽證，但可能會要求提出證明文件，因此必須隨身攜帶以下任何一種證件：出生證明、國籍證明、綠卡或護照。附有照片的證明文件也需要，如駕照或有照片身分證。
不過在2005年4月，美國政府通過「西半球旅行動議」（Western Hemisphere Travel Initiative），要求包括美國公民在內的所有旅客，在入境美國時必須出示護照。此一嚴格規定在2006年12月31日正式實施，對象是由海空入境的旅客；至2007年12月31日擴大至由陸路入境的旅客。這論這項措施對貿易和旅遊的影響，加拿大政府和邊境兩側的城鎮社群都十分關切，呼籲美國政府務必慎重考慮實際的邊境安全法案。
其他國家公民得要有有效護照，大部分英國國協成員或歐盟國家的公民不須簽證。計畫要到加國旅遊的人若有疑問，最好詢問旅行社或就近的加拿大外單位。遊客可能會被要求出示回程機票，或者證明在加拿大期間有相當的生活資金。
非加拿大籍的遊客從加拿大進入

美國，需要有效期限至少六個月的護照；有些國家的遊客甚至需要簽證。若有疑問，最好事先詢問旅行社或就近的美國駐外單位。

服裝穿著

來自歐美的遊客穿著原本的服裝就可以了，因為自然環境差不多。假如遊客計畫要去划船或健行，最好攜帶保暖、防水的衣物，因為天氣有時會驟然改變。
在冬季，強風可能會降低周遭氣溫，導致凍傷。假如遊客計畫滑雪、健行及其他戶外活動，記得攜帶非常保暖的衣服，同時也要準備配件覆蓋露出的皮膚。加拿大人抵禦寒冷的方法是穿合成與非合成的衣服，多穿幾層，以留住熱氣。

女性旅客

對單身女性遊客而言，加拿大可能是全世界旅遊非常安全的國家。由於女性商務客層大量增加，多數的旅館和餐廳已經營於看見女性客人進進出出，並且在女性人身安全議題上加強措施。假若為女性旅客準備服務已成為一種常識行為，那麼發生問題的機會就微乎其微了。
有些城市旅館近年來在餐廳引進「單人」餐桌，投宿旅館的客人可以要求使用——當遇見其他的單人旅客時，這是一種在「安全」環境中的文明婉拒方式。旅館的門房也是一個可信賴的資訊來源，他們會告知哪些地方是安全合適的，可以去走走；哪些路線是合意可接受的，可以這麼前往目的地。有些地方到了晚上會讓單身女性覺得不舒服，而個人物品遭竊的案件也愈來愈多，尤其是在餐廳隨身帶著的小錢包。總之，坐在餐廳裡時，最安全的方法是把手提包放在大腿上。

下圖：許多規畫行程以加拿大海岸輪船之旅為特色。

語言

了解語言

英語

雖然官方規定使用雙語,但除了魁北克,以及大西洋岸省份、安大略與曼尼托巴某些地方之外,加拿大多數地方仍選擇使用英語。加拿大人講英語有獨特的地方腔調,不過書寫的加拿大英文跟英國英文很類似。美國人會留意到英式拼寫,如labour、centre等這類單字,或英式用法,例如不用 railroad,而用railway。

紐芬蘭英語

紐芬蘭人有自己的方言,口音有點像愛爾蘭話,不過慣用語和措辭卻是獨一無二的:

Go to the law with the devil and hold court in hell. (情勢對你不利)

To have a noggin to scrape. (極端困難的工作)

Pig may fly but they are very unlikely birds. (空想)

in a hobble. (別慌)

He is moidering my brains. (他使我困擾)

Long may your big good jib draw. (祝好運)

法語

發音

即使你完全不懂法語,還是值得去掌握一些簡單的字句。如果你下過一番工夫,可能會得到較善意的回應。發音很重要;如果你弄錯了,他們就不會真的了解你在說些什麼。記得要強調每個音節;一般來說,單字的最後一個子音不要發出聲來(這包括兩個 s),還有去掉你的 h。要用 vous 還是用 tu,這是個常常令人困惑的問題。很多人逐漸用 tu 的常見形式,但是,最好不要太形式,如果不確定就用 vous。禮貌很重要,一定要用 Madame 或 Monsieur 來稱呼某人。要用姓來稱呼人,直到你覺得對方可接受你用名來稱呼他或她。

學習法語字母的發音是最好不過了,尤其,學習如何用法語字母拼出你的姓名。

蒙特婁是除巴黎之外,全世界法語人口最多的城市。蒙特婁市民當中有52%是講法語的,17%是講英語的;蒙特婁大都會區則有68%講法語,12%講英語。

魁北克法語最明顯的不同處就在於joual,這裡蒙特婁特有的方言擷取自法語馬的 cheval。這種土味方言盛行於蒙特婁的勞工階級及劇作家 Michel Tremblay 的作品當中。

主流法語的發音也有所差異。魁北克的口音與巴黎和馬賽的有明顯差異。魁北克人講的法語,聲音沉在喉嚨裡,發音有點不清楚,偏向雙重母音,單母音轉成外語形式。它也融入了某些英語單字,譬如 mon chum 或 ma chumme 的 chum。

即使你能講的法語不多,還是可以從 Bonjour 開始交談對話,這樣會得到較友善的回應。的確,用可適用很多場合的 Bonjour-Hi,某些店員就不會那麼冷面。

伊努特語

關於伊努特語言,沒有什麼文獻可以利用。這大部分是因為伊努特人不想讓「白人」損及他們的語言。關於他們的語言和文化,最佳的指南是《加拿大的伊努特人》(*The Inuit of Canada*),由 The Inuit of Taparitsat 出版,其地址是 170 Laurier Avenue W, Ste 150, Ottawa, Ontario K1P 5V5,電話:613-238-8181。

法語實用字句

C'est combien ? 多少錢?

Comment vous appelez-vous ? 你叫什麼名字?

Je m'appelle… 我的名字是…

Parlez-vous anglais ? 你說英語嗎?

Je suis anglais/américain 我是英國人/美國人。

Je ne comprends pas 我不明白。

Parlez plus lentement, s'il vous plaît ? 請講慢一點好嗎?

Pouvez-vous m'aider ? 你可以忙我嗎?

Je cherche… 我在找…

Où est… ? …在哪裡?

Excusez-moi/Pardon 對不起!

Je ne sais pas 我不知道。

No problem Pas de problème 沒問題。

Bonne journée ! 祝愉快!

C'est ça 就這樣。

Voici 在這裡。

Voilà 在那裡。

On y va/Allons-y 走吧!

A demain 明天見。

A bientôt 一會兒再見。

Montrez - moi le mot dans le livre 這個字在書上哪裡？

A quelle heure？ 什麼時候？

Quand？ 何時？

Quelle heure est - il？ 現在幾點？

oui 是，對

non 不

s'il vous plaît 請

merci 謝謝

beaucoup 很

de rien 不客氣

excusez - moi 請問、借過

bonjour 嗨

d'accord 好、沒問題

au revoir 再見

bonsoir 早安

ici 這裡

là 那裡

aujourd'hui 今天

hier 昨天

demain 明天

maintenant 現在

plus tard 稍後

tout de suite 就是現在

ce matin 今天早上

cet après - midi 今天下午

ce soir 今天晚上

電話交談

Comment puis-je passer un appel extérieur？ / externe？ 我要怎麼打外線電話？

Je veux faire un appel à l'étranger. 我要打國際電話。

un appel local 本地電話

l'indicatif 區域號碼

J'aimerais un réveil（8 heures demain matin. 我想在明天早晨八點鐘有鬧鈴電話的服務。

Qui est à l'appareil？ 請問哪位找？

Ne quittez pas, s'il vous plaît. 別掛，請等一下。

La ligne est occupée. 忙線中。

J'ai dû faire un faux numéro. 我一定是撥錯了。

到達

Je voudrais descendre à… 我要在…下車。

Est - ce qu'il y a un bus pour la Place

d'Armes？ 有巴士到閱兵廣場嗎？

Quel est le nom de la rue？ 這是哪條街？

Quelle ligne dois - je prendre pour…？ 我應該坐幾路巴士？

A quelle distance se trouve…？ 到…有多遠？

Compostez votre billet （在驗票機）打票

l'aéroport 機場

la gare de train 火車站

la gare routière 巴士車站

la station de Métro 地鐵站

le quai 月台

le billet 車票

aller - retour 來回票

les toilettes 洗手間

C'est l'adresse de l'hôtel 這是旅館的地址。

Je voudrais une chambre (pour une/ deux personnes)… 我要一間（單人/雙人）房…

avec douche 有淋浴設備的

avec salle de bain 有浴室的

avec vue 有窗外景觀的

Le prix comprend - il le petit déjeuner？ 有含早餐嗎？

Je peux voir la chambre？ 我可以看一下房間？

le lavabo 洗手台？

le lit 床

le clé 鑰匙

air climatisé 空調

在路上

Où est la roue de secours？ 備胎放哪裡？

Où est le garage le plus proche？ 最近的修車廠在哪裡？

Notre voiture est en panne 我們的車子拋錨了。

Je veux faire réparer ma voiture 我想要修車。

la route pour… 到…的道路

gauche 左

droite 右

tout droit 直走

loin 遠

près d'ici 近

en face 對面

à côté de 旁邊

parking 停車

là - bas 在那裡

au bout 盡頭

à pied 徒步

en voiture 開車

le plan de la ville 城鎮地圖

la carte routière 道路地圖

la rue 街道

la place 廣場

céder le passage 讓路

impasse 死巷

stationnement interdit 禁止停車

l'autoroute 高速公路

le péage （道路）通行費

la vitesse limite 速限

l'essence/le gaz 汽油

sans plomb 無鉛（汽油）

le gazole 柴油

l'eau/l'huile 水/油

une crevaison （輪胎）被刺破

l'ampoule 車燈

les essuie - glaces 雨刷

購物

Où est la banque (Poste/PTT) la plus proche？ 最近的銀行（郵局）在哪裡？

Je voudrais acheter 我想買…

C'est combien？ 多少錢

Est - ce que vous acceptez les cartes de crédit？ 收信用卡嗎？

Je regarde seulement 我只是看看…

Avez - vous…？ 你有…？

Je le prends 我買了。

Je prends celui - ci/celui - là 我買這

俚語

métro, boulot, dodo 地鐵-工作-睡覺

McDo 麥當勞

branché (字面意思「連接的」)時髦流行

C'est du cinéma 這不可能

une copine/un copain 女友/男友

un ami 朋友

mon petit ami, also mon copain 我的男友

un truc thing 小東西

pas mal 還不賴

terrible！ 可怕！

個/那個。

Quelle est la taille ? 這（尺寸）是幾號？

Autre chose avec ça ? 還要什麼嗎？

la taille （衣服）幾號

la pointure （鞋子）幾號

bon marché 便宜

cher 貴

assez 夠了

trop 太多了

un morceau de 一片…

la pièce 一塊…

la note 帳單

la pharmacie 藥局

la boulangerie 麵包店

la librairie 書店

la bibliothèque 圖書館

le grand magasin 百貨公司

la charcuterie/le traiteur 熟食店

la poissonerie 魚販

l'alimentation/l'épicerie 雜貨店

le tabac 菸舖

le marché 市場

le supermarché 超級市場

la brocante 舊貨商店

觀光

la ville 城鎮

la vieille ville 舊城

la cathédrale 大教堂

l'église 教堂

l'hôtel 旅館

l'hôpital 醫院

l'hôtel de ville/la mairie 市政廳

le vitrail 彩繪玻璃

l'escalier 樓梯

la tour 塔樓

le tour 旅遊

la musée 博物館

la galerie 美術館

l'exposition 展覽

centre d'information touristique 旅遊資訊中心

gratuit 免費

ouvert 開放（營業）

fermé 關閉（休業）

tous les jours 每日

toute l'année 全年

toute la journée 全天

réserver 預約

外食

注意：Garçon 是服務生之意，但不要直接用；而要說 Monsieur 或 Madame，以吸引他們的注意，後面接著 s'il vous plaît。

Table d'hôte 是指固定價格的套餐。Prix fixe 是指固定價格的快餐。A la carte 是指單點的菜。

le petit déjeuner 早餐

le déjeuner 中餐

le diner 晚餐

le repas 餐

l'entrée/les hors d'oeuvre 第一道菜

le plat principal 主菜

sur commande 點菜

boisson compris 含飲料

la carte des vins 酒單

l'addition 帳單

la forchette 叉子

le couteau 刀子

la cuillère 湯匙

l'assiette 盤子

le verre 玻璃杯

la serviette 餐巾紙

le cendrier 菸灰缸

早點

baguette 長棍麵包

pain 麵包

petits pains 小圓麵包

beurre 奶油

poivre 辣椒粉

sel 鹽

sucre 糖

confiture 果醬

miel 蜂蜜

oeufs 蛋

…à la coque 煮蛋

…au bacon 培根蛋

…au jambon 火腿蛋

…sur le plat 煎蛋

…miroir 荷包蛋（單面煎）

…tournés 荷包蛋（雙面煎）

…brouillés 炒蛋

tartine 奶油麵包

yaourt 酸奶酪

crêpe 可麗餅

croque – monsieur toasted sandwich 火腿起司三明治

croque – madame 上面加煎蛋

galette 薄烤餅的樣式

pan bagna 沙拉麵包捲

quiche 鹹派

quiche lorraine 洛林鹹派

開胃菜

開胃菜是第一道菜之前「讓胃口開動起來」的菜。

anchoïade 橄欖油蒜鯷附生菜

assiette anglaise 冷盤

potage 湯

rillettes 熟（鴨、兔或豬）肉醬

tapenade 橄欖鯷

pissaladière 普羅旺斯洋蔥橄欖鯷披薩

主菜

La Viande 肉類

bleu 生

à point 普通

bien cuit 熟

grillé 烤

agneau 小羊肉

andouille/andouillette 肚肉香腸

bifteck 牛排

boudin 香腸

boudin noir 黑香腸

boudin blanc 白香腸

blanquette 白汁燴小牛肉（小羊肉、雞肉）

boeuf à la mode 蔥菇蘿蔔紅酒燴牛肉

à la bordelaise 紅酒蔥燴牛肉

緊急情況

Au secours ! 救命！

Arrêtez ! 停！

Appelez un médecin 叫醫生

Appelez une ambulance 叫救護車

Appelez la police 叫警察

Appelez les pompiers 叫消防隊

Où est le téléphone le plus proche ? 最近的電話在哪裡？

Où est l'hôpital le plus proche ? 最近的醫院在哪裡？

Je suis malade 我生病了

J'ai perdu mon passeport/porte – monnaie 我的護照/皮包不見了

à la bourguignonne 洋蔥蘑菇紅酒燴肉
brochette 烤肉
caille 鵪鶉
canard 鴨
carbonnade 洋蔥啤酒燴牛肉
carré d'agneau 羊肋骨肉
cassoulet 豆燜肉
cervelle 食用腦
chateaubriand 厚牛排
choucroute 亞爾薩斯酸菜、培根、香腸
confit 油鴨（鵝）
contre - filet 菲力牛排
coq au vin 紅酒燴雞肉
côte d'agneau 小羊肋骨肉
dinde 火雞肉
entrecôte 肋骨牛排
escargot 蝸牛肉
faisan 雉肉
farci 填塞
faux - filet 上腰肉
feuilleté 泡芙
foie 肝臟
foie de veau 小牛肝
foie gras 鵝（鴨）肝
grillade 烤肉
hachis 碎肉
jambon 火腿
lapin 兔肉
lardons 培根丁
magret de canard 鴨胸肉
médaillon 一大片肉
moelle 牛骨髓
oie 鵝肉
perdrix 鷓鴣肉
pintade 珠雞
porc 豬肉
pot - au - feu 牛肉蔬菜沙鍋
poulet 雞肉
poussin 小雞肉
rognons 腎臟
rôti 烤烘
sanglier 野豬
saucisse 未煙薰香腸
saucisson 義大利臘腸
veau 小牛肉

Poissons 魚

anchois 鯷魚
anguille 鰻魚
bar (or loup) 海鱸

barbue 鰈魚
Bercy 奶油白酒魚醬
bigorneau 海螺
bouillabaisse 魚湯
brandade 鹹鱈魚湯
cabillaud 鱈魚
calmars 烏賊
colin 無鬚鱈
coquillage 甲殼類
coquilles St - Jacques 海扇貝
crevette 小蝦
daurade 鯛
flétan 大比目魚
fruits de mer 海鮮
hareng 鯡
homard 龍蝦
huître 牡蠣
langoustine 大明蝦
limande 檸檬比目魚
lotte 扁鯊
morue 鹽醃鱈魚
moule 貽貝
moules marinières 洋蔥白酒漬貽貝
raie 魟魚
saumon 鮭魚
thon 鮪魚
truite 鱒魚

Légumes 蔬菜

ail 大蒜
artichaut 朝鮮薊
asperge 蘆筍
aubergine 茄子
avocat 酪梨
céleri remoulade 蛋黃醬拌芹菜
champignon 蘑菇
chanterelle 野菇
chips 馬鈴薯片
chou 甘藍菜
chou - fleur 花椰菜
concombre 黃瓜
cru 新鮮
crudités 新鮮蔬菜
épinard 菠菜
frites 法式炸馬鈴薯片
gratin dauphinois 奶油烘馬鈴薯片
haricot 乾豆
haricots verts 綠豆
lentilles 扁豆
maïs 玉米
mange - tout 糖莢豌豆

mesclun 混葉沙拉
noix 胡桃仁
noisette 榛仁
oignon 洋蔥
persil 荷蘭芹
pignon 松仁
poireau 韭蔥
pois 豌豆
poivron 胡椒粉
pomme de terre 馬鈴薯
pommes frites 法式乾馬鈴薯片
primeurs 早熟蔬果
ratatouille 普羅旺斯雜燴菜
riz 米飯
salade verte 生菜沙拉

Sauces 醬汁

aioli 大蒜蛋黃醬
béarnaise 蛋黃奶油醬
forestière 蘑菇培根醬
hollandaise 檸檬蛋黃奶油醬
meunière 芹檸檬奶油乾魚醬
mornay 蛋黃奶油起士醬
papillotte 油包紙
parmentier 馬鈴薯醬
paysan 培生醬
provençale 蕃茄橄欖油蒜醬

Pouding 甜點

Poire belle Hélène 冰淇淋巧克力汁水果盤
clafoutis 櫻桃蛋奶布丁
coulis 水果羹
crème anglaise 軟凍
tarte tatin 蘋果塔
crème caramel 焦糖蛋軟凍
crème Chantilly 泡沫奶油
fromage 乳酪
gâteau 蛋糕

Fruit 水果

ananas 鳳梨
cerise 櫻桃
citron 檸檬
citron vert 萊姆
figue 無花果
fraise 草莓
framboise 覆盆子
groseille 紅醋栗
mangue 芒果
mirabelle 黃李

pamplemousse 葡萄柚
pêche 桃
poire 洋梨
pomme 蘋果
raisin 葡萄
prune 李子
pruneau 梅乾
raisin 葡萄
raisin sec 葡萄乾
mûr 成熟的

飲料

les boissons 飲料
café 咖啡
… au lait or crème …加牛奶或奶油
… déca/décaféiné 去除咖啡因
… express/noir …蒸餾咖啡
… filter …美式咖啡
thé 茶
… tisane …香草泡製
… verveine …甘菊
chocolat chaud 熱巧克力
lait 牛奶
eau minérale 礦泉水
pétillante 發泡
plate 不發泡
limonade 發泡檸檬水
citron pressé 新鮮檸檬汁加糖
orange pressé 新鮮榨柳橙汁
frais，fraîche 新鮮或冷藏
bière 啤酒
… en bouteille …瓶裝的
… à la pression …裝有活嘴隨時取用的
apéritif 餐前飲料
white wine with cassis, black ─ currant
kir 白酒加肉桂，黑色紅醋栗利口酒
kir royale 櫻桃加香檳酒
avec des glaçons 加冰塊
sec 純的
rouge 紅的
blanc 白的
rosé 玫瑰色的
doux 甜的
vin pétillant 起泡酒
vin de maison （論杯賣的）餐廳酒
vin régional 土產酒
vin de glace 冰酒
cider de glace 冰蘋果酒
carafe/pichet 瓶

… d'eau/de vin …水/酒
quart 半公升
panaché 混合
digestif 餐後酒
santé！乾杯
gueule de bois 宿醉

數目

0 zéro
1 un, une
2 deux
3 trois
4 quatre
5 cinq
6 six
7 sept
8 huit
9 neuf
10 dix
11 onze
12 douze
13 treize
14 quatorze
15 quinze
16 seize
17 dix ─ sept
18 dix ─ huit
19 dix ─ neuf
20 vingt
21 vingt ─ et ─ un
30 trente
40 quarante
50 cinquante
60 soixante
70 soixante ─ dix
80 quatre ─ vingt
90 quatre ─ vingt ─ dix
100 cent
1000 mille
1,000,000 un million

星期

lundi 星期一
mardi 星期二
mercredi 星期三
jeudi 星期四
vendredi 星期五
samedi 星期六
dimanche 星期日

季節

printemps 春天
l'été 夏天
l'automne 秋天
l'hiver 冬天

月份

janvier 1月
février 2月
mars 3月
avril 4月
mai 5月
juin 6月
juillet 7月
août 8月
septembre 9月
octobre 10月
novembre 11月
décembre 12月

延伸閱讀

加拿大有厚實的文學傳統（見99頁「藝術表演」單元）。其中，戴維斯（Robertson Davies，*Fifth Business*）、愛特伍（Margaret Atwood，*The Handmaid's Tale*）、席爾茲（Carol Shields，*The Stone Diaries*）、柯普蘭（Douglas Coupland，*Generation X*）、勞倫斯（Margaret Laurence，*The Diviners*）與李奇勒（Mordecai Richler，《學徒》）是最有威望的文學家。對那些渴望野性體驗的人來說，傑克倫敦的《野性的呼喚》與《白牙》可說是經典名著。

一般書籍

《野性的呼喚》（*The Call of the Wild*,
1903）是傑克倫敦最受喜愛的傑作，描述時空背景在育空淘金熱時期的冒險故事，充分捕捉到 Buck 不滅的精神，一隻遭誘拐的狗兒試圖在嚴酷的環境中生存。（再版，Wordsworth Editions）

《學徒》（*The Apprenticeship of Duddy Kravitz*）是李奇勒最為人知的小說，故事背景在蒙特婁，敘述一名投機取巧、毫無道德觀的猶太年輕人，決心奮鬥脫離勞動階級的鄉里。（Washington Square Press，2003再版）

《美麗失敗者》（*Beautiful Losers*）的作者科恩（Leonard Cohen），是位世界知名的歌唱家、作詞家，以其音樂聞名。這位蒙特婁原住民在1960年代以詩人身份開始他的人生。他寫了十多本著作，一本比一本好。

《美麗失敗者》檢驗形塑蒙特婁的三種文化力量（英國、英國和原住民）。（Vintage，1993）

《嫁入克朗代克》（*I Married the Klondike*）是作者羅拉‧伯頓（Laura Beatrice Berton）的回憶之作，從1907年她29歲隻身來到育空的採礦鎮道生市當幼稚園老師說起，直到1934年淘金熱消退，她心不甘情不願地離開，嫁作人婦，為人生母。（1955年初版，2005年Harbour Publishing 再版）

《革新之國：從瓜哇到侏羅紀公園的加拿大領導力》（*Innovation Nation: Canadian Leadership from Java to Jurassic Park*）的作者有 Leonard Brody、Ken Grant 與 Matthew Holland。這本書打破傳統加拿大人的謹慎謙遜，描述 30 多位加拿大改革者如何在全球科技領域重新定義商業景觀。（Wiley Publishers，2002）

《藍燈走道》（*Random Passage*）作者摩根（Bernice Morgan），敘述愛爾蘭女子 Mary Brundle 的長途冒險之旅，從嚴苛的英國工坊到遙遠的紐芬蘭藍燈岬（Cape Random），一處堅苦開墾的聚落，必須靠著意志存活。（Breakwater Books，1992，2000再版）

《沉靜農舍》（*Still at the Cottage*）作者戈登（Charles Gordon），有趣而感人的農舍生活故事，刻畫加拿大人精神層面的堅忍元素。（McClelland & Stewart，2006）

《這是我的國家，你的呢？》（*This is my Country, What's Yours? A Literary Atlas of Canada*）作者李察勒（Noah Richler）。原是 CBC 廣播紀錄片，李察勒訪問加拿大文學界名人，詢問有哪些地方和想法對他們的作品是最具意義的，創造出當代加拿大一種大膽的文化圖譜。（McClelland & Stewart，2006）

《兩地孤獨》（*The Two Solitudes*）作者麥克倫南（Hugh MacLennan）。這本小說 1945 年初版，書名形成經典，借用引申為一種普遍說法，形容語言和文化的衝突，使兩個建立國家的民族彼此孤立分隔。（McGill-Queen's University Press，2006再版）

《誰看見了風》（*Who has Seen the Wind*）作者米切爾（W.O. Mitchell），初版在 1947 年。這是一個典型的故事，描述一個男孩在經濟大蕭條時期成長於薩克奇萬的大草原。作者透過男孩的眼睛，一瞥小鎮生活與死亡。（McClelland & Stewart，2000再版）

加拿大小說

《黑袍》（*Black Robe*）作者摩爾（Brian Moore）。這本小說由這位曾擔任《蒙特婁報》（*Montréal Gazette*）記者的愛爾蘭人所撰寫。導演比瑞福（Bruce Beresford）在 1991 年執導的影片即以此書為靈感。這是一個悲慘的故事，描述 17 世紀改宗的耶穌會教會，置身在魁北克北部的原住民之中，奮鬥掙扎的殘忍生活

情況。初版在 1983 年印行，最近以平裝本再版。（Penguin，2006）

歷史

《加拿大：一部人類的歷史》（*Canada: A People's History*, Vol. I and II）作者吉摩（Don Gillmor）、米查德（Achille Michaud）和邱錦（Pierre Turgeon）。這本插圖豐富的書，從最早的年代，史詩般地述說加拿大如何變成今天這個國家的故事。（McClelland & Stewart，2001 和 2002）

《北極聖杯》（*The Arctic Grail: The Quest for the Northwest Passage and the NorthPole, 1818-1909*）作者伯頓（Pierre Berton）是加拿大知名的編年史學家，他優越的說故事風格和出色的研究，帶領讀者進入北極探險家的生活中，故事總帶著悲慘的結局。（McClelland & Stewart，1989）

《通道：歡迎回到加拿大》（*Passages: Welcome Home to Canada*）由伊涅提夫（Michel Ignatieff）寫序，這本選集輯自加拿大移民（如今都為公眾人物和作家）的文章。它檢視家的觀念，闡述移民經驗如何更增進加拿大經驗的融合。（Doubleday Canada，2002）

《加拿大的企鵝史》（*The Penguin History of Canada*）作者麥諾特（Kenneth McNaught），這本立論明確的經典之作，追溯加拿大歷史，從最早的遠征找尋魚和毛皮，直到 20 世紀為止。（Penguin，1998，2006 再版）

《多倫多故事》（*The Toronto Story*）作者麥凱（Claire Mackay）。多倫多歷史的考證，傑出的插圖為生活帶來一股溫暖幽默的風格。（Annick Press 1997，2002 更新）

語文

《法語風趣》（*French Fun: The Real Spoken Language of Quebec*）作者蒂明斯（Steve Timmins），他是一位安大略翻譯家，目前住在蒙特婁。他以幽默風趣的眼光深究日常使用的繽紛多彩的成語。（John Wiley & Sons，1995）

《紐芬蘭英文字典》（*The Dictionary of Newfoundland English*）由史陀（G.M. Story）、柯威（W.J. Kirwin）和衛多森（J.D.A. Widdowson）合力編輯。初版首刷在 1982 年，廣受好評。這本字典著重在過去四百年來，紐芬蘭口語英文的轉變。這本有趣的書以寬廣的視野看待島上獨特的文化。（University of Toronto Press，1998，2002 再版）

旅遊文學

《歡迎回家：紐芬蘭的純真之旅》（*Welcome Home: Travels of an Innocent in Newfoundland*）作者麥方登（David McFadden）。這位詩人旅行家走遍紐芬蘭島，他與相遇的許多人閒話家常，而這些人也樂於與人分享他們的故事。（McClelland & Stewart，2003）

《加拿大小鎮》（*Smalltown Canada*）作者麥克林（Stuart McLean），他是一位知名作家，也是電台節目主持人。他帶領讀者走遍加拿大，進行 7 座小鎮的橫越鄉間之旅，呈現幽默筆調，與人物歷史的豐富描繪。（Penguin，2002）

《來自麋鹿顎鎮的美麗祕密》（*Beauty Tips from Moose Jaw*）作者弗格森（Will Ferguson），他以三年時間遊遍加拿大，利用的各種交通工具從直升機到獨木舟都有，創意十足。（Canongate Books Ltd，2005）

《美好生活：不用划槳北上育空》（*The Good Life: Up the Yukon Without a Paddle*）作者艾摩斯（Dorian Amos）。來自英國的一對夫婦賣掉一切家當，移居加拿大以尋找更美好的生活：在他們的美夢成真之前，一路上他們遇到許多人、遭遇許多困難。（Eye Books，2004）

《玻璃之城：柯普蘭的溫哥華》（*City of Glass: Douglas Coupland's Vancouver*）作者柯普蘭。這位享譽文壇的作家將他的筆轉向家鄉溫哥華。（Douglas & McIntyre，2003）

《水路入朱諾》（*Passage to Juneau: A Sea and Its Meaning*）作者雷班（Jonathan Raban）記錄千哩旅程，從西雅圖北上，經內通道到阿拉斯加。（Picador，2000）

《聖藍：魁北克理性之旅》（*Sacré Blues: An Unsentimental Journey Through Québec*）作者格雷斯哥（Taras Grescoe）。在北美這塊特異獨行的領域，進行一趟辛辣、不遜的檢驗之旅，甚至連政治都沒提到一字一句。書中探索現代魁北克之心，以及魁北克如何對待它的鄰居。（Macfarlane Walter & Ross，2001）

圖片版權說明

Bryan & Cherry Alexander Photography/Alamy 74/75
Anthony Blake Photo Library 121
Didier Givois/Allsport back flap top
Archives Canada 16/17, 22, 27, 33, 35, 90
Arco Images/Alamy 250
D.L. Aubry 42, 44
Axiom/Chris Coe 85, 87L, 134/135, 143, 145, 155T, 160, 174T, 184, 194, 208, 212T, 224L&R, 226, 235, 236, 236T, 241, 276T, 280, 280T, 294L&R, 320T
Walter Bibikow/Indexstock 247
Walter Bibikow/jonarnold.com 199
Ottmar Bierwagen back flap bottom, 139, 139T, 140R, 141L, 142T, 144, 144T, 169
Tibor Bognar/Alamy 14
Bodo Bondzio 2/3, 272, 297
British Columbia Photos/Alamy 268/269
Dirk Buwalda 167, 181T
Campbell/Image Ontario 371
Canada House 52/53, 62, 64, 68, 99, 100, 110, 111, 113, 115, 159, 172, 230
Canadian Pacific Railway 2
Canadian Tourism Commission 102
Pat Canova 240, 244L&R, 248, 249, 256/257, 316
Maxine Cass 23,
Danson/Image Ontario 375
Winston Fraser 9C, 332, 335
Jackie Garrow/Apa 169
Government of Québec 28, 87R, 114
Blaine Harrington back cover right, 140L, 157, 158T, 181, 183L&R, 196T, 198, 254, 264T, 266, 274T, 289, 291, 292T, 293, 299, 301, 307, 308T
Robert Harris/Archives Canada 50
M. Hetier 122/123, 212, 225, 246
Howe/Image Ontario 344
Hulton-Deutsch Collection/Corbis 20
Image Ontario 168, 380
C.W. Jeffreys/Archives Canada 32, 34, 43, 49R
Wolfgang Kaehler/Corbis 7B
C. Kreignoff/Archives Canada 36, 37, 38
Randy Lincks/Corbis 6T
Joris Luyten/Cephas 118
Nancy Lyon 184
Dennis MacDonald/Alamy **170**
MacDougal/Image Ontario **379**
Chris Mack 179, 253
John E Marriott/All Canada Photos 349
Mary Evans Picture Library 19, 40, 47, 51, 57, 60, 163
Metropolitan Toronto Library 56

Stuart Mostyn/Redferns 98
Darien Murray 195, 211T, 242
NHPA 202T, 333
Nova Scotia Tourism 231
Richard T. Nowitz, 260/261, 263, 346, 355, 356, 382, 386
Nowitz Photography/APA 6B, 8BL, 8BR, 9CL, 107, 137, 178, 187, 197, 345, 358, 359, 365, 366, 368, 369, 383, 385
Office de Tourisme Canadienne de la Communauté Urbaine de Québec 41
Ontario Archives 24, 25, 46, 48L&R, 49L, 54/55, 58, 59, 61, 91
Ontario Ministry of Tourism 173L, 175
Province of British Columbia 276R
Carl Purcell 12/13, 86,
Leanna Rathkelly/Whistler Resort Assn 267
Raven Images 147
David Reede/Alamy 306
D. Richard 226T, 232
RG/Alamy 141 R
Charles Shugart back cover center, 275, 279, 304
Sylvia Cordaiy Photo Library Ltd/Alamy 8T
David Simson 69
Société Régionale de Développement de Portneuf 18
Ted Stefanski/Cephas 117
Joe Terbasket front flap bottom
Yves Tessier/Productions Tessima Itée 203
Andrew Testa/Rex Features 105
Tim Thompson/APA 4/5, 7T, 7C, 9B, 80/81 101, 112, 265, 273, 274, 281, 282, 343, 347, 350, 351, 362, 376, 388, 391, 395, 397
Tony Stone spine, 88, 95,
Topham Picturepoint 65L, 104, 106, 142, 146
Joe Viesti front flap top & bottom, back cover left, bottom & center, 10/11, 39, 66, 67, 72/73, 76L&R, 77L&R, 78L, 79L&R, 82, 83, 84, 96/97, 103, 124/125, 126/127, 136, 148/149, 150, 151, 153, 154, 155L&R, 161, 162R, 165, 166, 171, 173R, 174, 176/177, 182, 186, 190, 191, 200, 201, 204, 205, 206/207, 210, 213, 215, 216, 220, 221, 223, 227, 228, 229, 237, 243, 245, 262, 277, 278L, 283, 286/287, 288, 290, 292, 295, 298, 302L&R, 303, 305, 308, 310, 311, 312, 314/315, 326, 329, 336
Voscar 65R, 70, 119, 132, 156T, 200T, 202, 211, 214, 217, 218, 219, 228T, 233L&R, 234L&R, 242T, 246T

Harry M. Walker 78R, 89, 92, 93, 94, 116, 128, 258, 278R, 296, 301T, 321T, 323T, 318, 319, 321, 322, 330, 331
Harry Walker/Indexstock 313
Werner Forman Archive 334
Edd Westmacott/Alamy 164
D. Wilkins 162L, 252, 255, 309
Young/Vancouver Public Library 30/31

跨頁圖

Pages 70/71 Left to right, top to bottom: Voscar; Design Archive/Robert Burley; CIBPR; Robin Armour; CIBPR; Axiom /Chris Coe; Tourism British Columbia; James Dow; Canadian Museum of Civilization
Pages 108/109 Left to right, top to bottom: Canadian Museum of Civilization (2); Werner Forman Archive; Canadian Museum of Civilization; Werner Forman Archive (2); Canadian Museum of Civilization; Werner Forman Archive (2)
Pages 188/189 Left to right, top to bottom: Mike Hewitt/Action-Plus Dan Smith/Allsport; Harry M. Walker; Image Bank; Bob Winsett; Mike Hewitt; Image Bank; Ben Radford/ Allsport; Didier Givois/Allsport
Pages 238/239 Left to right, top to bottom: Topham Picturepoint; Voscar; Peter Newark's Pictures (2); T. Kitchin & V. Hurst/NHPA; Voscar (3)
Pages 284/285 Left to right, top to bottom: David Middleton/NHPA; Stephen Krasemann/NHPA; Harry M. Walker (2); Kevin Schafer/NHPA; Harry M. Walker; John Shaw/NHPA; Harry M. Walker; David Middleton/NHPA; Stephen Krasemann/NHPA
Pages 324/325 Left to right, top to bottom: Harry M. Walker; Valérie Richard/Vandystadt Agence de Presse; John Shaw/NHPA; B & C Alexander/NHPA; Harry M. Walker (2); B & C Alexander/NHPA; Allsport/ Vandystadt; Rod Planck/NHPA

Map Production:
Polyglott Kartographie

© 2007 Apa Publications GmbH & Co.
Verlag KG (Singapore branch)

Production: Mary Pickles

英文索引

中文索引